HEYNE GESCHICHTE

In der Reihe »Heyne Geschichte« sind bereits erschienen:

1	*Paul Sethe*	Deutsche Geschichte im letzten Jahrhundert
2	*Alistaire Cooke*	Amerika
3	*Peter Norden*	Prag 21. August
4	*Friedrich Heer*	Das Heilige Römische Reich
5	*Karl Buchheim*	Die Weimarer Republik
6	*Herbert Rosinski*	Die deutsche Armee
7	*Werner Scheck*	Geschichte Rußlands
8	*Alfred Mühr*	Herrscher in Purpur
9	*Germán Arciniegas*	Geschichte und Kultur Lateinamerikas
10	*Marlis G. Steinert*	Die 23 Tage der Regierung Dönitz
11	*Fritz Schachermeyr*	Griechische Geschichte
12	*William L. Shirer*	Der Zusammenbruch Frankreichs
13	*Wilhelm v. Schramm*	Aufstand der Generale
14	*Paul Sethe*	Morgenröte der Gegenwart
15	*Dick Wilson*	Mao Tse-tungs langer Marsch
16	*Matthias Pusch*	Der Dreißigjährige Krieg
17	*Maurice Ashley*	Das Zeitalter des Absolutismus
18	*Alfred Mühr*	Die deutschen Kaiser
19	*E. J. Feuchtwanger*	Preußen
20	*Waldemar Erfurth*	Der finnische Krieg
21	*Kurt Frischler*	Das Abenteuer der Kreuzzüge
22	*Paul Dreyfus*	Die Resistance
23	*Reinhard Raffalt*	Große Kaiser Roms
24	*Donald Bullough*	Karl der Große
25	*E. W. Zeeden*	Das Zeitalter der Gegenreformation
26	*Franz Herre*	Anno 70/71
27	*Götz Bergander*	Dresden im Luftkrieg
28	*Michael Freud*	Die große Revolution in England
29	*Karl-Heinz Janssen*	Das Zeitalter Maos
30	*Christopher Duffy*	Die Schlacht bei Austerlitz

Joseph Vogt

DIE RÖMISCHE REPUBLIK

Von der römischen Frühzeit bis zur Ermordung Caesars

Wilhelm Heyne Verlag
München

Das Titelbild stellt den Triumphzug Julius Cäsars dar
(Gemälde aus dem 15. Jhdt., Teilstück).

Genehmigte, ungekürzte Taschenbuchausgabe

Printed in Germany 1979
Zeittafel und Personenregister wurden erarbeitet von Dr. Klaus Kamberger
Umschlagbild: Archiv für Kunst und Geschichte, Berlin
Bildnachweis: Archiv für Kunst und Geschichte, Berlin
Umschlaggestaltung: Atelier Heinrichs, München
Gesamtherstellung: Presse-Druck, Augsburg

ISBN 3-453-48059-7

Dem Andenken der verehrten Meister
Wilhelm Schubart und Robert Zahn

Inhalt

Vierter Teil
Die Republik und die Weltherrschaft

Vorwort

Ich habe es begrüßt, daß mit der neuen Ausgabe dieses Buches sich die Überarbeitung einzelner Fragen ergeben hat. Dies gilt auch schon für die vorangehende 5. Auflage, die nur in italienischer Übersetzung erschienen ist (Laterza, Bari 1968). Die Überprüfung meiner Stellungnahme war besonders auf den Gebieten erforderlich, auf die sich die moderne Forschung konzentriert hat: es ist das Problem der Stadtwerdung Roms und der Grundlegung der Republik, sodann die revolutionäre Umgestaltung des Staates in dem Jahrhundert von den Gracchen bis Augustus, allgemein schließlich die Untersuchung der wirtschaftlichen und sozialen Struktur der römischen Welt.

Die Leitgedanken meiner Darstellung haben sich, wie ich glaube, halten können. Ich meine vor allem den Nachweis, mit welchen Kräften diese aristokratische Republik im Lauf von Generationen ihre Gestalt gewonnen hat und wie in der Begegnung Roms mit den italischen Nachbarn und der mediterranen Umwelt über Krieg und Unterwerfung hinweg der Gedanke einer Schutzverpflichtung für den Erdkreis und einer geistigen Verbundenheit der Menschen fruchtbar geworden ist. Hoffen wir, daß diese schöpferischen Leistungen Roms auch im historischen Denken der kommenden Zeit Anerkennung finden werden.

Noch einmal möchte ich den verehrten Meistern, denen das Buch seit dem ersten Erscheinen 1932 gewidmet ist, meinen Dank sagen, ebenso den vielen Kollegen und Studenten, die mir auf dem Feld der klassischen Studien hilfreich begegnet sind, und nicht zuletzt der Stadt Rom, der ich mich nah verbunden weiß.

Tübingen, im Juni 1973 *Joseph Vogt*

Erster Teil

Geographische und historische Grundlagen

I. Kapitel

Der geographische Raum

Die Erforschung der Einwirkungen des geographischen Raumes auf die Bildung von Staaten und Kulturen ist nicht erst eine Errungenschaft der Gegenwart. Seit es durch die Schöpfung der Griechen eine abendländische Wissenschaft gibt, hat man auf die Einflüsse hingewiesen, die Bodengestalt, Klima und Verkehrslage auf die Gestaltung des geschichtlichen Lebens der Menschen ausüben. Das Verdienst der modernen Wissenschaft, im besonderen des jungen Zweiges der Geopolitik, besteht darin, diese Betrachtungsweise zum System erhoben zu haben. Mit Recht hat man die Staatsgründung der Römer als besonders lehrreiches Beispiel für die Raumbedingtheit politischer Organismen bezeichnet und die Ansicht ausgesprochen, daß die Vertrautheit mit den geographischen Bedingungen des römischen Lebens eine wesentliche Voraussetzung für das Verständnis der römischen Geschichte bildet. Doch ist hier überspannten geopolitischen Theorien gegenüber eine Einschränkung am Platze. In der großen Summe historisch wirksamer Kräfte stellen die geographischen Faktoren nur eine Gruppe von Möglichkeiten dar. Es hängt vom menschlichen Intellekt und Willen ab, ob die durch den Raum gebotenen Möglichkeiten voll erkannt und ausgenützt werden oder ob ihnen entgegengehandelt wird. Die menschliche Tat, nicht der Boden gibt die letzte Entscheidung im politischen Leben. Diese allgemein gültige historische Feststellung trifft ganz besonders auf die Römer zu, die ihre führende Stellung in der Geschichte in erster Linie ihrer Initiative und ihrem Charakter verdanken. Der wunderbare Erfolg, den ihr unternehmender Sinn erzielt hat, beruht allerdings zum guten Teil auf der unbewußten oder bewußten Ausnützung der geographischen Bedingungen ihres Daseins.

Seit alter Zeit hat man die *Lage der Stadt Rom* als günstige Voraussetzung für den römischen Aufstieg bezeichnet. Immer wieder hat man auf den Vorteil des großen Stromes hingewiesen, der für die Zeiten primitiven Verkehrs schiffbar war, und auf die Nähe des Meeres, das aber doch wieder so weit entfernt ist, um Angriffe auf die Stadt von der Seeseite her unmöglich zu machen. Diese Faktoren sind in der Geschichte Roms zweifellos wirksam gewesen. Für die früheste Zeit, und damit für die ganze römische Geschichte war es aber von weit größerer Bedeutung, daß Rom wie andere latinische Städte in geschützter Hügellage am Rand einer großen Ebene lag. Die Campagna von Rom, ja die ganze Ebene von Latium war im Altertum ursprünglich durch ihren Waldbestand, dann durch ihre Eignung für Viehzucht und Ackerbau weithin bekannt. Die wirtschaftliche Grundlage der römischen Gemeinde war dadurch bestimmt. Doch nicht nur die Wirtschaftsführung, sondern die gesamte Lebensgestaltung der alten Römer stand unter dem Einfluß des heimischen Bodens. Aus ihm erklärt sich der ausgesprochen agrarische Charakter des Römertums, der in den frühen Jahrhunderten vorherrschte, aber auch in der späteren Zeit nie ganz verloren ging. Das römische Bauerntum mit seiner Eigenart und Kraft, aber auch mit seiner Beschränktheit ist auf latinischer Erde groß geworden.

Die Gunst der Lage Roms tritt in anderer Richtung hervor, wenn wir die Stellung der Stadt innerhalb Italiens betrachten. Dafür ist es freilich notwendig, an einige der wichtigsten geographischen Bedingungen der Apenninenhalbinsel zu erinnern. Italien ist ein Land mit sehr bestimmten Grenzen. Zum allergrößten Teil ist es durch das Meer abgeschlossen; im Norden bilden die Alpen, die schon der alte Cato als die Schutzmauer des Landes bezeichnet hat, eine feste Begrenzung. Diese natürliche Abgrenzung gegenüber der Umwelt konnte wohl für die politische Einigung des Landes vorteilhaft sein, zumal auch das Klima und die von ihm bedingten Formen der Wirtschaft und der Lebensgestaltung auf eine gewisse Gleichartigkeit im Land hinwirkten. Doch damit ist nur ein Teil der geographischen Faktoren genannt; andere, noch wichtigere Bedingungen des Raumes enthalten nicht eine Erleichterung, sondern eine Erschwerung der politischen Einigung der Halbinsel. Im *Aufbau* und in der *Gliederung der Halbinsel* treten so gewaltige Unterschiede zutage, daß im ganzen Verlauf der Geschichte Italiens immer nur ein starker politischer Wille, der die natürlichen Hemmnisse zu überwinden vermochte, die politische Zusammenfassung des Landes erreicht hat. Die Geschichte des Namens Italien vermag am besten diese Tatsache zu beleuchten. Ursprünglich nur für einen kleinen Teil des Südens gebraucht, ist der Name nach dem Pyrrhoskrieg auf das Gebiet des römischen Staates übertragen worden. Erst durch die Aufrichtung der römischen Herrschaft in der ganzen Halbinsel ist dann der Name des römischen Gebiets zum Namen des gesamten Landes geworden.

Der Einheit entgegen wirkt vor allem das *Apenninengebirge.* Es trennt Norditalien, wozu wir die gesamte Poebene und Ligurien rechnen, und die eigentliche Halbinsel, das sogenannte Halbinselitalien. Norditalien, von den Alpen und dem Apennin eingefaßt, ist ein fest in sich geschlossenes Gebiet. Das Klima hat hier einen weit mehr kontinentalen Charakter als im übrigen Teil des Landes; die Fruchtbarkeit der Ebene ermöglicht die wirtschaftliche Selbständigkeit der Landschaft; Ausgänge aus der Ebene führen ebenso zahlreich und ebenso verlockend über die Alpen wie über den Apennin. Diese geographischen Faktoren haben, natürlich in Verbindung mit geschichtlich bedingten Tatsachen, dazu beigetragen, daß die Römer das nördliche Italien von allen italischen Landschaften zuletzt an sich gebracht und bis auf die Zeit des Cäsar und Augustus als Provinz behandelt haben.

Ebenso ist Halbinselitalien, wozu im geographischen Sinn auch die erst durch einen erdgeschichtlich späten Einbruch abgetrennte Insel Sizilien gehört, von der Natur in viele Landschaften aufgelöst durch den Apennin, der die ganze Halbinsel durchzieht und sich auf Sizilien fortsetzt. Das Gebirge, das bezeichnenderweise in Italien keinen einheitlichen Namen führt, weist in seinem Verlauf eine sehr verschiedene Entfaltung auf. Im Norden ist es ein geschlossenes Kettengebirge, das eine wirksame Begrenzung von Halbinselitalien gegenüber Norditalien (Gallia Cisalpina) darstellt. Im mittleren Verlauf teilt es sich in zwei und mehrere Ketten, die hin und wieder parallel gehen; zwischen diesen gesonderten Ketten liegen mehr oder weniger isoliert die Bergkantone der sogenannten sabellischen Stämme; die Verbindung vom westlichen zum östlichen Meer ist durch die unerläßliche Überschreitung mehrerer Gebirgsketten sehr erschwert. Im Süden dehnen sich auf der Höhe des Apennin weite Hochflächen aus, günstiger Boden für das Bauernvolk der Samniten. Ganz auf sich gestellt ist vollends die erdgeschichtlich spät hinzugekommene apulische Tafel.

Doch nicht nur das Gebirgsland, auch das *Küstengebiet* ist in vertikaler und horizontaler Gliederung außerordentlich vielgestaltig. Im Osten tritt das Gebirge dichter als im Westen an die Küste heran, die wenig aufgelockert und zwischen Ancona und Brundisium hafenarm ist. Das Küstenland bietet hier dem Menschen nur geringen Antrieb zur Seefahrt, zumal das Gegengestade, die steil abfallende, unfruchtbare Ostküste der Adria, wenig Anziehungskraft besitzt. Es ist nicht nur aus geschichtlichem Zusammenhang, sondern auch aus diesen geographischen Bedingungen verständlich, daß die maritime Entfaltung der römischen Macht an der Ostküste sich in bescheidenen Grenzen bewegte. Ganz anders verhält es sich mit der westlichen Seite des Landes. Hier hat der Vulkanismus von Norden bis Süden eine Reihe von Vorländern geschaffen: das toskanische Hügelland mit seinen Metallschätzen, das römische Vorland mit der fruchtbaren Ebene von Latium, die gesegnete Landschaft Kampanien. Die größeren Flüsse Arno, Tiber, Volturno bilden natürliche Wege zum Meer. Die Küste ist durch Einbrüche gegliedert und besitzt von Pisa bis Palermo mehrere gute Häfen. Kleine Inseln sind vorgelagert und locken weiter nach Korsika, Sardinien, Sizilien. Diese von Natur so bevorzugte Seite ist die Kulturseite Italiens geworden.

Jetzt erst wird die Lage *Roms innerhalb Italiens* in ihrer ganzen Bedeutung klar. Die Stadt liegt auf der Kulturseite des

Landes, im mittleren der westlichen Vorländer, nahe dem Meer. Naturgegebene Verbindungen, die später erst die römische Tatkraft zu den berühmtesten Kunststraßen der antiken Welt ausgebaut hat, führen von Norden her der Küste entlang und im Innern durch das Tibertal zum Mündungsgebiet des römischen Stromes. Von Rom aus gehen ebenso alte Wege durch die Küstenebene und weiter landeinwärts durch das Tal des Trerus und Liris nach Süden. Verkehrsgeographisch war die Stadt am unteren Tiber schon in früher Zeit die große Durchgangsstelle der Halbinsel. Diese natürliche Bevorzugung der Lage Roms erhielt durch historische Umstände, besonders durch die Besiedlung des alten Italien noch größere Bedeutung. Als nördlichster Platz der Latiner war Rom am weitesten gegen das Gebiet der Etrusker hin vorgeschoben, auf der andern Seite waren die Städte der Griechen in Unteritalien noch in spürbarer Nähe. In Rom trafen sich also nicht nur die Verkehrslinien des Landes, hier war auch der Berührungspunkt der Völker und Kulturen Italiens.

Vielleicht ist es voreilig, diese Lage der Stadt als besonders günstig zu bezeichnen. Zunächst ergab sich aus diesen Umständen doch wohl, daß die römische Gemeinde am meisten gefährdet war. An der großen Durchgangsstelle des Landes gelegen, war die Stadt vor die harte Notwendigkeit gestellt, sich äußerem Druck zu fügen oder von sich aus die Umgebung zu beherrschen. Der römische Charakter hat die Alternative im Sinne der Herrschaft entschieden. Von der Landschaft Latium wurde die römische Politik im Zusammenhang der geschichtlichen Verwicklungen und unter Ausnützung der geographischen Bedingungen in das mittlere und südliche Italien, schließlich auch nach dem Norden geführt. Immer wieder zeigt sich in der Abfolge der Eroberungen die Raumbedingtheit des staatlichen Werdens. Aber auch in der Ausgestaltung der italischen Herrschaft, in der Duldung und Anerkennung der verschiedenartigen kulturellen und landschaftlichen Einheiten erweist sich noch der römische Sinn für die durch Raum und Tradition gegebene Wirklichkeit.

Doch die römische Geschichte blieb nicht Geschichte Italiens, sie wurde bald zur Geschichte des Mittelmeergebiets, ja der ganzen antiken Welt. Auch dieser Ablauf der römischen Geschichte folgt den von Natur vorgezeichneten Bahnen.

Denn die *Weltlage Italiens* ist durch die zentrale Stellung des Landes im Mittelländischen Meer gekennzeichnet. Die mittlere der drei großen Halbinseln, die sich vom Rumpf des europäischen Kontinents nach Süden erstrecken, reicht wie ein gewaltiger Molo tief hinein in das Meer. Ursprünglich führte sogar, wie der geographische Aufbau von Sizilien und Malta zeigt, eine geschlossene Landbrücke hinüber nach Afrika. Auch nach der Sprengung dieser Brücke blieb der natürliche Hinweis von Süditalien und Sizilien nach Afrika wirksam. Zugleich bot sich vom äußersten Süden Italiens und von Sizilien aus die Möglichkeit, den Seeverkehr zu kontrollieren, der vom östlichen Becken des Mittelländischen Meeres durch die Enge zwischen Sizilien und Italien einerseits, zwischen Sizilien und Afrika anderseits nach dem Westen ging.

Diese zentrale Stellung Italiens im Mittelmeer mußte um so folgenreicher werden, als die um dieses Meer gelagerten Länder eine natürliche Einheit, die Einheit des Mittelmeergebiets bilden. Nicht als ob diese Länder in Aufbau und Gliederung unter sich gleich oder auch nur ähnlich wären. Es finden sich hier vielmehr die verschiedensten landschaftlichen Typen zusammen: große Stromebenen wie das Nilland, steppenhafte Hochflächen in Nordafrika, Gebirgsländer wie Kleinasien und Makedonien, ausgesprochen maritime Zonen wie Phönikien und Griechenland, Inseltypen der verschiedensten Art. Aber diese unter sich so verschiedenen Räume sind nicht isoliert, sondern durchweg in Beziehung zueinander gesetzt. Immer wieder sind mehrere Gebiete zu kleineren Einheiten zusammengefaßt: das griechische Mittelmeergebiet, die Einheit des Tyrrhenischen Meeres usf. Diese Einheiten sind dann unter sich wieder verbunden, so daß sich schließlich die umfassende Einheit ergibt, die die Römer als *mare nostrum* bezeichnet haben.

Unter den natürlichen Faktoren, die dieses weite Gebiet zusammenhalten, ist zuerst das *Meer* selbst zu nennen. Fast von allen Seiten her ist es leicht zugänglich, da reich gegliederte Küsten gute Landungsstellen bieten und Inselbrücken größere

Überfahrten begünstigen. Der Seeverkehr hat seit alter Zeit die Länder des Mittelmeergebiets aufeinander hingewiesen. Er hat einen regen Austausch der wirtschaftlichen Produkte herbeigeführt und zwischen den vielsprachigen Völkern mannigfache Unterredung zustande gebracht.

Von grundlegender Bedeutung für die Einheit des Mittelmeergebiets ist auch das *Klima*, das zu allen Zeiten den Übergang der Menschen, der Tiere und der Pflanzen von einem Land zum andern ermöglichte und für die Lebensgestaltung der Menschen überall gleiche oder ähnliche Voraussetzungen bot. Die Merkmale dieses Klimas und seiner Auswirkungen, die bei den verschiedensten Völkern ähnlich in Erscheinung treten, sind hier um so mehr hervorzuheben, als sie bei der Erwähnung Italiens, das in seinem größeren Teil ausgesprochen mediterranes Klima besitzt, kaum genannt worden sind. Heiße, trockene Sommer und milde, niederschlagsreiche Winter bilden den Charakter des Mittelmeerklimas. Die menschliche Kulturtätigkeit genießt unter diesem Himmel den Vorzug reichlichen Ertrags des Landbaus und den heilsamen Zwang zur Arbeit, da nur die Überwindung der Trockenheit dauernden Erfolg sichert. Dabei übt der spürbare Wechsel der Jahreszeiten seine erfrischende und anregende Wirkung aus. Das Klima ermöglicht weiterhin die für das Mittelmeergebiet charakteristische Lebensgestaltung, die von dem schweren Dasein des europäischen Nordens sich so deutlich abhebt. Der Mensch lebt hier vorwiegend im Freien, Arbeit und Erholung werden gleichermaßen aus der Wohnung heraus unter freien Himmel verlegt. Die Absonderung des einzelnen Menschen in seinen Wänden wird dadurch vermieden, im Freien gesellt sich Mensch zu Mensch. Der soziale und politische Sinn wird durch diese Lebensweise gefördert. Die gemeinsame Beredung und Beratung der öffentlichen Angelegenheiten, in Volksversammlungen oder in privaten Zirkeln, spielt sich auf den freien Plätzen oder in den luftigen Hallen der Stadt ab. Hier entfaltet sich eine natürliche Redekunst, charakteristisch für das Mittelmeergebiet in alter und neuer Zeit. Hier genießt der Mensch im täglichen Verkehr eine wohltätige Schulung in geselliger Kultur, die in schönen Umgangsformen, in höflichen Worten und belebenden Gesten zum Ausdruck kommt. Sinn für Formen und für Repräsentation ist eine volkstümliche Tugend.

Gewiß fehlen auch die nachteiligen Wirkungen dieses Lebens nicht. Das angenehme Dasein verleitet zu Müßiggang, Beredsamkeit wird zu Geschwätzigkeit und Formgewandtheit zu leerer Pose. In einer Stadt, in der alle wichtigen Fragen öffentlich behandelt werden, wird die öffentliche Meinung zu einer gewaltigen Macht, oft auch zu einer gefährlichen Größe, denn der Pöbel ist unbeständig, wie die antiken Schriftsteller immer wieder sagen. Doch der geborene Führer findet in dieser empfänglichen und beweglichen Gesellschaft die Zuneigung, die ihn trägt, und den Anhang, dessen er zur Wirkung bedarf. Vor allem aber ist es eine Besonderheit dieses durch Öffentlichkeit ausgezeichneten südlichen Lebens, daß es im wesentlichen den Männern vorbehalten ist. Je reger die Männer sich auf Straßen und Plätzen betätigen, desto sorgsamer werden die Frauen im Haus gehalten, das Familienleben wird von Fremden abgesondert. Es kann sich daraus die nicht immer förderlich wirkende scharfe Trennung von häuslichem Dasein und öffentlicher Betätigung ergeben. Die Behandlung der öffentlichen Angelegenheiten erhält allerdings eben dadurch einen ausgesprochen männlichen Charakter, jenes Merkmal der Unbedingtheit, Sachlichkeit und Größe, das wir vor allem in der Politik der Griechen und Römer wahrnehmen.

Schließlich wird durch das Klima auch die Genügsamkeit des mediterranen Menschen im Essen und Trinken erklärt, seine Heiterkeit, die ihn die Arbeit mit Muße, die Erholung mit anregendem Spiel verbinden läßt, seine Empfänglichkeit für sinnliche Schönheit in Natur und Kunst.

Das alles sind Charakterzüge, die von den natürlichen Bedingungen des Himmels und des Bodens hervorgebracht sind. Einflüsse von Volkstum und Religion können, wie das Beispiel der islamischen Welt am Mittelmeer zeigt, die Züge verändern, doch nie ganz verwischen. Das Bild, das wir aus den klassischen Autoren, aus Bildern und Inschriften der alten Zeit gewinnen, entspricht noch im wesentlichen dem Schauspiel unserer Tage.

Die Auswirkungen dieses Klimas in Verbindung mit den

andern geographischen Faktoren haben die *Einheit des Mittelmeergebiets* vollendet und dieses einzigartige Amphitheater geschaffen, dessen Reihen ringsum von regsamen Völkern besetzt sind, dessen Arena das herrliche Meer bildet. Italien hat in diesem Amphitheater, in dem der bedeutendste Akt des Dramas der Weltgeschichte sich abgespielt hat, den Platz der kaiserlichen Tribüne: von hier können alle Vorgänge genau verfolgt, nach allen Richtungen hin mit leichter Bewegung Entscheidungen herbeigeführt werden. Besonders im Altertum, solange die Mittelmeerwelt nach außen hin nahezu abgeschlossen war, mußte hier der Sammelpunkt aller wirksamen Kräfte sich bilden. Natürliche Faktoren übten ihren starken Antrieb zur politischen Zusammenfassung dieses Gebietes, zur zirkummarinen Staatenbildung. Allerdings ist diese politische Einigung des Mittelmeergebiets nur einmal in der Geschichte, eben durch die Römer, ganz verwirklicht worden, obwohl die natürlichen Bedingungen sich im Laufe der Jahrhunderte wenig geändert haben. Auch hier, wie in der Frage der Einigung Italiens, erweist sich also die politische Klugheit und Kraft des römischen Volkes als die entscheidende Größe.

Voraussetzung für die politische Einigung der Mittelmeerwelt von Italien aus war die Begründung und Erhaltung der *Seeherrschaft* Roms. Geschichtliche und geographische Momente haben zusammengewirkt, die maritime Entfaltung des römischen Staates zuerst nach dem Westen zu lenken. Dahin wies die Gliederung des Landes, hier fand der römische Machtwille auf dem afrikanischen Gegengestade in Karthago den stärksten Widerstand. Als Rom das südliche Italien unterworfen hatte und Karthago auf Sizilien die unmittelbare Annäherung an Italien plante, erfolgte an der empfindlichsten Stelle, an der Straße von Messina, der erste feindliche Zusammenstoß der Mächte. Die Begründung und heldenhafte Durchführung der Seeherrschaft durch Rom, die Ausweitung der italischen Politik zur Mittelmeerpolitik hat in dem langen Kampf der feindlichen Staatswesen und tief verschiedenen Völker den Sieg Roms entschieden. Sizilien, bald auch Korsika und Sardinien, dann Spanien, schließlich nach der Vernichtung des Gegners auch Nordafrika wurden römischer Besitz. Im Westen des Mittelmeers war die römische Herrschaft unanfechtbar geworden. Daraus ergab sich aber, da auch im Osten, im Bereich der hellenistischen Staaten, keine überlegene Seemacht mehr bestand, die schließliche Beherrschung des ganzen Meeres und des ganzen Ländergebiets um das Meer, wenn auch diese letzte Folgerung nur langsam gezogen wurde.

Hier ist jedoch sogleich auf die eigenartige Grundlegung der römischen Weltherrschaft hinzuweisen. So gewiß das Meer die Mitte des Reiches bildete, niemals ist es die alleinige Grundlage der römischen Machtbildung geworden. Das Imperium Romanum wurde nicht Handelsreich nach karthagischem Vorbild, die römische Politik begnügte sich nie mit der Beherrschung des Meeres. Vielmehr erhielt das Reich für immer die *doppelte Basis von Land und Meer*, ja das Schwergewicht des Ganzen ruhte immer auf dem Land. Anlage und Kontrolle der großen Landverbindungen kennzeichnet die römische Art der Bewältigung des Raumes weit mehr als die Ausnützung der Seewege. Das gilt auch für die Zeit, in der Griechenland und Kleinasien, Syrien und Ägypten römisch geworden waren. Diese doppelte Basis, die von späteren Reichsbildungsversuchen im Mittelmeergebiet nie wieder erreicht worden ist, erklärt neben manchen andern Gründen die lange Dauer der römischen Herrschaft.

Das Mittelmeergebiet bildet den festen Bestand des römischen Reiches. Von hier aus wurden gegen Ende der Republik und in der frühen Kaiserzeit von Pompeius, Cäsar und Augustus Vorstöße tief in den Osten hinein und weit nach dem Norden geführt. Fremdartige Räume wurden damit betreten. Auch diese Länder vermochte die römische Politik zu erhalten und dem Innern des Reiches anzugleichen. Freilich war es nicht nur die römische Politik, die dieses ungeheure Gefüge der antiken Welt zusammenhielt und gestaltete. Es war noch weit mehr die durch die römische Herrschaft ermöglichte und geförderte Kulturarbeit der geistig führenden Völker des Mittelmeergebiets. Bei dieser Erscheinung der kulturellen Einigung der antiken Welt werden wir noch einmal auf die Wirksamkeit der räumlichen Faktoren hingewiesen. Italien, das herrschende Land, hatte die überlegene

Kultur des Ostens aufgenommen und sich angeeignet. In den ausgeglichenen Formen, die es dem griechischen und orientalischen Gut gegeben hat, wurde die Zivilisation in die neu erschlossenen Länder des Westens und des Nordens getragen zu den Völkern, die nach den Römern zur Herrschaft gelangen sollten. Die Mittellage Italiens im Bereich der antiken Welt hat die weltgeschichtliche Rolle der Vermittlung begünstigt, die dem römischen Genius zugefallen ist.

II. Kapitel
Frühgeschichte Italiens

„So vieler Mühen bedurfte die Gründung des römischen Volkes", sagt Vergil im Hinblick auf die Leiden, die Äneas mit seinen Trojanern zu bestehen hatte, bis er das Gestade von Latium erreichte. Wir Heutigen können unser Bild des römischen Werdens nicht mehr allein mit den alten Sagen bestreiten, müssen aber den Rahmen, in dem sich die Gründung der Stadt vollzogen hat, so weit ziehen wie der Dichter und tief in die Vorzeit zurückgehen. Wir folgen dabei den Spuren der ältesten Siedler, die in den reichen, vortrefflich gesammelten und geordneten archäologischen Funden der Apenninenhalbinsel vorliegen. Wohl sind diese Wohnstätten, Gräber, Geräte und Gefäße noch ohne Beschriftung, doch die archäologische Forschung hat durch die stilgeschichtliche Analyse des Materials die einzelnen Formensysteme räumlich und zeitlich gegeneinander abgegrenzt und durch den Zusammenhang mancher Fundstücke mit älteren Kulturkreisen, in denen die Chronologie gesichert ist, hin und wieder die Datierung schriftloser Zeugnisse ermöglicht. Allerdings ist die Verbindung der frühgeschichtlichen Kulturprovinzen mit den Stämmen und Völkern der historischen Zeit immer noch schwierig. Festeren Boden betreten wir dort, wo die sprachliche Hinterlassenschaft in Gestalt von Inschriften und zuverlässig überlieferten Namen hinzukommt. In den Bereichen von Religion und Recht, die das Erbe der Vergangenheit besonders treu bewahren, legt sich oft der Rückschluß vom geschichtlichen Zustand auf die vorgeschichtliche Stufe nahe. Fundamentale Bedeutung für die Erkenntnis der Frühzeit besitzt nach wie vor die literarische Tradition der Griechen und Römer, die von

Historikern und Philologen unablässig auf ihre Entstehung und Glaubwürdigkeit hin geprüft wird. So ist durch die Zusammenarbeit verschiedener Forschungszweige eine Besiedlungsgeschichte von Altitalien begründet worden. Wir wollen ihre noch schwankenden Umrisse in der Weise sichtbar machen, daß wir zunächst die archäologischen Befunde charakterisieren und dann ihre geschichtliche Einordnung und ethnische Benennung versuchen.

Wir beginnen mit der *jüngeren Steinzeit.* In dieser Periode haben Land und Meer im wesentlichen ihre heutige Gestalt erreicht, und die Bevölkerung dieser Jahrhunderte steht mit den späteren Schichten in nachweisbarem Zusammenhang. Zwei Kulturgebiete heben sich während des 3. Jahrtausends im Westen und Osten der Apenninenhalbinsel voneinander ab. Aus den Höhlen Liguriens und aus offenen Rundhüttensiedlungen dieser Zone stammen Funde, die sich mit dem westeuropäischen Kulturkreis berühren. Wir dürfen die Menschen dieser Schicht als Ligurer ansprechen, ein Element, das sicher nicht indogermanisch ist, vielmehr zur ältesten Bevölkerung des Mittelmeergebietes gehört. Während heute anthropologisch nur noch geringe ligurische Reste im Gebiet von Genua begegnen, war das Volk ehemals in einem größeren Teil Oberitaliens, in Südfrankreich und in Spanien ansässig, wie man mit hoher Wahrscheinlichkeit aus Ortsnamen ersehen kann. Dagegen erscheint im Osten Italiens, in Picenum, Apulien und im östlichen Sizilien die Töpferware der Siedlungen mit der Keramik der gleichzeitigen Kultur Griechenlands verwandt. Die Menschen dieses Bereichs sind zum östlichen Teil der altmediterranen Bevölkerung zu rechnen, zu jenen Pelasgern, die als Volk der Ägäis und Kleinasiens bekannt sind.

So verschieden die Funde im Westen und Osten des alten Italien sich ausnehmen, so haben die Volkselemente doch ihren gemeinsamen Ursprung in der mediterranen Rasse. Menschen dieser Art haben auch die großartigen Bauten auf Malta und Sardinien geschaffen. Die Maltabauten, die vom Neolithikum bis zur Bronzezeit reichen, stellen riesige Kultstätten dar und bezeugen die Urgewalt religiöser Vorstellungen, zumal der allgemeine Lebensstand der Ackerbauern, die sie errichtet haben, ziemlich bescheiden war. In Sardinien beginnen die megalithischen Wohnbauten, die sogenannten Nuraghen, in der Mitte des 2. Jahrtausends. Es sind kegelförmige, ohne Mörtelverband aufgeführte Türme, offenbar festungsartige Prägungen des urtümlichen Rundhauses. Mehrere solche Bauten sind ohne ersichtliche Planung, ohne Gliederung nach Straßen und Plätzen, zu einer Siedlung zusammengeballt. Diese mediterranen Menschen wußten bei ihrem Bauen und Schaffen nichts von der Tektonik der Indogermanen, sie folgten auch in ihrer sozialen Verfassung anderen Gesetzen. Wahrscheinlich lebte das mediterrane Urvolk in der Ordnung des Mutterrechts: die Frau trat nicht in die Familie des Mannes ein, sondern verblieb in ihrer eigenen, die Kinder benannten sich nach der Mutter und gehörten der mütterlichen Familie an. Die glänzendste Entfaltung der altmediterranen Kultur kennen wir von den Palästen Kretas. Die Denkmäler im Westen des Mittelmeeres bleiben weit hinter den Schöpfungen der minoischen Kultur zurück, aber sie lassen doch auf eine Urschicht der Bevölkerung schließen, die hohe Begabung mit zäher Eigenart verband.

Um die Wende vom 3. zum 2. Jahrtausend ist die Metallbereitung vom Osten des Mittelmeeres nach dem Westen übertragen worden; in Italien tritt seit etwa 1800 die Bronze, eine Legierung von Kupfer und Zinn, als Werkstoff an die Stelle des Steines. Wie die Funde zeigen, ging das Leben im östlichen Teil der Halbinsel während der *Bronzezeit* in den bisherigen Bahnen fort. Die Keramik der von Bologna bis Apulien ausgebreiteten Kultur, die man gewöhnlich die apenninische nennt, zeigt manche Wandlung der Dekoration, doch keineswegs so einschneidende, daß man auf die Einwanderung neuer Volkselemente schließen müßte. Im nördlichen Italien tritt im Lauf des 2. Jahrtausends das Pfahlbaudorf als die herrschende Siedlungsform auf. Während an den oberitalienischen Seen die Pfahlbauten *(palafitte)* im Wasser oder auf Moorboden angelegt sind, erscheinen in der Po-Ebene von Cremona bis Bologna die Pfahldörfer auf festem Grund (sogenannte Terremare). Die Verwendung von Pfahlrösten, die auf Anregungen des älteren, echten Pfahlbaus zurückgeht, diente hier dem Schutz der Siedlungen vor Überschwemmungsgefahr und zugleich der Verteidigung gegen Angreifer; die Dörfer sind in der Regel mit Wall oder Graben umgeben. Die Einzelfunde der Terremare weisen auf eine von Ackerbau und Viehzucht lebende Bevölkerung hin. Es wurde durchweg Leichenverbrennung geübt; die Urnen wurden außerhalb der Siedlung in Friedhöfen, die in ihrer Anlage den Dörfern der Lebenden glichen, sorgfältig beigesetzt. Die Archäologen haben diese oberitalienischen Pfahlbauten mit den Schweizer Pfahlbauten in Verbindung gebracht, die kurz vorher aufgefunden worden waren. Da in den Schweizer Anlagen im späteren Verlauf keramische Formen auftreten, die der sogenannten schnurkeramischen Kultur Mitteldeutschlands entsprechen, hat man zunächst angenommen, die Erbauer der Pfahldörfer seien aus dem Norden eingewandert, sie seien die ersten Indogermanen, die die Alpen überschritten und die Po-Ebene besetzt haben. Noch weiter nach Süden glaubte man ihren Weg verfolgen zu können. Auf Grund des alten, ungenauen Ausgrabungsstandes legte man nämlich den Terremaresiedlungen einen klar vermessenen, durch das Achsenkreuz der Hauptstraßen bestimmten Plan bei und sah darin das Vorbild des römischen Lagerschemas wie auch die Keimzelle jener ältesten Stadtanlage auf dem Palatin, die in der antiken Überlieferung als *Roma quadrata* bezeichnet wird. Doch diese Kombinationen sind hinfällig geworden. Genauere Aufnahmen von Terremaredörfern haben ergeben, daß kein rechteckiger Siedlungsplan vorliegt. Was die Keramik betrifft, so begegnen in Palafitte und Terremare dieselben Formen der Ornamentik wie in den übrigen Teilen Italiens. Es scheint daher möglich, die Pfahlbauten der altmediterranen Bevölkerung zuzuschreiben. Für die Annahme, daß Indogermanen in der ersten Hälfte des 2. Jahrtausends nach Oberitalien eingewandert seien, fehlt ein ausreichender Grund. Nur im äußersten Süden, im östlichen Sizilien (Castelluccio), hebt sich eine Kulturprovinz mit bemalter Keramik klar aus der Umgebung heraus. Die Formen der Gefäße und ihre Ornamente sind mit der Irdenware des nördlichen Mitteleuropa, besonders des schnurkeramischen Kreises, nahe verwandt und haben zugleich Parallelen in den Funden der mittleren Bronzezeit im Raum der Ägäis. Es ist möglich, daß die Träger dieser sizilischen Kultur versprengte Indogermanen waren und daß sie mit den Sikulern übereinstimmen, von denen die antike Überlieferung sagt, daß sie vom italischen Festland her auf die Insel gekommen seien und sich dort über die alteingesessenen Sikaner gelegt haben. Als sicher kann gelten, daß nach der Mitte des Jahrtausends Handelsbeziehungen zwischen der mykenischen Welt und Sizilien wie auch Apulien bestanden haben.

Im übrigen Italien begegnen erst gegen Ende der Bronzezeit um 1200 und dann in der voll ausgebildeten *Eisenzeit* seit 900 im archäologischen Befund deutliche Anzeichen dafür, daß neue, von außen eingedrungene Volkskräfte am Werk sind. In einer späten Stufe der Terremarekeramik erscheinen tektonische Formen, die der Lausitzer Kultur im östlichen Mitteleuropa zugehören. Der Zusammenhang erstreckt sich tief in die Formensprache und stellt im Kulturbild Italiens etwas so Überraschendes dar, daß hier an die Einwanderung einer neuen Volksgruppe gedacht werden muß. Offenbar stehen die Einwanderer im Zuge der großen Völkerbewegung, die um diese Zeit vom östlichen Mitteleuropa aus die Länder des Südens ergriffen hat. Archäologisch kommt diese Völkerwanderung in der Ausbreitung der sogenannten Urnenfelderkultur zum Ausdruck, die ihren Namen von der charakteristischen Art der Bestattung und der Anlage der Friedhöfe erhalten hat. Diese Kultur hat ihre Ableger in der Balkanhalbinsel bis nach Griechenland, in den östlichen Küstengebieten der Adria und in Oberitalien, aber auch in Süddeutschland und den westlich angrenzenden Gebieten. Die neuere Forschung hat manche Gründe, vor allem auch solche sprachlicher Art, dafür beigebracht, daß die Verbreitung der Urnenfelderkultur der Wanderung des indogermanischen Volkes der Illyrer entspricht. In Griechenland sind in Verbindung mit diesem illyrischen Vorstoß die Dorer nach Süden gedrängt worden; die dorische Wanderung erscheint als ein Ausläufer der umfassenden illyrischen Volksbewegung. Aus demselben Kräftefeld hat jetzt Italien – erstmals sicher nachweisbar – eine indogermanische Zuwanderung erhalten. Eine Zeitlang haben sich diese ältesten Indogermanen Italiens – wir benennen sie zunächst mit dem allgemeinen Namen *Italiker* – bei den Terremareleuten aufgehalten, dann haben sie zusammen mit diesen ihre Südwanderung fortgesetzt, wie das Aufhören der Terremaredörfer zeigt. Ihr Vordringen wird im Osten und im Westen der Halbinsel archäologisch greifbar. Während das neue Element im Osten sich bald in der Kultur der altmediterranen Schicht verliert, hebt es sich im Westen bis zur Tibermündung klar heraus. Brandgräber im Albanergebirge östlich von Rom und ebensolche Beisetzungen in der Nekropole, die auf dem römischen Forum gefunden wurde und noch in das 10. Jahrhundert datiert werden kann, stellen Ausläufer dieses ersten indogermanischen Vorstoßes dar. Die Keramik dieser Aschengruben *(pozzi)* hat eine Verzierungsweise, die der nordischen Megalithkultur und dem schnurkeramischen Kreis eigen ist. Menschen dieser Art und Herkunft sind also um die Wende vom 2. zum 1. Jahrtausend bis nach Latium gelangt, sie haben sich auf den Höhen des Albanergebirges niedergelassen und den Boden von Rom erreicht. Die alte Sage, die die Gründung der Stadt Rom von Alba ausgehen läßt, könnte einen historischen Kern enthalten. Ob auch die Scherben des ausgehenden 2. Jahrtausends, die man neuerdings auf dem Forum Boarium (zwischen Palatin und Tiber) gefunden hat, auf diese Niederlassung zurückgehen, bedarf noch der Klärung.

Doch dies ist nur der Anfang der indogermanischen Einwanderung. In den ersten Jahrhunderten der Eisenzeit, seit dem Ausgang des 10. Jahrhunderts, weisen die Funde in allen Teilen Italiens auf ein neues Volkselement hin, das neben den alten Stamm der Mediterranen getreten ist. In der Gegend von Bologna und in Etrurien tritt eine Kultur auf, die nach dem Hauptfundort Villanova (8 km nördlich von Bologna) die Villanovakultur heißt. Sie läßt manche Varianten erkennen, besitzt aber eine feste Komponente, die aus stilgeschichtlichen Erwägungen als indogermanisch anzusprechen ist. Die Leitform ist ein Aschenkrug, der oben und unten kegelförmig zugespitzt ist und mit einem Napf abgedeckt wird. Totenverbrennung ist also zunächst vorherrschend, aber daneben tritt dann in Etrurien die Beerdigung, wie auch in der römischen Forumsnekropole steinumhegte Gruben (Fossagräber) sich über die Pozzi legen; im Westen und Süden Italiens ist die Beerdigung die Regel. In der Ornamentik der Gefäße offenbart sich eine neue Formkraft, die von Norden her über das ganze Land gekommen ist. Hier fassen wir eine zweite Welle von Italikern, eine beträchtliche Verstärkung der indogermanischen Elemente, die sich nun überall mit dem einheimischen Volkstum auseinandersetzen.

Lassen sich diese beiden Einwanderungszüge der Italiker mit dem Bevölkerungsbild der historischen Zeit in Verbindung bringen? Die Italiker der geschichtlich gut bezeugten Jahrhunderte zerfallen, wie wir den gesicherten Ergebnissen der Linguistik entnehmen, in zwei Dialektgruppen. Die *latinisch-faliskische* Gruppe ist ursprünglich auf die Landschaft Latium und das nördlich angrenzende Gebiet um die Stadt Falerii beschränkt. Weit ausgedehnt ist dagegen, wie die Inschriften zeigen, die *oskisch-sabellisch-umbrische* Gruppe der Italiker. Zu ihr gehören im Süden des Landes die Osker, vor allem die auf dem Hochland des südlichen Apennin siedelnden Samniten, von denen die Kampaner, Lukaner und Bruttier ausgegangen sind. Dazu kommen die sabellischen Stämme in der Gebirgszone des mittleren Italien, wie die Marser, Päligner, Marruciner, Vestiner, im weiteren Umkreis aber auch die Äquer und Sabiner östlich und nördlich von Rom und die Volsker im südlichen Latium. Die Umbrer schließlich, deren Sprache durch sieben große, in Iguvium gefundene Tafeln bekannt geworden ist, haben das Land östlich des mittleren Tiber (Umbrien) und eine Zeitlang auch Etrurien besetzt. Diese beiden Dialektgruppen sind im Wortschatz und in der Laut- und Formenlehre so tief voneinander geschieden, daß Latiner und Samniten sich nur schwer verständigen konnten. Es ist anzunehmen, daß die Scheidung in einer frühen Stufe, schon in der Zeit vor der Einwanderung, erfolgt ist. Vieles spricht dafür, diese Dialektgruppen mit den beiden Einwanderungswellen des archäologischen Befundes gleichzusetzen. In dem Vorstoß, der am Ende der Bronzezeit um 1200 aus dem Bereich der Terremare südwärts bis Rom erfolgte, dürfen wir wohl die Einwanderung der Latino-Falisker, in der Ausbreitung des weiteren indogermanischen Elements in den ersten Jahrhunderten der Eisenzeit die Landnahme der oskisch-sabellisch-umbrischen Stämme erkennen.

In der Besiedlungsgeschichte der Apenninenhalbinsel stellt das Auftreten der indogermanischen Italiker ein zukunftsmächtiges Ereignis dar. Die Stellung dieser frühen Italiker in ihrer mediterranen Umwelt ähnelt durchaus der Lage, die die Hellenen vorgefunden haben, als sie in einer ersten Welle um 2000 und dann wieder um 1200 nach Griechenland vorstießen. Hier wie dort trafen die Indogermanen auf das alte, hochbegabte Mittelmeervolk, sie übernahmen viel aus seiner Kultur und wußten doch die eigene Art zu behaupten. Im Lauf von Jahrhunderten haben die Italiker die Mediterranen ganz aufgesogen und die Halbinsel italisch gemacht. Der Name Italia hält diesen Vorgang noch fest; bezeichnete er doch ursprünglich den äußersten Süden der Halbinsel, das Land der *itali (= vitali)*, d. h. der Jungstiere, wie sich die dort wohnenden Mediterranen als Abkömmlinge des Stiergottes benannten. Eine starke Formkraft, ein ausgreifender Gestaltungswille waren den Italikern wie allen Indogermanen eigen; Ausdauer, Mut und Festigkeit befähigten sie zu erfolgreicher Begegnung mit der einheimischen Kultur. Sie besaßen in der Einehe und in der vaterrechtlich geordneten Familie die Grundlagen höheren Gemeinschaftslebens und hielten die Verfassung des Bauernkriegertums fest. Die aus Sippenverbänden hervorgegangenen Stämme hatten Wehrversammlung und Ältestenrat und unterstellten sich in der Zeit des Krieges einem Heerkönig. Einzelne Stämme haben sich in kleinere Einheiten aufgeteilt, die zu selbständigen Bezirken *(pagi)* wurden und in einer burgartigen Siedlung *(oppidum)* ihre Mitte hatten. So einfach diese indogermanischen Zellen sein mochten, so sehr sie über das Land versprengt waren, sie enthielten doch die Ansätze einer neuen Lebensgestaltung.

Zu den Italikern sind bald noch weitere indogermanische Kräfte gestoßen und haben einige Randgebiete der Halbinsel an sich gebracht. Im Nordosten der Po-Ebene, im heutigen Venetien, siedelte in historischer Zeit das Volk der *Veneter;* Ateste (Este) an der unteren Etsch war einer ihrer Hauptorte. Man hat die Veneter zunächst als Illyrer angesprochen, doch neue Inschriftenfunde haben uns gelehrt, daß die venetische Sprache nicht illyrisch ist; ob sie zur italischen Sprachengruppe gehört oder eine selbständige indogermanische Sprache ist, bleibt umstritten. Mit Sicherheit begegnen *Illyrer* im Südosten der Halbinsel. Kleine illyrische Gruppen sind wahrscheinlich über das Adriatische Meer von den Küsten der Balkanhalbinsel nach Italien gelangt. In Apulien haben die Stämme der Iapyger, Sallentiner, Peuketier und Daunier einen illyrischen Dialekt gesprochen; die Messapier dagegen, mit deren Namen diese ganze Stammesgruppe gelegentlich bezeichnet wird, waren anderen Ursprungs und sind erst später teilweise illyrisiert worden. Einzelne Splitter des Illyrertums sind tiefer in das Innere der Halbinsel eingedrungen, besonders nach Picenum und Umbrien. Die vielfältige illyrische Infiltration hat auf die Zusammensetzung und auf das Kulturschaffen der italischen Bevölkerung eingewirkt, wenn auch nicht so stark wie die andern Elemente des Indogermanentums. Wo immer sie auftraten, haben die Illyrer es nicht zu dauerhafter, größerer Staatenbildung gebracht, doch besaßen sie in der zäh festgehaltenen Dorfkultur eine unerschöpfliche Quelle wehrhaften Volkstums.

Eine historische Kraft ersten Ranges gewannen dagegen die *Griechen* in Unteritalien und Sizilien. Als das begabteste Volk der Indogermanen hatten die Griechen in Hellas, auf den Inseln des Ägäischen Meeres und an den Küsten Kleinasiens früh die städtische Kultur entwickelt, sie hatten vom Orient die Buchstabenschrift übernommen und sich selbständig angeeignet und in einer Zeit, als die Italiker geistig noch nicht erschlossen waren, in Religion, Dichtung und Kunst ihr hohes Können entfaltet. Vom 8. Jahrhundert an sind sie aus den übervölkerten Städten und Kantonen ihrer Heimat mit ihren Schiffen ausgefahren, um die Erzeugnisse ihrer Arbeit in fremde Länder zu bringen, auch nach Unteritalien und Sizilien. An geeigneten Plätzen der Küstengebiete haben sie Siedlungskolonien geschaffen, Städte nach ihrer Art, die vom Ackerbau lebten, aber auch die Gunst der Lage für Handel und Gewerbe zu nutzen verstanden. Griechen des ionischen Stammes haben diesen Wettlauf der Kolonisation im Westen eröffnet. Männer aus Chalkis schufen um die Mitte des 8. Jahrhunderts einen ersten Stützpunkt auf der Insel Ischia und gründeten dann nördlich vom Misenischen Vorgebirge die Stadt Kyme (Cumä), angeblich die älteste griechische Siedlung auf italischem Boden. An der Ostküste Siziliens erstanden die ionischen Kolonien Naxos und Katane, an der Meerenge zwischen Sizilien und Italien Zankle, das später den Namen Messana erhielt, als es Nachschub aus Messenien aufnahm. Bald hat sich auch das dorische Griechentum gemeldet. Das seemächtige Korinth sicherte sich durch die Kolonie Korkyra den Verbindungsweg nach Italien und gründete noch im 8. Jahrhundert an der Südostküste Siziliens Syrakus. Auch das gewerbetüchtige und volkreiche Megara schuf sich Tochterstädte in Sizilien, die ganze Südküste der Insel erhielt dorische Siedlungen wie Selinus, Akragas, Gela. Ausgesprochene Ackerbaukolonien waren zunächst die achäischen Niederlassungen in Kalabrien, voran Sybaris und Kroton. In vortrefflicher Lage im Innersten des großen Golfes wuchs Tarent heran, die einzige Gründung Spartas.

Reich begabt und selbstbewußt, haben die griechischen Kolonisten am Saum der Halbinseln und Inseln des Westens sich überall behauptet und ihr städtisches Leben zur Blüte gebracht. Da und dort hat das italische, auch das alte mediterrane Element Einfluß auf das westliche Hellenentum gewonnen, wie besonders die Sagen und Kulte erkennen lassen, doch immer wieder kam Nachschub aus der Ägäis, die Verbindung mit der schöpferischen Kultur der griechischen Frühe blieb lebendig. Gesetzgeber traten auf und gaben den Städten des Westens eine Gemeinschaftsform, die alle Kräfte des Bürgervolks zusammenschloß. Pythagoras schuf vor 500 in Kroton einen Orden, der durch strenge Lebensformung die den Westen besonders bedrohenden Gefahren des Luxus und der Verweichlichung zu bannen wußte. Dorische Tempel erstanden als Zeugen hellenischen Geistes; weit in die fremde Umwelt wirkte am Ende des 6. Jahrhunderts der Kult des Apollon von Cumä, dem nördlichsten Vorposten der Griechen in Italien. Unter dem Eindruck dieser mächtig aufsteigenden westlichen Welt haben die Kaufleute, die aus der Heimat herüberkamen, für das griechische Siedlungsgebiet in Unteritalien die Bezeichnung Großgriechenland aufgebracht. So trat dem

Italikertum, das im Innern des Landes die einfachen Verhältnisse der Frühzeit lange bewahrte, vom Süden her die hellenische Polis entgegen, Anregung und Gefahr zugleich. Dieses Städtewesen hat dazu beigetragen, daß im Westen Italiens die alte Stammesverfassung bald durch die Stadtgründung durchbrochen wurde. Die neue politische Einheit wurde im Lateinischen mit *populus*, in den umbro-sabellischen Sprachen mit *trifu* und *tota* bezeichnet.

Die Griechen mußten ihre Erfolge im Westen vielfach im Wettbewerb mit den *Phönikern* erkämpfen, die lange vor ihnen mit der Erschließung des Westens begonnen und sich auch an Italien dicht herangearbeitet hatten. Seit etwa 1200 haben die semitischen Phöniker, als ihnen ihre Städte an der Küste Syriens zu eng wurden und nach dem Untergang des minoischen Seereichs und der mykenischen Macht das weite Meer lockte, von Tyros und Sidon aus Handelsfahrten in den äußersten Westen des Mittelmeeres unternommen, sie haben die Produkte des Orients, Silberschalen und Purpurstoffe, dorthin gebracht und die Bodenschätze der westlichen Länder eingeholt, Silber aus Spanien, Zinn aus England, Gold von der atlantischen Küste Nordafrikas. Zur Deckung und Sicherung dieses Fernhandels haben sie an den Gestaden des westlichen Meeres, in Nordafrika und Spanien, auf Malta, Sizilien und Sardinien, vereinzelt an der spanischen und afrikanischen Küste des atlantischen Ozeans Stützpunkte und Faktoreien angelegt. Es scheint gesichert, daß die ältesten Gründungen, Lixos, Gades, Utika und – diesen wahrscheinlich noch voran – eine Faktorei am Golf von Tunis (beim heutigen Salambo), noch dem ausgehenden 2. Jahrtausend angehören. In Sizilien durch die Kolonisation der Griechen in die Westecke der Insel gedrängt, haben sie dort ihre Niederlassungen in Motye, Solus und Panormos gehalten. Als durch das Ausgreifen der Griechen an die Küsten von Südfrankreich (Massalia) und Spanien den Phönikern weitere Verluste drohten, hat Karthago (nach griechischer Überlieferung 814 als Tochterstadt von Tyros angelegt) noch im 7. Jahrhundert die Führung des westlichen Phönikertums übernommen. In dem Handelsreich, das die kaufmännische Aristokratie von Karthago im westlichen Mittelmeer schuf, sollte den Griechen und bald auch den Italikern eine bedeutende Seemacht entgegentreten.

Noch ist im Siedlungsbild des alten Italien eine Volksgruppe zu nennen, deren ethnische Zuordnung bis heute umstritten ist: die *Etrusker*. In historischer Zeit hatte dieses Volk, das von den benachbarten Römern vielfach als fremdartig empfunden wurde, sein Kerngebiet in dem Land zwischen Apennin, Tiber und Meer. Der Name Tusci, den die Römer ihren Nachbarn gaben, lebt im heutigen Toscana fort; die bei den Griechen übliche Volksbenennung Tyrrhener ist auf das dem Land Etrurien vorgelagerte Meer übergegangen. In Toscana und in den angrenzenden Gebieten bestehen manche der von den Etruskern gegründeten Städte noch heute, wie Florenz, Arezzo, Cortona, Chiusi, Orvieto. Andere Etruskerplätze, die in Verbindung mit Rom am frühesten hervorgetreten sind, so Veii, Tarquinii, Cäre, haben im Lauf der Geschichte ihre Bedeutung verloren, bewahren aber ansehnliche Grabanlagen, zum Teil ausgedehnte Nekropolen, aus der etruskischen Zeit. Reste von Bauten, Bildwerke und Wandgemälde, Vasen und Spiegel u. a. besitzen wir aus dem ganzen ehemals etruskischen Gebiet, dazu kommen Tausende von Inschriften, die mit dem 7. Jahrhundert einsetzen, allerdings nur einen beschränkten Wortschatz aufweisen, da es sich zumeist um Grabinschriften handelt. In einem aus dem Griechischen abgeleiteten Alphabet geschrieben, sind diese Inschriften lesbar, und doch besteht trotz dieser reichen geschichtlichen Bekundung noch keine Sicherheit über die Herkunft des Volkes. Herodot (1, 94) und, ihm folgend, manche antike Autoren sprechen von der Einwanderung der Etrusker aus dem kleinasiatischen Lydien auf dem Seewege, dagegen bestreitet Dionys von Halikarnaß (1, 27–30) die Beziehungen zwischen Etruskern und Lydern und behauptet, es handle sich um ein in Italien alteingesessenes Volk. Auch in der modernen Forschung, die seit mehr als hundert Jahren das umfangreiche, stets noch anwachsende Material bearbeitet, den etruskischen Charakter erkundet und seinen Einfluß auf Rom nachgewiesen hat, gehen die Meinungen über den Ursprung der Etrusker stark auseinander. Einige Gelehrte, vor allem in Italien, nehmen die Entstehung des Etruskertums in

Italien selbst an. Aus der Bevölkerung, die seit der jüngeren Steinzeit im Lande nachweisbar sei, habe sich die etruskische Sonderart, die in der Villanovakultur greifbar werde, herausgebildet; wenn diese Art mit kleinasiatischen Erscheinungen verwandt sei, so erkläre sich dies aus dem ursprünglichen Zusammenhang des altmittelländischen Volkes im Osten und Westen. Nur noch wenige Forscher lassen die Etrusker zusammen mit Terremareleuten und Villanovianern auf dem Landweg über die Alpen nach Italien gelangen; sie berufen sich auf Inschriften des rätischen Alpengebiets, deren Sprache der etruskischen ähnlich ist, und auf die Angabe des Livius (5, 33), daß die Bewohner der rätischen Alpen etruskisch sprächen. Mit gewichtigen Gründen wird heute besonders die These vertreten, Etrusker seien, wie Herodot angibt und wie auch die Meinung der alten Römer war, aus Kleinasien über das Meer eingewandert. Für diese Meinung wird das Aufkommen der Fossagräber in der Villanovakultur Etruriens und überhaupt das Dasein von Grabanlagen und Beisetzungsformen in Anspruch genommen, die ihre Parallelen in Kleinasien haben sollen. Mit größerem Gewicht wird das Zeugnis der Sprache und der allgemeinen Kulturgestaltung angeführt. Wenn auch die etruskische Sprache immer noch nicht vollständig geklärt ist, so kann doch als gesichert gelten, daß sie nach Struktur und Wortschatz nicht indogermanisch ist; Beziehungen zu kleinasiatischen Sprachen sind durchaus wahrscheinlich. Nach Kleinasien weist wohl auch der Streitwagen, der in Etrurien seit dem 8. Jahrhundert begegnet, und der wenig später bezeugte Reiterkrieger; beide Formen des Kriegertums sind dem älteren Italien unbekannt und dürften aus dem Osten zugebracht sein. Überhaupt läßt sich der rasche Aufstieg der etruskischen Kultur und ihre Überlegenheit über die Umwelt kaum aus italischem Zusammenhang erklären. Somit ergibt sich aus der Sprache und dem Gesamtcharakter der Kultur eine große Wahrscheinlichkeit dafür, daß ein Volk oder doch eine Gruppe von Eroberern aus dem Osten zugewandert ist. Wenigstens an einer Stelle der östlichen Welt scheint noch eine sichere Spur der Etrusker erhalten zu sein. Auf der Insel Lemnos im Norden der Ägäis wurde die Grabstele eines Kriegers mit einer Inschrift des 6. Jahrhunderts gefunden. Die Inschrift, in griechischer Schrift abgefaßt, weist eine dem Etruskischen sehr nahekommende Sprache auf. So dürfte es sich hier um das Denkmal eines Etruskers handeln, der zu dem im Osten verbliebenen Rest des Volkes gehörte.

Manche Gründe sprechen dafür, daß die Wanderung der etruskischen Gruppe von Kleinasien nach Italien spätestens im 8. Jahrhundert stattgefunden hat. Damals verfügte das Volk bereits über die Errungenschaften der östlichen Hochkulturen, das städtische Leben war ihm vertraut, Wagenfahren und Reiten bestimmten die Kriegführung, die Metallbereitung war geläufig. Vor allem aber gab es seekundige Männer im Volk, wie denn auch in der Folgezeit Seefahrt und Seeraub das Etruskertum kennzeichnen. Vermutlich haben die Erzlager von Toscana und Elba die Auswanderer angelockt. In Italien gelandet, haben sie das Küstengebiet nördlich der Tibermündung besetzt und dann sich in das Innere des Landes vorgearbeitet. In ihrer Verfassung und Bewaffnung den Italikern überlegen, konnten sie die Umbrer verdrängen und bis zum Apennin die Herrschaft an sich ziehen, doch ist an manchen Plätzen das Fortleben der Italiker gesichert. In den *etruskischen Städten* war das Königtum ursprünglich die Regel, dann aber ging die politische Führung an die Geschlechtshäupter *(lucumones)* über, eine Aristokratie von Grundbesitzern, Kaufleuten und Seeräubern, die über zahlreiche Dienstleute etruskischer und fremder Herkunft verfügte. Es bestand nur ein lockerer Zusammenhang zwischen den verschiedenen Städten; der seit dem 6. Jahrhundert nachweisbare Bund der zwölf Städte Etruriens war ein Kultverein, dem Gemeinden von recht verschiedener Volksmischung angehörten. Als Mitglieder werden vor allem Cäre und Veii genannt, dann vom Süden nach Norden im Küstengebiet Tarquinii, Volci, Rusellä, Vetulonia, Volaterrä, im Innern von Norden nach Süden Arretium, Cortona, Perusia, Clusium, Volsinii. In diesem ganzen Bereich bezeugen die Funde die Macht und Herrlichkeit etruskischer Geschlechter und ihre Beziehungen über Land und Meer. Von der Umwelt, die sie ausbeuteten und zu beherrschen suchten, empfingen die Etrusker mancherlei Anregungen, und doch haben sie, wie die bis in die

Spätzeit immer zahlreicher werdenden Denkmäler bekunden, ihre Eigenart voll zur Entfaltung gebracht.

Die Übernahme kultureller Elemente des Griechentums ist besonders handgreiflich. Griechische Götternamen begegnen neben den etruskisch-kleinasiatischen und neben den italischen. Technik und Formensprache der griechischen Kunst setzen sich seit dem 7. Jahrhundert durch und bestimmen vor allem die Vasenmalerei und die Gravierung der Metallspiegel und Bronzegefäße in solchem Grad, daß man versucht ist, von einer griechischen Kulturprovinz in Etrurien zu sprechen. Bei genauerem Zusehen enthüllt sich aber das kleinasiatische Wesen des Volkes, das trotz aller Anleihen vom hellenischen Geist nicht umgeformt werden konnte. Wie die Mauerbauten der Städte an vorgriechische Anlagen der Ägäis erinnern, so erscheinen auch Plastik und Malerei der Etrusker trotz aller Anpassung an griechische Formen näher verwandt mit der vorindogermanischen Kunst der östlichen Mittelmeerwelt. Besonders eindrucksvoll tritt die Eigenart des Volkes im religiösen Bereich zutage. Die *Religion* der Etrusker kannte – anders als der Glaube der Hellenen in klassischer Zeit – neben den Göttern eine Reihe von Dämonen, teils Schutzgötter für einzelne Menschen, für Familien und Geschlechter, teils Plagegeister, die den Menschen auch im Jenseits bedrängen, wie der mit dem Hammer ausgerüstete Charu und der schreckliche Tuchulcha, der mit Pferdeohren, Geierschnabel und Schlangen im Haar wie eine Höllengestalt anmutet. Dieses Heer von Dämonen hat im Lauf der Zeit an Zahl und Unheimlichkeit zugenommen. Auf der andern Seite bot die Religion eine ausgebildete Technik zum Zweck der Lebenssicherung und des richtigen Handelns. Der Erforschung und Erfüllung des Götterwillens diente eine von den Priestern geschaffene und gehandhabte besondere Wissenschaft *(disciplina Etrusca)*. Dazu gehörten die Eingeweideschau (Haruspicin), im besonderen die Leberschau, die in der von den Babyloniern entwickelten Methode betrieben wurde, dann die Blitzlehre, ein bestimmtes Verfahren, alle Blitzmale zu erklären und unschädlich zu machen, schließlich die Zeremonienordnung (Ritus), in der die Deutung der Vorzeichen, vor allem des Vogelflugs, und das Brauchtum für die Staatsaktionen zusammengefaßt waren; denn alle Handlungen der Gemeinde unterlagen geheiligten Vorschriften, die Musterung des Heeres nicht weniger als die Einteilung der Felder und die Anlage der Städte: jede Etruskerstadt mußte drei Tore und einen dreigeteilten Tempel für die obersten Gottheiten Juppiter, Juno und Minerva haben.

Gewiß hatten auch andere Völker des Altertums ihre Kunst der Zukunftsdeutung, und der Glaube, daß man durch peinliche Leistung den Göttersegen erzwingen könne, war weit verbreitet, in Etrurien aber scheint die Religion wenig zum Aufschwung des Lebens und zur Verinnerlichung des Menschen beigetragen zu haben. Auch Totenpflege und Jenseitsvorstellung haben keine befreiende Wirkung getan. Es war Sitte, den Toten durch Beerdigung an die Allmutter zurückzugeben und ihn, da er weiterhin Macht üben konnte, im Grabe zu schützen und mit Spenden zu ehren. Im Kult der toten Geschlechtshäupter wurden Fechterspiele veranstaltet, um den Verstorbenen das von den Kämpfern vergossene Blut zukommen zu lassen – das ist der Ursprung der Gladiatorenspiele, mit denen die Römer einen fragwürdigen Ruhm gewonnen haben. Auch die Anlage der Gräber wurde oft ins Monumentale gesteigert, Kuppelräume wurden gebaut, Kammergräber in den Tuff gehauen und Erdhügel darüber gelegt, Waffen und Geräte wurden den Toten beigegeben. Auf dem Boden des alten Cäre (heute Cervetri) reihen sich viele Gräber solcher Art entlang den Straßen, die durch die ausgedehnte Stadt der Toten gezogen sind.

Immer sorgfältiger wurde im Lauf der Generationen die Totenpflege, immer drückender der Aberglaube, und doch haben die Etrusker mit ihrer religiösen Angst ein hohes Maß von Daseinsgenuß, von Weltlichkeit und Pracht verbunden. Die Wandgemälde mancher Gräber verraten noch, wie sehr man die physische Kraft und die sinnliche Schönheit zu schätzen wußte. Für die müßigen Tage hatte man mannigfache Spiele erfunden, und es kam vor, daß bei den gymnischen Kämpfen der Männer die Frauen als Zuschauerinnen anwesend waren, wie umgekehrt die Männer den Wettspielen der Frauen zusahen. So war das Leben reich an Spannungen, und nur in ihrer massiven, ungeistigen Art entsprachen sich Jenseitssorge und Augenblicksgier.

Kraft und Können des etruskischen Volkes bekunden sich vor allem seit dem 7. Jahrhundert in dem wirtschaftlichen Aufschwung des Landes und in der Erweiterung des Herrschaftsgebiets. Die Mineralschätze – Eisenlager von Elba, Kupferminen bei Volaterrä – wurden ausgebeutet; in der Gegend von Populonia bezeugen noch heute gewaltige Schlackenhügel die Tätigkeit der Schmelzöfen in dieser Stadt. Eine rege Metallindustrie fertigte Waffen, Gefäße und Spiegel aus Bronze, der Handel trug die heimischen Waren über Italien hin und in überseeische Länder und ermöglichte den Magnaten Etruriens die Einfuhr der kostbaren phönikischen Stoffe, des Öls und des Weins aus Griechenland. Wie stark die italischen Nachbargebiete von der etruskischen Herrschaft durchdrungen wurden, zeigen die dem 7. Jahrhundert angehörenden Gräber in Präneste (östlich von Rom), die in ihrer Ausstattung den reichsten Anlagen Etruriens gleichkommen. Bald gewannen die etruskischen Großen auch die politische Hoheit über ihre Umwelt und setzten sich als herrschende Schicht in Siedlungen der Italiker fest. Nach Süden und Norden ist die *etruskische Macht* im 7. und 6. Jahrhundert vorgetragen worden. Im südlich angrenzenden Gebiet wurde Falerii abhängig, dann wurde Rom, die latinische Gemeinde am unteren Tiber, besetzt, Tusculum gewonnen. Spätestens seit Anfang des 6. Jahrhunderts drangen Etrusker in Kampanien ein, wo Kapua und Nola Mittelpunkte ihrer Herrschaft wurden. In derselben Zeit ging die Expansion auch nach Norden. Noch im 7. Jahrhundert wurde der Arno erreicht und überschritten, dann langsam das Hindernis des Apennin überwunden. Gegen Ende des 6. Jahrhunderts erschienen die Etrusker in der Po-Ebene; in Bologna (etruskisch Felsina), Modena, Parma, Mantua haben sie sich durchgesetzt. Im Gebiet der Po-Mündung gelangten die Hafenstädte Spina, das ein Schatzhaus in Delphi bauen konnte, und Adria, das dem östlichen Meer den Namen gab, zu Reichtum und Macht. Im Tyrrhenischen Meer richtete sich der etruskische Drang vor allem nach Korsika, das in seinen Hochwäldern das für die Metallschmelze nötige Holz besaß.

Die Ansprüche der Griechen aus Phokaia, die um 600 östlich der Rhone-Mündung Massalia gegründet hatten und nun auch die Küsten Korsikas kolonisieren wollten, wurden in einer Seeschlacht bei Alalia (auf Korsika) von den Etruskern, die mit den gleichfalls griechenfeindlichen Karthagern verbündet waren, um 540 zurückgewiesen. Gute Beziehungen zu Karthago ergeben sich für das 5. Jahrhundert aus den Goldplättchen, die neuerdings in Pyrgi, der Hafenstadt von Cäre, gefunden wurden und mit ihren in Etruskisch und Punisch abgefaßten Inschriften den Dank des etruskischen Magistrats an die punische Göttin Astarte bekunden.

Um diese Zeit waren die Etrusker die führende Macht in Italien. Ihre Herrschaft ruhte allerdings auf einer brüchigen Grundlage. Eine dünne Herrenschicht hatte, auf politische Erfahrung und wirtschaftliche Überlegenheit gestützt, italische Stämme und Gemeinden leicht überwunden und im Genuß der Herrschaft sich verwöhnen lassen. Um die Wende vom 6. zum 5. Jahrhundert ist daher von Gegnern, die an politischer Kunst den Etruskern gewachsen oder durch Volkskraft und Wehrhaftigkeit unüberwindlich waren, der rasche Niedergang der etruskischen Macht herbeigeführt worden. Die Griechen von Cumä leisteten Widerstand; mit ihrer Hilfe besiegte Hieron, der Herr von Syrakus, die Etrusker 474 in einer entscheidenden Seeschlacht, Großgriechenland hielt sich frei. Bald darauf drangen die Samniten vom Apennin her in die kampanische Ebene vor und besiedelten Stadt und Land. Im Norden hat der Einbruch der Kelten seit Beginn des 4. Jahrhunderts das Etruskertum zu Fall gebracht. Für die Geschicke Italiens war es entscheidend, daß nach Auflösung der etruskischen Machtbildung von der Mitte des Landes aus ein neuer, zunächst sehr bescheidener Versuch zur italischen Staatenbildung unternommen wurde. Diesen Versuch wagte die Stadt Rom, die gegen Ende des 6. Jahrhunderts ihren etruskischen König vertrieben und dessen Erbe an sich gerissen hat.

III. Kapitel

Die Anfänge Roms

So bunt auch die Volkselemente im alten Italien gemischt waren, sie fanden doch eine Zeitlang Auskommen und Austausch miteinander, noch hatte das Land Raum für alle. Die Italiker besaßen ihre Triften, die Griechen die Hafenbuchten und Küstenebenen nach Art ihrer hellenischen Heimat, die Etrusker die Bodenschätze und Seeräubernester, die sie begehrten. Aus den archäologischen Funden ersehen wir, daß es vielfache Berührung zwischen den verschiedenen Stämmen und Städten gab, auch die Geschichte der Schriften und Sprachen legt einen anhaltenden kulturellen Austausch nahe. Illyrer, Etrusker und Römer haben das Alphabet der Griechen übernommen, umgekehrt haben die Etrusker ihr System der Personennamen bei Italikern und Illyrern durchgesetzt. Die altindogermanische Überlieferung kennt den zweistämmigen Individualnamen, wie ihn die Griechen immerfort bewahrt haben (z. B. Demosthenes, Diogenes). Die Etrusker dagegen benannten – vielleicht unter dem Einfluß mittelitalischer Nachbarn – den Mann mit zwei einstämmigen Namen, Vor- und Familiennamen, und gaben diese Sitte an die Umwelt weiter; durch die spätere Hinzufügung eines Beinamens ist so bei den Italikern die Dreinamigkeit Regel geworden (z. B. Marcus Porcius Cato), wobei es nicht selten vorkommt, daß einer der Namen der Sprache eines Nachbarvolkes entstammt. So eng war bis zur Mitte des ersten Jahrtausends hin die Verbindung der verschiedenen Volkselemente in Italien.

Auch für die Landschaft *Latium* gilt von der Frühzeit an diese Aufgeschlossenheit des wirtschaftlichen Verkehrs und des kulturellen Austausches. Die Natur hatte das ihre getan, das Gebiet am unteren Tiber von allen Seiten her zugänglich zu machen. Von Norden führte ein dem Tiber folgender alter Verkehrsweg nach Latium. Nachdem die Vulkane um die Mitte des 2. Jahrtausends zur Ruhe gekommen waren, lockte der mit der Asche gedüngte Boden die Einwanderer an. Aus den Brandgräbern des Albanergebirges und der römischen Forumsnekropole ergab sich ein Anhalt dafür, daß Italiker der ersten Welle wohl schon im 10. Jahrhundert nach Latium gelangt sind. Dazu kamen dann die Einwanderer der Eisenzeit, die zumeist die Totenbeerdigung übten. Elemente der Latino-Falisker und der oskisch-sabellischen Gruppe dürfen wir in diesen beiden Vorstößen erkennen. Auch in Latium lebten die Bewohner dieser ältesten Zeit noch mehr von der Viehzucht als vom Ackerbau, sie siedelten in kleinen Gaubezirken und bevorzugten für ihre Hauptorte die geschützte Höhenlage. Aus solchen Niederlassungen sind die historischen Städte der Landschaft hervorgegangen. Im Nordosten am Anio beherrschte das hochgelegene Tibur den Eingang in die sabinischen Berge; in der Einsenkung zwischen dem Albanergebirge und dem Apennin, durch die ein von der Natur vorgezeichneter Weg nach Kampanien führt, wurde Präneste ein Platz ersten Ranges. Auf dem Albanergebirge erstanden Tusculum an der Nordseite, Alba Longa am Fuß des Mons Albanus (Monte Cavo), der mit seiner bis nahe an 1000 m ansteigenden Höhe wie eine natürliche Kuppel die Landschaft bekrönt, Aricia zwischen Albaner- und Nemisee. In der Küstenebene, jedoch nicht am Strand, sondern etwas landeinwärts, lagen Lavinium und Ardea, Gemeinden von Hirten und Bauern dieser meerabgewandten Frühzeit.

Wenig unterhalb der Mündung des Anio in den Tiber nahmen die Hügel auf der linken Seite des Stroms die Niederlassung *Rom* auf. Besonders günstig erwies sich der zentral gelegene Palatin mit seinen steilen Abhängen und seinem breiten Plateau, von ihm aus ließ sich die Übergangsstelle über den Fluß, die in alter Zeit nahe der Insel, wo die Strömung schwach ist, entstanden war, leicht überwachen. Die Frage ist, von wann ab dieser Platz bewohnt gewesen ist. Die archäologische und die historische Forschung unternimmt in unseren Tagen erneute Anstrengungen, die verschiedenen Phasen der frühen Siedlungen auf den römischen Hügeln und die entscheidenden Vorgänge, die zur Stadtwerdung führten, im einzelnen nachzuweisen. Aufgrund des Fundmaterials, das in dem großen Werk von E. Gjerstad dargeboten ist, haben Archäologen und Prähistoriker ihre Synthesen über die Anfänge Roms vorgetragen; neben Gjerstad sind vor allem R. Bloch und H. Müller-Karpe zu nennen. P. de Francisci hat eine eindringende Entwicklungsgeschichte der Frühzeit geboten, A. Alföldi hat sich besonders den Beziehungen zwischen Altrom und den Latinern zugewandt. Die Meinungen der Gelehrten gehen noch weit auseinander; doch in einigen wesentlichen Punkten scheinen die archäologischen Zeugnisse mit der literarischen Überlieferung vereinbar zu sein, wie zuletzt M. Pallottino und A. Momigliano wahrscheinlich gemacht haben. Nach dem Zeugnis des Altertums lag die früheste Niederlassung auf dem Palatin, und hier sind – ebenso wie auf den Albanerbergen – seit dem 10. Jahrhundert Hütten und Brandgräber nachgewiesen und die Spuren einer nicht mehr unterbrochenen Besiedlung gesichert. Im 8. Jahrhundert machen sich von Etrurien her Einflüsse der Villanova-Kultur geltend, zugleich aber auch Anregungen von Süditalien her, wo die Totenbestattung die Regel war. Man ist versucht, diese frühe Siedlung als die romulische Phase im Werden Roms anzusprechen. Die palatinische Gemeinde hat sich weiter ausgedehnt in Richtung zum Forum, wo dann die Beisetzung von Toten aufhört, und besonders zur Anhöhe der Velia, die vom Palatin zum Esquilin führt. Vielleicht dürfen wir in dem Fest des Septimontium, das in historischer Zeit die Bewohner aller Quartiere auf Palatin, Cälius und Esquilin vereinigte, eine Erinnerung an die vergrößerte palatinische Gemeinde erkennen. Der Quirinal gehörte nicht zum Verein des Septimontium; offenbar hat die durch Bestattungsgräber nachgewiesene Siedlung auf diesem Hügel längere Zeit als besondere Gemeinde bestanden. Es ist möglich, daß die Bewohner des Quirinals vom sabinischen Gebiet zugezogen sind. Die legendäre Überlieferung spricht vom Raub der Sabinerinnen in der Zeit des Romulus und kennt die Berufung des zweiten

Königs Numa aus dem Sabinerland. Damit sind wohl Hinweise auf die Verbindung der palatinischen Gemeinde mit der Siedlung auf dem Quirinal gegeben. An denselben Vorgang erinnert wohl auch die Tatsache, daß die römischen Priesterschaften der Salii und Luperci sich stets aus je zwei Gruppen, den Palatini und den Collini, zusammengesetzt haben. Die Eingemeindung der Hügelsiedlungen war ein bedeutender Akt in dem langen Prozeß der Stadtwerdung Roms.

Die kritische Prüfung der reichen Überlieferung über die Urzustände Roms hat es auch ermöglicht, über die Gemeinde der Königszeit, ihre *Religion* und *Verfassung*, mit einiger Sicherheit Aussagen zu machen. Aus den Aufzeichnungen des römischen Kalenders in historischer Zeit hebt sich ein bestimmter Kreis von Götterfesten der ältesten Gemeinde mit aller Klarheit ab. Nach der Gründung der Stadt muß also die kultische Jahresordnung festgelegt worden sein; die Sage, die diese planmäßige Gestaltung des Kultes dem König Numa zuschreibt, scheint dies festzuhalten. Der „Kalender des Numa“ nennt gegen 30 Gottheiten, neben römisch-italischen auch griechische und etruskische, und ist somit ein Beweis dafür, daß die Stadt Rom mitten in die Kulturströmungen der Halbinsel hineingestellt war. Da erscheint Juppiter als der indogermanische Himmelsgott, Janus als der Herr der Türe, Vesta als die Göttin des Herdfeuers, Mars als Kriegsgott der latinischen Gemeinde und Quirinus als derjenige der sabinischen Siedlung; die Formel *populus Romanus Quiritium* hat die Zusammengehörigkeit der Söhne des Mars und des Quirinus für immer festgehalten. Griechische Gottheiten treten in italischer Umprägung auf, wie Liber, der dem Eleutherios-Dionysos, und Libera oder Ceres, die der Demeter entspricht. Die Erdmutter Furrina und der Feuergott Volcanus scheinen etruskischer Herkunft zu sein. Dem ältesten römischen Denken liegt es ferne, sich die Gottheiten menschengestaltig vorzustellen, im Kult der Frühzeit fehlen daher Bilder und Tempel. Für den Römer sind die Götter von Haus aus die im natürlichen Kreislauf des Lebens und der menschlichen Arbeit wirkenden Kräfte, sie bringen das Werden des Menschen, die Wohlfahrt im Hausstand, das Gedeihen der Herden und Saaten hervor. Jeder Gott hat eine genau bestimmte Kraft, die mit dem Begriff *numen* bezeichnet wird; es ist nur folgerichtig, daß man mit diesem Wort auch die Gottheit selbst benennen kann, deren Wesen man vornehmlich im Wirken und Tun empfindet. Charakteristisch für die altrömische Gottesvorstellung ist ferner, daß die Funktionen der Gottheiten auf dem klar umrissenen Tätigkeitsfeld sich in einem ganz bestimmten Augenblick offenbaren, sie sind an die Zeit gebunden. In den einzelnen Phasen des natürlichen Werdens und des menschlichen Schaffens treten sie hervor: ein besonderer Gott ist am Werk, wenn der Bauer den Boden pflügt, ein anderer, wenn er sät, und wieder ein anderer, wenn er mit der Egge darübergeht, und so fort bis zur Ernte, zur Einfuhr und zum Verbrauch der Frucht. Wo immer im Lauf des Lebens und der Geschichte neue schöpferische Kräfte aufbrechen, offenbaren sich neue Gottheiten in ihnen. Ein solches Denken vom Göttlichen bedeutete die Heiligung des Menschen in seinem natürlichen Werden und in seinem kulturellen Wirken, es erzeugte eine Frömmigkeit besonderer Art. Der römische Mensch, der dieses allgegenwärtige Eingreifen der höheren Mächte ahnt und sich dem Kräftefeld dieser Gewalten ausgesetzt fühlt, will auf die geheimnisvollen Wirkungen der Gottheiten achtgeben, ihre Hinweise aufgreifen und sich zunutze machen, er will, wie uns der gute Kenner des römischen Altertums Varro sagt, die Adressen der Götter kennen wie die der Bäcker und Zimmerleute. Diese Scheu und Achtsamkeit gegenüber den Göttern bezeichnet er mit dem bedeutungsschweren Begriff *religio*.

Im Haus ist es Sache des *pater familias*, der in der hochgesteigerten patriarchalischen Ordnung ein außerordentliches Herrenrecht über die gesamte Großfamilie besitzt *(patria potestas)*, die Gebete, Opfer und Zeremonien in peinlicher Genauigkeit zu verrichten. In der Gemeinde wahrt der König die Verbindung mit den Göttern, er sichert das gute Auskommen mit den hohen Gewalten *(pax deum)*. Für Opfer, Feste und Begehungen erwartet der einzelne wie die Stadt die Gegenleistung der Götter, es gilt ein klares Geben und Nehmen *(do ut des)*. Wenn aber einmal Unheil geschieht, so zweifelt man nicht, daß man es an der nötigen Leistung hat fehlen lassen und sucht das Versäumte durch besondere Opfer nachzuholen. Um die Ansprüche der Götter zu befriedigen, hat man neben den König priesterliche Beamte gesetzt: die Pontifices, denen die Abhaltung der Feste im Kreislauf des Jahres obliegt, und die Augures, die sich auf die Deutung der von den Göttern kommenden Zeichen verstehen, wie der Himmelserscheinungen und des Vogelflugs. Es ist im alten Rom wie in Etrurien die Norm, bei den großen staatlichen Handlungen den Willen der Götter zu erkunden und ihre Zustimmung einzuholen. Diese einzigartige religiöse Bindung der Gemeinde hat die Götter zu Mithandelnden des Staates gemacht und der Bürgerschaft im Lauf der Generationen ein hohes Bewußtsein göttlicher Berufung eingegeben. Cicero glaubte, in der Verschmelzung der politischen und der religiösen Leitung des Staates ein Werk tiefer Weisheit der Ahnen und den Urgrund der Größe Roms erkennen zu dürfen.

Wie im Glauben und Kult, so hat Altrom auch in seinem politischen Aufbau eine Sonderform des Indogermanischen und des Italischen ausgeprägt. Der aus den Geschlechtern hervorgehende Stadtkönig ist, wie die altindogermanische Bezeichnung *rex* sagt, der Leiter der Gemeinde, er hat die Führung des Aufgebots im Krieg und die Vertretung der Stadt gegenüber den Göttern *(imperium auspiciumque)*, doch ist seine Handlungsvollmacht an den Huldigungseid der Wehrgemeinde *(populus)* gebunden, wie denn alle größeren Entscheidungen (Beschluß von Gesetzen, Erklärung von Krieg und Frieden) aus dem Volkswillen hervorgehen. Dieses politisch tätige Volk ist in drei Tribus zu je zehn Kurien gegliedert. Die Namen der Tribus (Tities, Ramnes, Luceres) sind etruskischer Herkunft, aber die Bezeichnungen Tribus und Curia selbst sind indogermanisch, und die Gliederung nach Gaudritteln kann geradezu als gemeinitalisch angesprochen werden. So handelt es sich bei dieser Gliederung um den Verfassungsaufbau der voretruskischen Zeit. Es ist möglich, daß es im ältesten Rom einmal eine Gliederung des Volkes nach Blutsverbänden gegeben hat, wie dies im übrigen Italien die Regel ist und in den Phylen und Phratrien der griechischen Welt zum Ausdruck kommt. Soweit wir aber die Funktion der römischen Tribus und Kurien zurückverfolgen können, erweisen sich diese Körperschaften als rein politische Einheiten. In Rom hat – so müssen wir wohl folgern – schon in einer politischen Schöpfung der Frühzeit der Staatsgedanke sich über die Bindungen der Blutsverwandtschaft durchgesetzt. Die Tribus sind die grundlegenden Einheiten für den Kriegsdienst geworden, jede Tribus stellt hundert Reiterkrieger *(celeres)* und zehn Hundertschaften zum Fußvolk *(milites)*, für das sich somit als Einrichtung der Königszeit ein 3000-Mann-Heer ergibt. Die Kurien sind die Körperschaften, nach denen die politische Versammlung der Gemeinde zusammentritt, sie machen durch ihren Huldigungseid den König zum Träger der Gemeindehoheit und bewahren auch in den Jahrhunderten der Republik das Recht, den obersten Magistraten durch einen Gesetzesbeschluß ihre Vollmacht zu übertragen *(lex curiata de imperio)*. Als beratendes Organ steht dem König der Senat zur Seite, die Versammlung der Väter *(patres)*, d. i. der Häupter der vornehmen Sippen. Es kommt dem Senat nicht zu, Gesetze zu beschließen und Befehle zu geben, doch gewinnt er als Kollegium der adeligen, mächtigen und ehrwürdigen Alten durch seinen Ratschlag autoritativen Rang.

So können wir in der Urgemeinde die Keime erkennen, aus denen die Verfassung des freien Volksstaates hervorgegangen ist. Auf dieses langsame Werden hat allerdings auch die Umwelt eingewirkt, ja die bedeutendsten römischen Lebensentscheidungen sind nichts anderes als Antworten auf Fragen, die von außen gestellt wurden. Im Zug ihrer großen Expansion haben die Etrusker wohl um 550 Rom besetzt und dann etwa ein halbes Jahrhundert lang die Stadt beherrscht. An der Tatsache einer *etruskischen Herrschaft* ist kein Zweifel möglich, auch wenn auf dem Boden von Rom kein etruskisches Königsgrab zutage getreten ist. Die Überlieferung, die den fünften in der Reihe der Könige, Tarquinius Priscus, aus Tarquinii nach Rom kommen läßt und den siebenten und letzten König Tarquinius Superbus nennt, birgt insofern ein historisches Element, als der Tarquiniername in der Nekropole von Cäre und in einem Wandgemälde des berühmten Françoisgrabes von Volci bezeugt ist. Man hat auch nachgewiesen, daß die Namen Roma und Romulus von einem etruskischen Geschlechtsnamen *ruma* abgeleitet sind. Offenbar hat das Gemeinwesen, das aus der Zusammenziehung der latinischen und der sabinischen Siedlung hervorgegangen war, jetzt seinen Namen und jene planmäßige Formung zum Stadtstaat erhalten, die in der literarischen Tradition als ein Werk des Königs Servius Tullius erscheint, der die Stadt nach vier Regionen geordnet haben soll. Sicher ist Rom durch einen etruskischen Herrscher in das umfassende Kulturgebiet, das von Bologna bis Kapua reichte, eingegliedert und auch mit dem westlichen Griechentum in engere Verbindung gebracht worden. Rom erlebte während der Fremdherrschaft einen mächtigen wirtschaftlichen Aufschwung. Das Landgebiet *(ager Romanus)* wurde beträchtlich erweitert. Neben der Viehzucht gewann nun der Ackerbau nach den fortschrittlichen Methoden der Etrusker erhöhte Bedeutung. Die Stadt erhielt durch die Könige, die in der Art ihres Volkes die Herrschaft zu glanzvoller Repräsentation brachten, großartige Bauten und erfuhr eine wesentliche Steigerung ihrer auswärtigen Macht. Auf dem kapitolinischen Hügel, der jetzt zum Burgberg gestaltet wurde, hat ein etruskischer Herrscher wohl nach griechischem Vorbild den drei höchsten Göttern Juppiter, Juno und Minerva einen dreizelligen Tempel zu bauen begonnen. So wurde durch etruskische Vermittlung die griechische Weise, die Götter menschengestaltig zu sehen, ihnen Bild und Behausung zu geben, nach Rom gebracht. Die Niederung zwischen den Hügeln, die in der Urzeit Gräber aufgenommen hatte und seit der Eingemeindung der Siedlungen zum Durchgangsraum geworden war, haben die Etrusker durch einen unterirdischen Abflußkanal (Cloaca maxima) entwässert und als Markt (Forum) und Versammlungsplatz (Comitium) gestaltet. Dort haben sie auch den Tempel der Vesta gebaut und den Königspalast errichtet, dessen Name Regia auf das Amtshaus des Pontifex maximus der republikanischen Zeit übergegangen ist. Man sollte erwarten, daß die Stadt, deren Bild so planmäßig geformt wurde, nun auch eine durchgehende Ummauerung erhalten hätte. Das Altertum hat den starken Mauerring, der in verschiedenen Quartieren des heutigen Rom so ansehnliche

Reste hinterlassen hat, in der Tat dem König Servius Tullius zugeschrieben. Die moderne Forschung jedoch hat diese sogenannte Servianische Mauer als eine Anlage des 4. Jahrhunderts, als eine Reaktion auf den Einfall der Gallier, erwiesen. Es fehlt aber nicht an Resten einer früheren Befestigung, die in die Zeit um 500 datiert werden können.

Die Etrusker haben, wie es für fremde Herrscher naheliegt, die Königsmacht in Rom gesteigert und durch neue Insignien und durch zeremonielles Auftreten nach außen gekehrt. Als Abzeichen der Herrscherwürde trugen sie das Purpurgewand und führten das Zepter; auf sie geht auch der elfenbeinerne Thron zurück, von dem der Amtsstuhl des republikanischen Magistrats *(sella curulis)* ein Relikt darstellt. Wenn sie in der Öffentlichkeit erschienen, gingen ihnen Amtsdiener *(lictores)* voran, die auf der Schulter Beile und Rutenbündel *(fasces)* trugen. Wahrscheinlich ist dieses Abzeichen der Herrschaft aus dem Kultsymbol der Doppelaxt hervorgegangen, das im ägäischen Kulturkreis oft begegnet. In Etrurien, wo Abbildungen der Doppelaxt, auch der in Rutenbündel gefaßten, hin und wieder in Gräbern vorkommen, ist das Kultsymbol zum Sinnbild der Gewalt über Leib und Leben geworden, und Rom hat dieses ausdrucksvolle Zeichen vom Königtum auf das republikanische Oberamt übertragen. Auch im römischen Triumphzug lebt vielleicht noch ein Stück etruskischen Zeremoniells fort. Wenn der Feldherr nach siegreichem Krieg, angetan mit dem Purpurgewand, vom Marsfeld zum Kapitol hinaufzog auf einem Wagen, der von vier weißen Rossen gezogen wurde, so gab er sich als Nachfolger der Könige, mag man im einzelnen seine Tracht vom etruskischen Herrscher oder unmittelbar von Juppiter herleiten.

Wahrscheinlich hat Rom unter etruskischer Herrschaft den politischen *Vorrang in Latium* gewonnen. Zwar sind die Beziehungen zwischen Altrom und den latinischen Städten in der neueren Forschung noch sehr umstritten, aber es spricht viel dafür, daß Rom schon vor dem Erscheinen der Etrusker an zwei Plätzen seine Macht aufrichten konnte: an der Tibermündung und im Albanergebirge. Nahe der Tibermündung wurde nach einem Verfahren der Urzeit das Salzwasser durch Kanäle in

Bassins geleitet, in denen sich dann das Salz ablagerte. Der kostbare Stoff wurde weit in das mittlere Italien hinein verhandelt, wie die vom unteren Tiber in das Sabinerland führende Via Salaria mit ihrem Namen verrät. Diese Salinen hat Rom an sich gebracht; das ist, wie es scheint, der einzige glaubwürdige Bestandteil der antiken Nachricht, daß Ancus Marcius, der vierte unter den römischen Königen, an der Tibermündung Ostia gegründet habe, denn die Anfänge der römischen Kolonie Ostia sind durch archäologische Funde erst in die Mitte des 4. Jahrhunderts datiert. Im Albanergebirge hielten die stammverwandten latinischen Städte den römischen Landhunger in Schranken. Der politische Zusammenhalt des Stammes war allerdings schon stark gelockert; auch die Kultvereine, in denen man sich zusammenfand, brachten die Einheit des Latinertums *(nomen Latinum)* nur mangelhaft zum Ausdruck. Die größte Bedeutung hatte das Latinerfest, das die um den Albanerberg liegenden Gemeinden alljährlich im Kult des Juppiter Latiaris vereinigte und wohl unter der Leitung von Alba Longa stand. Ein anderer Kultverein trat im Heiligtum der Diana am Nemisee wohl unter Führung von Aricia zusammen. Die Tradition berichtet davon, der kriegerische König Tullus Hostilius, der Nachfolger des Numa, habe Alba Longa angegriffen und zerstört. Sicher ist, daß die albanischen Gräber im 7. Jahrhundert fast ganz aufhören, daß die Markung der Stadt Alba in früher Zeit römisch geworden ist und daß vornehme albanische Geschlechter in Rom Aufnahme gefunden haben. Die Julier gehörten zu den Sippen, die sich albanischer Abstammung rühmten in einer Zeit, als man die Herkunft der Römer von Troja – über Alba – abzuleiten begonnen hatte. Nach solchen frühen Ansätzen hat nun das von Etruskern beherrschte Rom die Vormacht in Latium gewonnen. Dafür spricht vor allem die unbestreitbare Tatsache, daß ein römischer König – nach der Tradition war es Servius Tullius – auf dem Aventin das Heiligtum der Diana als kultisches Zentrum der Latiner errichtet hat.

Bei dem allgemeinen Aufschwung, den die etruskische Herrschaft der Stadt Rom gebracht hat, kann es nicht wundernehmen, daß etruskische Einflüsse nun tiefer in das römische Leben eingedrungen sind. Am nachhaltigsten war die Einwirkung auf die Religion des Staates. In die lateinische Sprache sind manche Lehnwörter aus dem Etruskischen übernommen worden. Doch kann von einer Etruskisierung des Volkes nicht die Rede sein: auch während der Fremdherrschaft sprach man lateinisch, und die römische Familie wahrte ihre alte Struktur. Daß vor allem die Oberschicht durch die etruskischen Herrscher beeinflußt wurde, zeigen nicht wenige römische Geschlechternamen etruskischer Herkunft. Die stärkere Heraushebung des Adels aus dem Gesamtvolk lag im Zug einer von wenigen Magnaten getragenen Fremdherrschaft. Die Scheidung der Gemeinde in *Patrizier* und *Plebejer*, jene Ständebildung, die auf Jahrhunderte für die römische Politik grundlegend wurde, gehört in jedem Fall der Königszeit an. Man hat den Ursprung dieser Spaltung viel erörtert und wiederholt aus einem alten Stammes- und Volksunterschied, ja aus einem Rassengegensatz herleiten wollen. Sichere Anhaltspunkte sprechen gegen diese Erklärung; zeigen doch die römischen Geschlechternamen, daß Patrizier und Plebejer, beide in ihrer Weise, ihrer Herkunft nach gemischt waren. Die allgemeinen Voraussetzungen für die Bildung des römischen Patriziats dürften der Entstehung des Adels bei andern indogermanischen Völkern entsprechen. Hervorragendes Kriegertum und entsprechend großer Besitz an Herden und Land stehen am Anfang. Archäologische Spuren lassen im alten Latium ausgedehnte Entwässerungsanlagen erkennen und machen schon für die Frühzeit das Vorhandensein größerer Güter wahrscheinlich. Der Übergang von der Viehzucht zum Getreidebau mußte die Unterschiede im Besitz verstärken. Ein Teil der freien Bauern ist von den mächtigen Landbesitzern abhängig geworden und ließ sich gegen Dienstleistung Vieh und Land zur Bestellung geben. Gegenseitige Treuepflicht *(fides)* verband diese hörigen Bauern *(clientes)* und ihre Herren *(patroni)*. Theodor Mommsen wollte in diesem Stand der Dienstleute, in der Einrichtung der *clientela*, den Kern der römischen Plebs erkennen. Es sind aber nicht alle Plebejer Klienten gewesen, und die wirklichen Klienten treten in der Geschichte des Ständekampfes mehrfach auf seiten der Patrizier gegen die Plebejer auf. Es gab immer persönlich unabhängige Kleinbauern und freie Handwerker im alten Rom, und diese Schichten haben sich auch durch Zuwanderung vermehrt. Die Legende, der Stadtgründer Romulus habe auf dem Kapitol eine Freistatt für solche geschaffen, denen der Boden in der Heimat zu heiß geworden war, hält das Eindringen auswärtiger Elemente fest. Aber auch vornehme Familien sind aus der Fremde zugewandert und fanden in dieser Frühzeit ihrem Stand entsprechend Aufnahme in den römischen Adel. Noch zu Beginn der Republik ist Attus Clausus, ein vornehmer Sabiner, mit seiner Sippe und Gefolgschaft, angeblich 5000 Waffenfähigen, nach Rom übergetreten, in den Adel gelangt und so zum Ahnherrn der patrizischen Claudier geworden. Jede Aristokratie hat die Tendenz zum Zusammenhalt und zur Verewigung des Standes. So haben sich auch die römischen Adelsgeschlechter *(gentes)* im Lauf der Generationen immer festere Formen gegeben. Jede dieser Sippen hatte ihren Stammbaum, ihren besonderen Kult und ihre gemeinsame Grabstätte. Diese Geschlechterverfassung hob die Nachkommen der *patres* als *patricii*, als Angehörige des Geburtsadels, von der Volksmenge (*plebs* = Masse) wirksam ab. Das Bürgerrecht besaßen auch die Plebejer und sie nahmen an der Gemeindeversammlung teil, die Patrizier aber gewannen die politische Führung und machten den Senat zum Organ der Aristokratie.

Diese Ständebildung, die im wesentlichen dem sozialen Werdegang der griechischen Welt entspricht, ist von den letzten Königen Roms entsprechend dem aristokratischen Grundzug jeder Etruskerherrschaft weitergetrieben worden. Doch ist nicht zu verkennen, daß es am Ende gerade der römische Adel gewesen ist, von dem der Widerstand gegen die Fremdherrschaft ausging. Die Überlieferung weist darauf hin, daß es zu einer Adelsrevolution gegen den Tyrannen gekommen ist und daß latinische Städte den Aufstand unterstützt haben. Die Vertreibung des „Tarquinius“ kann mit großer Wahrscheinlichkeit in das ausgehende 6. Jahrhundert datiert werden. Zwar haben die Archäologen aufgrund der römischen Funde gezeigt, daß nicht schon um 500, sondern erst um 475 oder gar erst um 450 ein starker Rückgang der Einfuhr griechischer und etruskischer Waren in Rom eingetreten ist. Daraus ist wohl zu schließen, daß die kulturelle Verbindung Roms mit der Umwelt nach dem Ende der Monarchie zunächst weiterging und erst dann unterbrochen wurde, als durch den Aufstieg der sizilischen Griechen nach 480 im ganzen westlichen Mittelmeer eine starke Machtverschiebung eintrat. Die römische Tradition, die von der griechischen Geschichtsschreibung bestätigt wird, verbindet das erste Jahr der republikanischen Magistratur mit der Weihung des vom letzten König erbauten Heiligtums auf dem Kapitol. Dieser zeitliche Ansatz, der nach der römischen Überlieferung in das Jahr 509, nach der Berechnung des Polybios in das Jahr 507 führt, dürfte sich auch weiterhin in der wissenschaftlichen Forschung behaupten.

An die Stelle des Königtums trat nun eine ausgeprägte *Adelsherrschaft*. Die aristokratischen Regenten der Stadt haben nicht gezögert, die etruskischen Schöpfungen und Errungenschaften sich anzueignen und sie römisch zu machen. Der kapitolinische Tempel, nach der Tradition jetzt erst vollendet und eingeweiht, wurde nun im Zug der allgemeinen Entfaltung römischer Art zur kultischen Mitte des neuen Staates. Aus der von den Etruskern eingeführten Götterdreiheit hob sich Juppiter heraus als Herr der Stadt und König der Römer. Von seinem Kult wurden alle Verbindungen abgestreift, die anderwärts zu Juppiter gehörten; der römische Juppiter, Optimus Maximus genannt, wurde ausschließlich Gott der *res publica,* nur mit dem Wohl des Staates betraut, nur von den freien Bürgern der Gemeinde verehrt; er war, wie man gesagt hat, das metaphysische Prinzip des Staates. Diese Politisierung des kapitolinischen Kultes ist eine wesentlich römische Antwort auf die Zeit der etruskischen Besetzung. In dieselbe Richtung einer selbstbewußten Aneignung etruskischer Errungenschaften scheint eine bedeutsame diplomatische Initiative des römischen Adelsstaates zu gehören. Polybios (3, 22) setzt in das Anfangsjahr der Republik den ersten zwischen Rom und Karthago abgeschlossenen Vertrag. Er sagt auch, der Text des Vertrages sei in so altertümlichem Latein abgefaßt gewesen, daß selbst die kundigsten Römer seiner Zeit ihn nur schwer verstehen konnten. Aus einer anhaltenden wissenschaftlichen Kontroverse über die Datierung dieses Vertrags hat sich eine große Wahrscheinlichkeit für den Ansatz des Polybios ergeben. Die allgemeine Lage, die sich aus dem Abkommen ergibt, läßt sich mit den für das ausgehende 6. Jahrhundert bekannten Verhältnissen vereinigen. In den Bestimmungen des Vertrags erscheint Karthago in überlegener Stellung als der gebende Teil, es sichert sich im westlichen Mittelmeer ein Handelsmonopol und gesteht dem Partner die territoriale Hoheit in Latium zu, ohne freilich auf das Recht, Plünderungszüge dorthin zu unternehmen, Verzicht zu leisten. Die Herrschaft über das weite latinische Land kann Karthago, damals auf der Höhe seiner Macht, der Stadt Rom nur zuerkannt haben, weil es in ihr eine der zahlreichen Gemeinden der etruskischen Welt sah, mit der es vielfach in Vertragsbeziehungen stand. Die Republik am Tiber aber hat, indem sie latinische Städte zu Untertanen erklärte und die Freundschaft Karthagos entgegennahm, außenpolitisch das Erbe des etruskischen Königtums angetreten. So hohe Ansprüche durchzusetzen und zugleich das Gemeinwesen nach dem Sturz der Monarchie neu aufzubauen, war nun die Aufgabe des römischen Adels.

Zweiter Teil

Die Republik und Italien

I. Kapitel

Der Aufbau der Republik im Ständekampf
Die Sicherung von Latium (507-387)

Die Darstellung der beiden ersten Jahrhunderte der Republik bereitet nicht geringere Schwierigkeiten als die Geschichte der Frühzeit. Die antike Überlieferung liegt uns nur in der späten Fassung vor, die sie im Zeitalter des Kaisers Augustus durch Diodor, Dionys und Livius erfahren hat, in einer Bearbeitung also, auf die die Gesichtspunkte der ausgehenden Republik stärksten Einfluß gewonnen haben. Es bedurfte der ansgestrengten Bemühung der Generationen von Barthold Georg Niebuhr und Theodor Mommsen über Ettore Pais, Karl Julius Beloch und Gaetano De Sanctis bis Plinio Fraccaro und Pietro De Francisci, um aus der literarischen Tradition in methodischer Kritik die einigermaßen gesicherten Grundlagen zu gewinnen, auf denen in unserer Gegenwart die gelehrte Arbeit aufbaut. Auch heute noch ist jeder Versuch einer Wiederherstellung des geschichtlichen Verlaufs ein Wagnis. Man darf auch nicht glauben, daß unsere Nachrichten über die innere Entwicklung Roms verläßlicher seien als die Angaben über die Expansion der römischen Macht und daß sich die innere und äußere Geschichte der Republik gesondert darstellen ließen. Beide Sphären des historischen Lebens haben sich gegenseitig durchdrungen, die Kriegführung forderte die Heranziehung aller Volksteile, der Heeresdienst aber bedingte die Übertragung politischer Rechte an die aufsteigende Schicht. Um hier wenigstens die festen Anhaltspunkte für den Aufbau einer Geschichte der frühen Republik zu kennzeichnen, sei auf die Beamtenlisten *(fasti)* hingewiesen, die ziemlich verläßlich bis zum Jahr der kapitolinischen

Tempelweihe 507 zurückreichen. Ebenso alt sind die Angaben über Kultgründungen, die somit die Grundlinien im Werden der staatlichen Religion festhalten. Die literarischen Berichte bieten glücklicherweise manche Reste von Urkunden, von Verträgen und Gesetzen, die wie erratische Blöcke aus der Flut rhetorischer Erzählungen heraustreten. In Verfassung und Recht der späteren Republik lebt das Alte, durch neue Satzungen überwuchert, vielfach fort und kann mit Bedacht abgehoben werden. Die von Generation zu Generation üppig wachsenden Legenden lassen hin und wieder einen historischen Kern erkennen. Nachrichten aus der älteren historischen Umwelt, von den Griechen und Etruskern, helfen bei dem Unternehmen einer kritischen Auswertung der Tradition ebenso mit wie die Daten der archäologischen Forschung. Doch bei noch so behutsamem Vorgehen ist manche Position unsicher, dem persönlichen Urteil des Forschers ist ein weiter Raum freigegeben. Es muß uns hier genügen, die Grundzüge der Verfassung und Machtbildung der alten Republik zu erkennen und in ihnen die Wesenszüge des Römertums zu erfassen.

Die Stadt Rom ist durch die Vertreibung des etruskischen Herrschers zunächst in eine kritische Lage geraten. Die Beziehungen zu den benachbarten Staaten wurden aufs äußerste gespannt, da die Etrusker es nicht an Versuchen fehlen ließen, ihre Stellung zurückzugewinnen, die Latiner aufbegehrten und die Stämme Mittelitaliens auf Kosten Latiums Raum zu gewinnen suchten. Blickt man auf das politische Gesamtbild der westlichen Mittelmeerwelt, so erscheint die Gemeinde am Tiber als eine winzige Figur. Haben doch die Karthager in weltweiter Verbindung mit dem persischen Großreich 480 den Angriff auf die Griechen Siziliens unternommen und diese, ohne von der schwer bedrängten Heimat Hilfe zu erhalten, ihre Stellung behauptet. Aber gerade in diesem weiten Rahmen hebt sich der *Ansatz der römischen Republik* durch die Eigenart des kleinen, doch selbständigen Lebewesens ab. Die Stunde der patrizischen Geschlechter war gekommen. Es versteht sich für die Adelsherrschaft auch in Rom, daß sie mit den aristokratischen Schichten der Umwelt Verbindung suchte. Nach glaubwürdiger

Überlieferung sind in den ersten zwanzig Jahren der Republik mehrere Tempel in Rom gegründet worden, zum Teil Bauten für Kulte, die schon früher Aufnahme gefunden hatten. Um die Wende vom 6. zum 5. Jahrhundert ist, von Cumä ausgehend, Apollo mit der Orakelsammlung der sibyllinischen Bücher in Rom heimisch geworden – ein Beispiel für das Fortwirken des Einflusses aus Großgriechenland. Trotz dieser kulturellen Verbindungen trat im politischen Aufbau der Gemeinde die originale Kraft des Römertums zutage. Die Königsherrschaft, ihrem Wesen nach ein an die Persönlichkeit gebundenes Führertum, wurde durch die Schaffung eines förmlichen Amtes im Rahmen des Geschlechterstaates ersetzt. Nur in kultischer Funktion lebte das Königtum fort, ein *rex sacrorum* erhielt sich als nomineller Erbe der priesterlichen Stellung des Königs bis in die Kaiserzeit. Es ist möglich, daß in der archaischen lateinischen Inschrift, die in einer alten Bauanlage des Forums, dem sogenannten Grab des Romulus, gefunden wurde und wohl der Wende vom 6. zum 5. Jahrhundert angehört, die Rechte dieses Opferkönigs festgelegt waren. In der Praxis ging allerdings die Vertretung der Gemeinde gegenüber den Göttern an das Kollegium der Pontifices über, das Amtshaus des Pontifex maximus auf dem Forum hieß immerfort Regia. Die Staatspriester haben entsprechend der uralten Verbindung des Rechts mit der sakralen Sphäre auch die Einrichtungen für den Rechtsverkehr und den Rechtsschutz gestaltet und lange Zeit als alleinige Rechtskenner und Gutachter gewirkt. Doch blieb den Familien ein hohes Maß von Autonomie, den Häuptern der Familien die häusliche Gerichtsbarkeit erhalten.

Außerhalb des kultischen Bereichs trat an die Stelle des Königtums das obrigkeitliche Amt *(magistratus)*, das seinem Wesen nach übertragbar war. Einige Forscher, wie neuerdings F. De Martino, vertreten die These, daß das neue Führungsamt in den ersten Jahrzehnten von einem einzelnen bekleidet und erst um die Mitte des 5. Jahrhunderts an zwei Inhaber übertragen worden sei. Doch die uns erhaltenen Listen der Oberbeamten *(fasti consulares)* und die Berichte der literarischen Überlieferung sprechen dafür, daß von Anfang an zwei mit gleicher Vollmacht versehene Amtsträger gewählt worden sind. Beschränkung auf ein Jahr und Gleichstellung mit Amtsgenossen (Annuität und Kollegialität) kennzeichnen den *republikanischen Magistrat.* Die Träger des Oberamts hießen anfangs *praetores* (= Herzöge), erst später kam der Name *consules* auf; als dann (366) einer der Oberbeamten auf das städtische Gebiet, d. h. wesentlich auf die Rechtsprechung, festgelegt wurde, übernahm gerade dieser den alten Namen Prätor, während die beiden andern jetzt ausschließlich Konsuln hießen. Der Hergang der ersten Einsetzung von Patriziern in die Jahresregierung der Stadt ist von üppigen Legenden umwoben, in denen vor allem Marcus Junius Brutus, Spurius Lucretius, der Vater der tugendhaften Lucretia, und Lucius Tarquinius Collatinus, deren Gemahl, verklärt sind. Für die Frage nach dem Ursprung und Inhalt des republikanischen Führungsamtes, die für uns im Vordergrund steht, sind diese Erfindungen römischen Geschlechterstolzes unergiebig. Mommsen hat zur Erklärung der Magistratur eine mächtige juristische Konstruktion geschaffen, die ihm dann für die gesamte Verfassungsgeschichte der Republik bestimmend wurde. Er versteht die magistratische Vollgewalt *(imperium)* als Fortführung der Königsherrschaft. Von diesem Ursprung her will er den umfassenden Charakter der Amtsgewalt erklären, in der sowohl der militärische Oberbefehl als auch die Rechtsprechung in Frieden und Krieg enthalten gewesen sei; als eine Art Ausgleich für die Wucht solcher obrigkeitlicher Gewalt habe man zu Beginn die *provocatio* geschaffen, d. i. das Recht des Bürgers, bei Kapitalstrafen, die vom Magistrat im städtischen Amtsbereich *(domi)* verhängt wurden, durch Berufung an die Gemeinde die Aufhebung des Spruchs zu erlangen. Desgleichen will Mommsen vom monarchischen Ausgangspunkt des Konsulats den zweiten Wesenszug des republikanischen Führungsamts herleiten, die trotz aller Kollegialität ungeteilte Gewalt. Aus diesem einheitlichen Imperium seien dann später die Ämter der Quästoren, Prätoren und Censoren abgetrennt worden; die Verfassungsgeschichte der Republik würde also in wesentlichen Dingen eine fortdauernde Ausgliederung des Imperiums enthalten.

Diese in ihrer Geschlossenheit imponierende Theorie steht

aber, wie man neuerdings gezeigt hat, mit gesicherten geschichtlichen Tatsachen in Widerspruch. Es muß von Anfang an als fragwürdig erscheinen, daß der patrizische Geschlechterstaat, der das Königtum ablöste, eine derartige Vollgewalt, die sich doch auch gegen den Adel selbst richten konnte, geduldet haben soll. Weist sodann nicht die ursprüngliche Benennung der Amtsträger als Prätoren auf die militärische Führung, aber gerade nicht auf die richterliche Gewalt hin? Die Kriegführung wird als der wesentliche Inhalt der magistratischen Vollmacht auch durch die stets beibehaltene Übertragung des Imperiums durch einen besonderen Beschluß der Kurienversammlung *(lex curiata de imperio)* nahegelegt. Besonders aufschlußreich ist schließlich die Einrichtung des Interregnum in der republikanischen Verfassung: wenn die Konsuln gefallen sind oder aus irgendwelchen Gründen die Neuwahl der Oberbeamten für das nächste Jahr nicht vorgenommen wurde, dann kehren nach römischer Rechtsanschauung die Auspicien (d. h. die höchsten Vollmachten, besonders das Recht, den Willen der Götter zu erkunden) an die Väter, die Mitglieder des Senats, zurück; diese wählen einen Zwischenkönig *(interrex)* als Geschäftsträger für fünf Tage, der Geschäftsträger gibt sich selbst einen Nachfolger, der die Vorkehrungen für die Wahl der ordentlichen Magistrate trifft. Bei diesem Hergang, der aus historischer Zeit mehrfach bezeugt ist, erscheinen nur die patrizischen Senatoren im Besitz der aktiven und passiven Wahlfähigkeit zum *interrex.* So wird hier ganz deutlich, daß die staatliche Hoheit allein dem patrizischen Adel zugehört. Dies ist ganz offenkundig der Zustand, von dem die Republik ihren Ausgang genommen hat. Eine so souveräne Stellung des Adels schließt aber das von Mommsen angenommene umfassende Imperium der Magistrate aus; die Konsuln haben im wesentlichen nur die militärische Befehlsgewalt innegehabt, die jüngeren Ämter sind nicht einfach von der Vollgewalt der Anfangszeit abgesplittert, sondern beim Anwachsen der staatlichen Aufgaben mit eigenem Ansatz neu geschaffen worden, wie etwa das Amt der Quästoren, die den Konsuln zunächst bei der Verwaltung der Staatskasse, dann ganz allgemein als Gehilfen beigegeben wurden. Wahrscheinlich ist das

Imperium der Magistrate erst im Lauf des Ständekampfes, als die Adelsherrschaft sich lockerte, erweitert worden; es hat erst dann – um die Mitte des 5. Jahrhunderts im Kampf gegen die Plebejer – die Strafgewalt über Leib und Leben in sich aufgenommen. Die Sicherung gegen diese umfassend gewordene Amtsgewalt durch das Berufungsrecht, d. h. das Recht des Bürgers, seine Sache vor das Volk selbst zu bringen *(provocatio ad populum)*, ist wohl erst um 300 aufgekommen.

Grundlegend für den republikanischen Staat ist also das unter den patrizischen Geschlechtern umgehende Jahresamt der Konsuln, das in der Hauptsache die militärische Führung enthält. Träger der staatlichen Hoheit ist zunächst der Senat, der sich aus den Häuptern der Geschlechter zusammensetzt; in ihn treten jetzt in der Regel auch die aus dem Oberamt scheidenden Patrizier ein, ohne daß es für ihre Aufnahme eine klare Vorschrift gäbe. Der Senat hat die Magistrate zu beraten (*consules* = Befrager), er gibt den Volksbeschlüssen und Wahlakten der Gemeinde durch seinen Beispruch *(patrum auctoritas)* Gültigkeit, er bestellt beim Ausfall der Regierung den Zwischenkönig. In einer so entschieden aristokratischen Verfassung konnte nur als Ausnahme eine umfassende Amtsgewalt aufkommen: in schwerster Kriegsnot, bei lebensgefährlichen inneren Wirren mochte der Konsul einen *Diktator* als rettenden Monarchen berufen. Dieser erhielt ein unbeschränktes Imperium, er hatte keinen gleichgestellten Kollegen, nur einen Gehilfen, den er sich selbst gab. Doch mußte er seinen Auftrag in längstens sechs Monaten, der normalen Dauer eines Feldzugs, zu Ende bringen. Ein solches Notstandskommando ist uns schon für die frühe Republik bezeugt, und es scheint, daß die alte Benennung des Diktators als *magister populi* (Feldoberst) und die seines Gehilfen als *magister equitum* (Reiteroberst) auf eine urtümliche Form der Heerführung hinweist, die in kritischer Lage als außerordentliche Magistratur wieder aufgegriffen wurde. Ganz unwahrscheinlich ist aber die mehrfach vertretene Annahme, die Diktatur habe als reguläres Jahresamt den Übergang von der Monarchie zur Republik hergestellt und erst danach den Charakter eines Notstandskommandos erhalten. Wenig ergiebig ist auch der Hinweis auf das im übrigen Latium vorkommende Amt eines Diktators. Wohl begegnet in einzelnen Städten wie Alba und Tusculum die Diktatur, aber sie ist hier ein ordentliches Jahreskönigtum; andererseits tritt in einem Bund latinischer Städte die Diktatur als Notstandskommando auf, aber dieses wird nicht einstellig besetzt. Im Gesamtgefüge der römischen Republik muß die Diktatur als eine Schöpfung des politischen Genius bezeichnet werden, als eine in Reserve gehaltene monarchische Führerstellung, die immer wieder in Anspruch genommen wurde und trefflich gewirkt hat, solange sie ihren ursprünglichen Charakter bewahrte. Eine starke Verschiebung der politischen Gewichte mußte vorangehen, bis man in den Jahren des zweiten Punischen Krieges dazu überging, den Diktator durch Volkswahl zu bestellen, und es versteht sich, daß man nach diesem Krieg eine solche Machtprobe ganz vermieden hat. Als das Amt dann durch Sulla wieder aufgenommen wurde, erhielt es in dem Ringen zwischen senatorischem Regime und demokratischer Volksführung eine wesentlich neue Funktion, um schließlich in der Gestaltung durch Cäsar zur Monarchie überzuleiten.

Die aristokratische Staatsführung, die die junge Republik sich gab, war stark genug, die *Stellung Roms in Latium* trotz aller Schwierigkeiten der Anfangszeit zu halten. Die etruskischen Versuche zur Rückeroberung der Stadt wurden abgewiesen. Die latinischen Städte, die sich durch die römische Abmachung mit Karthago herausgefordert fühlen mußten, haben sich gegen Ende des 6. Jahrhunderts unter Ausschluß Roms zu einem Bund zusammengefunden. Für die folgenden Jahre nennt die Überlieferung Kämpfe zwischen Römern und Latinern, sie weiß von einer am See Regillus bei Tusculum ausgefochtenen Schlacht, in der die wunderbar erschienenen Dioskuren in den Reihen der Römer gekämpft und den Sieg erstritten haben sollen. Sicheren Boden gewinnen wir durch den Vertrag, der zwischen den Latinern und der Stadt Rom, die durch den Magistrat Spurius Cassius, Konsul 493, vertreten war, zum Abschluß kam. Durch besondere Umstände ist der Text dieses Foedus Cassianum bis zum Ende der Republik erhalten geblieben und so in das Geschichtswerk des Dionys (6,95) gelangt. In diesem Vertrag wird zwischen Rom und Latium ewiger Friede begründet und ein Bündnis vereinbart. Der friedliche Verkehr zwischen den Verbündeten wird auf der Grundlage gegenseitigen Rechtsschutzes geregelt, es wird Bundeshilfe versprochen für den Fall, daß einer der Partner von anderer Seite angegriffen wird. Es ist bemerkenswert, daß in diesem Vertrag die Stadt Rom für sich allein der Gesamtheit der übrigen latinischen Gemeinden gegenübertrat und somit von Anfang an eine überlegene Stellung beanspruchte. Die folgenden Ereignisse lassen keinen Zweifel darüber, daß von dieser Grundlage aus die römische Hegemonie innerhalb des Stammes der Latiner aufgerichtet und so die Handlungsfähigkeit der Verbündeten bei der Abwehr der von Osten andringenden mittelitalischen Stämme gesichert war. Der gemeinsame Feind hat bald auch den Stamm der Herniker, der mit seinem Hauptort Anagnia zwischen den Äquern und den Volskern besonders gefährdet war, zum Anschluß an den römisch-latinischen Bund gebracht. So war durch römische Initiative in der Ebene eine feste Verteidigungsstellung gegenüber den Bergstämmen geschaffen.

Eine außerordentliche Kriegsleistung Roms ergab sich aus dieser Lage. Es zeigte sich bald, daß neben dem Aufgebot der Patrizier und ihrer Dienstleute auch die plebejischen Schichten der Bevölkerung stärker als bisher herangezogen werden mußten. Nun hatte die Aufrichtung des Adelsstaats die Stellung der Plebs von Anfang an verschlechtert; denn nur Patrizier besetzten die Ämter und die Priesterstellen, nur sie hatten die Kenntnis des Rechts und seiner Formen. Wurde der Landgewinn eines Feldzugs verteilt, so wurden Patrizier bei der Vergebung des Gemeindelands *(ager publicus)* bevorzugt. Die Scheidung der Stände vertiefte sich um so mehr, als innerhalb der Plebs einzelne wohlhabende Familien aufstiegen, die zur Teilnahme am Stadtregiment drängten. Diese gehobenen Plebejer haben, gestützt auf die Masse der bedrückten Kleinbauern, die unter Landnot litten und von der Schuldknechtschaft bedroht waren, den *Ständekampf* heraufgeführt, jene lange Auseinandersetzung zwischen Patriziern und Plebejern, die bis in den Anfang des 3. Jahrhunderts andauern sollte. Der Vorgang hat gewisse Parallelen in der griechischen Verfassungsgeschichte, in der wir anstelle der Adelsherrschaft die neue Rechtsgemeinschaft aller Bürger, die Polis der Wehrmänner, aufkommen sehen. Aber die Formen des Kampfes und die Ergebnisse des Ausgleichs zeigen auf der römischen Seite in seltener Art den Triumph der Staatsvernunft. Keine der kämpfenden Schichten hat für sich allein den Sieg erzwungen; es gab im patrizischen Adel eine reformwillige Gruppe, die die extremen Verfechter der Standesinteressen zurückhielt, und unter den Plebejern fanden sich früh die politischen Köpfe, die in der Opposition eine positive Aufgabe erkannten und mit den Rechten auch die Pflichten der Mitregierung zu übernehmen bereit waren. So ist aus dem Ständekampf der patrizisch-plebejische Gesamtstaat, eine Geschlechterherrschaft in bürgerlicher Prägung, hervorgegangen.

Die Überlieferung läßt den Ständekampf 494 mit der Auswanderung der Plebejer *(secessio plebis)* auf den heiligen Berg beginnen, sie berichtet von der Vermittlung des Menenius Agrippa, der mit der berühmt gewordenen Parabel vom Staat als einem körperähnlichen Lebewesen die Aufständischen zur Besinnung gebracht haben soll (Livius 2, 32), und von dem Zugeständnis einer plebejischen Obrigkeit in der Form des Volkstribunats. Man hat den geschichtlichen Charakter dieser ersten Sezession vielfach bestritten. Neuerdings hat man jedoch auf eine in diese Zeit fallende Tempelgründung hingewiesen, die mit der Erhebung der Plebs in Verbindung stehen könnte. Auf Geheiß der sibyllinischen Bücher wurde für die Dreiheit Ceres, Liber und Libera, die dem griechischen Götterverein Demeter, Dionysos und Kore entspricht, ein Heiligtum gelobt und 493 eingeweiht. Der Tempel, dessen Kult ganz allgemein den jetzt vollzogenen Übergang zum Ackerbau anschaulich macht, lag beim Aventin, er nahm später Archiv und Kasse der plebejischen Gemeinde auf und diente den Verwaltern dieser Kasse als Amtslokal. Die zeitliche Nähe dieser Tempelgründung und der überlieferten Auswanderung der Plebs macht es wahrscheinlich, daß der plebejische Teil des Heeres den patrizischen Magistraten den Gehorsam verweigert und sich selbständig gemacht hat. Sicher ist, daß von nun an *Volkstribunen (tribuni plebis)* als Anwälte der plebejischen Gemeinde aufgetreten sind. Ob es am Anfang deren zwei waren entsprechend den beiden patrizischen Oberbeamten oder vier entsprechend den vier Bezirken des römischen Stadtgebiets, bleibt umstritten; seit der Mitte des 5. Jahrhunderts sind jedenfalls zehn Volkstribunen, die alljährlich von der plebejischen Gemeinde gewählt wurden, nachweisbar. Wie der Name nahelegt, muß man die Entstehung dieses plebejischen Amts mit einer neuen Tribusordnung in Verbindung bringen. Für die praktischen Zwecke der Verwaltung wurde jetzt die Gemeinde, Stadt- und Landgebiet, in örtliche Bezirke gegliedert, die als Tribus – mit veränderter Bedeutung des Wortes – bezeichnet wurden; jeder Bürger wurde der Tribus zugeteilt, in der er seinen Wohnsitz hatte. Das Stadtgebiet zerfiel in vier solche Bezirke (Palatina, Esquilina, Collina, Sucusana), das ländliche Territorium damals in 16, die zumeist nach den jeweils dort wirtschaftenden patrizischen Geschlechtern benannt wurden; in der Folgezeit haben die ländlichen Tribus durch die Vergrößerung des römischen Territoriums sich auf 31 vermehrt. Nach der Bildung ihrer Sondergemeinde begannen die Plebejer sich in der Gliederung nach Tribus zu versammeln *(concilia plebis)*. Während in den alten Kurienversammlungen *(comitia curiata)* der Adel den Ausschlag gab, kam in den Tribusversammlungen die breite Masse zur Geltung und erhob ihre Tribunen zu einer Art plebejischer Magistratur. Es war ein revolutionärer Vorgang: durch einen feierlichen, mit Eidschwur bekräftigten Beschluß erklärte die Plebs ihre Tribunen als unverletzlich (sakrosankt). Ein solches Gesetz, auf dessen Übertretung die Friedlosmachung stand *(lex sacrata)*, bildete die Grundlage aller Vollmachten der plebejischen Tribunen. In dieser Stellung haben sie die Befugnis in Anspruch genommen, plebejische Bürger in Sachen der Aushebung und Besteuerung gegen die Willkür der patrizischen Magistrate in Schutz zu nehmen *(ius auxilii)*. Sie gewannen ein förmliches Recht, dazwischenzutreten, wenn ein patrizischer Magistrat einen Plebejer bestrafen oder verhaften wollte *(ius intercedendi)*, ja schließlich konnten sie mit ihrem Veto im Bereich der Stadt jede Amtshandlung der Magistrate und jeden Bescheid des Senats unterbinden.

Die Organisation der Plebs, die einen Staat im Staate schuf, bedeutete einen schweren Einbruch in die patrizische Geschlechterherrschaft. Eine Zeitlang wurde leidenschaftlich gerungen. Der Adel hat jetzt wohl die früher erwähnte Ausgestaltung der obrigkeitlichen Gewalt zum umfassenden Imperium zugelassen als ein Werkzeug zur Niederhaltung der Plebs. Eine Antwort auf das plebejische Vorgehen war es auch, wenn die Aristokratie bald nach der Aufnahme der Claudier aus dem Sabinerland die Zahl der patrizischen Geschlechter als geschlossen erklärte und alle weiterhin in die römische Bürgerschaft gelangenden auswärtigen Familien, auch wenn sie dem Adel ihrer Heimat entstammten, der Plebs zuwies. Auf der andern Seite haben die plebejischen Tribunen nicht aufgehört, Strafen zu verhängen und gegen die Verfügungen der Magistrate einzuschreiten. An diese Zeit wilden Kämpfens erinnert die Legendengestalt des Coriolan, der in einer Hungersnot die Niederzwingung des Volkes versucht und danach gar ein Heer der feindlichen Volsker gegen die Stadt herangeführt haben soll. Aber trotz aller Gewalt die von beiden Seiten geschah, wurde die plebejische Gemeindebildung zum Dauerzustand. Die Volkstribunen erhielten Gehilfen in den Verwaltern jener plebejischen Gemeindekasse im Tempel der Ceres *(aediles plebis)*, patrizische und plebejische Magistrate standen nebeneinander und mußten in der Praxis ein Zusnammenwirken finden – wie Regierung und Opposition.

Die *auswärtige Bedrohung* Roms führte die kämpfenden Gruppen immer wieder zusammen. Die Stämme des mittleren Italien, die im Gebirgsland kein Auskommen mehr für ihre wachsende Volkszahl fanden, drängten in die Ebenen von Latium und Kampanien. Mochte die Ausdehnung der Sabiner, wie noch das Beispiel des Appius Claudius zeigt, auf dem Wege friedlicher Infiltration vor sich gehen, so wählten die sabellisch-oskischen Stämme im Osten und Südosten von Latium den Krieg. Besonders die Samniten, die im südlichen Apennin ein kraftvolles Stammesleben entwickelt hatten, strebten den Küsten zu und konnten in Kampanien die etruskische Herrschaft zu Fall bringen. Von der elementaren Wucht dieser Landsuche gibt die gemeinitalische, im besonderen aber sabellisch-oskische Einrichtung des *ver sacrum* ein anschauliches Bild: in der äußersten Not wurde der gesamte Ertrag eines Frühlings den Göttern geweiht, die Tiere wurden geopfert, die Jungmannschaft wurde, wenn sie herangewachsen war, aus dem Land gestoßen irgendwohin in die Fremde, wo es noch Hoffnung geben mochte. Rom und Latium verspürten diesen sabellisch-oskischen Druck im Vordringen der Äquer, die westlich vom Fucinersee siedelten und in der Richtung zum Albanergebirge Raum suchten. Ebenso aktiv waren die Volsker, die von ihren ursprünglichen Sitzen in den Bergen am oberen Liris nach Südwesten vorgerückt waren und nun von den hochragenden Monti Lepini aus die Küstenebene von Antium bis Anxur bedrohten; nordwärts hatten sie Veliträ besetzen können. Der Angriff der Äquer und Volsker gegen den von Rom geführten Dreiverband der latinischen Ebene war ein Kampf um den Nahrungsraum, er bestand aus Beutezügen gegen die Siedlungen, aus Überfällen auf die Ernte und ging ohne längeren Stillstand über die Jahre hin. Die römischen Legenden von Coriolan (491), der die Volsker gegen die Stadt heranholte, und von Cincinnatus (462), der vom Pflug weg zum Diktator ernannt wurde, um den Gegenstoß gegen die Äquer zu führen, halten die gefährliche Kampflage fest, die bis zur Mitte des Jahrhunderts andauerte. Dazu kam für Rom noch der Zusammenstoß mit der Etruskerstadt Veii. Auf einer breiten Anhöhe natürlich geschützt und überdies durch starke Mauern befestigt, lag diese Hochburg des Etruskertums nur 20 km nördlich von Rom; sie strebte wie die Tiberstadt nach der Beherrschung der Salzstraße und hatte zu diesem Zweck das auf der linken Tiberseite gelegene Fidenä zum Bündnis gezwungen, während Rom auf der etruskischen Seite des Flusses den Mons Janiculus behauptete. Auch hier gab es Kämpfe, auch hier deutet die Legende, die den Auszug und den Untergang von 306 Männern der Gens Fabia (477) erzählt, die Krisis an.

Diese Legende weist darauf hin, wie eigenmächtig die Adelsgeschlechter sich noch in der Kriegführung dieser Zeit bewegen konnten. Andere Anhaltspunkte zeigen aber, daß auch die Plebejer in steigendem Maße herangezogen wurden, wenn es galt, das eigene Land zu verteidigen und dem Gegner Boden zu entreißen. Aus diesem Zusammenhalt der Gesamtgemeinde gegen die auswärtigen Feinde ist denn auch um die Mitte des 5. Jahrhunderts ein Versuch hervorgegangen, den patrizischen Staat und die plebejische Sondergemeinde zum Ausgleich zu bringen, ein Versuch, der im *Decemvirat* und in den Gesetzen der *„zwölf Tafeln“* begegnet. Die Überlieferung über die *decemviri legibus scribendis*, die in älterer Fassung bei Diodor (12, 23 ff.), in jüngerer Bearbeitung bei Livius (3, 33 ff.) und Dionys (10, 53 ff.) vorliegt, ergibt nach kritischer Prüfung folgenden Hergang. Um die Mitte des Jahrhunderts – es werden die Jahre 451 und 450 genannt – wurde eine außerordentliche Kommission von zehn Mitgliedern eingesetzt, die in den Fasten unter der einzigartigen Benennung *decemviri* erscheint. Ihr Auftrag bestand darin, durch Aufzeichnung des Rechts den Ausgleich zwischen Patriziern und Plebejern herbeizuführen; eben deshalb waren für dieses Jahr weder Konsuln noch Volkstribunen gewählt worden. Die Kommission hat die „Gesetze der zwölf Tafeln“ geschaffen. Diese echte, alte Benennung des Werkes läßt erkennen, daß die Gesetze auf zwölf Bronze- oder Holztafeln aufgezeichnet und öffentlich ausgestellt worden sind. Die Tafeln sind später verlorengegangen, ihren Inhalt hat man weiter überliefert, allerdings auch mit zahlreichen jüngeren Zugaben durchsetzt, so daß wir nicht glauben dürfen, daß alles, was etwa Cicero aus den zwölf Tafeln zitiert, dem Gesetzgebungswerk des 5. Jahrhunderts angehöre. Die Leistung der Zehnmänner hat nun freilich den politischen Ausgleich der Stände nicht erreicht, Konsulat und Tribunat wurden sofort erneuert; das Verbot der Ehegemeinschaft zwischen den Ständen war ausdrücklich im Gesetz festgehalten. Aber in den Angelegenheiten des normalen Rechtsverkehrs, besonders im Straf- und Prozeßrecht, worauf sich die erhaltenen Fragmente vor allem beziehen, haben die Plebejer Schutz gefunden, ja die Gleichberechtigung erlangt. Sie konnten im übrigen schon die Tatsache, daß das Recht nun schriftlich verzeichnet war, als einen Erfolg ihrer Bewegung betrachten, denn diese Festlegung, die nun jeder Bürger nachprüfen konnte, schränkte die Willkür der Rechtsprechung ein. Insofern ist die Wirkung des Zwölftafelgesetzes etwa der Gesetzgebung des Solon an die Seite zu stellen. Mag die Nachricht, daß eine römische Gesandtschaft nach Athen geschickt worden sei und dort Abschrift von den Gesetzen Solons genommen habe, zweifelhaft sein, der Einfluß griechischen Rechts auf die Bestimmungen der zwölf Tafeln ist nicht zu bestreiten. Trotz solcher Berührung haben die nachfolgenden Generationen die Kodifikation der zwölf Tafeln als ein großes Werk der Vorfahren gefeiert und diese Gesetze zum Lerntext des Jugendunterrichts erhoben.

Das politische Ergebnis des Decemvirats liegt darin, daß in dieser Stadt der Ackerbürger, als die sich Rom in den zwölf Tafeln darstellt, über den streitenden Ständen die Gesamtgemeinde, die Staatsidee, zur Anerkennung kam. Im Straf- und Schuldrecht waren jetzt die Organe des Staates insofern beteiligt, als die Rechtssätze und das Verfahren festgelegt waren; die Entscheidung des Streits und die Sühnung des Verbrechens blieben freilich noch weitgehend den Bürgern selbst überlassen. Auf dieser neuen Grundlage sind wenige Jahre später weitere Zugeständnisse an die plebejische Gemeinde gemacht worden. Von den Gesetzen, die von der Tradition den Konsuln des Jahres 449, Valerius und Horatius, zugeschrieben werden, ist wenigstens das eine historisch haltbar, das die Unantastbarkeit der Volkstribunen und der Plebsversammlungen aussprach. So war die plebejische Organisation in aller Form anerkannt. Die fortschrittliche Gruppe des Adels war offenbar entschlossen, aus den vollendeten Tatsachen das Beste zu machen. Einen entscheidenden Schritt auf dem Weg zum Ausgleich bedeutete die in das Jahr 445 datierte, wahrscheinlich aber später anzusetzende Lex Canuleia, ein auf Antrag des Volkstribunen Canuleius angenommenes Gesetz, das den Plebejern die *Ehegemeinschaft* mit den Patriziern bewilligte. Damit war nun einzelnen Plebejern die patrizische Form der Eheschließung und die Aufnahme in den Verband der Adelsgeschlechter und ihrer Kulte zugestanden. So ausschlaggebend dieses Entgegenkommen politisch war, auf das Bevölkerungsbild hat es sich nur in beschränktem Umfang ausgewirkt. Denn es sind nur Familien von Rang und Wohlstand, Sippen der plebejischen Oberschicht, zum Conubium mit dem Blutsadel gelangt. Doch diese Gruppe vornehmer Plebejer bildete von je den aktiven Teil der plebejischen Kampffront, ihr Ziel war nicht die Anerkennung der Sondergemeinde, sondern die Gleichstellung im Gesamtstaat, vor allem der Zugang zur Regierung.

Tiefgreifende Reformen, die noch in die Mitte des Jahrhunderts gehören, haben dieses Ziel nähergerückt. Die Kriegserfordernisse haben zum Ausgleich der Stände gedrängt, in der Heeresverfassung hat sich eine neue Staatsverfassung vorbereitet – eine Erscheinung, die geradezu als eine Regel der Sozialgeschichte angesprochen werden kann. Die Bedrohung Roms und der Latiner, die immerfort starke Anstrengungen notwendig machte, hielt bis in die dreißiger Jahre an, erst dann sind gegen Äquer und Volsker durchschlagende Erfolge errungen und bald auch im Norden die Voraussetzungen für eine Offensive gegen die Etrusker geschaffen worden. In die Jahrzehnte erhöhter Kriegsleistung müssen wir die Ausbildung der *Centurienverfassung* setzen, einer Heeres- und Volksordnung, die auf dem Grundvermögen aufgebaut war. Die Überlieferung (Livius 1, 43; Cicero, De re publica 2, 39) macht die Centurienverfassung zu einem Werk des Königs Servius Tullius; doch dies ist nur einer unter vielen Zügen, die diese zum demokratischen Herrscher idealisierte Gestalt auszeichnen. Einen politischen Aufbau des Volkes nach Maßgabe von Besitz und Wehrkraft an den Anfang zu setzen und dann die Abwanderung der Plebs folgen zu lassen, ist historisch widerspruchsvoll. So können wir uns an P. Fraccaro und die andern Forscher, die diese Strukturveränderung noch in die Königszeit datieren wollen, nicht anschließen. Die allgemeinen Erwägungen sprechen vielmehr dafür, die Ausgestaltung der Centurienordnung in die Zeit nach der Mitte des 5. Jahrhunderts zu datieren. Die nach Centurien zusammentretende Volksversammlung *(comitia centuriata)* hatte in der Folgezeit ihren Platz auf dem Marsfeld, sie bewahrte stets den Charakter einer Heeresversammlung; wenn sie tagte, wurde auf dem Kapitol und auf dem Janiculus eine rote Fahne gehißt: das ist ein Brauch, der in einer Zeit entstanden ist, als die Kriegsgefahr in erster Linie dem Janiculus galt, also vor der Eroberung der Stadt Veii (396). Eben dahin weist auch die

Heeresordnung nach Centurien, denn sie hat ihre Schwerkraft im Aufgebot der Legionsinfanterie, die neben die adelige Gruppe getreten ist, setzt also gegenüber der älteren Zeit eine bedeutsame Wandlung der Kampfesweise und Taktik voraus. Noch in der frühen Republik hatte das adelige Reiterkorps den Kern der römischen Wehrmacht gebildet. Mit dem eigenen Pferd und der eigenen Rüstung in den Kampf zu gehen, gefolgt von den eigenen Dienstleuten, war Vorrecht und Pflicht des Edelmannes. Diese aristokratische Truppe besaß im Kampf ein hohes Maß von Bewegungsfreiheit, sie war eine Ansammlung von Einzelkämpfern, die nach eigenem Willen vorgingen. Die Legende vom Kampf und Untergang der Männer des Fabischen Geschlechts veranschaulicht die Taktik der alten Zeit. Nun aber war es die Kampfesweise der Gegner, die in Rom eine Reform der Taktik, der Bewaffnung und der ganzen Heeresverfassung nach sich gezogen hat. Die Etrusker waren, wie vor ihnen die Griechen, dazu übergegangen, die Kampfentscheidung durch das schwerbewaffnete Fußvolk zu suchen, das Schulter an Schulter in das Gefecht ging. Die Phalanx der Schwerbewaffneten erwies sich durch ihre Geschlossenheit und ihre Massen den Einzelkämpfern so klar überlegen, daß auch Rom den Übergang zum Hoplitenheer auf sich nehmen mußte. Die Reiterei wurde nicht abgeschafft, erhielt vielmehr als Sonderwaffe eine neue Funktion; das Schwergewicht des Aufgebots wurde aber auf die Phalanx gelegt. So war es notwendig, das gesamte Bürgervolk unter die Waffen zu rufen und dem Heer der Fußkämpfer eine Kampfesordnung zu geben, die das eigenmächtige Vorgehen des Adelsaufgebots ausschloß. Die Legende kennt einen Diktator Aulus Postumius Tubertus (431), der seinen eigenen Sohn zum Tod verurteilte und hinrichten ließ, weil er gegen den Befehl mit einer Abteilung gegen den Feind vorgestoßen war. Eine solche Handlung des Diktators wäre in der kritischen Übergangszeit von der alten zu der neuen Taktik am ehesten verständlich.

Die Centurienverfassung nun diente der Heranziehung des Gesamtvolks der Patrizier und Plebejer zu einem Heer, in dem neben der Reitertruppe die Phalanx der Schwerbewaffneten den Ausschlag gab. Das Grundvermögen wurde für den Dienst maßgebend, da die Krieger weiterhin ihre Ausrüstung selbst zu beschaffen hatten. Der Adel stellte nach wie vor die Reitertruppe, daran schloß sich die Gruppe der Vollhufner, die den Hoplitendienst übernahmen und die dafür nötige schwere Rüstung, Schwert und Lanze, Panzer, Helm und Schild, aufzubringen hatte; für diese Gruppe wurde die Bezeichnung *classis* (= Aufgebot) üblich. Dann folgten die Minderbesitzenden, die für den leichteren Fußdienst bestimmt waren; man faßte sie mit der Benennung *infra classem* zusammen, unterschied später aber gegenüber der als erste Klasse geführten Gruppe der Vollhufner in der darunterliegenden Kategorie eine zweite, dritte, vierte und fünfte Klasse. Schließlich kamen die kleinen Zusatzgruppen der Techniker (Schmiede und Zimmerleute) und Heeresmusikanten (Horn- und Tubabläser) und eine letzte Abteilung für die nicht nach dem Vermögen geschätzten, sondern nur nach Köpfen gezählten Armen *(proletarii-capite censi)*, die wenigstens als Ordonnanzen im Heer herangezogen wurden. Dieser Aufbau des Heeres setzte sich in eine neue politische Ordnung, in eine nach dem Gesichtspunkt der Kriegsleistung abgestufte Volksversammlung um. Jede der genannten Gruppen und Klassen erhielt entsprechend der Zahl der Hundertschaften (Centurien), die sie für das Aufgebot der Reiterei und des Fußvolks stellte, ihre Stimmkörper in der Wehrversammlung zugesprochen. Auch diese Stimmkörper hießen Centurien, und die nach den neuen Einheiten zusammentretende Versammlung erhielt die Bezeichnung *Comitia centuriata.* Während in den Kurienversammlungen, die beibehalten wurden, die Patrizier ihr Übergewicht behaupteten und die Tribusversammlungen noch eine wesentlich plebejische Einrichtung waren, stellte sich in dem Aufgebot der Centurien das Volk in Waffen dar. Auf dem Marsfeld zusammentretend, übernahm diese Heeresversammlung die Entscheidung über Krieg und Frieden, die Wahl der obersten Beamten, die Beschlußfassung über die Gesetze und die ordentliche Strafjustiz über die Bürger im Stadtgebiet. Bei der Abstimmung galt die Reihenfolge der Heeresordnung: Reiter, erste bis fünfte Klasse, übrige Abteilungen, und wie jede Heeresklasse naturgemäß in die feldzugspflichtige Jungmannschaft

(17.–46. Lebensjahr) und die Landwehr der älteren Jahrgänge (47.–60.) zerfiel, so erhielt auch in der Volksversammlung jede Gruppe ihre Centurien gesondert nach *iuniores* und *seniores* zugeteilt. Der Aufbau stellte sich am Ende folgendermaßen dar:

Reiter	18 Centurien	
1. Klasse	80 „	(40 iun., 40 sen.)
2. „	20 „	(10 „ 10 „)
3. „	20 „	(10 „ 10 „)
4. „	20 „	(10 „ 10 „)
5. „	30 „	(15 „ 15 „)
Techniker	2 „	
Musikanten	2 „	
capite censi	1 Centurie.	

Da bei der Abstimmung in der Reihenfolge der Klassen jede Centurie aufgerufen wurde und ihre Stimme abzugeben hatte, konnten die Reiter und die Männer der ersten Klasse, wenn sie einheitlich vorgingen, 98 von den insgesamt 193 Stimmen, also die Mehrheit, erreichen. Darin kommt die Bevorzugung des Grundbesitzes und der mit ihm verbundenen Hoplitenleistung klar zum Ausdruck, und es ist für die Selbstverständlichkeit dieser Einschätzung bezeichnend, daß man die Abstimmung abbrach, sobald die Mehrzahl von 193 Stimmen beisammen war. Nicht weniger charakteristisch für das römische Denken ist der Umstand, daß man den Jahrgängen der Landwehr ebenso viele Stimmen zubilligte wie den Felddienstpflichtigen, die zahlenmäßig drei- bis viermal stärker sein mochten. Trotz dieser Ungleichheiten, die der konservativen Haltung des Römertums entsprechen, erwies sich die Centurienverfassung als der stärkste Faktor des Ausgleichs im Ständekampf. Die Tatsache, daß jetzt nicht mehr die Blutsverbindungen, sondern Grundvermögen und Kriegsdienst die politische Einstufung bestimmten, kennzeichnet den Übergang von der alten Aristokratie zur censusgebundenen Volksordnung (Timokratie).

Das neue politische Aufbauprinzip hat sich auch auf das oberste Amt der Republik ausgewirkt. Es wird überliefert, daß man seit dem Jahr 444 dazu überging, so oft es die Kriegslage notwendig machte, anstelle der Konsuln *Militärtribunen* (Obersten) mit konsularischer Gewalt einzusetzen, und zwar nicht nur zwei, sondern mehrere, gelegentlich bis zu acht solcher Oberbeamten – wohl je nach den Erfordernissen der Kriegführung. Auch Plebejer konnten zu diesem Amt gewählt werden. Dieses Verfahren hängt damit zusammen, daß nach der Schaffung der Hoplitenarmee die Jahresregenten sich ganz überwiegend mit der Truppenführung zu befassen hatten, daß also eine Militarisierung des Regierungsamts unumgänglich war. Naturgemäß sind nur Männer der plebejischen Oberschicht zum Militärtribunat gelangt, das – wie alle Regierungsämter – unbesoldet war. Und doch wurden diesen plebejischen Militärtribunen, wenn sie nach Abgang vom Amt in den Senat eintraten, nicht die vollen patrizischen Rechte zugestanden. Wenn es darum ging, einen Zwischenkönig zu bestellen oder einem Volksbeschluß durch den Beispruch der Väter Gültigkeit zu verleihen, waren die plebejischen Senatoren nicht beteiligt. Überhaupt blieb die Bezeichnung *patres* den patrizischen Mitgliedern des Rats vorbehalten; die neueintretenden Plebejer hießen *conscripti* (= die Aufgeschriebenen).

In diese Zeit der Heeres- und Staatsreform gehört auch das Amt der *Censur*. Die Tradition setzt die Einrichtung der Censur in das Jahr 443; daß das Amt im 5. Jahrhundert geschaffen wurde, kann als sicher gelten. Die Neuerung wird von der Überlieferung damit erklärt, daß die Patrizier, um sich für die Hereinnahme von Plebejern in das Militärtribunat schadlos zu halten, einige Vollmachten vom Oberamt abgetrennt und in der Censur, die den Plebejern zunächst verschlossen blieb, sich selbst gesichert hätten. Es ist aber keine Frage, daß die anschwellende Verwaltung des neuen Staates dieses Amt notwendig gemacht hat. Die Hauptaufgabe der beiden Censoren war die Einschätzung der Bürgerschaft *(censum facere)*, also die Herstellung einer nach den Wohnbezirken *(tribus)* geordneten Liste der zum Wehrdienst und zur Leistung der Kriegssteuer *(tributum)* verpflichteten Bürger. Man hat sich lange damit begnügt, den Census in unbestimmter Zeitfolge, so oft er sich eben als nötig erwies, vorzunehmen, und ist erst viel später zu dem regelmäßigen Turnus von fünf Jahren übergegangen; da nach Abschluß der Censusarbeiten die Lustration, d. h. die feierliche Entsühnung des Heeres, vorgenommen wurde, gewann das Wort Lustrum schließlich die Bedeutung eines Zeitraums von fünf Jahren. Mit dem Hauptgeschäft der Censur wurde dann die Führung des Gemeindehaushalts verknüpft. Den Censoren kam es zu, das Staatsland zu verwerten, die öffentlichen Bauten zu beaufsichtigen und die staatlichen Lieferungen zu vergeben, überhaupt die Privatwirtschaft in dem weiten Umfang für den Staat anzustellen, wie es bei dem Fehlen eines staatlichen Wirtschaftsapparats nötig war. Charakteristisch für den Geist des Römertums ist die Verbindung des Sittengerichts mit der Censur, und es ist gerade diese Obliegenheit des Amtes, die in die moderne Bedeutung des Wortes eingegangen ist. Das Sittengericht erstreckte sich auf das Verhalten der Bürger, soweit es strafrechtlich nicht greifbar, für das öffentliche Interesse aber doch bedeutsam war. Notorische Verschwendung, völliges Versagen in der Erziehung der Kinder und andere ärgerniserregende Verstöße gegen die Sitte der Vorfahren *(mos maiorum)* konnten vom Censor mit einer Rüge versehen, unter Umständen auch mit der Minderung des politischen Ranges belegt werden (Einschreibung in eine geringer angesehene Tribus, Entfernung vom Reiterdienst u. a.). Dieser Versuch einer öffentlichen Steuerung der Sitten, erfahrungsgemäß eine heikle Angelegenheit des Staates, ruhte ganz auf der Autorität, die das nicht mit *imperium* versehene Amt erhielt. Für das hohe Ansehen, das die Censoren rasch gewannen, spricht ein Volksgesetz des ausgehenden 4. Jahrhunderts, das den Censoren die Befugnis gab, aus den Reihen der gewesenen Beamten die Senatsliste herzustellen bzw. die bestehende Liste zu überprüfen. Es blieb die Regel, daß der Eintritt in den Senat auf Lebenszeit erfolgte; die Streichung von der Liste konnte nur bei nachgewiesener Unwürdigkeit vorgenommen werden. Immerhin war die Vollmacht der *lectio senatus* ein starkes Werkzeug politischer Macht.

So wird im Amt der Censur das Streben nach ordentlicher Haushaltsführung und planvoller Gestaltung des öffentlichen

Lebens greifbar, ein Gesichtspunkt also, der über die Lässigkeit und Willkür des Adelsstaats hinausführt. Der ordnende Wille, der sich hier kundtut, entspricht dem Charakter des Centurienvolks, das wir um die Mitte des 5. Jahrhunderts aufsteigen sahen. Die starken, weitblickenden Persönlichkeiten, die bei den Reformen am Werke waren, können wir nicht mit Namen benennen; das geschichtliche Leben der Republik verharrte noch mehrere Generationen hindurch in der Anonymität der Frühe. Mit aller Klarheit tritt aber die Wirkung der neuen Ordnung in den außenpolitischen Erfolgen Roms zutage. Gegen Ende des Jahrhunderts ist Rom mit seinen Verbündeten an allen Fronten zur Offensive übergegangen. Die Äquer wurden aus dem Nordosten Latiums in das Gebirge abgedrängt, die Volsker nach langwierigen Kämpfen niedergehalten. Antium schloß sich an Rom an, Anxur (Terracina) wurde gewonnen. Um die Volsker auf die Dauer einzuengen, hat Rom gemeinsam mit den Latinern Kolonien angelegt, die der militärischen Sicherung wichtiger Punkte und zugleich der Ansiedlung von Jungbauern dienten. Norba, Signia und Circeii haben wahrscheinlich in dieser Zeit römisch-latinische Niederlassungen erhalten. Das nördlich vorgeschobene Veliträ dagegen hielt sich als volskische Stadt. An der etruskischen Front, wo es um die Beherrschung des Tiber und die Kontrolle des Salzhandels ging, blieb Rom auf seine eigene Kraft angewiesen. Hier konnte Fidenä erobert und nordwärts über die Stadt hinaus Land gewonnen werden; die Tribus Clustumina wurde auf diesem Boden spätestens um die Wende vom 5. zum 4. Jahrhundert eingerichtet. Schließlich wagte Rom den *Angriff auf Veii* selbst. Nach der legendenreichen Überlieferung, die besonders den Sieger Marcus Furius Camillus verherrlicht, soll die Stadt nach zehnjährigem Kampf 396 eingenommen worden sein. Mit einiger Sicherheit läßt sich wenigstens die allgemeine Kriegslage aus der Tradition ersehen. Rom war der angreifende Teil, Veii hatte fast nur das stark etruskisierte Falerii auf seiner Seite; die übrigen Etruskerstädte hielten sich entsprechend ihrem alten Partikularismus fern. Aber auch so war das Unternehmen eine ungeheure Anstrengung für Rom, das Aufgebot wurde auf zwei Legionen, damit auf 6000 Mann, gebracht, der Sold mußte eingeführt werden, um die Bürgersoldaten während des ganzen Jahres unter den Waffen halten zu können. Nach langer Belagerung wurde die Stadt eingenommen und zerstört; es sollte an diesem bedrohlichen Platz nie wieder ein feindliches Kraftfeld sich bilden. Noch vor dem Enderfolg hatte man die Stadtgöttin von Veii für die Sache der Römer zu gewinnen versucht, ihr für den Fall des Sieges Tempel und Kult in Rom versprochen (nach dem alten Ritus der *evocatio)*; nach der Eroberung und Vernichtung der Stadt wurde sie in der Tat nach Rom übernommen und als Juno Regina auf dem Aventin mit einem Tempel geehrt. Die Markung von Veii, die mindestens so groß war wie die römische, wurde eingezogen und mit römischen Bauern besiedelt. Die angeblich 387 geschaffenen vier neuen Tribus erstreckten sich nordwärts bis zum Sabatinischen See. Verträge, die mit einigen benachbarten Städten geschlossen wurden, ließen das südliche Etrurien nicht mehr als Gefahrenzone erscheinen.

Der Erfolg gegen Veii hat den Ruhm der römischen Waffen weithin getragen. War bis auf diese Zeit der Kampf gegen die Etrusker Sache der Griechen gewesen, so konnte nun auch Rom in dieser Poliswelt Anerkennung suchen und finden. Von dem Zehnten der Kriegsbeute wurde ein goldener Mischkrug gefertigt, dem delphischen Apollo geschenkt und in dem Schatzhaus, das Massilia an der heiligen Orakelstätte besaß, aufgestellt. Griechen, die von Rom Kunde erhielten, zögerten nicht, die Gemeinde am Tiber eine hellenische Stadt zu nennen. So eindeutig schien der Aufstieg der Republik, als vom Norden Italiens ein neuer Feind heranzog.

II. Kapitel

Die Beherrschung von Latium
Die Bildung einer neuen Führungsschicht
(387-338)

Ein Blick auf die Völkerverschiebungen, die sich um die Wende vom 5. zum 4. Jahrhundert in Italien und in den Nachbarländern abgespielt haben, zeigt die außerordentlich gefährdete Lage der Landschaft Latium und der am Schnittpunkt alter Verkehrswege erbauten Stadt Rom. Im Süden breiteten sich die volkreichen oskischen Stämme von den Höhen des Apennin in die Küstengebiete von Apulien, Kampanien, Lukanien und Bruttium aus. In Kampanien haben die Osker städtische Lebensformen angenommen und griechische Kultureinflüsse empfangen, vor allem in Kapua, wo sie seit 423 sich neben das ältere etruskische Element setzten, und in Cumä, das sie seit 421 erreichten. Die Expansion wirkte sich südwärts bis Sizilien aus. Einige Jahrzehnte später sollte Platon in einem Mahnbrief an seine griechischen Freunde in Sizilien das prophetische Wort aussprechen, bei Fortdauer der hellenischen Uneinigkeit werde die ganze Insel oskisch oder karthagisch werden. Die Karthager hatten 410 einen umfassenden Angriff auf das Griechentum Siziliens eröffnet und bei ihren anhaltenden Kämpfen Teile der vorgriechischen Bevölkerung auf ihre Seite gebracht. Die Griechen haben ihre Stellung behauptet, allerdings um einen hohen Preis: in der Kriegsnot begründete Dionysios in Syrakus die Militärdiktatur und gewann die Oberherrschaft über mehrere griechische Städte. Er beschränkte die politische Freiheit, setzte seine Parteigänger in das Bürgerrecht ein, rief Söldner aus aller Welt unter seine Fahnen und siedelte fremde Volkselemente an. Seine Machtbildung, die um 387 den Höhepunkt erreichte, griff von der Insel nach Unteritalien hinüber. Durch diese Veränderung im Süden der Halbinsel, besonders durch die oskische Expansion, ist seit dem Ausgang des 5. Jahrhunderts für Rom und Latium die Verbindung mit der griechischen Welt unterbrochen worden. Franz Altheim hat gezeigt, wie diese etwa ein Jahrhundert lang anhaltende Lockerung der Kulturbeziehungen die schwerwiegende Folge hatte, daß gerade das Griechentum der klassischen Zeit in Rom nicht voll zur Wirkung gelangte.

Am stärksten wurde Rom durch den von Norden kommenden *Vorstoß der Kelten* getroffen. Das große Indogermanenvolk der Kelten hat sich wahrscheinlich auf dem Boden Süddeutschlands geformt und im zweiten Jahrtausend sich von Ostfrankreich bis nach Niederösterreich hin über die älteren Bevölkerungsschichten gelegt. Die archäologischen Funde bezeugen für die Zeit nach der Jahrtausendwende eine mächtige Entfaltung des Keltentums in der prachtvollen, durch reichen Schmuck ausgezeichneten Kultur, die nach dem im Salzkammergut gelegenen Hauptfundort die Hallstattkultur heißt. In kriegerischen Unternehmungen haben die Kelten seit dem 7. Jahrhundert von Frankreich aus nach Norden und Süden Raum gewonnen, sind auf die britischen Inseln und nach Spanien gelangt und in beiden Ländern in die Bevölkerung eingedrungen. Um 500 tritt im Kulturbild eine Wandlung zu strengeren Formen, zur engültigen Prägung der Volksart zutage. Die Funde dieser nach der großen Fundstelle La Tène (am Neuenburgersee) genannten Kultur lassen das Dasein und Wirken hochgestellter Fürstengeschlechter erkennen, denen die Stämme willig gefolgt sind. Es ist die Zeit, in der auch nach den schriftlichen Quellen der Antike das von einer kriegerischen Aristokratie geführte Keltentum in voller Blüte stand. Schon seit dem 6. Jahrhundert drangen aus Massilia und Italien wie aus den Balkanländern bestimmende Kultureinflüsse in das Keltengebiet ein. Die Funde bezeugen eine lebhafte Handelsverbindung der Kelten in Mitteleuropa mit etruskischen und griechischen Städten. Erinnert sei nur an die griechisch beeinflußte Bauweise der Festung Heuneburg an der oberen Donau, an die Beigaben in den Gräbern am Fuß des Hohenasperg (Württemberg) und an die einzigartigen Schätze, die im Grab einer Fürstin in Vix (Côte d'Or) zutage getreten sind, vor allem an den bronzenen Mischkrug griechischer Herkunft und das Golddiadem skythischer Art. Handliche, elegante Schwerter, die in allen Gräbern dieser Zeit begegnen, sprechen von Kampflust und Kriegskunst, ebenso wie die hochgelegenen Ringwälle und Schanzen im keltischen Raum. Seit 400 begannen die kraftvollen Stämme ausgedehnte Wanderzüge nach Osten und Süden, geführt von einem reisigen Adel, der auf Streitwagen kämpfte und überall Beute zu nehmen wußte, wo sie sich fand. Kelten gelangten in das illyrische Gebiet bis zur Adria, sie erschienen in Ungarn und arbeiteten sich von dort aus nach Siebenbürgen vor, sie setzten sich in Böhmen, Mähren und Schlesien fest. Im 3. Jahrhundert stießen sie tief in die Balkanhalbinsel vor, besiegten die Makedonen und erreichten 278 Delphi. Einzelne Gruppen gingen nach Kleinasien hinüber, erhielten nach schweren Kämpfen Wohnsitze im anatolischen Hochland und spielten hier unter dem Namen Galater die Rolle des Landsknechtsvolkes der östlichen Welt. Die Denkmäler, in denen die Könige von Pergamon ihre Kämpfe mit den Kelten verherrlichten, machen uns die Wehrhaftigkeit der Kelten dieser Zeit lebendig. Kriegshandwerk und geistreiches Reden hat ein Jahrhundert später der Römer Cato als charakteristisch für dieses Volk bezeichnet, das in Italien unter dem Namen Gallier bekannt war.

Um 400 hat die Einwanderung der *Kelten in Italien* begonnen. In großen Volksscharen überstiegen sie die Alpen und setzten sich in den südlichen Gebirgstälern und in der Po-Ebene fest: die Insubrer um Mailand, die Cenomanen um Brescia und Verona. Neue, von Norden nachdrängende Stämme konnten den Po überschreiten und nahmen im Kampf mit Etruskern und Umbrern das Land bis zur Adria hin in Besitz: Boier, Lingoner und Senoner. Keltische Kriegergräber, die in der Gegend von Ancona gefunden wurden, bezeichnen die Vorposten der keltischen Landnahme im Nordosten Italiens. Das ligurische Gebiet haben die Kelten nicht berührt, und von den Venetern sind sie abgewehrt worden; aber der übrige Teil der Po-Ebene wurde nun Keltenland (Gallia Cisalpina der Römer). Die etruskische Herrschaft, die in diesem Gebiet von je auf schwachen Füßen stand, wurde gebrochen. Manche der bisherigen Gebieter wichen nach Etrurien aus oder zogen sich in die Alpentäler zurück; Inschriften in etruskischem Alphabet, die am ganzen Südrand der Alpen gefunden wurden, dürften auf solche Rückzugsstellungen hinweisen. Andere haben den Kampf gewagt, so die Herren von Felsina, die auf ihren Grabstelen die Kämpfe mit den Fremden zur Darstellung bringen. Um die Mitte des 4. Jahrhunderts ist aber auch diese Stadt keltisch geworden und hat nun den Namen Bononia erhalten. Im übrigen hat es noch lange gedauert, bis die Kelten sich ganz der Seßhaftigkeit bequemten. Nicht nur daß einzelne Gruppen gern als Söldner in fremde Dienste traten und in dieser Verwendung z. B. bei Dionys von Syrakus begegnen; auch geschlossene Haufen setzten sich, gierig nach Beute und Gold, immer wieder in Marsch nach dem mittleren und südlichen Italien. Dabei kam ihnen ihre schnelle Bewegung zustatten; waren sie doch Meister in allem, was mit Fahren und Wagenbau zusammenhängt.

Einer dieser gallischen Beutezüge hat 387 die Stadt Rom katastrophal getroffen. Von Etrurien aus zog der gallische Haufe südwärts in der Richtung zum unteren Tiber. Die Römer und ihre latinischen Bundesgenossen stellten sich an der *Allia,* einem linken Nebenflüßchen des Tiber, 16 km nördlich der Stadt zur Schlacht, wurden aber geschlagen und zersprengt. Blitzschnell erschienen die Sieger in Rom, verheerten und plünderten die Stadt, aus der die Bevölkerung geflohen war; Spuren des Brandes sind archäologisch erwiesen. Nur das fest ummauerte Kapitol hielt dem Ansturm stand. Schließlich zogen die Gallier auf die Nachricht, daß die Veneter in ihre Wohnsitze eingefallen seien, beutebeladen ab. Das ist der Hergang, der sich mit Bestimmtheit der legendenreichen Überlieferung entnehmen läßt. Wir wissen nichts Sicheres von Titus Manlius Capitolinus, der die Gallier von der Burg hinabgestoßen haben soll, noch von Marcus Furius Camillus, von dem es heißt, er sei, zum zweiten Mal Diktator, eben nach Rom gekommen, als die Stadt dem Feind das geforderte Lösegeld bezahlte und der Sieger Brennus sein *Vae victis* sprach.

So viel steht fest, daß die Niederlage an der Allia verlustreich, die Zerstörung der Stadt schwer war. In aller Folgezeit galt der

Tag der Alliaschlacht – der 18. Juli – in Rom als *dies religiosus*, als Unglückstag, an dem nach behördlicher Anweisung bestimmte Handlungen nicht vollzogen werden durften. Von der Bedeutung des Ereignisses zeugt auch die Tatsache, daß es in die geschichtliche Überlieferung der Griechen eingegangen ist. Die Folge der Katastrophe war der Verlust der römischen Macht im ganzen Umkreis von Latium. Auf sich selbst gestellt, mußten die Römer das Werk von Jahrzehnten wiederholen, den Aufbau der Stadt und die Festigung der Hegemonie in der Landschaft. Mit größter Energie wurden die Wohnquartiere wieder instandgesetzt nach dem alten Plan mit den engen, winkligen Straßen, wie es die Eile gebot. Um die ganze Siedlung wurde ein starker Mauerring gelegt, der den kapitolinischen Hügel und den Aventin einschloß, im Osten über den Quirinal, Viminal und die esquilinischen Kuppen zog. So entstand eine mächtige Festung, die für mehr als sechs Jahrhunderte allen Anforderungen gewachsen war. Zu diesen Bauleistungen, die besonders den ärmeren Teil der Bevölkerung bedrückten, kam die dauernde Heranziehung zum Kriegsdienst in der Auseinandersetzung mit den Nachbarn und in der Bereitschaft gegen die Gallier, die zum Glück so schnell nicht wiederkamen. Die Aktivierung aller Volkskräfte im Inneren und nach außen zog bald einen entscheidenden Schritt zugunsten des plebejischen Volksteils nach sich. Auf Antrag der Volkstribunen Gaius Licinius und Lucius Sextius kamen 367 bedeutsame Gesetze zustande, die den Forderungen der verschiedenen plebejischen Schichten entsprachen (Livius 6, 35). Der historische Charakter dieser *licinisch-sextischen Gesetze* hat der kritischen Prüfung im Wesentlichen standgehalten. Zugunsten der Bauern wurde eine Schuldenermäßigung zu Lasten der Reichen verfügt. Dann wurde für die Bewirtschaftung des Gemeindelandes als Höchstgrenze festgelegt, daß der einzelne Bürger nicht mehr als 500 Morgen (etwa 125 ha) in Besitz nehmen und höchstens 100 Stück Großvieh und 500 Stück Kleinvieh darauf halten dürfe. Man hat diese Bestimmungen angezweifelt, da sich daraus ein Gesamtumfang des Gemeindelandes ergeben müßte, der für diese Zeit unmöglich sei. Es ist aber Tatsache, daß die annektierte Markung von Veii, die wohl größer war als das römische Territorium, nur zum Teil für die Schaffung von Einzelhöfen verbraucht war und daß auf dem restlichen Land durch private Ergreifung *(occupatio)* große Gutswirtschaften entstanden sind. Auch im südlichen Gebiet von Latium, das in eben diesen Jahren erobert wurde, haben reiche Patrizier und Plebejer das traditionelle Okkupationsrecht in Anspruch genommen, bis es endlich gelang, durch die Ansiedlung von Bauern zwei neue Tribus zu schaffen (358). So ist es verständlich, daß die Okkupation von Staatsland 367 durch ein Gesetz, das für Patrizier und Plebejer galt, auf 500 Morgen begrenzt wurde. Die Überlieferung kennt für das 4. Jahrhundert und für den Anfang des 3. Jahrhunderts einige Fälle, in denen dieses Gesetz zur Anwendung kam. Dagegen dürfte die Angabe, daß auch das Weiderecht auf dem Gemeindeland in der besagten Weise eingeschränkt worden sei, mit der viel später erfolgten Erneuerung des Gesetzes zusammenhängen und wohl in die Zeit nach dem Hannibalkrieg gehören, als die Weidewirtschaft überhandnahm. Das Ackergesetz von 367 setzte also für den Kornanbau auf dem Grund und Boden des Staates dem Großbetrieb eine Grenze, es sicherte die mittleren und kleinen Bauernwirtschaften und diente damit auch der Wehrkraft des Staates. Das dritte Gesetz bestimmte die Wiederherstellung des Konsulats und die Zulassung von Plebejern zu einer der beiden Konsulstellen. So war nun, nachdem das Militärtribunat in der Übergangszeit seinen Dienst getan hatte, das alte Führungsamt der Republik wiederhergestellt; Lucius Sextius erscheint 366 als erster Plebejer in den Konsullisten, die von nun an eine feste Chronologie der römischen Geschichte ergeben. Im Zusammenhang mit der Erneuerung des Konsulats steht die jetzt alljährlich vorgenommene Wahl eines dritten Oberbeamten. Dieser dritte Träger des Imperiums war an sich gleichberechtigt mit den Konsuln, doch die militärische Gewalt setzte bei ihm aus, er war nur Amtsträger in der Stadt. Nach und nach hat sich daraus die sachliche Teilung der Obergewalt in eine politisch-militärische und eine juristische ergeben, indem die beiden Konsuln die Volksversammlung und den Senat einberiefen und im Krieg die Heere führten, der dritte aber, für den nun die Bezeichnung

Prätor allein üblich war, als Gerichtsherr waltete, die Prozesse entgegennahm und die Richter einsetzte. Bald ist dieser Gerichtsmagistrat auch dazu übergegangen, das überlieferte Recht *(ius civile)* aufgrund der Amtsgewalt durch Edikte *(ius praetorium)* weiterzubilden und so die Rechtsentwicklung dem Fortgang des Lebens großzügig anzupassen.

Die Reform von 367/6 hat so den Plebejern den vollberechtigten Zugang in die Regierung gebracht. Die plebejische Sondergemeinde war nicht aufgehoben, sie war auch noch nicht vollkommen eingegliedert, aber ganz wesentlich an den Staat angenähert. Die Beauftragten der Plebs, Tribunen und Ädilen, waren in ihren Funktionen anerkannt. Aufschlußreich für diese Anerkennung ist die Tatsache, daß nun in Nachbildung der plebejischen Ädilen ein Ädilenamt des Gesamtstaates geschaffen wurde. Das Bürgervolk wählte jährlich zwei kurulische Ädilen; so nannte man sie nach der *sella curulis,* dem elfenbeinernen Amtsstuhl, der ihnen wie den Konsuln und den Prätoren zukam. Anfänglich eine patrizische Magistratur, wurde das neue Amt bald auch den Plebejern zugänglich. Kurulische und plebejische Ädilen übernahmen die Aufgabe der Stadt- und Marktpolizei und die Ausrichtung der öffentlichen Spiele. Dies war eine kostspielige Angelegenheit, doch wurde sie von jungen Politikern, die für ihre weitere Laufbahn die Stimmung des Volks gewinnen wollten, viel begehrt. Überhaupt kam der Zugang zu den Führungsämtern der Republik, wenn er auch grundsätzlich ein Erfolg der ganzen Plebs war, nur für die Männer der plebejischen Oberschicht in Betracht. Das für die Bekleidung eines Regierungsamts erforderliche Vermögen besaßen nur die angesehenen, wohlhabenden Familien, die von Anfang an die Führung im Ständekampf innehatten und nun auch vielfach mit Patriziern verschwägert waren. Die Beamtenlisten der Folgezeit lassen die sich neu bildende Führungsschicht erkennen. Nach der Reform begegnen elf Jahre lang im Konsulat je ein Patrizier und ein Plebejer, dann aber schließen sich mehrere rein patrizische Kollegien an. Offenkundig ist nun unter den führenden patrizischen und plebejischen Geschlechtern alljährlich bei den Wahlen um die Regierung gekämpft worden.

In Kriegszeiten, die neue Aufgaben brachten, erhielten die plebejischen Familien besondere Chancen, in solcher Lage konnte manche Sippe in den Kreis der Regierenden aufsteigen, oft genug auch ein vornehmes Geschlecht auswärtiger Herkunft. Nach und nach öffneten sich der plebejischen Oberschicht alle Ämter: Gaius Marcius Rutilus wurde 356 als erster Plebejer Diktator, 351 als erster Plebejer Censor, Quintus Publilius Philo erscheint 337 als erster plebejischer Prätor; von den staatlichen Priesterämtern war wenigstens dasjenige zugänglich, das die fremden Kulte zu besorgen hatte. So trat an die Stelle des Blutsadels in anhaltender Erweiterung der regimentsfähigen Schicht die *Aristokratie der Ämter.* Innerhalb dieses aus Patriziern und Plebejern gemischten Leistungsadels erhob sich die Nobilität als der Kreis der Familien, die einen ihrer Männer an die Spitze des Staates brachten.

Diese energische Heranziehung aller geeigneten Kräfte hat der Republik die Wiederherstellung der römischen Macht in Latium erleichtert. Nachdem die Abfallgelüste der Verbündeten bezwungen waren, ist 358 der Vertrag Roms mit den Latinern und Hernikern erneut worden, und zwar in einer Form, die den Führungsanspruch der Römer klar zum Ausdruck brachte. Mit den Volskern kam es zu einem erbitterten Ringen um Teile der latinischen Ebene und um die für den Seehandel unentbehrlichen Küstenplätze. Es gelang den Römern, das Land nordwestlich von Terracina zu erobern und hier durch Ansiedlungen von Bauern zwei neue Tribus, Pomptina und Poplilia, zu schaffen (358); aber das stark volskisch besiedelte Antium blieb ein Mittelpunkt des Widerstandes gegen Rom. Auch im südlichen Etrurien sind einzelne Städte, durch die Eroberung von Veii alarmiert, in den Krieg eingetreten. Auf diesem gefährlichen Boden hat Rom darauf verzichtet, den Kampf bis zum Ende durchzufechten und sich mit zeitlich befristeten Abmachungen begnügt. So wurde 351 mit Tarquinii und Falerii ein Waffenstillstand abgeschlossen. Die nächstgelegene Etruskerstadt Cäre, die im Seehandel immer noch mächtig war, wurde als selbständige Gemeinde anerkannt und zugleich in das römische Bürgervolk aufgenommen, jedoch ohne Gewährung des Stimmrechts. Das ist die jetzt häufiger begegnende Form der *civitas sine suffragio*. Nach solchen umfassenden Sicherungen konnte Rom die Gallier, als sie um die Mitte des Jahrhunderts auf ihren Beutezügen wieder in die Nähe der Stadt vorstießen, leicht abweisen.

Die politische Macht der Republik reichte nun von Terracina, das den Torweg am Strand des südlichen Latium beherrschte, bis zum Ciminischen Waldgebirge, das mit seinen bis zu 1000 m ansteigenden Höhen eine Sperre auf dem nördlichen Verbindungsweg bildete. Da das Etruskertum spürbar entkräftet war, hat diese Abschirmung zunächst genügt. Die Aktivität der römischen Politik wandte sich dem Süden der Halbinsel zu, wo sich starke Widerstände regten. Aus zwei Verträgen, die um die Mitte des Jahrhunderts geschlossen wurden, läßt sich die allgemeine Orientierung der römischen Expansion klar ersehen. Aufschlußreich ist zunächst der Vertrag, der 354 zwischen Rom und den Samniten zustande kam. Es handelt sich hier um die oskischen Stämme, die die Hochebene des südlichen Apennin behaupteten, während ihre Stammesbrüder längst in die Küstengebiete abzuwandern begonnen hatten. Pentrer, Caudiner, Hirpiner und andere kleine Verbände bewahrten in urtümlicher Verfassung als Bauern und Hirten ihr freies Leben in den Bergen, sie kannten noch kaum das städtische Dasein und waren es zufrieden, im Winter ihre Herden in die angrenzenden Ebenen, vor allem nach Apulien, zu führen. Zur Wahrung der gemeinsamen Interessen hatten die Kleinstämme sich zu einem Bund, einer Eidgenossenschaft von *Samnium*, zusammengefunden, im Kriegsfall wählten sie in einem ihrer Vororte, Äsernia oder Bovianum, den Herzog der vereinten Streitkräfte. Aus den Aufgeboten der wehrhaften Stämme ergab sich ein schlagkräftiges Heer, das in leicht beweglichen Formationen den Gebirgskrieg trefflich zu führen verstand. An Bevölkerungszahl und Gebietsumfang war Samnium stärker als jede andere politische Einheit des Südens, stärker auch als Rom und seine Verbündeten. Noch gab es zwischen Rom und Samnium, diesen so tief verschiedenen Gebilden, keine unmittelbare Berührung, der Vertrag wird also der Verständigung über die allgemeinen Fragen des mittleren und südlichen Italien gedient haben, etwa der Abwehr der Gallier und der Niederhaltung der gemeinsamen Nachbarn, der Volsker, Aurunker und vor allem der Kampaner, die in ihren reichen Städten die Verbindung mit ihrer oskischen Bergheimat verloren hatten.

Noch eindrucksvoller zeigt sich die Ausweitung des römischen Horizonts in dem zweiten Vertrag mit Karthago. Polybios (3, 24) erwähnt ihn ohne Datierung; unter Hinzunahme der annalistischen Überlieferung (Livius 7,27; Diodor 16, 69) läßt sich aber das Jahr 348 gewinnen. *Karthago,* die Herrin eines ausgedehnten Seereiches im westlichen Mittelmeer, schließt ein Abkommen mit der italischen Stadt, die an der Küste von Latium aktiv geworden ist und auch im Ringen mit den Griechen Bedeutung erlangt hat. Entsprechend dem traditionellen Verfahren seiner Handelspolitik erklärt Karthago im Vertrag mit Rom den größeren Teil des westlichen Mittelmeeres als Sperrgebiet für den römisch-latinischen Handel, in Sardinien und Libyen werden Raubzüge, Handel und Städtegründung untersagt; dagegen werden der karthagische Teil Siziliens und die Stadt Karthago selbst dem Handel freigegeben. Mit der Sperrung des Meeres westlich von Sardinien wird dem italischen Partner auch der Zugang zum Ozean verwehrt, die Meerenge bei den Säulen des Hercules (Gibraltar) ist geschlossen. Durch diese Forderung Karthagos sind die mittelmeerischen Interessen Roms berührt, noch stärker aber sind die Belange von Antium getroffen, und es ist anzunehmen, daß Rom diese Zugeständnisse gerade im Hinblick auf die Rivalin an der latinischen Küste gemacht hat. Der Vorteil Roms bei diesem Abschluß tritt in den Bestimmungen über Latium unverhüllt zutage. Von den latinischen Städten werden nur diejenigen, die den Römern untertan sind, gegen karthagischen Zugriff geschützt; in den von Rom unabhängigen Gemeinden dürfen die Karthager plündern, Beute und Bewohner abführen, sie sind nur verpflichtet, bei einem solchen Überfall den Platz als solchen den Römern zu übergeben. So wird von der Seemacht Karthago den Römern in eindeutiger Form die territoriale Beherrschung von Latium zugesprochen. Als Hauptziel der römischen Politik erscheint hier die straffe Zusammenfassung von ganz Latium einschließlich des Küstengebiets, eine

Zielsetzung, die für alle mit Rom nicht verbündeten Städte eine ernste Bedrohung darstellte.

Diese Verträge Roms mit Samnium und mit Karthago werfen ein grelles Licht auf die allgemeine Lage in Mittelitalien. Die noch unabhängigen Städte und Kleinstämme waren in Gefahr, den Römern oder den Samniten zuzufallen. Es hat nicht lange gedauert, bis die ersten unter den Neutralen vor die Entscheidung gestellt wurden. Als die Samniten 343 Kapua und die Sidiciner im nördlichen Kampanien bedrängten, da rief Kapua, den eigenen Stammesgenossen entfremdet, die römische Hilfe an. So kam es überraschend schnell zum ersten Zusammenstoß zwischen den Hauptmächten Rom und Samnium. Der erste *Samnitenkrieg*, von der Überlieferung in die Jahre 343–341 gesetzt, ist von der modernen Forschung eine Zeitlang angezweifelt, neuerdings aber doch als historisch wahrscheinlich gemacht worden. Den militärischen Anforderungen der neuen Lage war Rom offenkundig nicht voll gewachsen, um so kühner griff es zu den Mitteln der Diplomatie. Da die Verbindung Roms mit Kampanien im südlichen Latium durch Volsker und Aurunker bedroht war, übersprang die römische Politik dieses Hindernis durch ein Bündnis mit Kapua. Die alte römische Aristokratie und die Ritterschaft der mächtigen kampanischen Stadt haben sich leicht gefunden. Bald danach aber kam in der stadtrömischen Politik die aufstrebende plebejische Gruppe des Adels zum Zug, deren Sympathien den Samniten gehörten. So ist 341 ein Kompromißfriede zwischen Rom und Samnium auf Kosten der kleineren Gebilde abgeschlossen worden: Rom gab die Sidiciner preis, Samnium billigte den Anschluß von Kapua an den römischen Bund. Es war ein entscheidender Gewinn für Rom, daß es nun mit Hilfe der verbündeten kampanischen Stadt die widerstrebenden Kräfte in Latium umfassen konnte.

Eben diese Folgerung hat sofort zum *Aufstand der Latiner* gegen Rom geführt. Die Städte, die ursprünglich ein Bündnis zu gleichem Recht mit Rom geschlossen hatten, waren nicht gewillt, den offenkundigen Herrschaftsanspruch Roms hinzunehmen. Unter den militärischen Operationen dieses Latinerkriegs hebt sich der Sieg heraus, den die Römer 340 über einen

Teil der Latiner und über die mit diesen verbündeten Kampaner bei Sinuessa am Fuß des Massicus Mons errungen haben. Nach dieser Waffenentscheidung haben die Aufständischen des südlichen Bereichs kapituliert; sie trafen die Wahl für Rom, um nicht unter die Herrschaft der Samniten zu geraten. Im alten Latium zogen sich die Kämpfe jahrelang hin, aber 338 waren alle Städte bezwungen, auch Tibur und Präneste, selbst Antium, das sich zur Auslieferung seiner Kriegsschiffe bereitfand. Im Besitz des vollen Sieges traf Rom eine weitblickende, von zukunftsmächtigen Ideen getragene *Friedensordnung*. Der Gedanke, die ehemals verbündeten Städte zu vernichten, lag fern; sie alle zu einem Einheitsstaat zusammenzufassen, verwehrte das polisgebundene Denken des Jahrhunderts. Rom mußte mit jeder einzelnen Stadt zum Abschluß kommen und bei der Neugestaltung der Verhältnisse den doppelten Gesichtspunkt verfolgen, die eigene Vormacht zu sichern und doch einen lebendigen Zusammenhalt unter allen Beteiligten zu ermöglichen. Im Interesse einer klaren, ausschließlichen Führerstellung Roms wurde der Bund der latinischen Städte aufgelöst, die Gemeinden verloren sogar das Recht der Ehegemeinschaft und des Geschäftsverkehrs untereinander. Das war eine harte Maßregel, die nur für die Übergangszeit Geltung haben konnte. Den einzelnen Städten wurde je nach ihrer Größe, ihrer Lage und ihrem Verhalten während des Krieges ein bestimmtes Verhältnis zu Rom gewährt. Die mächtigen Gemeinden Tibur und Präneste erhielten als selbständige Staaten einen Bündnisvertrag mit Rom, sie wahrten ihre eigene Regierung und übernahmen Bündnispflicht für den Kriegsfall. Diese günstige Regelung wurde auch der Mehrzahl der latinischen Kolonien bewilligt. Andere, nahe bei Rom gelegene oder eng mit ihm verbundene Städte wie Tusculum, Aricia, Lanuvium, Lavinium, Nomentum wurden in das römische Bürgerrecht aufgenommen; mit dieser Stellung war ein geringes Maß der Selbstverwaltung, jedoch die volle Ausübung der politischen Rechte in Rom gegeben. Auch die römische Bürgerkolonie Ostia erhielt dieses Recht, ebenso Antium, das jetzt römische Kolonisten aufnehmen mußte, und bald auch Terracina. Die stammfremden Gemeinden, wie das volskische

Veliträ und die Städte Fundi und Formiä im Aurunkerland, wurden zivilrechtlich mit den römischen Bürgern gleichgestellt, blieben aber von den politischen Rechten Roms ausgeschlossen. Das ist der Status einer *civitas sine suffragio*, wie ihn neben anderen Städten auch Cäre bereits besaß, selbständige Gemeindeverwaltung war nur teilweise damit verbunden. So war durch mannigfaltige Abstufung der Rechte die Sammlung des Latinertums unter römischer Hoheit gewährleistet. Die Bürger der unterstellten Gemeinden hatten unter gewissen Bedingungen den Zugang zum römischen Bürgerrecht offen, ihre vornehmen Familien konnten in der regierenden Schicht Roms Aufnahme finden. Gemeinsame Aufgaben, wie die Verteidigung des Landes gegen die Nachbarn, und gemeinsame Vorteile, wie die Gründung von Kolonien auf erobertem Land, banden alle Latiner zur Einheit zusammen; ohne Knechtung einer freien Stadt, ohne Erzwingung von Jahrestributen war die römische Herrschaft aufgerichtet.

Die neuen Formen des politischen Zusammenschlusses haben sogleich über die Landschaft Latium hinaus gewirkt. Kapua, der Hauptort im nördlichen Kampanien, erhielt 334 für seine Bürger die zivilrechtliche Gleichstellung mit Rom, bewahrte aber die Selbstverwaltung und die oskische Sprache. Andere Städte des der Auflösung verfallenden kampanischen Bundes traten mit Rom in ein Bündnis, so Nola und Nuceria, wieder andere wurden der römischen Bürgerschaft angeschlossen, ohne das Stimmrecht zu erhalten, so Cumä, Suessula, Acerrä. So war das nördliche *Kampanien* mit seinen fruchtbaren Landschaften – der Getreideebene von Kapua, dem Rebengebiet des Ager Falernus – und mit seinen reichen, spürbar hellenisch beeinflußten Städten für Rom gewonnen; der selbstbewußte kampanische Adel tat Reiterdienst im römischen Heer. Die Verbindungswege mit Kampanien wurden in den nächsten Jahren gesichert. An der Küstenstraße erstand 329 die römische Bürgerkolonie Terracina, an der Binnenstraße 328 die latinische Kolonie Fregellä am Liris. Der Machtzuwachs, den Rom durch die Neugestaltung von Latium und Kampanien gewonnen hatte, war bedeutend. An Bevölkerungszahl stand der römische Bund allerdings noch hinter dem Bund von Samnium zurück; man hat neuerdings für jenen 427 000 freie Einwohner, für diesen aber 650 000 auf die Zeit vor dem Ausbruch des großen Krieges mit Wahrscheinlichkeit errechnet. Rom aber hatte ein neues Gesetz politischen Wachstums aufgerichtet, indem es die Führung der zahlreichen angeschlossenen Gemeinden ergriff. Die Latiner bildeten den Kern der römischen Gefolgschaft, um diesen legten sich oskische Kampaner, Griechen und Etrusker; es war offenkundig, daß dieses System in Mittelitalien weiterhin seine Anziehungskraft entfalten würde. Ihre volle Bedeutung erhält die römische Machtbildung erst durch den Vergleich mit den politischen Kräftefeldern im übrigen Italien und durch den Blick auf die Weltlage im Mittelmeergebiet. Etrurien verharrte im Niedergang, Großgriechenland geriet durch die Expansion der italischen Stämme in immer größere Bedrängnis. Die Stadt Tarent, die führende Polis im äußersten Süden, rief im Kampf gegen Lukaner und Messapier mehrfach Hilfe aus dem griechischen Osten an. In demselben Jahr 334, in dem der Makedonenkönig Alexander seinen Eroberungszug in Asien eröffnete, kam sein Oheim, König Alexander von Epirus, den Tarentinern zu Hilfe, errang Erfolge gegen die Italiker, ließ aber, nach wenigen Jahren ermordet, die Sache der Griechen unentschieden zurück. Das aufsteigende Rom dagegen hat, so wird überliefert, mit dem Besieger des Perserreiches, dem König von Asien, Verbindung gewonnen und ihm eine Gesandtschaft zugeschickt, als er nach der Rückkehr von Indien 323 in Babylon einzog. Es handelte so aus dem Bewußtsein einer italischen Macht.

III. Kapitel

Der Ausgleich der Stände
Die Unterwerfung von Mittel- und Unteritalien (338-264)

Der Bund, den Rom 338 und in den folgenden Jahren geschaffen hat, sollte sich als die zukunftsmächtige politische Idee Italiens erweisen. In mannigfacher Abstufung hatten sich die Bundesgenossen, Latiner und Kampaner, Etrusker und Griechen, an Rom angeschlossen, sie bewahrten weiterhin ihre Eigenart in Volkstum, Sprache und Kultur, beugten sich aber zur Bewältigung der gemeinsamen Aufgaben dem eindeutigen Führungsanspruch der Stadt Rom. Dieses föderative Gebilde übte auf die Städte der Nachbargebiete eine starke Anziehungskraft aus, besonders im Umkreis von Samnium. Hier stand ihm der Stammesverband der *Samniten als eine wesentlich andere Schöpfung* mit seiner ganzen Wehrkraft entgegen. In Politik und Wirtschaft hatten die Samniten die archaischen Verhältnisse bewahrt, sie sperrten sich gegen die städtischen Lebensformen, benötigten daher immer größeren Nahrungsraum für ihr wachsendes Volk und suchten ihn vor allem in den Ebenen, zu denen nun durch die Gründung der latinischen Kolonie Fregellä und durch den Anschluß einiger kampanischer Städte an Rom der Zugang verwehrt war. Der elementare Landhunger der Samniten und der politische Führungsanspruch der Römer trafen hart zusammen, erzeugten die schweren Kämpfe, die wir als den zweiten Samnitenkrieg (327–304) bezeichnen, und schufen nach einer kurzen Ruhepause die Verwicklungen des dritten Samnitenkrieges (298–290). Der Reihe nach wurden die Städte und Stämme Mittelitaliens in den Kampf hineingezogen und mußten sich für Rom oder für Samnium entscheiden. Mochte Theodor Mommsen um die Mitte des 19. Jahrhunderts, als der Kampf seiner Generation um die deutsche Einheit ging, dieses Ringen der Italiker als einen Prozeß der nationalen Einigung deuten, so verstehen wir es in engerem Anschluß an die antiken Anschauungen als den Zweikampf zwischen der herrschenden Stadt der Mitte und dem mächtigen Stamm des Südens, als die Entscheidung über die Hegemonie in einem Land, in dem noch auf lange hinaus viele Nationen nebeneinander lebten.

Die Überlieferung dieser Kriege kennt eine Reihe hervorragender Führer, läßt aber die einzelnen militärischen Operationen oft im dunkeln, die Grundsituation der Kämpfenden tritt jedoch deutlich zutage. Der Bund der Samniten, bei Beginn des Konflikts an Volkszahl überlegen, hatte den Vorteil der festen Stellung im Gebirge des südlichen Apennin. Die samnitischen Krieger, mit Schwert und Schild vortrefflich ausgerüstet, beherrschten die Taktik des Kleinkrieges und entwickelten in ihren beweglichen Abteilungen hervorragende Leistungen des Einzelkampfes. Es fehlte den Stämmen nicht an geeigneten Führern, die sich auf die Defensive verstanden und auch die Chancen eines Vorstoßes in das feindliche Gebiet wahrzunehmen wußten. Wollte Rom mit seinen Verbündeten die Entscheidung suchen, so mußte es den Angriff nach Samnium hineintragen, in das schwer zugängliche Gebirgsland, das zahllose Verteidigungsmöglichkeiten aufwies, weit zerstreute Siedlungen besaß, doch keine Hauptstadt als Ziel für einen konzentrierten Angriff bot. Das Risiko einer solchen Offensive war groß, auch wenn Rom jetzt die Stärke seines Milizheeres auf vier Legionen brachte und die Kontingente der Bundesgenossen voll in Anspruch nahm. Auf die lange Sicht konnte in einem Ringen, in dem Rom weder bessere Soldaten noch überlegene Feldherrn noch Wunderwaffen besaß, nur die politische Führung des Krieges den Ausschlag geben. Der föderative Gedanke, der den Schlüssel zu fortgesetzter Staatserweiterung enthielt, mußte im städtischen Bereich des Südens neue Bundesgenossen anziehen und Samnium langsam isolieren.

Der Krieg begann mit einem Ereignis, das die politische Stoßkraft des römischen Bundes sofort erkennen ließ. Die freie Griechenstadt Neapel, in der sich eine römerfreundliche und eine oskisch gesinnte Gruppe gegenüberstanden, rief 327 die Römer zu Hilfe. Als diese die Belagerung eröffneten, kamen die Römerfreunde in Neapel ans Ruder und übergaben die Stadt. Neapel wurde als ein selbständiger Staat, der seine eigenen Beamten und seine griechische Münzprägung behielt, in das römische Bündnis aufgenommen – eine Entscheidung, die ihren Eindruck in Großgriechenland nicht verfehlen konnte. Militärisch allerdings bekamen die Römer die Ungunst ihrer Gesamtlage zu spüren. Als sie 321 mit einem großen Heer von Kampanien aus den Einmarsch in Samnium versuchten, wurden sie in den Pässen von *Caudium* eingeschlossen und zur Kapitulation gezwungen; das Heer wurde entwaffnet und durch das Joch geschickt. Rom mußte die Schmach hinnehmen und erhielt von Samnium einen Frieden diktiert, der einige Jahre in Geltung war. Die kurze Ruhezeit wurde zu militärischen Reformen benützt, die eine Anpassung an die Taktik des samnitischen Gegners bewirkten. Die römische Diplomatie verstand es, mit den apulischen Städten Canusium und Teanum Apulum Verbindung zu gewinnen und auf diese Weise die Samniten von der apulischen Ebene abzudrängen. Die Samniten jedoch stießen nach Wiederaufnahme der Kampfhandlungen 316 bis Latium vor, verheerten einige Städte und schüchterten die römische Gefolgschaft so ein, daß in Kampanien mehrere Bundesgenossen abfielen. Erst als die Römer 314 einen klaren Sieg erfochten, kamen die abtrünnigen und schwankenden Bundesgenossen des Südens zurück. In den folgenden Jahren wurden mit der vereinten Kraft Roms und Latiums im umstrittenen Gebiet mehrere *Kolonien* gegründet und damit feste Stellungen gesichert: Fregellä wurde 313 zurückgewonnen, weiter abwärts am Liris wurde Interamna angelegt, am Fuß des Massicus Mons erhielt Suessa Aurunca Kolonisten, in der Gegend von Caudium übernahm die Gründung Saticula die Wacht über den Eingang in das samnitische Gebirge, im Südosten von Samnium erhob sich die stark besiedelte Kolonie Luceria in Apulien. Diese Kolonien waren Bauernsiedlungen und Festungen zugleich, ihre Bürger übernahmen im Krieg, von der Feldzugspflicht befreit, die Verteidigung der Plätze und bekundeten so ein Verfahren, das zu einer Norm in der Geschichte der römischen Expansion werden sollte: „Wo immer der Römer siegt, da setzt er sich auch fest“ (Seneca).

Kriegführung und Kolonisation haben die Kräfte des Bundes schwer angestrengt und doch zugleich dem wirtschaftlichen Leben neuen Auftrieb gegeben. Die Überlieferung gestattet uns hin und wieder einen Einblick in die innere Geschichte Roms, in die gesellschaftlichen Schichten, die den Kampf in erster Linie getragen, und in die Methoden, mit denen sie sich durchgesetzt haben. Die Einschätzung der Bürgerschaft für die Zwecke der Besteuerung und Heeresleistung wurde 312 von dem Censor *Appius Claudius Cäcus* vorgenommen. Das ist der erste Staatsmann, der nach unserer Kenntnis die im Amt der Censur enthaltenen Möglichkeiten der wirtschaftlichen Planung und politischen Neugestaltung ergriffen hat. Er schuf die Kunststraße, die Rom mit dem kampanischen Kriegsschauplatz verband (Via Appia) und die Wasserleitung, die das vortreffliche Quellwasser der Volskerberge in die Stadt brachte (Aqua Appia). Diese Ingenieurbauten großen Stils erforderten, zumal im Kriege, die Kräfte der ganzen Bürgerschaft. Appius Claudius zielte darauf ab, nicht nur den Grundbesitz, sondern in gleicher Weise auch das bewegliche Vermögen heranzuziehen und für die politische Einstufung maßgebend zu machen. Gestützt auf einen starken persönlichen Anhang setzte er gegen die konservativen Kreise seines eigenen Standes einen neuen Grundsatz für die Einschreibung der Bürger in die Tribuslisten durch. „Er gab den Bürgern die Möglichkeit, sich in diejenige Tribus einschreiben zu lassen, in die sie wollten, und die Erlaubnis, sich einschätzen zu lassen, wo es ihnen beliebte“ (Diodor 20, 36, 4). Praktisch bedeutete dies so viel, daß die Gewerbetreibenden und die Handelsleute, die bisher ausschließlich in die vier städtischen Tribus eingetragen waren, zumal wenn sie durch Freilassung Bürger geworden waren, nun zu allen Tribus Zugang erhielten, daß in den ländlichen Tribus neue gesellschaftliche Schichten neben die Gutsbesitzer und Pächter traten und daß in den Tribusversammlungen, die für manche politische Entscheidungen ausschlaggebend wurden, Grundbesitz und bewegliches Vermögen gleichmäßig zum Zuge kamen. Dieselbe Richtung verfolgte der Censor bei der Aufstellung der Senatsliste, indem er zahlreiche neue Mitglieder aufnahm, darunter auch Söhne von Freigelassenen, d. h. Männer aus Handel und Gewerbe. Es ist durchaus möglich, daß ein Politiker wie Appius Claudius, den wir noch viele Jahre lang in der römischen Politik einen maßgebenden Einfluß ausüben sehen, bei seinen Reformen auch an die Verstärkung seines Anhangs gedacht hat. Mußte er doch in der aristokratischen Welt mit der Feindschaft des Adels und mit dem Widerstand des Senats auf lange Sicht rechnen. Das Geschlecht der Fabier, das mit seinen Gefolgschaften und Machtmitteln die konservative Richtung der Politik vertrat, vermochte 304 die Wahl des Quintus Fabius Rullianus zum Censor durchzusetzen. Der neue Censor hat die freie Tribuswahl abgeschafft und damit in den Tribusversammlungen das Übergewicht der Grundsässigen wiederhergestellt. Trotz dieses Rückschlags wirkten die politischen und wirtschaftlichen Antriebe der claudischen Censur weiter. Langsam, doch unaufhaltsam wuchs die Stadt, die so viele aufstrebende Gemeinden zu Bundesgenossen hatte und auf mehreren Kriegsschauplätzen in den Kampf trat, aus dem Gehäuse des Agrarstaates heraus. Zwei Sonderbeamte für das Flottenwesen *(duoviri navales),* die für das Jahr 311 zuerst genannt werden, kennzeichnen den Aufschwung der römischen Kriegsflotte. Der Handel ging jetzt, stärker als zuvor, über die See nach Neapel, Tarent und Karthago.

Allerdings begannen nun auch die Samniten, durch Abschluß von Bündnissen neue Kräfte gegen Rom zu mobilisieren. Sie brachten etruskische Städte und einige der benachbarten und verwandten sabellischen Stämme auf ihre Seite und zogen so das mittlere Italien und einen Teil des Nordens in den Krieg herein. Rom zeigte sich militärisch und politisch dieser Ausweitung des Kampfes gewachsen und bekam in den Jahren dieses Krieges, der an mehreren Fronten zu führen war, den größeren Teil Italiens in sein Blickfeld. Nach dem kühnen Vorstoß eines römischen Heeres in das nördliche Etrurien ließen sich die etruskischen Städte zu Verträgen mit Rom herbei. Im Osten und Süden wurde noch lange gekämpft, bis die mittelitalischen

Kleinstämme bezwungen waren und die Samniten nach schweren Verheerungen ihres Landes den römischen Sieg anerkannten. Der *Friede zwischen Rom und Samnium* (304) ließ den samnitischen Bund in seinem Aufbau und seinem Gebietsumfang unangetastet, er sicherte aber den Römern alle Erwerbungen und Gründungen der Kriegsjahre, vor allem die Kette der Kolonien, die um Samnium gelegt war. Der römische Landgewinn war erheblich, der Volkszuwachs so bedeutend, daß seit dem Friedensschluß von 304 der römische Bund die mächtigste Staatsbildung der Halbinsel darstellte. In Mittelitalien wurde die Organisation des Friedens in jahrelanger Arbeit zu Ende verfolgt. Verbündete, die während des Krieges abgefallen waren, wurden unter strengeren Bedingungen zurückgeholt: die Herniker mußten ihren Bund auflösen und ihren Vorort Anagnia als Gemeinde mit halbem Bürgerrecht Rom unterstellen, die Äquer wurden zur Abtretung eines Teils ihres Gebietes und zur Aufnahme der latinischen Kolonien Alba Fucens und Carsioli gezwungen. Erstmals dem Bund angeschlossen wurden die sabellischen Stämme, deren Land die natürliche Durchgangszone in einem gemeinitalischen Krieg werden mußte. Marruciner, Frentaner und Vestiner wurden nun unter Wahrung ihrer Stammesverfassung Bundesgenossen Roms und verpflichteten sich dazu, im Kriegsfall ihre Kontingente unter eigener Führung bereitzustellen. Unaufhaltsam schob sich der Bund nach Norden vor. In Umbrien, wo das Städtewesen sich durchgesetzt hatte, traten Ocriculum und Camerinum bei; die latinische Kolonie Narnia (299) sicherte die Straße nach dem Norden. So hat sich Rom durch Annexion, Bündnisabschluß und Koloniegründung eine feste Stellung in der Mitte der Halbinsel geschaffen.

Vielleicht hat gerade diese energische Organisation des Friedens den Italikern die ganze Tragweite des römischen Aufstiegs zum Bewußtsein gebracht. Durch die Vertragsabschlüsse und Koloniegründungen in Mittelitalien war eine Sperre errichtet, die Samnium vom Norden trennen sollte. Um die drohende Abschließung zu druchbrechen, wagten die Samniten einen letzten Kampf, unterstützt von den Lukanern, die sich bisher abseits gehalten hatten, und von gallischen Stämmen, die durch einen neuen Zustrom keltischer Einwanderung nach Süden gedrängt wurden. Der römische Bund trat in eine ernste Bewährungsprobe ein. Auf die Kriegshandlungen, die in der historischen Überlieferung unklar bleiben, fällt ein flüchtiges Licht durch die Grabschrift des Konsuls Lucius Cornelius Scipio Barbatus (298), die in knappen Worten Erfolge in Samnium und in Lukanien meldet. Eine schwere Gefährdung Roms zeichnete sich ab, als Gallier und Etrusker 295 bis in die Nähe der Stadt vorstießen und die Samniten diesen Augenblick benützten, um durch das sabellische Gebiet nach Norden zu marschieren und dort die Vereinigung mit Galliern und Etruskern zu erreichen. Dieser mächtigen italischen Koalition stellte sich Rom mit zwei konsularischen Heeren bei *Sentinum* in Umbrien, wo die Pässe über den Apennin führen. Die Römer erfochten einen entscheidenden Sieg unter schweren Verlusten; der Konsul Publius Decius Mus rettete, wie uns bezeugt wird, durch Selbstaufopferung *(devotio)* den Ausgang der Schlacht. Nun war die Wende des Krieges erreicht. Einige etruskische Städte schlossen mit Rom Friedensverträge auf 40 Jahre; die Samniten, die den Kampf fortsetzten, konnten nicht hindern, daß die Stadt Venusia an der Grenze von Samnium, Apulien und Lukanien 20 000 latinische Kolonisten aufnahm. Nach diesem Erfolg des römischen Bundes fanden sich die Samniten zum Frieden bereit (290). Ihr Bund blieb auch jetzt unabhängig, war aber auf allen Seiten isoliert.

Durch die Erfahrungen des Krieges belehrt, haben die Römer ihre Stellung in Mittelitalien verstärkt. Die Sabiner wurden als Bürger ohne Stimmrecht eingemeindet und erschlossen sich dem latinischen Wesen so rasch, daß ihre Städte 268 das volle Bürgerrecht erhielten. Weiter im Norden wurde Picenum durch die Gründung der latinischen Kolonien Adria und Castrum Novum in die Machtsphäre einbezogen und so die Küste des Adriatischen Meeres erreicht. Am schwierigsten gestaltete sich die Auseinandersetzung mit den *Galliern.* Auf die Herausforderung des Stammes der Senoner, der nordwestlich von Ancona siedelte, marschierten die Römer in dieses Gebiet ein, vertrieben die Bevölkerung und gründeten auf dem annektierten Boden *(ager Gallicus)* die römische Bürgerkolonie Sena Gallica. Die angrenzenden Stämme der Boier, durch das römische Auftreten alarmiert, unternahmen zusammen mit etruskischen Kontingenten einen Vormarsch nach Süden, wurden aber am Vadimonischen See (zwischen Ciminischem Wald und Tiber) vernichtend geschlagen (285). Der Ausgang dieses Kampfes wurde im folgenden Jahr bekräftigt: die etruskischen Städte, deren führende Schichten vielfach durch sozialen Aufruhr bedrängt waren, ließen sich erneut vertraglich an Rom binden, die Gallier wurden in den Norden abgedrängt. Das Massiv des mittleren Italien bildete nun einen festen Block, der nicht mehr zu erschüttern war.

Überblickt man dieses jahrzehntelange Ringen um die Hegemonie, so drängt sich die Anziehungskraft des römischen Bündnissystems als der bedeutendste Faktor des politischen Werdens auf. Im Süden von den Samniten, im Norden von den Galliern bedrängt, haben die meisten Städte und Stämme sich rasch für Rom entschieden, das seinen Bundesgenossen bei aller Unterordnung doch ein hohes Maß von Eigenständigkeit beließ und die Kriegsdienste durch Beteiligung an den Kriegsgewinnen aufwog. Nachdem mit Cäre, Kapua und Neapel große Beispiele günstigen Anschlusses aufgerichtet waren, entstand für die kleinen politischen Gebilde des Landes ein förmliches Gefälle, das sie dem römischen Bund zuführte. Von Rom hervorgebracht, ist diese Tendenz des Zeitalters aus eigener Kraft angewachsen und hat wie eine Woge die Unternehmungen der Republik getragen. Daneben ist freilich die großartige Leistung nicht zu verkennen, die alle Schichten der römischen Bürgerschaft durch Kriegsdienst und Kolonisation, durch Amtsführung und Steueraufkommen für die Gemeinschaft vollbracht haben. Für Adel und Gemeinvolk war das Interesse des Gesamtstaates verbindlich geworden. Die Plebejer haben ohne Störung ihre Pflicht getan, ohne Benachteiligung an der Aussiedlung von Jungbauern in die Kolonien teilgenommen. Die Organe der Plebs haben Funktionen der Vollgemeinde übernommen; die plebejische Oberschicht ist jetzt, nachdem Censur, Prätur und Diktatur zugänglich waren, immer zahlreicher in den *Amtsadel* des Staates gelangt. Diese neuen Elemente der regierenden Schicht erhielten eine so starke Bedeutung, daß alle Patrizier, auch die Männer der konservativen Gruppe, sich um sie bemühten, wenn es bei den traditionellen Wettkämpfen der Adelsfamilien und Adelsparteien galt, Gefolgschaft und Anhang zu gewinnen. Wohl ist die fortschrittliche Politik des Appius Claudius durch den Widerstand der Fabier 304 zunächst aufgehalten worden, doch bald darauf haben auch Männer der Fabiergruppe die plebsfreundliche Politik verfochten. Der Volkstribun Quintus Ogulnius, ein Anhänger der Fabier, hat 300 ein Gesetz zustande gebracht, das den Plebejern den Zugang zu den Priesterkollegien der Pontifices und Augures, die bis auf diese Zeit eine streng gehütete Domäne des patrizischen Adels gewesen waren, freigab. Wenige Jahre später hat dieser Quintus Ogulnius zusammen mit seinem Bruder Gaius im kurulischen Ädilenamt eine lebhafte Bautätigkeit entfaltet und auch auf diesem Gebiet den Wettkampf mit dem berühmten Censor Claudius aufgenommen. Derselbe Mann begegnet uns schließlich als Freund der griechischen Kultur. Er hat 292 den Kult des hellenistischen Heilgottes Asklepios aus Epidauros nach Rom übertragen: ein weltaufgeschlossener Politiker, der die umfassende Wirkung der neu aufsteigenden plebejischen Adelsschicht eindrucksvoll verkörpert.

Worin bestand noch der politische Unterschied der Stände, wenn doch die Organe der Plebs unangetastet in Tätigkeit waren? Er trat im Rechtscharakter der verschiedenen Formen der Volksversammlung und ihrer Beschlüsse deutlich zutage. Die Centurienversammlung, die das Gesamtvolk darstellte, konnte allein Beschlüsse mit Gesetzeskraft fassen; die von der Plebs ausgehende Tribusversammlung, an der jetzt auch Patrizier teilnahmen, erreichte für ihre Plebiszite zwar in der Regel Anerkennung und Ausführung, doch nicht den Rechtscharakter von Volksgesetzen. Auch dieser Rest des politischen Gegensatzes zwischen Populus und Plebs ist schließlich beseitigt worden. Es bedurfte dazu allerdings der stärksten Machtandrohung, einer förmlichen Sezession der plebejischen Gemeinde. Bald nach dem letzten Samnitenkrieg, als ein beträchtlicher Teil des Volkes in Schuldennot lag, hat die plebejische Gemeinde 287 durch ihre Abwanderung auf den Janiculus eine so starke Krisis hervorgerufen, daß man sich zur Einsetzung des Plebejers Quintus Hortensius zum Diktator entschloß. Dieser hat den Aufstand beigelegt. Wir wissen nicht, in welcher Weise er die Verschuldung behoben hat, wohl aber kennen wir das von ihm beantragte Volksgesetz, das die politische Forderung der Plebs erfüllte. Die Lex Hortensia verschaffte den Plebisziten Rechtsverbindlichkeit für den Gesamtstaat (Plinius, Nat. hist. 16, 10, 37). Damit ist der *Ständekampf abgeschlossen* worden: die aus der Revolution hervorgegangenen Tribusversammlungen waren nun rechtmäßige Volksversammlungen *(comitia tributa)*, die Plebs war ein Organ des Populus, die Opposition war in die Regierung aufgenommen.

So geht der Machtbildung Roms die Festigung seiner politischen Verfassung und sozialen Struktur zur Seite. Die plebejischen Bauern, immerfort zu schwerem Kriegsdienst herangezogen, gewannen auf erobertem Land Grundbesitz für ihre Nachkommen und verstärkten so ihr politisches Gewicht. Im Innern und nach außen beobachten wir ein Wachstum, das aus den Uranlagen des Volks und aus den Instinkten seiner führenden Schichten hervorkommt. Es entfaltet sich im Lauf von Generationen, ohne daß wir das Wirken überragender Persönlichkeiten beobachten könnten. Diese Unpersönlichkeit der älteren römischen Geschichte steht in starkem Kontrast zu dem Lebensgesetz, das das gleichzeitige Werden der griechischen Welt beherrscht. Die römische Gesandtschaft, die 323 nach Babylon kam, traf hier in Alexander dem Großen auf das schöpferische Ingenium, das durch die Entfaltung seiner eingeborenen Kraft das Leben der ganzen Menschheit neu zu gestalten unternahm. Die Länder des Ostens und Westens sollten bis zu den Enden der Erde nach seinem persönlichen Willen in makedonisch-griechischem Geist geformt werden. Dieser individuelle Schöpferdrang ging nach dem Tod des Großen auf seine Nachfolger (Diadochen und Epigonen) über und gewann eine vielfältige Wirkung, seit diese den Gedanken der Einheit des Reiches preisgaben und in wilden Kämpfen die Schaffung von Teilreichen als Schauplätzen ihrer persönlichen Herrschaft in Angriff nahmen. Nachdem der letzte Gefährte des Alexanderzugs in der

Schlacht von Korupedion 281 gefallen war, gewannen die Großstaaten der Diadochen, der Antigoniden, Seleukiden und Ptolemäer, wohl eine gewisse Abrundung, doch galt in diesen Reichen immerfort das Gesetz, daß ihre Grenzen so weit zu ziehen waren, als die persönliche Macht ihrer Herrscher reichte. Die absolute Monarchie, auf stehendes Heer und Fachbeamtentum aufgebaut und durch griechische Städte gestützt, war die politische Lebensform der *hellenistischen Welt.* Auch das Griechentum des Westens ist wiederholt in den Strahlungsbereich der großen Einzelpersönlichkeiten geraten. Zwar von sich aus haben die Griechen Unteritaliens, die sich zum Bund der Italioten (d. h. der Hellenen in Italien) zusammengeschlossen hatten, keinen überragenden Mann hervorgebracht, aber sie haben ein paar Jahre lang das Wirken jenes Alexander von Epirus erfahren, den Tarent im Kampf gegen die Italiker zu Hilfe gerufen hatte. In Sizilien ist auf dem ewig unruhigen Boden der Demokratie von Syrakus die Monarchie in hellenistischer Prägung errichtet worden. Von der Bürgerschaft zum alleinigen Strategen mit umfassender Vollmacht gewählt, eröffnete Agathokles den Nationalkampf der sizilischen Griechen gegen die Karthager, gewann die Herrschaft über den östlichen Teil der Insel und nahm nach dem Vorbild der Diadochen 305/4 den Königsnamen an. Es gelang ihm, durch Abschluß von Verträgen seine Macht auch auf einige Städte Großgriechenlands auszudehnen und so das Griechentum des Westens in seinen kraftvollen Schutz zu nehmen. Allerdings hat der König Siziliens, durch rohe Gewalt an die Spitze gelangt, nie die Aussöhnung zwischen Monarchie und Polis und daher nie eine dauerhafte Grundlegung der persönlichen Herrschaft erreicht. Nach seinem Tod (289) brach seine Schöpfung zusammen. Auf Sizilien gewannen die Karthager die Übermacht zurück, in Großgriechenland setzten die Italiker ihre Angriffe auf die Griechenstädte fort: dem griechischen Westen war kein Alexander erstanden.

Dagegen hat nun die römische Macht die Zone des unteritalischen Griechentums berührt. Mit Bewunderung verfolgten viele Griechen den Aufstieg der Stadt Rom, die von je der griechischen Kultur aufgeschlossen war, ja, wie man glaubte, in ihrer Struktur nichts anderes war als eine hellenische Polis. In der Abwehr der Samniten waren gemeinsame Interessen offenbar geworden und hatten Cumä und Neapel zum Anschluß an den römischen Bund gebracht. Da war es nicht überraschend, daß die am Golf von Tarent gelegene Stadt Thurii, von den Lukanern bedroht, 282 nicht das benachbarte Tarent, das so oft enttäuscht hatte, sondern Rom zu Hilfe rief. Obwohl man in Rom wissen konnte, daß die Annahme des Hilfegesuchs einen Eingriff in die Interessen von Tarent bedeutete, haben die aktiven Elemente der plebejischen Aristokratie die Entscheidung zugunsten einer Intervention herbeigeführt. Der Konsul Gaius Fabricius befreite Thurii und legte eine Besatzung in die Stadt. Die Reaktion der Tarentiner war heftig. Als eine römische Flottille entgegen einem zwischen Tarent und Rom geschlossenen Vertrag in der Hafenbucht von Tarent vor Anker ging, machten sie einen vernichtenden Überfall auf die Schiffe. Bald darauf nahm ein tarentinisches Aufgebot die Stadt Thurii ein und nötigte die römische Besatzung zum Abzug. Die römische Forderung auf Wiedergutmachung wurde abgelehnt und so der Krieg mit Rom heraufbeschworen.

Die Stadt Tarent, die über beträchtliche Streitkräfte verfügte, durfte mit der Hilfe einiger griechischer Städte rechnen und gewann dazu die Unterstützung seitens der benachbarten Italiker; trotz allem war sie aber der Leistungsfähigkeit des römischen Bundes weit unterlegen. Nach alter Übung erbat sich Tarent einen Feldherrn aus dem griechischen Osten und tat diesmal einen glänzenden Griff. Es gewann den König Pyrrhos von Epirus, einen Mann von ritterlichem Charakter und hervorragender Begabung, der an den Kämpfen der Diadochen um die Königsthrone der hellenistischen Welt teilgenommen hatte und die moderne Kriegskunst vollkommen beherrschte. Auf den Ruf der Tarentiner kam er, von den Königen des Ostens mit Truppen und Hilfsgeldern unterstützt, 280 nach Italien mit einer Kriegsmacht, die nicht viel geringer war als das Heer, mit dem Alexander den Angriff auf Asien eröffnet hatte, und auch Elefanten, die neueste Waffe des Durchbruchs, aufwies. Die Burg von Tarent wurde in seine Hand gegeben, er übernahm den Oberbefehl im *Krieg zwischen Tarent und Rom.* Die Schwungkraft eines hellenistischen Königs, eines Abenteurers und Kriegshelden, prallte gegen das Machtgebilde der Republik, die starke Persönlichkeit trat ins Feld gegen die anonyme Aristokratie. Der einzigartige Charakter dieses Krieges spiegelt sich in unserer Überlieferung wider, die neben den römischen Traditionen auf gleichzeitige griechische Aufzeichnungen, unter anderem auf die Denkwürdigkeiten des Königs selbst zurückgeht.

Die römische Initiative bestimmte die ersten Kriegshandlungen. Ein konsularisches Heer, das durch Lukanien zum Golf von Tarent vorgestoßen war, suchte bei Heraklea 280 die Schlacht. Pyrrhos gewann mit der hellenistischen Phalanx, mit starker Kavallerie und mit der Elefantenwaffe den Sieg über die römischen Legionen, allerdings unter schweren Verlusten. Als nun griechische Städte wie auch Samniten und Lukaner auf seine Seite traten, wagte er, rasch entschlossen und stürmisch in allen seinen Bewegungen, den Marsch durch Samnium und Kampanien und gelangte bis in das Herz von Latium. Aber Rom blieb unerschüttert, die Bundesgenossen in Latium und Kampanien hielten stand. Da der König die festen Städte nicht berennen konnte, entschloß er sich zum Rückzug und trat in Verhandlungen mit Rom ein. Er forderte die Freigabe der römischen Bundesgenossen im südlichen Italien, offenbar in der Absicht, die Herrschaft über Italien mit den Römern zu teilen. Aber sein Angebot scheiterte am Widerstand einiger aufrechter Männer im Senat, vor allem an der unerbittlichen Forderung des greisen Appius Claudius Cäcus, man dürfe keinen Frieden schließen, solange der Feind auf dem Boden Italiens stehe. Pyrrhos unternahm im folgenden Jahr einen Angriff auf die römische Stellung in Apulien. Ein starkes römisches Heer, das zum Schutz dieser Landschaft heranrückte, schlug er bei Ausculum, doch die Römer behaupteten sich in ihrem Lager. Nochmals versuchte der König, mit den Römern Frieden zu machen, zumal in diesem Augenblick ein Hilferuf der sizilischen Griechen bei ihm eintraf. Von Anfang an hatte er mit der Verteidigung der Hellenen den Plan einer persönlichen Machtbildung verbunden, und dafür schien ihm, dem Schwiegersohn des Agathokles, nunmehr das von den Karthagern bedrängte Sizilien den günstigsten Schauplatz zu bieten. Aber die Römer lehnten wiederum ab. Ausschlaggebend für ihre Entscheidung war das Hilfsangebot, das die Karthager, an der Fernhaltung des Pyrrhos von Sizilien interessiert, den Römern im entscheidenden Augenblick machten (Polybios 3, 25, 3 f.).

Trotzdem entschloß sich Pyrrhos zur Intervention in Sizilien und schuf damit den Römern die Entlastung, die für den Ausgang des Krieges entscheidend werden sollte. Er hatte glänzende Erfolge gegen die Karthager, konnte aber auch hier das letzte Hindernis, die feste Stellung des Feindes im äußersten Westen der Insel, nicht nehmen. Als er dann Ende 276 das griechische Sizilien preisgab und unter schweren Verlusten zur See nach Italien zurückkehrte, fand er seine und der Tarentiner Sache in schlechter Verfassung vor. Die Römer hatten die Samniten und Lukaner unterworfen und hielten bei Benevent in Samnium seinem Angriff stand. Der feste Zusammenhalt und die unerschöpfliche Wehrkraft des römischen Bundes rückten das Ende des Krieges in weite Ferne. Ungeduldig und rastlos wie nur je ein hellenistischer König, ging Pyrrhos 275 unter Zurücklassung des größeren Teils seines Heeres nach dem Osten, um sich in Makedonien Hilfe für den italischen Krieg zu erkämpfen. Doch schon im folgenden Jahr rief er, von seinen Erfolgen in Makedonien berauscht, das Heer aus Tarent zurück, gab das italische Unternehmen auf und überließ Großgriechenland seinem Schicksal. Und nun haben die Römer den Krieg zu Ende geführt und den *Frieden in Unteritalien* bestimmt. An der Küste Lukaniens errichteten sie 273 die latinische Kolonie Pästum. Tarent, das sich 272 ergab, erhielt einen Vertrag, der die Stadt zur Stellung von Schiffen und zur Aufnahme einer römischen Besatzung in die Burg verpflichtete. Die übrigen Griechenstädte wurden unter günstigen Bedingungen dem Bund angeschlossen, zuletzt auch Rhegion, das 270 von der Zwingherrschaft kampanischer Söldner befreit und der griechischen Bürgerschaft zurückgegeben wurde. Die Samniten mußten ihren Bund auflösen und für die einzelnen Stämme gesonderte Verträge entgegennehmen. Bis in den äußersten Südosten, in das Gebiet der

Messapier griffen die Römer durch und sicherten sich auch hier den Zugang zum Meer. So hat Rom, das in diesem Ringen nicht eine einzige Schlacht, aber den Krieg im ganzen gewonnen hatte, den Traum einer griechischen Vorherrschaft im italischen Süden für immer zerschlagen. Der Anspruch des Appius Claudius, daß Rom in Italien zu bestimmen habe, wurde zu einer festen Maxime der römischen Politik. Mit dem Namen Italien verstand man von nun an nicht mehr nur den äußersten Süden und das Gebiet von Großgriechenland, sondern den ganzen Raum des italischen Bundes.

Die Stadt Rom, die auf solche Weise das Griechentum der Halbinsel zum Anschluß gebracht hatte, hielt sich weiterhin aufgeschlossen und frei genug, die griechische Kultur sich anzueignen, ohne die Eigenart zu verlieren. Schon während des Samnitenkrieges hatte man gemäß einer Weisung des delphischen Orakels, für den Tapfersten und den Weisesten der Hellenen Standbilder auf dem Markt zu errichten, Statuen für Alkibiades und Pythagoras aufgestellt. In ihnen hat man Persönlichkeiten gefeiert, die die Höhe ihres Wirkens im griechischen Westen erreicht hatten. Die Bilder dieser Männer brachten nun auch die geistige Wende zum Ausdruck, die in der Republik seit den Tagen des Appius Claudius Cäcus der Einzelpersönlichkeit eine große Entfaltung freigab. Nach der Überlieferung war es ein Schreiber dieses Censors, der die Prozeßformeln, bis dahin ein Geheimnis der Pontifices, als Buch veröffentlicht *(ius Flavianum)* und so die Voraussetzung für den weltlichen Juristenstand geschaffen hat, der durch seine Rechtsberatung das schöpferische Element der römischen Rechtsentwicklung werden sollte.

Im Anschluß an die Ordnung Unteritaliens ist auch in der Mitte der Halbinsel die römische Stellung weiter gestärkt worden. Die Sabiner erhielten, wie erwähnt, 268 das volle Bürgerrecht. An der Küste Etruriens erstanden die latinische Kolonie Cosa und die römische Bürgerkolonie Castrum Novum. Ein örtlicher Aufstand in Picenum veranlaßte einen römischen Kriegszug, der mit der Abtretung eines Teils der Markung endete; hier wurde 264 die latinische Kolonie Firmum errichtet. Über Picenum hinausgreifend, hatte man schon 268 Ariminum kolonisiert und damit einen starken Vorposten gegen das Gallierland geschaffen. So war Italien von Pisa und Ariminum bis Rhegion und Brundisium der römischen Führung unterstellt. In dem von den Staaten des Ostens lange vernachlässigten Land war zum Erstaunen der hellenistischen Könige und der karthagischen Handelsherren eine neue Großmacht entstanden.

IV. Kapitel

Verfassung und Geist der alten Republik

Im Ständekampf hat sich der Aufbau der römischen Republik vollzogen. Der Ausgleich, der durch die Einfügung der organisierten Revolution in die Regierung erreicht worden ist, hat eine Verfassung geschaffen, die für Jahrhunderte maßgebend blieb, auch wenn sie niemals als Ganzes aufgezeichnet wurde. Diese Verfassung, deren Charakter sich in der Zeit der samnitischen und punischen Kriege am reinsten bewährt hat, stellt nicht die konsequente Durchführung eines einzelnen politischen Prinzips dar, sondern die harmonische Vereinigung verschiedener, ja gegensätzlicher Prinzipien. Der in der politischen Welt der Griechen und Römer wohlbewanderte Geschichtsschreiber *Polybios,* der wie die meisten antiken Autoren geneigt ist, in der Beurteilung eines Staates die Verfassung als ausschlaggebenden Wert zu betrachten, sah in der republikanischen Verfassung den eigentlichen Grund für den Aufstieg Roms. Wesentlich in dieser Staatsordnung schien ihm die Zusammenfassung von drei Gewalten, dem aristokratischen, demokratischen und monarchischen Element, zu einer so lebendigen Einheit, daß es unmöglich war, zu sagen, ob der römische Staat als Aristokratie, Demokratie oder Monarchie zu bezeichnen sei. Er glaubte in dieser einzigartigen Verfassung, deren Grundbestandteile wie geschaffen schienen, sich gegenseitig einzuschränken und zu ergänzen, die Verwirklichung der „gemischten Verfassung" sehen zu dürfen. Von dieser gemischten Verfassung war in der politischen Theorie der Griechen viel geredet worden, aber in der politischen Wirklichkeit fanden sich in Hellas nur geringe Ansätze dazu. Wir brauchen diese etwas doktrinäre Auffassung des Polybios, die

Cicero in seiner Schrift über den Staat sich weitgehend angeeignet hat, nicht zur unsrigen zu machen, werden aber doch zugeben, daß der Grieche grundlegende Züge des römischen Staates richtig erkannt hat. Die Wesenserfassung der Republik wird allerdings über die gesetzlichen Bestimmungen hinaus die Gesinnung beachten müssen, mit der diese gehandhabt wurden, und die sittliche Kraft, die das öffentliche und private Dasein Roms beseelte.

Auf den ersten Blick möchte man versucht sein, die demokratischen Züge der republikanischen Verfassung als maßgebend zu bezeichnen. Bestand und Funktion des Staates beruhen auf dem Willen der Gemeinde. Dieser äußert sich in der dem Charakter des Gemeindestaats entsprechenden *Volksversammlung*, die auf dem Boden der Stadt tagt und in der alle Bürger vertreten sind. Die Bildung der Regierung und die Gesetzgebung sind der Bürgerschaft anheimgegeben. Aber der Gedanke der Volkssouveränität, der hier vorzuliegen scheint, wird vom Volk selbst wieder eingeschränkt oder aufgehoben. Denn die durch Volkswahl gebildete Regierung übernimmt die volle staatliche Gewalt nicht nur als ausführendes Organ der Bürgerschaft, sondern in ganz selbständiger Weise. Diese *Selbstaufhebung der Volkssouveränität* zeigt sich vor allem in der Stellung der Magistrate, von der bald ausführlich zu reden sein wird, sie tritt aber auch in den Funktionen der Volksversammlung zutage. Es bestehen in erstaunlichem Konservatismus nebeneinander die Kuriatkomitien für gewisse sakrale Angelegenheiten, die Centuriatkomitien für die Wahl der obersten Magistrate, für die Entscheidung über Krieg und Frieden, für die Gesetzgebung, die Tributkomitien für die Wahl der niederen Magistrate und für die Gesetzgebung, die nach dem Ausgleich des Ständekampfes von den Volkstribunen mit besonderem Eifer betrieben wurde. Meist wurden nun für die Gesetzgebung die Tributkomitien bevorzugt, da sie im Verfahren der Einberufung und der Abstimmung nicht an so umständliche Formalitäten gebunden waren wie die Centuriatkomitien. Für alle drei Kategorien der Volksversammlung gilt die feste Norm, daß die Initiative den Magistraten allein zusteht. Nur der Magistrat kann die Versammlung berufen und ihr einen Antrag vorlegen. Wohl gibt es eine Diskussion, aber die Modifizierung eines Antrags und die Stellung eines Zusatzantrags ist wiederum nur Sache der Beamten. Selbst bei den Wahlen ist das Volk an die Kandidaten gebunden, die der leitende Magistrat bekanntgibt, und die vollzogene Wahl des Volkes wird erst rechtsgültig, wenn dieser das Ergebnis verkündet.

Die römische Bürgerschaft hat also, ganz anders als der athenische Demos, auf die eigene Führung des Regiments zugunsten der Magistrate verzichtet. Auch die Art und Weise der Abstimmung in den Komitien unterscheidet sich von dem entsprechenden Vorgang in der attischen Demokratie. In Rom werden nicht die einzelnen Stimmen der ganzen Versammlung gezählt, sondern es wird nach großen Einheiten (Kurien, Centurien, Tribus) abgestimmt. Nur innerhalb seiner eigenen Stimmabteilung kann der Bürger sein Votum abgeben; an dem größeren oder geringeren Gewicht, das eine Stimmgruppe im Vergleich mit den übrigen besitzt, vermag er nichts zu ändern. In der Centurienversammlung werden die Klassen der Wohlhabenden zuerst aufgerufen; ist Stimmenmehrheit erzielt, so werden die unteren Klassen gar nicht mehr befragt. In der Tribusversammlung haben die ländlichen Bezirke, von denen manche zahlenmäßig viel schwächer sind als die städtischen, das Übergewicht und können dies zur Geltung bringen, auch wenn nur wenige Bürger vom Land in die Stadt gekommen sind, um ihre Tribus zu vertreten. Das korporative Prinzip ist den Römern so sehr in Fleisch und Blut übergegangen, daß sie die soziale Härte ihrer politischen Gruppenbildung hingenommen und die Forderung nach Gleichheit der Individuen gar nicht erhoben haben.

Trotz solcher Einschränkungen der demokratischen Willensbildung galt doch die allgemeine Überzeugung, daß die Verfassung die beste Gewähr biete für die Verwirklichung des Volkswillens. Eine *Staatsgesinnung*, die von keiner Demokratie je erreicht worden ist, erfüllte die Bürger. Wir erkennen sie schon aus der Bezeichnung, die man in Rom von alters her für den Staat verwendet hat: *res publica*, d. h. das gemeine, allen gehörende Wesen, das öffentliche Gut. Nicht mit Unrecht haben die römischen Staatstheoretiker aus dieser Bezeichnung die Definition des Staates schlechthin abgeleitet, indem sie das Wesen der *res publica* mit den Worten *res populi* wiederzugeben suchten: der Staat ist Volkssache. Dabei war diese Staatsgesinnung frei von Enthusiasmus, sie war, wie die großartigen römischen Legenden zeigen, die nüchterne, doch unverrückbare Überzeugung von der Verbundenheit zwischen dem Gemeinwesen und jedem einzelnen Bürger, sie war Opferbereitschaft nicht aus heldischer Hingabe, sondern aus korporativem Egoismus.

Geradezu undemokratisch wird die Verfassung durch die Stellung der *Magistrate* und durch die Fassung des Gewaltgedankens. Die obersten Magistrate, Konsuln und Prätoren, sind Träger des Imperiums, der unbegrenzten staatlichen Hoheit, die in der während des Ständekampfes erreichten Gewaltenfülle an die Souveränität des Königs erinnert. Es ist eigentümlich römisch, daß im Führungsamt die Handlungsvollmacht im zivilen Bereich und das militärische Kommando zusammengefaßt sind, daß der höchste Magistrat also Vorgesetzter des Bürgers wie des Soldaten ist. Die übrigen Ämter sind auf einen bestimmten Bereich festgelegt und mit einer für diesen geltenden Vollmacht *(potestas)* ausgestattet; es versteht sich, daß der Konsul eine höhere Amtsbefugnis hat als der Quästor und selbst als der Prätor *(potestas maior, potestas minor)*. Aber in einem wesentlichen Punkt tritt der volle Gewaltgedanke zutage: alle Mitglieder eines Beamtenkollegiums haben in ihrem Bereich die ganze Handlungsvollmacht, und jeder Magistrat hat das Recht, die Handlung eines Kollegen durch seinen Einspruch aufzuhalten – eine Kombination, die das Festhalten am Prinzip und die maßvolle praktische Handhabung des Prinzips gleichermaßen beleuchtet. Die vom Volk gewählten Magistrate sind während ihrer Amtszeit nicht absetzbar und können erst nach Ablauf ihres Jahres zur Rechenschaft gezogen werden. Sie betätigen in Ausübung ihrer Befehlsgewalt freieste Initiative gegenüber den Komitien und gegenüber dem Senat, sie werden nicht durch eine kleinliche, mißtrauische Kontrolle seitens der Bürgerschaft eingeengt, sie führen mit eigener Verantwortung die Verwaltung des Staates. Diese unabhängige Stellung der Magistrate hat man sehr treffend als „Selbstbeschränkung der Verfassung zugunsten der Verwaltung“ bezeichnet. Die Bürgerschaft bringt den Magistraten, die sie, wie das Wort sagt, als „die Höheren“ betrachtet, ein unbegrenztes Vertrauen, einen willigen Gehorsam entgegen. „Die Gebote der Magistrate sollen rechtmäßig sein, die Bürger sollen ihnen gelassen und unweigerlich gehorchen“, lautet ein römischer Rechtssatz (Cic., Leg. 3, 3, 6). Das Amt der Censoren, die selbständig die politische Einstufung der Bürger vornahmen und dabei unwiderrufliche sittenrichterliche Entscheidungen treffen konnten, ist am ehesten geeignet, die politische Disziplin des römischen Volkes zu beleuchten. Dabei zeigt dieses völlig unmilitärische Amt, daß es sich nicht nur um militärischen Gehorsam, sondern um allgemeingültige bürgerliche Unterordnung handelt. Es war ein Grundsatz römischen Daseins, daß der Höhergestellte, der Erfahrene, der Ältere Anerkennung fand; *auctoritas* war das Lebensgesetz, aus dem die Ordnung im Hauswesen, im Beruf, im geselligen Verkehr hervorging, sie schuf auch eine politische Gesinnung, die die Wucht der obrigkeitlichen Befehlsgewalt erträglich machte.

Bei dieser Machtstellung der Beamten gewann natürlich die *Auswahl der Bürger zu den Ämtern* eine große Bedeutung. Auch dafür hat die römische Republik eine einzigartige Lösung gefunden. Grundsätzlich war kein Bürger vom passiven Wahlrecht ausgeschlossen, praktisch aber wurden die Magistrate einer engbegrenzten Schicht entnommen, die die beste Gewähr für die Stellung von fähigen und verantwortungsbewußten Führern bot. Durch eine Reihe von Einschränkungen der allgemeinen Wählbarkeit, die für selbstverständlich galten, wurde diese Auslese erreicht. Voraussetzung für die Kandidatur war nicht nur freie Geburt und Besitz des Bürgerrechts, sondern auch ein reiferes Alter, denn im allgemeinen ging der Heeresdienst der Ämterlaufbahn voran. Voraussetzung war ferner der Besitz eines ausreichenden Vermögens, da schon das Werben um Anhang oft erhebliche Aufwendungen erforderte und dann die Bekleidung des Amtes ohne Entlohnung blieb. Weiterhin wurde die Unbescholtenheit des Kandidaten geprüft, die als Vorbedingung seiner Vertrauensstellung galt.

Unter denen, die diese Voraussetzungen erfüllten, erhielten dann bei den Wahlen die Söhne der bisher regierenden Geschlechter eine dauernde Bevorzugung. Sie ererbten von ihren Vätern Anhang, Gefolgschaft und Freundeskreis und bekamen im entscheidenden Augenblick ihrer Laufbahn die Stimmen der vielen Menschen, die ihnen in gegenseitiger Treuepflicht *(fides)* als Klienten verbunden waren. Freundschaften, Klientelen, Familiengruppen erhielten sich oft durch Generationen. So fanden die früheren Verdienste der alten Geschlechter eine fortwirkende Anerkennung. Es schien sich auch immer wieder zu bestätigen, daß die Angehörigen dieser Häuser durch Vererbung und Erziehung die beste Eignung für die Ämter mitbrachten. Diese behutsame Auswahl der Magistrate war allgemein anerkannte Regel, überdies war sie durch die Klasseneinteilung der wichtigsten Wahlversammlung garantiert worden. In der Praxis war also das demokratische Prinzip, daß jeder Bürger freien Weg zu den Ämtern haben sollte, erheblich abgewandelt. Die Einsetzung in die Ämter und damit auch die reguläre Aufnahme in den Senat war von der wirtschaftlichen Leistungsfähigkeit abhängig gemacht, an die Zugehörigkeit zu einer gesellschaftlich fest umgrenzten Schicht gebunden und dem Beweis von Erfahrung und Können unterworfen. Besonders seit es üblich wurde, die Ämter in der strengen Abfolge von den niederen zu den höheren Stufen zu übernehmen *(cursus honorum)*, war eine stets erneute Bewährung gefordert. Wenn aber ein Konsul sich hervorragend bewährte, konnte er in den folgenden Jahren ein zweites oder drittes Mal in das Führungsamt gewählt werden.

So bildete sich in der römischen Republik eine *regierende Schicht*, zu der nach dem Abschluß des Ständekampfes neben den patrizischen auch plebejische Geschlechter gehörten. Ein neuer Amtsadel trat seitdem an die Stelle des ursprünglich allein herrschenden Geburtsadels. Innerhalb dieser Regierenden war die Nobilität oder der Hochadel noch besonders abgehoben, der engste Kreis von patrizischen und plebejischen Geschlechtern, die die höchsten Ämter, Konsulat und Censur, besetzten. In dieser Herrenschicht sammelten sich Erfahrung, Fachkenntnisse, Verantwortungsbewußtsein. Der politische Ehrgeiz, der durch den

Wettbewerb eines verhältnismäßig kleinen Kreises – etwa 20 Familien hat man für das 3. Jahrhundert wahrscheinlich gemacht – gewaltig entfacht wurde, führte jeden einzelnen in die Bahn, in der ihn auch der Staat in seinem Interesse brauchte. Trotzdem bildete sich kein förmlich privilegierter Stand, denn die Bevorzugung der Auserwählten gründete sich nicht auf ein Sondergesetz, sondern immer nur auf die Entscheidung des Volkes. So ließ sich auch der Ring der Regierenden nie vollständig schließen. Abkömmlinge neuer Geschlechter *(homines novi)* konnten kraft ihrer Persönlichkeit und ihrer Verdienste in Krieg und Frieden die Stimme des Volkes gewinnen und zu den Ämtern gelangen, gelegentlich auch in den Hochadel eindringen. Diese Auffrischung der herrschenden Schicht wurde mit solcher Beschränkung geübt, daß bei den neu eingeführten Mitgliedern die Übernahme der mit dem Regiment verbundenen Tradition gesichert war.

In dieser Auslese der Führer erweist sich die römische Republik als wesentlich aristokratisch. Dazu kommt nun aber neben Volksversammlung und Magistratur noch ein drittes Organ der Regierung, das als der eigentliche Exponent der Aristokratie bezeichnet werden muß, der *Senat*. Er ist in seiner Zusammensetzung immer aristokratisch gewesen. Während in der älteren Zeit die Konsuln den Senat aus den Reihen der Patrizier gebildet hatten, waren seit Ausgang des 4. Jahrhunderts die Censoren bei der Aufstellung der Senatorenlisten an die Persönlichkeiten gebunden, die wenigstens die kurulische Ädilität erreicht hatten, also die allgemeinen Voraussetzungen des Beamtentums erfüllten. So bildete sich nach und nach ein senatorischer Stand. Der Senat, in der Regel aus 300 Mitgliedern bestehend, war die Ratskörperschaft der regierenden Schicht und spiegelte in seinen genau eingehaltenen Rangstufen – an der Spitze der *princeps senatus*, dann alle gewesenen Censoren, Konsuln, Prätoren und so weiter – den Aufbau des Ämteradels wider. Er konnte freilich nicht unmittelbar, sondern nur durch die Beratung der Magistrate in Politik und Verwaltung eingreifen. Aber diese Beratung erstreckte sich auf alle wichtigen Amtshandlungen der Magistrate und wurde für die großen Fragen der Politik nach und nach ausschlaggebend, um so mehr, als nur die nicht im Amt stehenden Senatoren das Recht der Antragstellung hatten. In der Finanzverwaltung, im Kultwesen und in der auswärtigen Politik, also auf den Gebieten, auf denen Fachkenntnisse, traditionelle Erfahrung und persönliche Eignung unerläßlich waren, errang sich der Senat feststehende und schwerwiegende Kompetenzen. Dabei war seine staatsrechtliche Stellung doch so, daß ein selbstherrliches Senatsregiment jedenfalls nicht gegen den Willen der Magistrate aufkommen konnte. Denn auch diese hochmögende Versammlung konnte nicht ohne den Ruf eines Beamten zusammentreten und beschließen. Ihr Beschluß *(senatus consultum)* war nicht Befehl und nicht Gesetz, sondern Rat, allerdings ein maßgebender, verbindlicher Rat, der aufgrund überlegener Geltung gegeben war. So waren die Magistrate im allgemeinen doch an die Stellungnahme des Senats gehalten, zumal die Ratskörperschaft unsterblich fortdauerte, während die Beamten kamen und gingen. Auch auf die Volksversammlung nahm er Einfluß durch die Billigung ihrer Beschlüsse, auch wenn jetzt der Beispruch der Väter *(patrum auctoritas)* schon vor der Volksabstimmung erging.

Der römische Senat ist demnach ein höchst eigenartiges Gebilde. Zusammengesetzt aus gewesenen Beamten, verfügte er über Erfahrung auf allen Gebieten. Seine Mitglieder waren unabhängig von der Gunst des Volkes und vermochten die Politik nach den großen Gesichtspunkten zu führen, die einer von Geschlecht zu Geschlecht fortdauernden Körperschaft anstanden. Hier gab es keine höhere Norm als den Brauch der Väter *(mos maiorum)*, das ungeschriebene Lebensgesetz einer konservativen Welt. Das Herkommen wies auch in schwierigen Lagen immer wieder einen Weg. Die Kontinuität des senatorischen Rats war eine Sicherung gegen die schwankenden Stimmungen der Komitien, gegen die Experimente einzelner Magistrate, nicht zuletzt auch gegen die Gefahren eines jährlichen Regierungswechsels.

Volksversammlung, Magistratur und Senat haben in gegenseitiger Beschränkung und Ergänzung das Wunderwerk der republikanischen Verfassung hergestellt. Es gibt in der Geschichte des

Altertums kein Staatswesen, in dem die praktischen Notwendigkeiten des politischen Lebens und die idealen Forderungen der Staatstheorie zu solchem Ausgleich gelangt wären. Die Organisation der staatlichen Macht, die wichtigste von jenen praktischen Notwendigkeiten, ist durch diese Verfassung ermöglicht und aufs höchste gesteigert worden. Die Expansion des römischen Staates ist dafür Zeugnis, wie Polybios mit Recht hervorgehoben hat. In der gesamten Bewertung dieser Verfassung dürfen wir aber auch nicht vergessen, daß sie die *Bürgerfreiheit* begründet und geschützt, selbst gegen den Staat geschützt hat. Grundlegend ist hier schon die Tatsache, daß von der Bannmeile der Stadt *(pomerium* = Gebiet hinter der Mauer) alles Militärische ferngehalten war, daß hier in der Regel kein Heer auftreten durfte, daß die Amtsdiener die Beile aus ihren Rutenbündeln entfernen mußten. Hier war die Stätte des Friedens, hier hatte das Volk nur seinen gewählten Beamten zu gehorchen. An diese Domäne der Selbstbestimmung dachte man vor allem, wenn man von Freiheit *(libertas)* sprach. Die Elemente des privaten Daseins wie Familie, Eigentum, Bewegungsfreiheit, geistige Arbeit, sind von diesem Staat nicht unterdrückt, vielmehr in ihrer Unabhängigkeit garantiert worden. Selbst gegen Übergriffe der staatlichen Verwaltung war der Bürger vom Staat geschützt. Das Privatrecht sicherte die freie Betätigung jedes einzelnen im Rahmen des Gesetzes und der Sitte, es begründete den in sich geschlossenen Bezirk der Familie, in der der *pater familias* selbstherrlich gebot, gleichsam als sollte er durch diese seine häusliche Herrschaft für die Unterordnung unter die Befehlsgewalt der Magistrate entschädigt werden. Im Zivilprozeß übten die Magistrate weitgehende Zurückhaltung, stand doch die Urteilsfällung dem Richter zu, der von den streitenden Parteien als Schiedsrichter vereinbart war; Sache der Prätoren war es nur, die Klage entgegenzunehmen und die Rechtsnormen, die gelten sollten, festzustellen. Die Aburteilung von Verbrechen war Sache des Volksgerichts. Allerdings hatten auch die Beamten das Recht, gegen Übeltäter und Widerspenstige mit Strafen vorzugehen *(coercitio)*, aber mit einer Einschränkung, die geradezu als das wertvollste Gut der Bürgerfreiheit angesehen wurde: bei Maßnahmen, die nicht im Feld, sondern im städtischen Bereich des bürgerlichen Daseins über Leib und Leben römischer Bürger verhängt wurden, stand dem Angeklagten die Berufung an das Volk offen *(provocatio)*. Schließlich wurde dieser Schutz des Bürgers gegen den Staat zu einer Obliegenheit des Volkstribunats, nachdem es sich von der Stellung eines plebejischen Kampforgans zu einer Art Magistrat erhoben hatte. Die Kontrolle der Verwaltung im Interesse des Gesamtstaates und der einzelnen Bürger, im besonderen die Prozeßführung gegen Magistrate, die das Interesse der Republik verletzten, blieb stets mit dem Tribunat verbunden. Ebenso behielten die Tribunen das Recht der Hilfeleistung und des Einspruchs gegen Gesetzesanträge und Senatsbeschlüsse. Die Gefahr, daß hier eine gemeingefährliche Obstruktion betrieben wurde, war durch die Bestimmung beseitigt, daß die Interzession des Tribunen nur im Bereich des zivilen Lebens Geltung hatte und auch hier in der Befristung und kollegialen Bindung des Amts ihre Schranken fand.

So sind in der Staatsordnung der römischen Republik Forderungen erfüllt, die konservative Politiker auch heute an eine Verfassung zu stellen geneigt sind. Der Machtgedanke war verwirklicht, eine starke Regierung schuf Ruhe, Ordnung, Sicherheit im Innern und Unabhängigkeit nach außen, und die Bürgerfreiheit, die Sphäre des privaten Lebens, war geschützt. Die zahlenmäßige Beschränkung der Regierungsämter ermöglichte, ja forderte geradezu die Mitwirkung von Fachleuten bei den staatlichen Aufgaben der Verwaltung und Wirtschaft und begünstigte den privaten Unternehmergeist. An solchen Leistungen gemessen, ist die Verfassung der römischen Republik allen andern Verfassungen der antiken Welt überlegen, „die beste Verfassung, die die Geschichte kennt“, sagt Polybios. In der attischen Demokratie waren die Bürger unmittelbar und gleichmäßiger am staatlichen Regiment beteiligt, aber der Demos, ohne Überwachung bedrohlich, scheute vor dem Eingriff in die Sphäre des privaten Daseins nicht zurück und ließ sich nach außen hin zu brutaler Überspannung des Machtgedankens hinreißen. Die römische Republik, im eigenen Haus gewohnt, sich Schranken aufzuerlegen, hat bei der Erweiterung des Staates die Autonomie der andern Gemeinden zu schonen verstanden und einen italischen Staat geschaffen, in dem es nicht Herren und Untertanen, sondern Bürger und Bundesgenossen und am Ende nur noch Bürger gab.

V. Kapitel
Italien unter römischer Führung

Die Unterwerfung Mittel- und Unteritaliens weist eine so lange Reihe römischer Siege auf, daß der Eindruck entsteht, diese Siege seien, nachdem einmal die Bahn des Erfolgs betreten war, mit Notwendigkeit auseinander hervorgegangen. Es gibt ja einen Selbstantrieb des Erfolgs, wie das englische Wort sagt: *nothing succeeds like success* (nichts ist so erfolgreich wie der Erfolg). Der Sieger gewinnt von Mal zu Mal an Überblick, Mut und Tatkraft, und die Zeitgenossen gefallen sich darin, von ihm eine fortgesetzte Steigerung seines Könnens zu erwarten. Die zahlreichen Hilferufe auswärtiger Städte, die in der römischen Geschichte eine so große Rolle spielen, erscheinen wie die Stimmen eines immer weiter um sich greifenden Einverständnisses mit der römischen Machtbildung. Offenkundig galt die Anerkennung nicht nur der Leistung der römischen Wehrmacht, sondern auch dem Gelingen der römischen Staatskunst. Auch seinen stärksten Feinden gegenüber wahrte Rom die Überlegenheit auf politischem Gebiet. Den Siegen im Feld folgte Schritt für Schritt die Organisation der Herrschaft im Land. So ist ein italischer Bund unter römischer Führung entstanden, ein Werk, das innerhalb der griechisch-römischen Staatengeschichte eine ebenso einzigartige Stellung einnimmt wie die Verfassung der römischen Stadtgemeinde. Denn auch im Aufbau der römischen Hegemonie waren mehrere scheinbar gegensätzliche Prinzipien zu höherer Einheit zusammengefaßt. Das Prinzip des Gemeindestaats war beibehalten und durch die Aussendung römischer Bürger in entfernte Teile des annektierten Gebiets bis an die Grenze des Möglichen geführt worden. Aber die Gefahr des dauernden Konfliktes der römischen Gemeinde mit andern staatlichen Einheiten war umgangen worden. Die Stämme und Städte des Landes waren nicht zu Untertanen herabgedrückt, sondern auf doppelte Weise dem neuen größeren Staatswesen eingefügt worden, entweder durch Aufnahme in die römische Bürgerschaft unter Gewährung des vollen oder halben Bürgerrechts oder durch Abschluß von Bündnisverträgen, die die Selbständigkeit der Bundesgenossen schonten und doch die römische Führung sicherten.

So war ein kompliziertes Staatswesen entstanden: nicht ein erweiterter Gemeindestaat wie die Stadt Sparta mit den Periöken, auch nicht ein Staatenbund nach Art des peloponnesischen Bundes, ebensowenig war es ein Bundesstaat nach dem Beispiel des achäischen und ätolischen Bundes und erst recht nicht die Herrschaft einer Polis über untertänige Gemeinden wie das attische Reich in der Zeit des Perikles. Eine neuartige Staatsgründung war hier zustande gekommen, für die sich ebensowenig eine treffende Bezeichnung finden läßt wie für die Verfassung der römischen Republik. Nur durch die Addition der einzelnen Elemente: Bürger, Bundesgenossen und Latiner, läßt sich der Inhalt des Ganzen umschreiben. Und doch zeigt die Betrachtung dieser Elemente, daß das Staatswesen als Ganzes nicht das beiläufige Ergebnis einer Summierung mehrerer Posten darstellt, sondern eine wesenhafte Einheit, ein Mittelding zwischen Stadtstaat und Reich in dauerhafter Form, bildet.

Die *römische Bürgergemeinde* steht im Mittelpunkt des ganzen Systems. Zur Bürgergemeinde gehörte die bürgerliche Bevölkerung der Stadt Rom und des römischen Gebiets, das durch zahlreiche Annexionen über große Teile Italiens ausgedehnt worden war. Zu den frühen Landerwerbungen in Latium und im südlichen Etrurien waren die Annexionen in Kampanien und in Samnium und im Gebiet der Herniker und die in Mittelitalien vom Sabinerland bis Picenum ausgedehnten Landgewinne gekommen. So war der *ager Romanus* zu einem mächtigen Komplex geworden, der in der Mitte der Halbinsel sich vom Tyrrhenischen zum Adriatischen Meer erstreckte. Das eroberte Land war großenteils mit römischen Bürgern besiedelt, die ähnlich wie die Bewohner der alten römischen Markung in ländlichen Bezirken *(tribus)* zusammengefaßt waren. Seit 241 standen den 4 städtischen Tribus 31 ländliche gegenüber; von da an sind neue Tribus nicht mehr geschaffen, die Bürger neu hinzukommender Gebiete vielmehr in die alten Tribus eingetragen worden. Ein großer Teil der neu gegründeten Landbezirke war von der Stadt Rom so weit entfernt, daß eine regelmäßige Teilnahme der auswärts wohnenden Bürger am politischen Leben Roms erschwert war. Trotzdem war das gemeindestaatliche Prinzip nicht aufgehoben.

Auch die Anlage römischer Bürgerkolonien auf annektiertem Gebiet hat daran nichts geändert. Die Kolonisten besaßen das volle römische Bürgerrecht und unterstanden daher folgerichtig ebenso der stadtrömischen Verwaltung wie die in Einzelsiedlungen wohnenden Bürger der ländlichen Tribus. Erst nach und nach wurde es üblich, daß die Kolonien nach dem Vorbild der Stadt Rom ihre eigenen Magistrate wählten. Die Mitwirkung der Kolonisten am politischen Leben Roms, vor allem in den Komitien, war in der Praxis sehr behindert: Sena Gallica in Oberitalien war gegen 300 km von Rom entfernt. Doch diese Schwierigkeit wurde hingenommen, zumal für die Anlage der Kolonien in erster Linie militärische Gründe maßgebend waren. Die Bürgerkolonien bildeten vorgeschobene Abteilungen des römischen Bürgerheeres, die mit der Sicherung des unterworfenen Landes, vor allem mit dem Schutz der Küsten beauftragt waren. Daher waren die Kolonisten während des Krieges von der Teilnahme an Feldzügen befreit und nur zum Aufenthalt in der Kolonie, in der Bürgerfestung verpflichtet.

Die Ausbreitung der römischen Bürgerschaft über größere Teile Italiens war, abgesehen von der Begründung neuer Tribus und von der Anlage neuer Bürgerkolonien, auch durch die Erteilung des Bürgerrechts an fremde Gemeinden gefördert worden. So hatten nach dem Abschluß des Latinerkrieges einige latinische Gemeinden in der Umgebung Roms und im Jahre 268 die Sabiner das volle Bürgerrecht erhalten. Das fortgesetzte und mannigfaltige Wachstum der Bürgerschaft hat die Funktionen des gemeindestaatlichen Lebens erheblich beeinträchtigt, auf der andern Seite aber das größere Staatswesen begünstigt, das aus der

Stadt Rom hervorgehen sollte. Ein Teil Italiens ist auf diese Weise vollständig in die römische Gemeinde eingegangen, Latiner, Sabiner und dann noch manche andere Stammesgruppen wurden Bürger, die vornehmen Geschlechter dieser Gebiete fanden Aufnahme in die römische Aristokratie.

Der Übergang von der Bürgerschaft zu den Bundesgenossen, die der römischen Führung unterstanden, war durch die Gruppe der *Gemeinden mit Halbbürgerrecht (civitas sine suffragio)* vermittelt. Diese Sonderstellung war mehreren Gemeinden, besonders in Latium und Kampanien, aber auch der Etruskerstadt Cäre, verliehen worden, später wurde sie gelegentlich auch Unterworfenen auferlegt, die damit ihr eigenes Staatswesen einbüßten. Sie brachte diesen Gemeinden, die Municipia im ursprünglichen Sinn des Wortes hießen, die privatrechtliche Gleichstellung *(conubium* und *commercium)* mit Rom, nicht aber das Wahlrecht im römischen Staate. Die Besorgung ihrer lokalen Angelegenheiten war diesen Gemeinden überlassen, von Autonomie konnte aber doch keine Rede sein, denn die Rechtsstellung war einseitig von Rom verliehen und konnte ohne römische Einwilligung nicht verändert werden, überdies waren die Bürger dieser Gemeinden zu Heeresdienst und Steuerleistung für Rom verpflichtet. Die eigenartige Stellung dieser Halbbürgergemeinden zeigt deutlich, daß im Aufbau des italischen Bundes nicht die Entwicklung eines bestimmten staatsrechtlichen Prinzips, sondern die Erfüllung praktischer Bedürfnisse entscheidend war. Die Wehr- und Steuerkraft Roms war auf diese Weise gewaltig gehoben, die Latinisierung fremdstämmigen Gebiets durch Verwaltung, Rechtswesen und Heeresdienst nicht erzwungen, aber ermöglicht, der Zutritt der fremden Gemeinden zum vollen Bürgerrecht vorbereitet.

Der vielgestaltigen römischen Bürgerschaft stand die große Zahl der *Bundesgenossen (socii)* gegenüber, die unter sich sehr verschieden und völlig getrennt, doch alle durch ewigen Vertrag an Rom gebunden waren. Viele von ihnen hatten sich freiwillig angeschlossen, andere waren durch Kampf und Diplomatie zum Beitritt gezwungen worden; die Gesamtzahl dürfte etwa 150 Gemeinden betragen haben. Rom hat sich gehütet, beim Abschluß der Bündnisse den politischen Zustand der vertragschließenden Staaten zu ändern. So standen unter den Bundesgenossen die latinischen Gemeinden, die 338 einen Bündnisvertrag erhalten hatten, neben Städten Etruriens, Umbriens, Großgriechenlands und neben den Stämmen der Sabeller, der Samniten und der Lukaner. Verfassung und Privatrecht der Bundesgenossen blieben unangetastet, es sei denn, daß Rom, seinem eigenen politischen Aufbau entsprechend, da und dort im Bundesgebiet das aristokratische Regiment gestützt hat. Die rechtliche Stellung der Verbündeten Rom gegenüber war je nach ihren Verdiensten um die römische Sache und nach ihrer Leistungsfähigkeit verschieden. Einige besaßen einen Vertrag zu gleichem Recht, der ihnen die Autonomie verbürgte, die Mehrzahl war zu förmlicher Anerkennung der römischen Oberhoheit gezwungen worden. Doch war der eigenstaatliche Charakter der verbündeten Städte und Stämme durchweg geschont worden, manche von ihnen haben ihre Münzprägung als Zeichen der Autonomie noch lange fortgesetzt.

Gemeinsam war allen Bundesgenossen die durch den Bündnisvertrag vorgeschriebene Stellung von Kontingenten zum Heer bzw. zur Flotte der römischen Führermacht. Dieser Verpflichtung, auf der die italische Wehrgenossenschaft im wesentlichen beruht, entsprach die Beteiligung der Bundesgenossen am Kriegsgewinn, vor allem auch ihre Zulassung zur Besitzergreifung *(occupatio)* des annektierten Landes, soweit dieses nicht römischen Bürgern zugeteilt oder für Koloniegründungen verwendet war. Im Laufe der Zeit hat Rom im Bundesverhältnis der Wehrgenossen immer deutlicher den Vorrang gewonnen. Die Bundesgenossen konnten unter sich engere Verbindungen nicht eingehen, während Rom immer wieder neue Verträge abschloß, die auch die bisherigen Wehrgenossen betrafen. Die Führerstellung Roms, von jedem einzelnen Verbündeten anerkannt, wurde mit dem Wachsen der römischen Macht für die Gesamtheit der Bundesgenossen unanfechtbar. Überdies lag kein Grund vor, sie anzufechten, solange allen Wehrgenossen die Vorteile der politischen Führung Roms zugute kamen und die Aufnahme in die römische Bürgerschaft in Aussicht gestellt war.

Unter den Bundesgenossen nahmen die *Latiner (nomen Latinum)* eine bevorzugte Stellung ein, sie wurden in der üblichen Ausdrucksweise *socii nominisque Latini* förmlich von ihnen abgehoben. Dazu gehörten die alten latinischen Städte, denen 338 ein Bündnisvertrag bewilligt worden war, und die zahlreichen latinischen Kolonien von Cosa und Ariminum bis Pästum und Brundisium. Die latinische Stammesgemeinschaft und die immer wieder erwiesene Gemeinsamkeit der Interessen verbanden diese Gemeinden sehr nahe mit Rom. Bei den Kolonien war schon durch den Gründungsakt ein besonderes Verhältnis zu Rom hergestellt, denn bis 338 war Rom ebenso wie der latinische Bund an den Gründungen beteiligt, und auch nach der Auflösung des latinischen Bundes blieb die Anlage einer latinischen Kolonie ein Akt des römischen Staates, auch wenn römische Bürger nicht immer als Siedler in die neue Pflanzstadt zogen. Den latinischen Bundesgenossen war die Ehe- und Geschäftsverbindung mit Rom gewährt und der Zugang zum römischen Bürgerrecht ermöglicht. So konnte ein Latiner, der seinen Wohnsitz in Rom nahm, ohne weiteres Aufnahme in die römische Bürgerschaft finden. Allerdings verlor er dann das Bürgerrecht seiner Heimatgemeinde, denn es galt der Grundsatz, daß Rom sein Bürgerrecht an Bürger fremder Staaten übertragen konnte, solange diese in ihrer Heimat lebten, daß aber die *civitas Romana* in Rom jedes andere Bürgerrecht ausschloß. Die Bevorzugung des latinischen Elements, das in den Kolonien über ganz Italien ausgesandt war, verschaffte der römischen Führerstellung eine breite Basis und der ganzen Wehrgenossenschaft inneren Zusammenhalt.

So hat die Organisation der römischen Herrschaft in Italien das eigenartige *Staatswesen des italischen Bundes* hervorgebracht, das nach dem Pyrrhoskrieg zu den großen Mächten der Mittelmeerwelt gehörte. Der territoriale Umfang der Wehrgenossenschaft betrug um 265 gegen 130 000 qkm, davon waren etwa 24 000 qkm römisches Gebiet; unter den 106 000 qkm der Bundesgenossen werden gegen 12 000 den Latinern zuzuweisen sein. Das römische Gebiet war verhältnismäßig gering, umfaßte aber besonders günstigen Boden. Die Zählung der Bürgerschaft im Jahr 265/4 soll 292 000 Waffenfähige ergeben haben, daraus ist auf eine Gesamtzahl der bürgerlichen Bevölkerung von mehr als 900 000 Köpfen zu schließen. Für die Bundesgenossen wird in sorgfältigen neuen Berechnungen eine Gesamtzahl von 2 175 000 Köpfen errechnet. Die Bundesgenossen besaßen also gut viermal mehr Land und erheblich über das Doppelte an Menschen als die Bürger. Diese Ziffern lassen die für antike Verhältnisse sehr bedeutende staatliche Macht erkennen, die durch die römische Organisation geschaffen war. Denn der Machtgedanke war in dieser Staatsschöpfung in ungewöhnlich strenger Form verwirklicht, wie vor allem die Heeresverfassung und die Ordnung des Finanzwesens zeigen. Alle römischen Bürger, auch die Halbbürger, wurden zum Dienst in der Legion herangezogen, alle Bundesgenossen waren zur Stellung von Kontingenten verpflichtet, die im Kriege unter römischen Oberbefehl traten. Die Kriegssteuer *(tributum)* wurde, so oft es die Finanzlage des Staates erforderte, den Bürgern auferlegt, je nach der Höhe ihres Vermögens. Die Bundesgenossen waren frei von direkter Besteuerung; hatten sie Staatsland in Besitz genommen, so entrichteten sie dafür die übliche Abgabe *(vectigal)*. Bürger und Bundesgenossen waren in gleicher Weise der indirekten Besteuerung durch die Zölle *(portoria)* unterworfen. Wohl konnte der Aufbau dieser staatlichen Macht im Vergleich mit den hellenistischen Reichen primitiv erscheinen, denn es fehlte ihm ein berufliches Beamtentum ebenso wie ein Berufsheer; es gab aber in der Mittelmeerwelt keinen andern Staat, in dem Flächenausdehnung und Bevölkerungszahl, Wehrkraft und finanzielle Leistungsfähigkeit in demselben ausgeglichenen Verhältnis standen. Der innere Zusammenhang war starken Proben gewachsen, denn die römische Vormacht, die so hohe Forderungen stellte, hielt sich ihrerseits an ihre Verpflichtungen, schuf im Umkreis der Wehrgenossen die Atmosphäre gegenseitiger Verbundenheit *(fides)* und gewann so über Italien hinaus das Ansehen einer vertrauenswürdigen Größe.

Es wäre daher auch ein Irrtum, das Verdienst der römischen Hegemonie in Italien lediglich in der Begründung einer großen militärischen Macht zu erkennen. Die römische Bürgergemeinde, die in diesem Staatswesen eine so bevorzugte Stellung einnahm, hat in idealem Sinn die Führung des Bundes übernommen und den Wehrgenossenschaften den Charakter einer kulturellen Gemeinschaft verliehen. Es war schon eine bedeutungsvolle Errungenschaft, daß gerade im Aufgebot der Bündner die Zusammengehörigkeit der Italiker in Erscheinung trat, und es ist bezeichnend für den römischen Wirklichkeitssinn, daß man die Wehrmänner nach dem ihnen allen gemeinsamen Friedensgewand als Togamänner, die Liste der Wehrpflichtigen als *formula togatorum* bezeichnete. Durch die römische Hegemonie wurden Friede und Ordnung im Bereich des Bundes gewährleistet. Die Fehden einzelner Mitglieder, die früher unausrottbar schienen, waren durch die Einbeziehung der Städte und Stämme in die größere, einheitlich geleitete Organisation beendigt. Die sozialen Verhältnisse in den verbündeten Gemeinden gewannen eine Festigkeit, die sich von der Unsicherheit der Zustände in den griechischen Städten des 4. und 3. Jahrhunderts vorteilhaft abhebt.

Auch das *wirtschaftliche Leben* Italiens erhielt starke Antriebe durch die politische Einigung des Landes unter Rom. Wohl war die Ökonomie der frühen Republik nicht so entwickelt wie das Wirtschaftsleben in den städtischen Gebieten Etruriens und Großgriechenlands, doch mit der Ausdehnung der politischen Macht Roms hielt die Erweiterung und Entfaltung seines Wirtschaftsgebiets gleichen Schritt. Die neuen ländlichen Bezirke stellten die Landwirtschaft Roms vor lockende Aufgaben, die Verbindung mit den städtischen Gebieten förderte Industrie und Handel in Rom. Die Kunststraßen, die Rom seit dem Ausgang des 4. Jahrhunderts in Italien anzulegen begann, dienten den politischen und militärischen Zwecken der Führermacht und kamen zugleich dem gesamten italischen Verkehr zugute. Der römisch-latinische Seehandel hat schon um die Mitte des 4. Jahrhunderts eine solche Bedeutung erlangt, daß Karthago es für notwendig hielt, durch vertragliche Regelung ihm den südlichen Teil des westlichen Mittelmeerbeckens zu sperren.

Im übrigen ist auch der Prozeß der wirtschaftlichen Einigung des Landes sehr langsam vor sich gegangen. Dafür ist die Geschichte der *Münzprägung* Roms und Italiens ein anschauliches

Zeugnis. In ganz Mittelitalien haben sich die Tauschmittel der Frühzeit erstaunlich lange gehalten: das Viehgeld, dessen Name *pecunia* die Bezeichnung des Geldes schlechthin in der lateinischen Sprache werden sollte, und das Rohkupfer *(aes rude)*, das in Stangen oder Platten verarbeitet und mit der Waage zugeteilt wurde. Rom verharrte auf dieser Stufe, solange seine Politik wesentlich auf Latium beschränkt war, während Großgriechenland seit dem 6., Etrurien seit dem 5. Jahrhundert schon Münzgeld besaß. Wahrscheinlich sind Silbermünzen dieser Nachbarwelten auch im alten Rom in Umlauf gekommen, ähnlich wie man sich in Ägypten während der persischen Herrschaft und selbst in Karthago vom 6. bis zum 4. Jahrhundert mit fremden Münzen behalf, die nach ihrem Gewicht gewertet wurden. Der Übergang zur Münze ist in Rom wohl erst durch besondere staatliche Aufwendungen herbeigeführt worden, die im Ausland zu bestreiten waren. Als Kriege in Etrurien, dann in Kampanien und Apulien die Verpflegung der Heere und die Besoldung der Soldaten an Ort und Stelle notwendig machten, hat man zunächst viereckige gegossene Kupferbarren (17:10 cm) hergestellt, die auf beiden Seiten mit Bildern versehen waren *(aes signatum)* und gelegentlich auch die Aufschrift *Romanom* trugen. Wie neuerdings R. Thomsen nachgewiesen hat, ist gleichzeitig – um 280 – das in griechischer Rundform gegossene Kupferschwergeld *(aes grave)* als römische Münze mit dem As als Einheit, dem Semis, Triens, Quadrans, Sextans und der Uncia als Teilstücken, geschaffen worden. Der Januskopf auf der Vorderseite, das Schiffsvorderteil auf der Rückseite des Asses weisen wie die übrigen Typen dieser Serie in die Zeit um 300. Außer in Rom ist diese Münze auch in einigen latinischen Kolonien und verbündeten Städten ausgebracht worden. In den vollen Wettbewerb mit dem griechischen Geld des Südens ist Rom erst mit der Aufnahme der Silberprägung eingetreten. Die ältesten römischen Silbermünzen, die auf der Vorderseite den Kopf eines Gottes, etwa Hercules, auf der Rückseite verschiedene Typen, so die Wölfin mit den Zwillingen, zeigen, sind in Technik und Münzfuß zunächst griechisch beeinflußt und erst nach und nach romanisiert worden; nur die Legende *Romano* (= *Romanorum)*, später *Roma,* läßt von Anfang an den römischen Staat als Prägeherrn erkennen. Man hat lange geglaubt, diese Zweidrachmenstücke seien nach dem Anschluß von Kapua an Rom in der Stadt Kapua geprägt worden, und hat daher von römisch-kampanischer Silberprägung gesprochen. Durch die Untersuchungen von Harold Mattingly ist aber festgestellt, daß diese Silbermünzen keine Beziehung zu Prägestätten in Kapua haben. Sie sind wahrscheinlich an mehreren Plätzen Unteritaliens im Krieg mit Pyrrhos oder kurz nachher ausgegeben worden. Es hat Jahrzehnte gedauert, bis das römische Silber die Führung und schließlich Alleingeltung in Italien gewann; erst gegen Ende des 3. Jahrhunderts ist die gesamte außerrömische Silberprägung in Italien erloschen als ein Zeichen der allgemeinen Hinordnung der Städte auf Rom. Nach den Wirren des zweiten Punischen Krieges wurde das römische Geldsystem erneuert, und nun hat sich der jetzt erst geschaffene Denar als die führende Münze im Handel der Mittelmeerwelt durchgesetzt.

In derselben Zeit hat auch das *geistige Leben* Italiens die einigende Wirkung der römischen Hegemonie erfahren. Im Zusammenhang mit der politischen Organisation des Bundes verbreiteten sich die lateinische Sprache und das römische Recht. Doch wurden diese vorzüglichen Werkzeuge der römischen Herrschaft den Bundesgenossen nicht aufgezwungen, sondern als besondere Vergünstigung von Fall zu Fall zugestanden und dadurch in ihrem hohen Wert erhalten. Umgekehrt bewies Rom eine erstaunliche Bereitwilligkeit in der Aufnahme von Anregungen seitens der Bundesgenossen. Aus Etrurien und Kampanien wurden Bühnenspiele, Vorboten des römischen Theaters, übernommen, aus Unteritalien wurden wiederum griechische Götter eingemeindet, die erneut auf die Hellenisierung des Kults, auf die Wandlung des altrömischen Glaubens hinwirkten. In der Auseinandersetzung mit diesen von allen Seiten dargebotenen kulturellen Gütern bewies das Römertum einen untrüglichen Instinkt für die bildenden Werte des Fremden und eine Aneignungskraft, die das eigene Wesen vor Überfremdung bewahrte. Davon wird später noch ausführlich gehandelt werden. In diesem Zusammenhang sei zunächst nur darauf hingewiesen, daß schon im 4. und 3. Jahrhundert das kulturelle Leben Roms sich eigenartig den Griechen gegenüber behauptet und für die Italiker vorbildliche Bedeutung erlangt hat. Als Repräsentant des lebendigen römisch-italischen Bewußtseins darf Appius Claudius gelten, der wagemutige Censor, der Schriftsteller, der nach einer griechischen Vorlage ein lateinisches Buch der Spruchweisheit geschrieben, der mächtige Staatsmann, der den Friedensschluß mit Pyrrhos verhindert hat mit der Begründung, Italien müsse zuerst frei sein vom Feind.

So hat die römische Führung im italischen Bund die Einheit im politischen, wirtschaftlichen und kulturellen Leben Italiens angebahnt. Es ist irreführend, die ganze Tendenz der römischen Politik in Italien mit dem Leitsatz *divide et impera* wiederzugeben, einer Maxime, die ihrem Sinn und ihrer sprachlichen Fassung nach unrömisch ist. Gewiß stand die römische Herrschaft außer jedem Zweifel, aber die Politik der Vormacht hat sich nicht mit der Zerschlagung der kleineren Einheiten begnügt, sondern durch die Gewinnung der Bundesgenossen für ein überragendes Ziel, durch großzügiges Nehmen und Geben ein neues Staatswesen hervorgebracht. In Anwendung auf die römische Hegemonie müßte jener Leitsatz im Sinne Goethes abgewandelt werden:

Entzwei' und gebiete! Tüchtig Wort;
Verein' und leite! Bess'rer Hort.

Die Prinzipien der Herrschaft und der Freiheit, die in der republikanischen Verfassung Roms verwirklicht waren, sind in der römischen Staatsgründung in Italien auf höhere Stufe erhoben worden. Herrschaft wurde hier überlegene Führung, Freiheit erwies sich im willigen Anschluß an die größere Einheit.

Dritter Teil

Die Republik und die Mittelmeerwelt

I. Kapitel

Der Kampf mit Karthago um die Herrschaft im Westen (264-201)

a) Römische Machtpolitik. Der erste Punische Krieg

Karthago ist das Schicksalswort der römischen Republik. Durch vier Generationen erstreckte sich das Ringen zwischen den tief verschiedenen Staaten und Völkern. Der Konflikt war so folgenschwer, daß Roms Aufstieg zu Großmacht und Weltreich wesentlich durch diesen Kampf bestimmt wurde, und auch noch ein Stück des römischen Niedergangs leitet sich von Karthago her.

Wie ist es zu diesem Zusammenstoß gekommen? Hat Rom eine planmäßige Eroberung der Länder und Meere verfolgt? Worin haben wir in diesem Zeitalter überhaupt die *Triebkräfte der römischen Machtpolitik* zu erkennen? Man denkt, wenn man an einem Wendepunkt der römischen Geschichte diesen schwerwiegenden Fragen begegnet, zunächst an die körperliche und geistige Artung des Römertums und erinnert sich an den latinischen und sabinischen Kern des Volkes. Das sind Menschen, in deren Anlagen das kraftvoll Beharrende gerühmt wird, Bauern und Stadtbürger mit entschiedener Neigung zum Handgreiflichen, Praktischen und Nützlichen. In diesen Stamm sind von allen Landschaften Italiens, auch von Etrurien und Großgriechenland, im Lauf der Generationen neue Elemente eingeströmt und haben in glücklicher Legierung ein Volkstum hervorgebracht, das Tatkraft und Lebenslust, Nüchternheit und Witz vereinigte. Die einfachen Verhältnisse haben ein gesundes Wachstum begünstigt, jene vielgerühmte Vitalität des saturnischen Landes, „der Mutter der Feldfrucht, Mutter der Helden". Im Charakter dieser römischen Menschen dominierte nicht die ästhetische und die religiöse, auch nicht die soziale und die ökonomische Anlage, sondern ganz offenkundig das Streben nach Macht, eine ungebrochene Selbstbejahung und ein elementarer Drang, sich in der Umwelt bestätigt zu sehen. Eine solche Deutung wird von der physiognomischen Analyse römischer Bildnisse nahegelegt, die einen hohen Grad von Selbstsicherheit und Entschlußkraft ausstrahlen; sie ergibt sich aber auch aus den Bekenntnissen der Dichter und Denker dieses Volkes von Censor Appius bis zu Vergil. In monumentalen Versen der Äneis gesteht Vergil den anderen Völkern gern den Vorzug der wissenschaftlichen Anlage und der künstlerischen Kultur zu, die Eigenheit des römischen Wesens erkennt er in der Begabung zu herrschaftlichem Gestalten.

Ein Volk dieser Prägung war wohl imstande, immer wieder den Opfergang des Krieges zu bestehen und sich durch Machtwort und Klugheit Raum zu schaffen. In seiner führenden Schicht besaß es eine politische Elite, die nicht nur im eigenen Haus zu regieren verstand, sondern auch durch kriegerische Taten, durch außenpolitische Erfolge zu glänzen suchte. Von der Truppe nach siegreicher Schlacht zum Imperator ausgerufen zu werden, diesen Titel vom Senat bestätigt zu erhalten, unter dem Jubel der Bürgerschaft im Triumph auf das Kapitol zu ziehen, galt den Magistraten als der Höhepunkt ihrer Laufbahn. Bei diesem Triumph, der noch in den Jahrhunderten der Punischen Kriege ganz wesentlich der Einlösung der Gelübde diente, die man bei Kriegsbeginn dem kapitolinischen Juppiter dargebracht hatte, kam der Glaube der Gemeinde zum Ausdruck, daß die Kriegführung wie alles staatliche Handeln im Einvernehmen mit den Göttern stehe. Auf die göttlichen Mächte führte man den Sieg der Waffen, das Wachstum des Besitzes, ja die besondere Berufung zur Herrschaft zurück. Man wußte von dem Göttersproß Romulus, der die Stadt unter den glücklichsten Vorzeichen gegründet, von den heiligen Pfändern, die den Sieg und die Herrschaft verbürgten, von dem Spruch des Juppiter, der ein Reich ohne Ende verlieh.

So hat es den Anschein, ein landhungriges Volk habe den Krieg gesucht. Die römische Aristokratie steht im Verdacht, eine Kaste von Eroberern zu sein, die sich auf gewinnbringende Ziele stürzte, wo immer sie sich fanden. Die römische Religion könnte man als eine ideologische Umhüllung imperialistischer Politik ansprechen. Es gibt in der Tat Feldherrn, die von ihrem Recht, über die Kriegsbeute zu verfügen, eigensüchtig Gebrauch machten; erpresserische Statthalter und Steuereintreiber sind nicht selten, und die Staatsreligion ist oft mißbraucht worden. Aber diese Erscheinungen entsprechen nicht der Norm des römischen Daseins, sie gehören der Zeit der Auflösung an und sind auch da noch von den echten Vertretern römischer Art leidenschaftlich bekämpft worden. Die Bauernsoldaten der alten und der mittleren Republik haben keine Kriegsbegeisterung gekannt; die historischen Berichte und die Legenden verherrlichen nicht den kühnen Angreifer, sondern den standhaften Verteidiger als das heroische Ideal. Ebenso tritt uns die römische Politik im Verkehr mit den Nachbarn vorwiegend in defensiver Haltung entgegen, sie verschmäht die rohe Gewalt und unterwirft sich förmlich den Normen des Rechtsgangs. Nach alten Satzungen, die von der Priesterschaft der Fetialen gehütet werden, gilt der Krieg als Notwehr, seine Eröffnung und Begründung wird justizmäßig vollzogen. In aller Feierlichkeit wird vom Partner die Wiedergutmachung des Unrechts verlangt, und erst wenn dieser Anspruch abgelehnt ist, wird die Forderung gewaltsam eingetrieben. So wird der Krieg – *bellum iustum piumque* – zu einer Rechtsexekution. Es versteht sich dann auch, daß er nach dem Waffenentscheid durch eine vertragliche Regelung abgeschlossen werden muß, der Vertrag aber ist eine sittliche Bindung, seine Verletzung wird zum Vergehen. Es gibt in dem Zeitalter der italischen Kämpfe und noch der beiden ersten Punischen Kriege keinen Fall, daß Rom förmlich zur Eroberung ausgezogen wäre wie Alexander oder Napoleon. Selbstverteidigung und Schutz der Bundesgenossen, so lauten die Motive römischen Handelns, und sie werden geglaubt, sogar von den skeptischen Griechen, die immer wieder erklären: ihr Römer seid das Volk der gerechten Kriege. Grundsatz des Völkerrechts ist also, daß jeder Staat als eine Rechtswelt für sich betrachtet, daß seine Existenz als unantastbar angesehen wird, und die Norm im zwischenstaatlichen Verkehr ist nicht die Feindschaft, sondern das friedliche Zusammenleben selbständiger Gemeinden. Kommt es aber nach der Ablehnung römischer Forderungen zum Krieg, dann allerdings verlangt die Ehre des römischen Staates die Niederwerfung des trotzigen Gegners. Doch selbst bei dieser harten Vollstreckung hat noch dem Schwachen gegenüber die Milde ihren Raum.

Es kann bei diesem Tatbestand keine Rede davon sein, daß die Leitung der römischen Politik einen Eroberungsplan verfolgt, daß sie von Anfang an das Bild des Ganzen, das schließlich zustande kam, vor Augen gehabt hätte. Die scheinbare Geschlossenheit der Expansion ist bei näherem Zusehen reich an Überraschungen, sie setzt sich aus vielen Entscheidungen von Fall zu Fall zusammen und enthält manchen Posten, der wider Willen aufgezwungen und anderes, das als Geschenk zugetragen wurde. In diesem so einheitlich anmutenden Werk der Welteroberung fehlt es nicht an Zweifel und Verleugnung, an Angst und an Unwillen, und gerade der römische Senat hat oft genug Wagnisse und Neuerungen abgelehnt. Aber am Ende setzte sich in den inneren Kämpfen, die den Entscheidungen vorangingen, und in den Krisen, die bei der langen Dauer der Kriege hereinbrachen, der herrscherliche Instinkt durch, der dem ganzen Volk eigen war.

Diese Charakterzüge römischer Politik zeigen sich auch bei der Begegnung mit Karthago. Die politische Lage im Umkreis Italiens hatte der *Ausgang des Pyrrhoskrieges* geklärt. Die großen Reiche des hellenistischen Ostens beobachteten ohne Feindseligkeit die Erweiterung der römischen Macht in Italien. Antigonos Gonatas, König der Makedonen, verweigerte dem gescheiterten Unternehmen des Pyrrhos die erbetene Unterstützung. Der Herrscher Ägyptens, Ptolemaios Philadelphos, trat bald nach dem römischen Sieg in freundschaftliche Beziehungen zu Rom. Dagegen hatte Karthago durch das militärische Bündnisangebot zu erkennen gegeben, daß es keine auswärtige Einmischung in Sizilien wünschte. Das Ergebnis des Krieges war nun aber, daß Rom Unteritalien gewann und mit der Besetzung von Rhegion unmittelbar an Sizilien heranrückte. Diese Berührung der römischen und karthagischen Machtsphäre vermag aber den Zusammenstoß der beiden Staaten noch nicht zu erklären. War doch die karthagische Politik von der römischen wesentlich verschieden.

Karthago, die Tochterstadt von Tyros, hatte vor den andern phönikischen Gründungen im westlichen Teil des Mittelmeers die besondere Gunst der Lage voraus. Auf einer kleinen Landzunge inmitten der Bucht von Tunis angelegt, war die Stadt von der Land- und Seeseite her geschützt. Von dieser sicheren Stellung aus hatte sie ihrerseits leichten Zugang nach Sizilien, Sardinien, Italien und vermochte die Durchfahrt vom westlichen zum östlichen Teil des Meeres zu überwachen. Landeinwärts lagen die fruchtbarsten Gebiete von Kleinafrika, wie man den in das Mittelmeer vorragenden Teil des westlichen Nordafrika genannt hat, in erreichbarer Nähe. Im ganzen mediterranen Gebiet gibt es kaum eine Lage, die zugleich so herausfordernd und gedeckt, so wirtschaftlich günstig und landschaftlich schön wäre. Hier haben die „Tyrier von Karthago" sich als Kaufleute und Seefahrer hervorragend bewährt. Durch die Auseinandersetzung mit der Umwelt, teilweise auch durch Mischung mit den libyschen Elementen haben sie einen phönikischen Kolonistentyp hervorgebracht, der im Westen so sehr als repräsentativ galt, daß die Italiker den phönikischen Namen gerade auf die Karthager übertrugen und diese schlechthin als die Punier bezeichneten. Seit dem 7. Jahrhundert, als der Wettbewerb der Griechen den phönikischen Handel im Westen gefährlich bedrohte, anderseits die Metropole Tyros von den Großreichen des Orients abhängig wurde, kündigte sich die karthagische Führerstellung an. Die Kaufleute und Schiffsherren der Stadt verstanden ihren Vorteil mit Energie zu wahren, andere phönikische Niederlassungen zu stärken, mit auswärtigen Mächten, die gleichfalls von den Griechen bedroht waren, Verbindungen einzugehen. Der Sieg, den die Karthager gemeinsam mit den Etruskern um 540 gegen die Phokäer erfochten, führte nach und nach zu dem Ergebnis, daß Karthago auf Sardinien, im Westen von Sizilien, auf den Balearen, im südlichen Spanien maßgebenden Einfluß gewann.

So entstand im westlichen Mittelmeer ein *karthagisches Handelsreich.* Es diente der Wahrung der gemeinsamen Interessen des phönikischen Kolonialverbands, vor allem der Sicherung des

Handels, und vermied durchweg die straffen Formen politischer Herrschaft. Die alten phönikischen Gründungen und die von Karthago ausgesandten Kolonien wurden durch völkerrechtliche Verträge, die den Städten ihre Selbständigkeit beließen, zu Bundesgenossen der Karthager. In Nordafrika waren es Städte von Leptis Magna in Tripolitanien über Utica, Hippo bis Tingis und Lixos an der ozeanischen Küste. Malaca und Gades waren die wichtigsten Plätze im südlichen Spanien. Auf Korsika und Sardinien waren Niederlassungen gegründet, auf Sizilien bildeten die festen Plätze Motye, Panormos, Solus, später auch Lilybäum sicheren Anhalt für weitergehende Pläne. Aus dem gesamten Gebiet, das von diesen Städten eingefaßt war, wurde jeglicher fremde Handel durch Gewalt oder Verträge verdrängt. Ein schlagender Beweis für die unbestrittene Geltung des karthagischen Handelsreichs ist in der Tatsache zu erkennen, daß vom Ende des 6. Jahrhunderts bis in die Zeit der Punischen Kriege die Meerenge von Gibraltar für fremde Handelsschiffe gesperrt war, auch für die Griechen, die früher ungehindert in den fernen Westen vorgedrungen waren. Jetzt fuhren nur noch karthagische Schiffe zu den britannischen Inseln, um das wertvolle Zinn zu holen, und an die Westküste Afrikas, die Gold und Elfenbein darbot. Der Seefahrer Hanno unternahm um 500 in staatlichem Auftrag angeblich mit 30 000 Menschen eine Fahrt an die Westküste Afrikas, die ihn bis nach Kamerun führte. Wie sein uns in griechischer Sprache erhaltener Bericht hervorhebt, diente die Fahrt der Erschließung und Besiedlung der atlantischen Küste Marokkos; der Hauptzweck dürfte aber, wie Jérôme Carcopino vermutete, die Kontrolle der atlantischen Goldstraße gewesen sein. Kommerzielle Gesichtspunkte beherrschten die karthagische Politik. Darüber hatte man die Bildung einer territorialen Grundlage für die Stadt Karthago lange vernachlässigt. Erst im 5. Jahrhundert wurde durch die Unterwerfung der Libyer in der Umgebung der Stadt ein karthagisches Landgebiet gewonnen, auf dem sich bald große, nach kapitalistischen Methoden betriebene Gutswirtschaften entwickelten. Dann wurden auch einzelne der weiter westlich wohnenden Stämme, Libyer, Numider, Berber oder wie man sie nennen wollte, vertraglich zum

Kriegsdienst für Karthago gewonnen. In das innere Leben der nordafrikanischen Bevölkerung, das sich noch in primitiven Bahnen bewegte, hat sich Karthago so wenig eingemischt wie in die Angelegenheiten der Eingeborenen in Spanien und auf Sardinien. Auf Sizilien, wo die Griechen durch den Sieg bei Himera 480 ihre Freiheit gesichert hatten, war eine solche Einmischung vollends unmöglich.

Eine ansehnliche Machtbildung war so zustande gekommen, um so bedeutender, als das karthagische Regiment sich im eigenen Haus zu festen Formen entfaltet hatte. An der Spitze der *aristokratisch regierten Stadt* Karthago standen zwei Oberbeamte, Sufeten, die aber nicht nur oberste Richter waren, was ihr semitischer Name nahelegen könnte, sondern auch die exekutive Gewalt besaßen. Sie wurden jährlich gewählt, doch blieb das Amt oft lange im Besitz der angesehensten adeligen Häuser. Die regierende Körperschaft war der Rat, der seit dem 5. Jahrhundert meist 300 Mitglieder hatte; ein Ausschuß von 30 Mitgliedern bildete den engeren Rat. Die Häupter der großen Geschlechter gehörten auf Lebenszeit dem Rat an; so war durch diese maßgebende Stelle die Unabhängigkeit und Geschlossenheit der politischen Führung gewährleistet. Die Volksversammlung wählte die Beamten, auch die Feldherrn. Größere Bedeutung gewann sie in späterer Zeit, als durch politische Rückschläge das Ansehen des Rats gemindert war und die Gegensätze zwischen politischer und militärischer Führung häufiger wurden. Die Heeresverfassung, soweit man von einer solchen überhaupt reden kann, begünstigte das Aufkommen eigenmächtiger Feldherrn. Die Bürger wurden selten, eigentlich nur zur Verteidigung der Stadt Karthago, unter die Waffen gerufen. Das Aufgebot der Bundesgenossen und die in den verschiedensten Ländern angeworbenen Söldner bildeten das karthagische Heer, das, wie Söldnerheere zumeist, zum gefügigen Werkzeug der Heerführer wurde. Vielleicht ist der seit dem 5. Jahrhundert bezeugte Staatsgerichtshof, der 104 Mitglieder hatte, hauptsächlich zur Überwachung der Feldherrn eingesetzt worden. In jedem Fall blieb die militärische Führung stets von der politischen Leitung getrennt, die Behörden hielten an der alten Abneigung der Handelsleute gegen Krieg und Kriegshandwerk fest. Ein Feldherr und Flottenchef, der selbständig handelte und erfolgreich war, galt leicht als mutmaßlicher Empörer; hatte er Unglück, so wurde er in die Verbannung geschickt oder ans Kreuz geschlagen. Diese der griechisch-römischen Welt unbekannte Spaltung der politischen und der militärischen Gewalt bildete eine dauernde Gefährdung des Staates, seit dieser vor machtpolitische Entscheidungen gestellt war.

Vom *geistigen Leben* der Stadt Karthago ist uns wenig erkennbar. Die punische Stadt, die einmal 100000 Menschen und mehr beherbergt hat, ist von den Römern bis auf die Gräber vernichtet worden. Wir sehen nichts mehr von den Kaufhäusern und Marktplätzen, nichts von den Festungsanlagen der Oberstadt, die in den antiken Berichten über die Belagerung von Karthago genannt sind. Nur mit Wahrscheinlichkeit läßt sich in den Lagunen bei Salambo der doppelte Hafen der „Königin der Meere" wiederfinden. Die französischen Grabungen, die seit mehr als hundert Jahren anhalten, haben sich zuerst den Nekropolen und ihren Beigaben zugewandt, neuerdings auch den geringen Resten punischer Bauten, die bei der Errichtung der römischen Stadt Karthago wieder verwendet worden sind. Eine Fülle von Grabsteinen, Grabkammern und Urnen ist vor allem in der Nähe des Handelshafens zutage getreten, auf einem Platz, der als der alte heilige Bezirk der Stadt erwiesen ist. Was uns an Bildwerken und Inschriften erhalten ist, zeigt allerdings, daß die karthagische Kultur selbständige Schöpfungen von Rang nicht hervorgebracht hat. Der religiöse Bereich, durch die Funde am besten bezeugt, verrät die Zugehörigkeit der Stadt zur Göttervorstellung und Frömmigkeit des Orients. Baal Hamon, der Stadtherr, und Tanit, die Göttin der Fruchtbarkeit, waren die obersten Gottheiten in einem Kreis, in dem die Gestalten der syrischen Heimat vorherrschten. Von der griechischen Welt, deren Formgebung im 5. und 4. Jahrhundert im Gebiet des Mittelmeers maßgebend wurde, war das karthagische Leben erheblich verschieden, wenn auch eine äußerliche Hellenisierung Karthagos im 4. Jahrhundert begann und wenn auch manche Griechen, wie Aristoteles, die Verfassung Karthagos hoch einschätzten. Wie die Beigaben der Gräber zeigen, haben griechische Kulte einen gewissen Einfluß auf Karthago ausgeübt, so die Unterweltsgöttinnen Demeter und Kore, auch Dionysos; aber es gab keine große Dichtung, kein Theater. Bei aller Anpassung der Karthager an die Umwelt blieb den Griechen, später auch den Römern, die Empfindung für die Fremdheit in Art und Gesittung der Stadt lebendig. Das Regiment der grausame Menschenopfer fordernden Baale Karthagos gemahnte Griechen und Römer immer wieder an die tiefe Kluft, die zwischen ihnen und dem semitischen Volke bestand.

Dieser Gegensatz der Völker und Kulturen hat dazu beigetragen, daß der Kampf zwischen Karthago und den Griechen auf Sizilien gegen Ende des 5. Jahrhunderts wieder einsetzte und nicht mehr zur Ruhe kam. Dionysios, Agathokles, Pyrrhos haben der Reihe nach die Führung der sizilischen Griechen in diesem Völkerstreit übernommen. Doch war allen Unternehmungen der Griechen der letzte Erfolg versagt, die karthagische Stellung blieb nicht nur unerschüttert, sondern gewann seit dem Ausgang des 5. Jahrhunderts den Charakter eines geschlossenen, politisch organisierten Herrschaftsbezirks, einer förmlichen Provinz. Der Ausgang des Pyrrhoskrieges führte sogar zu neuen großen Erfolgen der Karthager auf Sizilien. In derselben Zeit übernahm Rom die Herrschaft über die griechischen Städte in Unteritalien und rückte in Rhegion dicht an Sizilien heran. Es brauchte darüber noch nicht zum Kriege mit Karthago zu kommen. Die beiden Staaten hatten in ihrer aristokratischen Verfassung manchen ähnlichen Zug, doch waren ihre Interessen wesentlich verschieden, Karthago verfolgte mit Zähigkeit die Alleingeltung des karthagischen Handels im westlichen Mittelmeer, Rom erstrebte die politische Beherrschung Italiens. Diese Verschiedenheit der Interessen hatte immer wieder eine Verständigung zwischen den beiden Staaten ermöglicht, von jenem ersten Vertrag, der zu Beginn der römischen Republik abgeschlossen wurde, zu dem Handelsabkommen von 348 und dem Bündnis von 279/278. Der *Konflikt zwischen Rom und Karthago* war erst gegeben, als an der Straße von Messina die politischen Ansprüche Roms mit den Handelsinteressen Karthagos zusammengerieten.

Kampanische Söldner, aus den Diensten des Agathokles von Syrakus entlassen, hatten die Stadt Messana überwältigt und an dieser die Meerenge beherrschenden Stelle den Staat der Mamertiner begründet. Gegen die Angriffe der Syrakusaner, die in diesen Kämpfen ihren Feldherrn Hieron zum König erhoben (wohl 268), suchten sie den Nordosten von Sizilien zu behaupten. Auf die Dauer konnten sie den Krieg nur mit auswärtiger Hilfe bestehen, sei es mit den Karthagern, die das Meer beherrschten, oder mit den Römern, die auf der andern Seite der Meerstraße geboten. Die Mamertiner haben zunächst eine karthagische Besatzung in die Stadt aufgenommen, dann entschied man sich aber doch für den Anschluß an Rom. Eine Gesandtschaft der Mamertiner erbat in Rom die Aufnahme von Messana in den italischen Bund. Damit war Rom vor eine schwierige Entscheidung gestellt. Politische Erwägungen mochten wohl für die Aufnahme der Mamertiner sprechen, denn falls Rom sich versagte, war damit zu rechnen, daß Karthago sich in Messana festsetzte und von dort aus die Meerenge auch für die Verbindung Roms mit seinen Kolonien und Bundesgenossen an der Küste des Ionischen und Adriatischen Meeres sperrte, schließlich die ganze Insel Sizilien in das geschlossene karthagische Handelsgebiet aufnahm. Trotz solcher Erwägungen hatte ein Teil der Senatoren keinerlei Neigung zu einem Bündnis mit dem mamertinischen Räuberstaat, aber die aktive Gruppe der Nobilität verstand es, wohl unter Führung der Claudier, durch verlockende Ausmalung der Kriegsbeute einen Volksbeschluß in ihrem Sinn herbeizuführen und dann auch im Senat die Aufnahme von Messana durchzusetzen (264). Das bedeutete zunächst nur die Hilfeleistung für den Kampf der Mamertiner gegen Syrakus. Daß man darüber auch in den Krieg mit Karthago geraten würde, mochte angesichts der betont vorsichtigen Politik der Karthager zweifelhaft sein, aber die Gewalt der Tatsachen sollte bald volle Klarheit schaffen.

Die Entscheidung für Messana hat sehr rasch in den *ersten Punischen Krieg* hineingeführt. In der Leitung dieses Krieges hat die römische Staatsleitung eine unvergleichliche Kühnheit und Energie bewiesen. Bis auf diese Zeit im Gesichtskreis der italischen Politik und des Landkriegs befangen, hat man nun die Erfordernisse der neuen Lage erkannt und unter dem Druck der feindlichen Aktionen in ungeahnte Weiten ausgegriffen. Aus dem Übergang von Italien nach Sizilien, der an sich schon ein bedeutsamer Schritt war, wurde bald die viel weiter führende Folgerung gezogen, den Krieg zur See zu eröffnen und die Offensive nach Afrika zu tragen. Die militärische Umstellung war mit neuen Kriegszielen verbunden, von Italien richteten sich die Ansprüche bald auf Sizilien und auf das Tyrrhenische Meer. Die Wandlung in Kriegführung und Politik Roms war für die Generation des ersten Punischen Krieges größer als jemals früher oder später in der römischen Geschichte. In diesen Jahrzehnten hat sich der Aufgang der mediterranen Politik des römischen Staates vollzogen. So wurde der Krieg schon beurteilt von dem Geschichtschreiber Polybios, der die römische Geschichte vom Beginn dieses Krieges bis zur Eroberung von Karthago und darüber hinaus dargestellt hat und für diesen ganzen Zeitraum die maßgebende Autorität geworden ist.

Der Anfang ist gekennzeichnet durch den *Kampf um Messana*, der Krieg gegen Karthago war noch nicht erklärt. Die römische Initiative erzielte 264 einen raschen Erfolg. Eine Abteilung des römischen Heeres, das nach Bruttium vorgedrungen war, wurde über die Meerenge gesetzt und nach Messana gebracht, die karthagische Besatzung räumte die Stadt. Nach diesem römischen Vorsprung gingen auch die Karthager und Syrakusaner energischer vor. Ein karthagisches Heer wurde nach Sizilien übergesetzt, in die Stadt Agrigent wurde eine Besatzung gelegt. Zwischen Karthago und dem König Hieron von Syrakus wurde ein Bündnis zum gemeinsamen Kampf gegen Messana, das heißt gegen Rom, abgeschlossen. Inzwischen war auch die römische Hauptmacht nach Sizilien gebracht worden, und jetzt erging die förmliche Kriegserklärung an Karthago und Hieron. Vor Ende des Jahres erzielten die Römer noch Erfolge gegen Karthager und Syrakusaner. Im nächsten Jahr kam ein neues römisches Heer nach Sizilien, Aufgabe des römischen Führers war es auch jetzt noch, das Bündnis mit Messana zur Anerkennung zu bringen. Jedoch im Laufe des Jahres zeichnete sich mit der Ausweitung des Kriegsschauplatzes das größere Kampfziel ab: aus dem

Streit um Messana wurde der *Krieg um Sizilien.* Rom trat in Wahrung seiner eigenen Interessen in die Nachfolge der hellenischen Freiheitskämpfer Dionysios, Agathokles und Pyrrhos ein. Das Vordringen der Römer in Richtung auf Syrakus veranlaßte Hieron zur Preisgabe der karthagischen Sache und zum Abschluß des Friedens und eines Bündnisses mit Rom, das eine wesentliche Besserung der Lage Roms zur Folge hatte. Allerdings war auch Karthago zu umfassenden Vorkehrungen übergegangen. Große Söldnerwerbungen wurden durchgeführt, ein starkes Heer versammelte sich um Agrigent. 262 setzten die Römer zwei konsularische Heere auf Sizilien ein, einige unbedeutende Plätze im Westen der Insel traten auf römische Seite, dann wurde die Belagerung des karthagischen Hauptplatzes Agrigent eröffnet. Die ausgedehnte Stadt, von Natur geschützt und mit aller Technik verteidigt, wurde über ein halbes Jahr hindurch von den Römern belagert. Erst als ein karthagisches Entsatzheer von den Römern abgeschlagen war, zog die karthagische Besatzung ab aus Agrigent. Die Stadt wurde von den Römern besetzt und nach strengem Kriegsrecht bestraft.

Ein großer militärischer Erfolg war damit erzielt, doch noch längst keine Entscheidung herbeigeführt. Karthago war jetzt zum äußersten Kampf entschlossen, es sandte einen neuen Befehlshaber nach Sizilien, setzte mit voller Energie seine Flotte ein und richtete Angriffe gegen die Küste Italiens. Da tauchte in Rom der Entschluß auf, den Kampf zugleich zur See zu führen, um Italien schützen und den Feind von der ganzen Insel Sizilien vertreiben zu können. In früheren Kämpfen zwischen den sizilischen Griechen und den Puniern hatte es sich erwiesen, daß die karthagischen Plätze an der Westküste Siziliens von der Landseite her nicht zu nehmen waren, solange sie über die Seeverbindung mit Karthago verfügten. Noch 261 wurde der Bau einer großen Kriegsflotte in Angriff genommen und mit erstaunlicher Energie durchgeführt. Die griechischen Städte Unteritaliens liehen ihre Hilfe, auch Syrakus wird sich zur Verfügung gestellt haben. Scheint es doch, als ob die Ausstattung der römischen Schiffe mit Enterhaken, die als Brücken zur Erstürmung feindlicher Schiffe dienten, von Syrakus übernommen wäre. Trotz der griechischen Unterstützung bedeutete die Umstellung der militärischen Rüstung, die die italischen Bauern zum erstenmal als Soldaten auf das gefürchtete Meer hinausführte, eine gewaltige Leistung Roms. Schon 260 wurden die Operationen gegen Karthago zu Wasser und zu Land durchgeführt. Gaius Duilius gewann bei Mylä an der Nordostspitze Siziliens den ersten großen römischen Seesieg, die maritime Machtstellung Karthagos war damit angefochten. Langsam trat die Tragweite des Kampfes um Sizilien hervor, der nichts anderes war als ein *Kampf um die Seeherrschaft.*

Die nächsten Jahre brachten einige Erfolge bei den Flottenoperationen gegen Sardinien und Korsika, aber auf Sizilien hielten die Karthager den Westen der Insel von Panormos bis Heraklea. Da gab 257 ein erneuter Sieg über die karthagische Flotte der römischen Kriegführung den kühnsten strategischen Plan ein, den Gedanken, wie einst Agathokles die Offensive nach Afrika zu tragen und den Krieg durch den Angriff auf Karthago selbst zu entscheiden. Eine mächtige Flotte mit vielen Transportschiffen wurde ausgerüstet, ein starkes Landungskorps aufgeboten. Im Sommer 256 fuhr die Flotte aus und erfocht sich bei Eknomos an der Südküste von Sizilien in einer großen Seeschlacht die freie Überfahrt nach Afrika. Der Kampf im überseeischen Gebiet sollte allerdings nicht zum Enderfolg führen. Nach der Landung bei Clupea kehrte die Hauptmacht zurück, da es unmöglich schien, eine so große Armee im feindlichen Land zu verpflegen; ein Heer von 15 000 Mann unter dem Konsul Regulus blieb zurück. Alsbald wurde der Vormarsch auf Karthago angetreten, Tunis, die Nachbarstadt Karthagos, wurde eingenommen. Karthago war so überrascht, daß es Friedensverhandlungen eröffnete; sie scheiterten an den überspannten Forderungen des römischen Feldherrn. Damit war der günstige Augenblick der afrikanischen Unternehmung versäumt, das politische Ungeschick des Römers stärkte nur den karthagischen Widerstand. Neue Söldner trafen in Karthago ein, die karthagische Armee wurde von einem griechischen Söldnerführer reorganisiert. Im Frühjahr 255 wurde dann das römische Heer in der Ebene des Bagradas trotz größter Tapferkeit von den Spezialtruppen Karthagos, Reiterei und Elefantenwaffe, völlig geschlagen, Regulus geriet in Gefangenschaft, die Offensive in Afrika war gescheitert. Wohl wurde 255 noch eine große römische Flotte ausgesandt, sie konnte die Reste des römischen Landungskorps einholen, wurde aber auf der Rückfahrt nahe der sizilischen Küste bei Kamarina zum größten Teil durch Sturm zerstört. Es ist nicht die einzige Katastrophe dieser Art, die Rom im ersten Punischen Krieg getroffen hat. Die römische Führung, die durch die militärische Tüchtigkeit der Truppe Seesiege erfocht, versagte noch völlig im Kampf mit Wetter und Wind.

Nun mußte also der *Krieg auf Sizilien* ausgetragen werden. Seit 254 konzentrierte sich der Kampf auf den westlichen Teil der Insel. Die Römer gewannen Panormos, Solus und andere Plätze an der Nordküste, doch die Angriffe auf die Festungen Lilybäum und Drepanum blieben ohne Erfolg, obwohl man die Blockade von der Landseite her nicht mehr aufgab. Wiederholte Flottenverluste zwangen Rom zur Einstellung des Seekriegs, überhaupt waren die Anstrengungen des langwierigen Krieges so erschöpfend, daß 248 nahezu ein Stillstand der Kampfhandlungen eintrat. Da erzwang 247 das Vorgehen des neu entsandten karthagischen Feldherrn den letzten Aufschwung der kämpfenden Staaten. Hamilkar Barkas, der jetzt den Oberbefehl über die karthagischen Seestreitkräfte übernahm, glaubte zunächst, durch Landungen an der italischen Küste den Lauf des Krieges wenden zu können. Als er die Aussichtslosigkeit dieser Manöver sah, organisierte er die karthagische Verteidigungsstellung an der Westküste Siziliens völlig neu und so wirksam, daß sie von Rom bis zum Ende des Krieges nicht eingenommen werden konnte. Die Berghöhen Heirkte nordwestlich von Palermo und Eryx oberhalb Drepanum wurden zu Festungen ausgebaut, von diesen Plätzen aus wurde die römische Armee fortgesetzt belästigt und die karthagische Besatzung in Lilybäum und Drepanum in ihrem Widerstand gestützt.

Trotz aller Schwierigkeiten hielt die römische Politik an dem einmal gefaßten Plan fest, die Karthager aus ganz Sizilien zu vertreiben. Ein Verständigungsfriede wäre vermutlich leicht erreichbar gewesen, er hätte aber der Unbeugsamkeit widersprochen, die in Rom Ehrensache geworden war. Überdies verlangte die Stellung, die Rom bei den Bundesgenossen des italischen Südens einnahm und nicht erschüttert sehen wollte, einen vollen Erfolg. So geschah das Unerwartete: nach langen schweren Jahren raffte sich die Bürgerschaft zu einer heroischen Anstrengung auf und schuf durch private Initiative eine neue große Flotte. Dieser gelang es 241, die Karthager bei den Ägatischen Inseln vor der Westküste Siziliens zum Kampf zu stellen und entscheidend zu schlagen. Damit war der Kampf der sizilischen Festungen aussichtslos geworden, der ganze Krieg war entschieden. Hamilkar Barkas wurde von Karthago zu Friedensverhandlungen bevollmächtigt; mit Gaius Lutatius, dem Sieger von den Ägatischen Inseln, hat er die vorläufige Regelung des Friedensvertrags vereinbart. Die Bestimmungen wurden in Rom als zu billig erachtet, durch eine Kommission des Senats berichtigt und dann endgültig im *Friedensvertrag* festgelegt. Karthago verpflichtete sich, Sizilien und die Liparischen Inseln zu räumen, die Gefangenen ohne Lösegeld auszuliefern; die Kriegsentschädigung wurde auf 3200 euböische Talente festgesetzt, davon waren 1000 Talente sofort zu entrichten, der Rest in zehn Jahresraten. Im Vertrag war auch die gegenseitige Anerkennung der Bundesgenossen ausgesprochen.

b) Zwischen den Kriegen

Der römische Staat hat die große Probe des Krieges bestanden. Das Regiment hatte sich im ganzen bewährt, Bürger und Bundesgenossen hatten ihr Bestes geleistet. Während in Karthago die militärische und politische Leitung immer wieder versagte, die Söldnerheere sich als unzuverlässig erwiesen, die Bürger nur ein einzigesmal zum Schutz der Stadt unter die Waffen traten, vollzog sich in Rom der großartige Umschwung des ganzen Staatswesens auf die neue Bahn des Krieges und der Politik. Der Horizont der Stadt umfaßte nun einen bedeutenden Teil des Mittelmeergebiets. Für die Aufgeschlossenheit, mit der man diese fremde Welt zu gestalten unternahm, ist es charakteristisch, daß man noch vor Ende des Krieges für die Prozesse zwischen Bürgern und Fremden und zwischen Ausländern selbst einen eigenen Prätor einsetzte. Vor diesem *praetor peregrinus* hat sich wesentlich aus römischen Ansätzen heraus das Fremdenrecht entwickelt. Zunächst für die Rechtsbeziehungen zwischen den Ausländern geschaffen, hat dieses *ius gentium* dann auch auf die Bürger Anwendung gefunden und die neue, fortschrittliche Phase des römischen Rechts eingeleitet.

Am schwersten waren im Krieg die mittleren Schichten der Bürgerschaft herangezogen worden, die in den Legionen kämpften und auf den Schiffen dienten. Es war dies gerade der Teil der Bevölkerung, der 264 beim Kriegsbeschluß den Ausschlag gegeben hatte. So ist es verständlich, daß der Ausgang des Krieges die Stellung dieser mittleren Schichten in Rom gewaltig befestigte. Wahrscheinlich hängt damit die *Reform der Centuriatkomitien* zusammen, die sich aus verschiedenen Angaben der Überlieferung für die Zeit nach dem ersten Punischen Krieg ergibt. In der bisherigen Praxis der Centurienversammlung, in der jede Centurie eine Stimme hatte, war die städtische Bevölkerung insofern bevorzugt, als sie leichter als die Bürger der ländlichen Bezirke sich auf dem Marsfeld einfinden konnte. Nunmehr wurden die nach dem Vermögen abgestuften Centurien und die Wohnbezirke der Tribus in einem berechneten Verfahren so miteinander verkoppelt, daß bei der Abstimmung in jeder der 193 Centurien Bürger aus allen 35 Tribus zur Geltung kamen. Damit war das Übergewicht der ländlichen Bevölkerung verstärkt, zugleich aber dem Landadel, der über bäuerliche Gefolgschaften verfügte, ein großer Einfluß zugebilligt. Es hängt mit der für alle Zukunft geltenden Koppelung von Tribus und Centurien zusammen, daß die Zahl der Tribus nicht mehr erhöht wurde. Diese Neuerung, ein Zeichen des Aufstrebens des mittleren und kleinen Bauerntums, hat dazu geführt, daß es in der folgenden Zeit bei den Wahlkämpfen häufiger und energischer zur Anfechtung des exklusiven Adelsregiments kam als früher. Im übrigen war der allgemeine Charakter der römischen Verfassung dadurch nicht verändert worden. Besitz und Leistungsfähigkeit blieben wie bisher maßgebend für die Einstufung des Bürgers,

Alter und Erfahrung behielten ihre hohe Bewertung. Die Autorität des Senats, der den Krieg erfolgreich durchgeführt hatte, wurde sogar erhöht. So war eine Regierung gesichert, die die Folgerungen aus dem gewonnenen Kriege zu ziehen vermochte.

Bürger und Bundesgenossen hatten im Kampf zu Wasser und zu Land schwere Opfer gebracht, nun gab der Sieg ein erhöhtes Selbstbewußtsein und das Gefühl einer unverbrüchlichen Zusammengehörigkeit. Die Helden des Krieges wurden großherzig gefeiert und lebten mit verklärten Zügen im Gedächtnis der Nachwelt fort. Für Gaius Duilius wurde eine Säule errichtet, die mit ihrer Inschrift das Verdienst des Mannes verkündete und mit ihren Schiffsschnäbeln die Erinnerung an den ersten Seesieg festhielt. Atilius Regulus, der getreu seinem Wort in die karthagische Kriegsgefangenschaft zurückgekehrt und dort den Martertod gestorben war, ging in die Legende ein. Die Generationen, die den Kampf gegen Pyrrhos und den ersten Punischen Krieg durchgefochten hatten, durften für sich in Anspruch nehmen, die hohen Tugenden zu verwirklichen, die nach alter Überlieferung die Sittlichkeit Roms in sich barg: *virtus*, jene Kraft und Tapferkeit, die den Rang der Soldaten und Feldherrn ausmachte; *fides*, die Treue und Redlichkeit, überhaupt die Gesinnung, die Hohe und Niedrige, Bürger und Bündner zusammenband; *pietas*, die Ehrfurcht gegen alle Mächte, die die Natur dem Menschen übergeordnet hat. Die Männer des Adels gewannen entsprechend den erhöhten Leistungen ihres Standes Anerkennung *(honos)* in der Gemeinschaft, Ruhm *(gloria)* in ihrem Geschlecht und im ganzen Volk. Grabschriften und Stücke von Leichenreden, die auf uns gekommen sind, verkünden als Lebensinhalt des Römers die Stufenleiter der Ehren und die Taten in Krieg und Frieden; sie deuten aber auch schon auf ein *Persönlichkeitsideal*, das die ererbten Tugenden unter dem Einfluß des griechischen Geistes zu steigern und auszuweiten strebte. Von Lucius Cäcilius Metellus, der sich als Konsul 251 im Krieg bewährt hat und dann viele Jahre bis zu seinem Ende Oberpriester des Staates gewesen ist, wird gesagt (Plinius, Nat. hist. 7, 139), er habe die zehn Dinge, die das Ideal des Weisen bilden, in sich vereinigt: ein vorzüglicher Krieger, ein Redner ersten Ranges, ein tapferer Feldherr sei er gewesen; die Vollbringung von Großtaten im Amt, die Erlangung der höchsten Ehrenstellung im Staat, die Verkörperung der Weisheit sei ihm gelungen; die erste Rangstellung im Senat, die anständige Erwerbung von stattlichem Geld, die Hinterlassung vieler Kinder, die Gewinnung der angesehensten Stellung in der Bürgerschaft sei ihm zuteil geworden. So unverhohlen römisch diese Werte im allgemeinen klingen, so lassen doch Beredsamkeit und Weisheit ein gehobenes Lebensziel erkennen. Den Lucius Cornelius Scipio, Konsul 258, nennt seine dichterische Grabschrift „einen tapferen und weisen Mann, dessen Gestalt seiner Mannhaftigkeit ganz gleich war". Das ist das Bekenntnis zu einem Ideal, in dem äußere Erscheinung und innerer Wert harmonieren, Bekenntnis also zum Ideal der griechischen Aristokratie.

Diese Grabschrift ist allerdings erst nach dem zweiten Punischen Krieg geformt worden, es kann aber kein Zweifel sein, daß in den Jahrzehnten, da Unteritalien sich in der Bundesgenossenschaft bewährte und Sizilien in langem Ringen erworben wurde, die römische Welt eine neue Begegnung mit dem Griechentum erfuhr und daraus wertvolle Kräfte für die Gestaltung des persönlichen und des öffentlichen Lebens gewann. Rom folgte wohl einer Anregung der Stadt Tarent, als es 249 Säkularspiele – ein Sühnefest zur Erneuerung der Lebensdauer *(saeculum)* – nach griechischem Ritus beging. Bedeutsamer war, daß man 240, unmittelbar nach dem Ende des Krieges, über die älteren Ansätze römisch-italischen Bühnenspiels hinausging und eine Tragödie und eine Komödie nach griechischen Vorlagen zur Aufführung brachte. Das ist ein entscheidendes Ereignis in der Geschichte der römischen Literatur, das in anderem Zusammenhang gewürdigt sein will. Hier nehmen wir es als ein Zeugnis für die Aufnahmefähigkeit und zugleich für die Selbstbehauptung des Römertums. Die Stadt am Tiber gewann ihren Platz in der geistigen Kultur der Mittelmeerwelt, sie erschloß im literarischen Schaffen eine neue Sphäre persönlichen Wirkens und zog die künstlerischen Kräfte aller Landschaften und Stämme zu sich heran.

Der Staat, der in seiner geistigen Formgebung dem Griechentum so nachdrücklich standhielt, hat nicht gezögert, *Sizilien* als die Beute des Krieges seinem Herrschaftsgebiet einzufügen. Zum erstenmal war Land außerhalb Italiens erworben worden. Da die Verwaltung des Landes durch die Beamten des Gemeindestaats Rom unmöglich war, mußte eine neue Form der Unterordnung eingeführt werden. Rom hat sich bei dieser Einfügung Siziliens weitgehend an die Verhältnisse angepaßt, die es auf Sizilien im bisherigen Herrschaftsbereich von Karthago und Syrakus vorgefunden oder während des Krieges selbst geschaffen hat. So vollzog sich die Überleitung des vorwiegend griechischen Landes in die römische Herrschaft ohne Störung. Syrakus, mit Rom verbündet, blieb selbständig und behielt sein Landgebiet. Andere Städte, die während des Krieges günstige Verträge mit Rom geschlossen hatten, wurden gleichfalls in ihrer Stellung bestätigt. Der übrige Teil Siziliens, etwa die Hälfte der Insel, wurde Untertanenland, als solches der Aufsicht der Konsuln übergeben und zum Zweck der Ausbeutung hart besteuert. In der Festsetzung und Einziehung der Steuer hat Rom sich an die im punischen und griechischen Sizilien geltende Ordnung angeschlossen, es hat den Zehnten des Ernteertrags und die Praxis der Steuerpacht aus der ihm fremdartigen Welt übernommen. Zur Sicherung des Steuereingangs nahm einer der Quästoren seinen Sitz in Lilybäum. Es stellte sich bald heraus, daß Rom auch die Rechtsprechung und die Exekutive an sich ziehen mußte, wenn es Ruhe und Ordnung im Lande aufrechterhalten wollte. Seit 227 übernahm daher ein Prätor, Träger des vollen Imperiums, die Rechtsprechung und das Kommando der römischen Besatzung auf Sizilien. Die Selbstverwaltung der Städte wurde möglichst wenig angetastet. So war zum erstenmal auf Sizilien die Einrichtung einer Provinz geschaffen: ein Untertanengebiet, in dem ein einzelner Magistrat das unbeschränkte römische Herrschaftsrecht wahrnahm.

An die Erwerbung Siziliens schlossen sich in der Zeit vom ersten zum zweiten Punischen Kriege andere Eroberungen an, die unter sich eine besondere Geschlossenheit zu haben scheinen. Die Inseln Sardinien und Korsika wurden unterworfen, Oberitalien wurde einbezogen, schließlich an der Ostküste des Adriatischen Meeres ein Vorposten der römischen Macht geschaffen. Der Zusammenhang und die rasche Abfolge dieser Erwerbungen haben den Eindruck hervorgerufen, als ob die römische Politik hier geradezu ein Programm der natürlichen Grenzen Italiens verfolgt hätte. Diese Ausdeutung der römischen Expansion trägt jedoch moderne Begriffe in die römische Politik hinein und ist nur geeignet, das Bild des wirklichen Hergangs zu entstellen. Tatsache ist, daß durch den überraschenden Erfolg des ersten Punischen Krieges und durch den ungestörten Genuß der Kriegsgewinne die Neigung zu weiteren Unternehmungen befördert wurde und daß die Expansion sich den nächstliegenden Zielen zuerst zugewandt hat.

Die Annexion der Inseln *Sardinien und Korsika,* gegen die während des ersten Punischen Krieges mehrfach römische Flottenabteilungen ausgesandt worden waren, wurde bald nach dem Abschluß des Friedens mit Karthago vollzogen, als sich eine günstige Gelegenheit dazu fand. Die karthagischen Söldner waren nach dem Ausgang des Krieges, der Karthago finanziell aufs äußerste anstrengte, in Afrika und auf Sardinien in den Aufstand getreten. Nun legten meuternde karthagische Söldner den Römern die Besitzergreifung Sardiniens nahe. Als Karthago sich zur Verteidigung seiner Kolonie anschickte, erpreßte Rom 237 von ihm die Abtretung der Insel und außerdem noch die Entrichtung eines neuen Tributs. Wahrscheinlich um dieselbe Zeit wurde auch Korsika endgültig besetzt. Im Gegensatz zu Karthago begnügte sich Rom nicht mit der Besetzung einiger Küstenplätze der Inseln, es wurde vielmehr das ganze Landgebiet steuerpflichtig gemacht, was zu wiederholten Kämpfen mit der Bevölkerung führte. Seit 227 bildeten Sardinien und Korsika eine Provinz. Der wirtschaftliche Ertrag der neuen Länder war gering, aber erst der Besitz der großen Inseln sicherte die römische Herrschaft auf dem Tyrrhenischen Meer.

Wie ein Ausgleich gegenüber dieser Erweiterung der maritimen Stellung Roms mutet die *Expansion im nördlichen Italien* an, wo der stattliche Landgewinn besonders dem selbständigen Bauerntum Roms zugute kommen sollte. Das Bündnis mit der Stadt Pisa, das den Verkehr mit der Provinz Korsika sicherte, führte zu Kämpfen mit den Ligurern. Aber auch die keltischen Stämme zwischen Apennin und Alpen standen Rom immer noch in feindseliger Haltung gegenüber. Die Lage verschärfte sich, als 232 die früher schon erworbene gallische Mark (zwischen Sena Gallica und Ariminum) unter römische Bürger in kleinen Parzellen aufgeteilt wurde. Gaius Flaminius, damals Volkstribun und Führer des Bauerntums im Kampf gegen die Nobilität, hatte diese Maßnahme durchgesetzt, um dem Übergewicht des Großgrundbesitzes bei der Nutzung des Gemeindelandes Einhalt zu gebieten. 225 trat eine ernste Gefährdung der römischen Stellung im Norden ein, große keltische Stämme verbanden sich zu geschlossenem Einbruch in das römische Italien. Sie gelangten tief nach Etrurien hinein, wurden aber auf dem Rückmarsch bei Telamon an der etruskischen Küste von zwei römischen Heeren aufgerieben. Diese Vernichtungsschlacht hat die Keltengefahr nicht für immer beseitigt, zunächst aber doch die Offensive ermöglicht, die Rom in den folgenden Jahren in Oberitalien durchgeführt hat. 223 konnte der Konsul Gaius Flaminius über den Po vordringen, im folgenden Jahr wurde Mediolanum (Mailand) erstürmt. Das Ergebnis der Kämpfe war die Unterwerfung mehrerer gallischer Stämme, die zum Abschluß von Verträgen mit Rom, teilweise zur Gebietsabtretung gezwungen wurden. Die Verbindung Roms mit dem neu gewonnenen Land wurde 220 von Gaius Flaminius, der jetzt die Censur bekleidete, durch die Heerstraße von Rom nach Ariminum, die Via Flaminia, hergestellt. Zur Sicherung des Po-Übergangs wurden 218 die latinischen Kolonien Placentia und Cremona angelegt. Abgeschlossen war damit die Einbeziehung des kontinentalen Italien allerdings noch keineswegs.

Den Angelegenheiten des *Adriatischen Meeres* hat Rom lange Zeit nur geringe Aufmerksamkeit zuteil werden lassen, in die Politik der griechischen Staaten hat es, wie sich später zeigen wird, nur gezwungen eingegriffen. Eine Herausforderung seitens des Königreichs der Illyrer, das an der dalmatinischen Küste im 3. Jahrhundert eine bedrohliche Macht gewonnen hatte, hat 229 eine römische Expedition in das Ionische und Adriatische Meer notwendig gemacht. Die griechischen Städte an der Ostküste der Adria, die am meisten von den illyrischen Seeräubern zu leiden hatten, ergaben sich den Römern. Die illyrische Königin Teuta wurde zum Verzicht auf die Gebiete dieser Städte und zur Anerkennung einer Sperrlinie gezwungen, die die illyrischen Schiffe südwärts nicht überschreiten durften. Der Bezirk der Städte Apollonia und Dyrrhachium und ein Streifen des Hinterlandes wurden als römisches Schutzgebiet eingerichtet. Die Unversehrtheit dieses Gebiets wurde 219 durch den zweiten illyrischen Krieg aufrechterhalten. Diese östliche Erwerbung gab der römischen Stellung auf dem Adriatischen Meer einige Sicherheit. Freilich mußte durch dieses römische Vordringen Makedonien, das Anspruch auf die von Rom übernommenen Küstengebiete erhob, verstimmt und auf die Seite der Gegner Roms gedrängt werden. Rom hat nichts getan, diese Wendung zu verhindern, seine Interessen lagen noch ganz im Westen. Das war nicht zuletzt durch das Verhalten Karthagos bedingt.

Die schwere Niederlage im ersten Punischen Kriege hatte die Stellung Karthagos erschüttert. Der Aufstand der Söldner und der Abfall libyscher Untertanen waren unmittelbare Folgen des unglücklichen Krieges. Ein furchtbarer Kampf in Afrika mußte durchgefochten werden und wurde nur durch das Eingreifen Hamilkars gewonnen. Eben als die Ruhe hergestellt war, wurde der karthagische Staat durch die römische Annexion von Sardinien und Korsika von neuem getroffen. Es ist begreiflich, daß in Karthago die Forderung nach Ersatz für den Verlust der großen Inseln laut wurde. Das verlangte schon der geschäftliche Geist, der die karthagische Politik zu allen Zeiten bestimmt hat. Dieses Streben nach Entschädigung brauchte nicht gegen Rom gerichtet zu sein. Die römische Geschichtsschreibung und ihr folgend ein Teil der modernen Forschung hat *die karthagische Politik zwischen den Kriegen* allerdings anders beurteilt. Hamilkar Barkas, so glaubte man, habe mit seinen Söhnen und mit seinen Offizieren von Anfang an den Plan des Rachekrieges gegen Rom gefaßt, zu diesem Zwecke habe er die Eroberung Spaniens eingeleitet, um hier die Basis für den Angriff auf Italien zu gewinnen; im selben Sinne habe Hannibal die saguntinischen Wirren zur Herbeiführung des Konflikts mit Rom benützt. Diese Auffassung der Politik der Barkiden wurde den römischen Historikern offenbar unter dem Eindruck der furchtbaren Offensive Hannibals eingegeben. Die Tatsachen, die uns glaubwürdig überliefert sind, enthalten jedoch keinen Grund für die Annahme, daß auf karthagischer Seite von langer Hand der Rachekrieg vorbereitet wurde. Daß irgendein Ersatz für das Verlorene nötig war, darüber wurde man sich in Karthago einig. Ersatz ließ sich aber am ehesten gewinnen, wenn Rom aus dem Spiel blieb. Während die Führer der karthagischen Aristokratie an die weitere Erschließung von Nordafrika dachten, entschied sich Hamilkar für neue Erwerbungen in Spanien. Durch Verbindung mit Hasdrubal, dem demokratischen Führer der karthagischen Politik, gelang es ihm, sich das Feldherrnamt zu verschaffen. Auf Grund der Vollmachten, die diese Stellung gewährte, ging er 237 nach Spanien hinüber, wo die karthagischen Interessen seit langer Zeit festgelegt waren.

Die Pyrenäenhalbinsel hat mit ihren Erzlagerstätten von frühester Zeit an Einwanderer und Mineralsucher angezogen. Die antiken Autoren benennen den Kern der Bevölkerung mit dem Namen Iberer, und dieser Name wird von der prähistorischen Forschung einer Kultur beigelegt, die besonders im Süden und Osten der Halbinsel seit der Bronzezeit durch reiche Funde bezeugt ist. In Siedlungen, die sich an Fluchtburgen anschlossen, hat man Bronzestatuetten, Steinplastiken und reliefgeschmückte Keramik zutage gefördert. Der einheitliche Charakter dieser Werke ist unverkennbar, wie stark auch im Lauf der Jahrhunderte die Einflüsse der älteren mediterranen Kulturen hervortreten. Keramiken der späten Zeit sind mit Inschriften versehen, doch läßt sich von dieser sogenannten iberischen Sprache nur soviel mit Sicherheit sagen, daß sie nicht indogermanisch ist. Ob die Iberer im 2. Jahrtausend etwa aus Libyen eingewandert sind oder ob ihre Kultur als Entfaltung autochthoner Ansätze erklärt werden kann, ist umstritten. Seit dem 7. Jahrhundert sind über die Pyrenäen Kelten ins Land gekommen, haben sich im Norden und Westen der Halbinsel niedergelassen und befestigte Dörfer angelegt. Auf dem zentralen Hochland haben sich später vordringende Iberer mit den dort siedelnden Kelten vermischt; diese als besonders kriegerisch geschilderten Stämme werden Keltiberer genannt.

Schon vom Ausgang des 2. Jahrtausends an erschienen die kolonisatorischen Völker des Mittelmeergebiets an der Süd- und Ostküste Spaniens, um Mineralien zu holen und eigene Produkte abzusetzen. So ist an der Mündung des Bätis (Quadalquivir) die in antiken Texten und im Alten Testament oft genannte Stadt Tartessos (Tarschisch) entstanden, wahrscheinlich als Hauptort der Einheimischen, nicht als Gründung von Tyros. Die bedeutendsten Niederlassungen der Phöniker erstanden in Gades und Malaca, aber auch an der Ostküste von Spanien wie auf den Pityusen und Balearen setzten sich phönikische Kaufleute fest. Die Griechen, die den kolonisatorischen Wettbewerb aufnahmen, konnten sich nur an wenigen Plätzen behaupten, so in Rhode und Emporion am Fuß der Pyrenäen. Karthago gewann die Vormacht im äußersten Westen des Mittelmeers, auch die älteren phönikischen Gründungen gerieten in Abhängigkeit von Karthago. Das Gebiet der Stadt Tartessos wurde gegen Ende des 6. Jahrhunderts von Karthago in Besitz genommen und lange unangefochten gehalten. Erst um die Mitte des 3. Jahrhunderts ging das südliche Spanien den Karthagern wieder verloren, wir wissen nicht an wen. Doch die Küstenstädte verblieben im karthagischen Bereich.

An diesen Küstenstädten fand Hamilkar den ersten Rückhalt bei der *Eroberung des südlichen Spanien.* In jahrelangen Kämpfen mit den Iberern wurde zunächst das Hinterland von Tartessos wieder gewonnen. Neue Absatzgebiete eröffneten sich hier dem karthagischen Handel, der Ertrag der Silbergruben in der Sierra Morena erleichterte die Tributzahlungen an Rom. So hatte Karthago in Spanien einen hochwertigen Ersatz für seine Verluste gefunden, und es ist kein Wunder, daß Rom – vielleicht alarmiert durch Massilia – diese Vorgänge argwöhnisch verfolgt hat. Als 231 die letzte Jahresrate der Kriegsentschädigung fällig war, wurde eine römische Gesandtschaft zur Orientierung nach Spanien geschickt, sie wurde von Hamilkar mit leichter Mühe beruhigt. Immerhin hat Rom damals oder wenige Jahre später die iberische Stadt Sagunt, südlich des Ebro nahe der Ostküste gelegen, in sein Bündnissystem aufgenommen. Nach dem Tode Hamilkars 229 folgte ihm sein Schwiegersohn Hasdrubal im Oberbefehl nach; das spanische Unternehmen erhielt beinahe den Charakter einer dynastischen Gründung. Acht Jahre lang hat Hasdrubal die Erweiterung des Koloniallandes mit den Mitteln des Krieges und der Diplomatie betrieben. Am Kap Palos wurde Carthago Nova, der beste Hafenplatz Spaniens (Cartagena), als Mittelpunkt der karthagischen Macht gegründet.

Die römische Besorgnis wurde immer größer. Als 226 der Einbruch der Kelten in das mittlere Italien bevorstand, erschien wiederum eine römische Gesandtschaft in Spanien. Zwischen dem karthagischen Feldherrn und der bevollmächtigten Gesandtschaft wurde ein Vertrag abgeschlossen, in dem Karthago sich verpflichtete, den Ebro als militärische Grenze zu betrachten. Es ist anzunehmen, daß die Römer auch für sich selbst die Einhaltung dieser Grenze ausgesprochen haben. Der Vertrag gab Rom die Gewähr dafür, daß die Kelten Italiens keine Unterstützung durch die Karthager aus Spanien erhielten, Karthago gewann die freie Verfügung in seinem Kolonialreich südlich des Ebro. Die Anerkennung der Ebrogrenze von karthagischer Seite zeigt deutlich, daß der Gedanke eines Angriffs auf Italien der politischen und militärischen Leitung Karthagos fernlag, denn eben damals hätte die Erhebung der italischen Kelten die beste Gelegenheit zur Ausführung eines solchen Planes gegeben. Überdies darf man die friedliche Gesinnung der Karthager auch aus der Tatsache erschließen, daß sie in diesen Jahren keinerlei Rüstung zur See vorgenommen haben, was doch nahegelegen hätte, wenn sie den Rachekrieg auf weite Sicht vorbereitet hätten.

Hasdrubal wurde 221 erschlagen. Der Oberbefehl kam durch die Wahl des Heeres und des karthagischen Volkes an den fünfundzwanzigjährigen *Hannibal*, den ältesten Sohn Hamilkars. In Hannibal erhielt das karthagische Heer einen Führer von genialer Begabung, die karthagische Politik einen Vorkämpfer von weitem Blick. Daß dem Feldherrn und Politiker auch die Bildung eines hellenistischen Fürsten dieser Zeit eigen war, ist das Einzigartige seiner Erscheinung in der karthagischen Geschichte. Hannibal hat durch mehrere Feldzüge gegen die iberischen Stämme das karthagische Besitztum in Spanien weiter ausgestaltet. Den Konflikt mit Rom hat er nicht gesucht, er hat ihn aber, als er durch das *Vorgehen Roms in Sagunt* unvermeidlich geworden war, energisch aufgegriffen. In Sagunt war es zu inneren Streitigkeiten gekommen, von denen auch der benachbarte, den Karthagern verpflichtete Stamm der Torboleten betroffen wurde. Ein Teil der saguntinischen Bürgerschaft erbat die Intervention der Römer. Eine römische Gesandtschaft, die 220 eintraf, griff energisch in die inneren Streitigkeiten ein, was zum Vorgehen Sagunts gegen die Torboleten führte. Dann begab sich die Gesandtschaft zu Hannibal und forderte, daß Karthago sich jeder Einmischung in die saguntinischen Angelegenheiten enthalte. Hannibal beschwerte sich über dieses Vorgehen der Römer, erklärte es als Vertragsbruch und berichtete an die karthagische Regierung. Die römische Gesandtschaft ging vom Lager Hannibals nach Karthago und gab dort dieselben Erklärungen ab. Wir wissen nicht, welche Stellung die karthagische Regierung in der ganzen Frage zunächst eingenommen hat. Hannibal aber eröffnete im Frühjahr 219 die *Belagerung von Sagunt.* Er mußte damit rechnen, daß sein Angriff auf die mit Rom verbündete Stadt den Krieg mit Rom nach sich ziehen würde. Es konnte ihm aber auch nicht entgehen, daß ein römisches Sagunt eine empfindliche Störung der karthagischen Stellung in Spanien bedeutete, daß also der Konflikt mit Rom auf die Dauer kaum zu vermeiden war. Jetzt aber schien Rom im Unrecht, überdies durch den illyrischen Krieg in Anspruch genommen. Aus diesen Gründe hat er sich wohl zu dem raschen Vorgehen entschlossen und nach dem ersten Schritt sogleich den zweiten getan. Er eroberte die Stadt, die ohne jede römische Unterstützung blieb, im Herbst 219 und überschritt im Frühjahr 218 mit starkem Heer den Ebro, um auch den Norden Spaniens zu unterwerfen.

In Rom bestanden wie beim Ausbruch des ersten Punischen Krieges starke Widerstände gegen die Erklärung des Krieges, der unabsehbare Folgen haben mußte, zumal Oberitalien noch nicht gesichert, die illyrische Frage nicht hinreichend gelöst war. Nur langsam setzte sich unter dem Eindruck des karthagischen

Machtgewinns in Spanien die Kriegsbereitschaft in der römischen Bürgerschaft durch. Im Frühjahr 218 ging eine römische Gesandtschaft nach Karthago und forderte Wiedergutmachung des Unrechts durch Auslieferung Hannibals und seiner Ratgeber. Der Sprecher des karthagischen Senats wollte die Rechtsfrage erörtern, aber die Römer zeigten keine Neigung zu längerer Diskussion. Nach Ablehnung ihrer Forderung erklärten sie den Krieg an Karthago.

c) Der zweite Punische Krieg und seine Folgen

Wenn auch auf den zweiten Punischen Krieg das Wort zutrifft, daß der Krieg die Fortsetzung der Politik mit andern Mitteln ist, dann kann die Betrachtung des Krieges die Grundlinien, die sich für die Politik der Karthager und der Römer vor dem Kriege als maßgebend erwiesen haben, nur bestätigen. Die römischen Geschichtsschreiber haben zwar die Auffassung vertreten, Hannibal habe bei seinem Vormarsch nach Italien den bei dem Stand der karthagischen Machtmittel phantastischen Plan verfolgt, Rom von der Erde zu vertilgen. Doch zeigen ihre Berichte, ebenso wie die Darstellung des Griechen Polybios, daß Hannibal in Italien keine Annexion vorgenommen, ja nicht einmal geplant hat. Ziel war nicht die Zerstörung Roms, sondern die Auflösung des italischen Bundes. „Freiheit der Italiker" war das Losungswort bei seinem Erscheinen im Land. Durch Verlust seiner Bundesgenossen sollte Rom bis zu dem Grade geschwächt werden, daß es zur Anerkennung der von Karthago erlangten Machtstellung in Afrika und Spanien gezwungen war. Dieses *Kriegsziel Hannibals*, dem der Ehrgeiz des Eroberers fernlag, entspricht der allgemeinen Orientierung der karthagischen Politik, die seit Jahren in erster Linie die Sicherung des karthagischen Reiches gegen die römische Expansion erstrebte. Bei diesem Vorgehen durfte Karthago mit der Unterstützung anderer Staaten im Mittelmeergebiet, vor allem der Italien benachbarten hellenistischen Mächte rechnen, die sich gleichfalls von der Großmacht Rom bedroht sahen. Die Auffassung, daß der Punier die völlige

Vernichtung Roms für möglich und notwendig gehalten habe, ist aus einer Verwechslung des militärischen Vorgehens Hannibals mit seiner politischen Zielsetzung entsprungen. Die Offensive, die er in glänzendem Anlauf nach Italien getragen hat, war aber militärisch gesehen die einzige, raschen Erfolg versprechende Anlage des Krieges. Ein Angriff zur See war ausgeschlossen, da Karthagos Flottenrüstung ganz unzureichend war. Und der Gedanke, den Krieg in Spanien und in Afrika rein defensiv zu führen, bot geringe Aussichten, da Rom im Besitz der Seeherrschaft über unbeschränkte Landungsmöglichkeiten verfügte. So wurde der *Marsch nach Italien* zur Notwendigkeit, die Hannibal leidenschaftlich aufgriff und erfinderisch ins Werk setzte.

Die größte Gefahr für das Gelingen des Planes bildete die Möglichkeit, daß die Römer die Ausgänge der Alpenpässe in die Po-Ebene sperrten und hier die Karthager in ungünstiger Lage zum Kampf stellten. Um dies zu vermeiden, hat Hannibal den Abmarsch aus Spanien so lange verzögert, bis die Römer glaubten, dem karthagischen Angriff durch ihre Offensive zuvorkommen zu können, und darüber die Besetzung der Alpenpässe versäumten. Zur Deckung gegen die zu erwartenden römischen Angriffe hat Hannibal in Spanien und in Afrika Truppen zurückgelassen, den Oberbefehl in dem besonders wichtigen südlichen Spanien hat er seinem Bruder Hasdrubal überlassen. Ob diese Sicherungen hinreichten, ob die Verbindung der italischen Armee mit Spanien gewährleistet war, konnte fraglich scheinen. Die ganze Hoffnung ruhte auf dem Gelingen des großen Angriffs auf Italien. Die Armee, mit der Hannibal von Spanien auszog, war wohl nicht so groß, wie die Überlieferung angibt, die offenbar die während des Alpenübergangs eingetretenen Verluste überschätzt hat. Nach zuverlässigen Berechnungen dürfte Hannibals Heer zunächst nur etwa 35 000 Mann betragen haben. Der Feldherr rechnete mit dem Anschluß der keltischen Stämme in Oberitalien und dann mit dem Übertritt der römischen Bundesgenossen. Sein Plan war, das ist unbestreitbar, ein verwegener Gedanke, der nur in der Genialität des Führers und in seiner freien Verfügung über ein ihm völlig ergebenes Berufsheer eine letzte Rechtfertigung fand.

Auch der ursprüngliche *römische Kriegsplan* entsprach der vor dem Kriege eingehaltenen Politik: er war entschieden offensiv. Wohl rechnete man in Rom mit Hannibals Vormarsch, aber man glaubte, ihm durch den Angriff auf Spanien und Afrika zuvorkommen zu können. Der Konsul Publius Cornelius Scipio erhielt den Auftrag, den Krieg nach Spanien zu tragen: Massilia, mit Rom verbündet und den Karthagern feindselig, mußte das Vorhaben unterstützen. Ein zweites Heer wurde unter dem Konsul Tiberius Sempronius Longus nach Sizilien in Marsch gesetzt, dort sollte die Überfahrt nach Afrika vorbereitet werden. Diese Anordnungen wurden freilich rasch über den Haufen geworfen. Die keltischen Stämme der Boier und Insubrer erhoben sich lange vor Hannibals Ankunft gegen Rom; so war es notwendig, die für Spanien bestimmte Armee zunächst in Oberitalien einzusetzen. Dann erzwang der überraschend schnelle Vormarsch Hannibals die Preisgabe der afrikanischen Offensive. Damit war der ursprüngliche Kriegsplan überholt, alles weitere Vorgehen war unter den Zwang Hannibals geraten.

Trotzdem war *Roms militärische Lage* im ganzen bei Beginn des Krieges der Stellung Karthagos weit überlegen. Die unbestrittene Herrschaft zur See sicherte Italien vor karthagischen Flottenangriffen, dem Einmarsch Hannibals konnte eine starke Armee entgegengestellt werden. Schon im ersten Kriegsjahr waren im ganzen sechs Legionen (etwa 70 000 Mann) aufgeboten. Fast unerschöpfliche Reserven standen für die folgenden Jahre zur Verfügung. Der Census des Jahres 225, dessen Zahlenergebnisse die Überlieferung (vor allem Polyb. 2, 24) zuverlässig erhalten hat, hatte die gewaltige militärische Kraft des römischen Staates und seiner Verbündeten gezeigt. An Bürgersoldaten waren 250 000 Mann Infanterie, 23 000 Mann Kavallerie gezählt, Felddienstpflichtige und Reservisten zusammengenommen. Die bundesgenössischen Kontingente betrugen an Jungmannschaft allein 340 000 Mann Infanterie, 31 000 Mann Kavallerie. Von diesen Massen konnte, wenn das normale Leben im Land aufrechterhalten werden sollte, allerdings höchstens ein Drittel zu gleicher Zeit aufgeboten werden. Jedoch der Bevölkerungsstand ermöglichte auf viele Jahre hinaus die Aufstellung von starken

Heeren, während Karthago auf die unsichere Methode der Anwerbung von Söldnern und auf die Gewinnung von neuen Bundesgenossen angewiesen war. Diese Ungleichheit im Stand der Rüstungen des römischen und des karthagischen Staates muß um so mehr hervorgehoben werden, als sie unter dem Eindruck der ungeheuren Anfangserfolge Hannibals zumeist übersehen wird.

Im Sommer 218 hat Hannibal den *Vormarsch nach Italien* angetreten. Der Übergang über die Pyrenäen wurde ohne Schwierigkeiten vollzogen, der Marsch durch das südliche Gallien und der Übergang über die Rhone kaum angefochten. Unterdessen war Publius Cornelius Scipio, der die ursprünglich für Spanien bestimmte Armee in Oberitalien gegen die Kelten zurückgelassen hatte, mit einer neuen Legion in Gallien gelandet. Eine Abteilung der römischen Kavallerie, die zur Erkundung rhoneaufwärts geschickt wurde, geriet ins Gefecht mit numidischen Reitern aus dem Heer Hannibals, die sich alsbald zurückzogen. Scipio, der erst durch dieses Scharmützel Kenntnis von Hannibals Stellung erhielt, versuchte vergebens, diesen noch in Gallien zum Kampf einzuholen. Als er Hannibals Marsch zu den Alpen nicht mehr aufhalten konnte, faßte er mit der Selbständigkeit römischer Heerführer einen für den ganzen Krieg folgenschweren Entschluß. Er übergab Heer und Flotte an seinen Bruder Gnäus mit der Anweisung, trotz allem den Krieg in Spanien zu eröffnen, und kehrte mit seinem Stab nach Oberitalien zurück, um mit dem dort stehenden Heer Hannibal in der Po-Ebene entgegenzutreten. Hannibal gewann auf diese Weise den Vorteil, daß er noch im Herbst den Übergang über die Alpen ungehindert von den Römern vollziehen konnte. Aller Wahrscheinlichkeit nach nahm er den Weg über den Col du Clapier südlich des Mont Cenis. Die Schwierigkeiten des Geländes und die Widerstände einiger Alpenstämme wurden erstaunlich leicht bewältigt. Beim Austritt in die Po-Ebene in der Gegend von Turin wurden die Tauriner überwunden, andere keltische Stämme schlossen sich Hannibal an.

Inzwischen hatte man in Rom den Gedanken der afrikanischen Offensive aufgegeben und die Konzentration der römischen Heere zum Schutz Oberitaliens in die Wege geleitet. Ehe der von Sizilien zurückgerufene Sempronius zur Stelle war, ging Scipio über den Po und lieferte westlich vom Tessin Hannibal ein leichtes Gefecht, das mit dem Rückzug der Römer endete. Die Folge war, daß das Land nördlich vom Po von den Römern geräumt werden mußte und der Übergang der Kelten auf Hannibals Seite nicht gehindert werden konnte. Hannibal überschritt den Po und trat den Römern, die ihre beiden Heere jetzt vereinigt hatten, entgegen. An der *Trebia* griffen die Römer gegen Ausgang des Jahres 218 an und verloren die erste Feldschlacht des Krieges. Schon hier hat Hannibal das Strategem der Umfassung, dem er auch die größeren Siege der folgenden Jahre verdankte, zur Anwendung gebracht.

Rom war durch den Ausgang des ersten Kriegsjahres schwer getroffen. Es scheint, daß sich unter dem Eindruck der Niederlage die Spannung zwischen den breiteren Schichten der Bürgerschaft und der Nobilität gewaltig erhöht hat. Jedenfalls wurde für das Jahr 217 neben dem patrizischen Gnäus Servilius ein ausgesprochener Gegner der Nobilität zum Konsul gewählt: Gaius Flaminius, der sich seit vielen Jahren als Führer des mittleren und kleinen Bauerntums in der Politik, aber auch im Feld bewährt hatte. Eine große Armee wurde aufgeboten, eine Feldschlacht sollte die Entscheidung des Vorjahres rückgängig machen. Bei Ariminum und bei Arretium nahmen die Konsuln Servilius und Flaminius Stellung, um nach der Preisgabe der Po-Ebene das Vordringen Hannibals in das zentrale Italien aufzuhalten. Doch Hannibal gelangte ungehindert über den Apennin und erschien überraschend schnell in Etrurien. Es gelang ihm, westlich an Flaminius vorbeizumarschieren und die Straße nach Perusia zu gewinnen. Zwischen Cortona und Perusia führt diese Straße an der Nordseite des *Trasimenischen Sees* entlang. Hier erkannte Hannibal die besondere Gunst der Lage für einen Angriff auf den unvorsichtig folgenden Flaminius. Aus dem Hinterhalt überfiel er die Marschkolonne der Römer und erzielte die nahezu vollständige Einschließung und Vernichtung des Feindes, Flaminius fiel im Kampf.

Eine neue folgenschwere Niederlage hatte Rom getroffen. Die Kräfte, über die man im Augenblick verfügte, reichten nicht mehr hin, das Eindringen des Siegers in das mittlere Italien zu hindern. Hannibal versuchte sofort, die römischen Bundesgenossen zum Abfall von Rom zu bestimmen. In dieser Absicht hatte er schon nach der Schlacht am Trasimenischen See die Gefangenen, soweit sie Bundesgenossen der Römer waren, freigelassen. Doch die Städte in Umbrien und Etrurien verschlossen dem Punier die Tore. Zum erstenmal trat hier die Unsicherheit in der ganzen Berechnung des Angriffs auf Italien hervor. Trotz der ersten Enttäuschung wurde der Plan, den italischen Bund zu sprengen, weiter verfolgt. Da die Verlockungen nicht wirkten, mußte Gewalt an ihre Stelle treten. Das Land der römischen Bundesgenossen wurde weit und breit geplündert und verheert, als Hannibal von Etrurien und Umbrien aus durch das Gebiet der Picenter, Prätuttier und Frentaner nach Apulien zog. Doch die Bundesgenossen blieben unzugänglich, zumal man in Rom jetzt ungewöhnliche Maßnahmen traf, die Lage zu retten. Der verdiente Führer des Fabischen Hauses, *Quintus Fabius Maximus,* wurde durch Volkswahl zum Diktator bestimmt und mit der Kriegführung beauftragt. Fabius rückte mit der ganzen römischen Macht durch Samnium nahe an Hannibal heran, entschlossen, ihm fortgesetzt zu folgen, doch jede Feldschlacht zu versagen, es sei denn, daß er selbst Zeit und Ort dazu bestimmen konnte. Diese Strategie hielt er aufrecht, auch als Hannibal westwärts nach Kampanien bis in das falernische Gebiet vorstieß. Mit gewaltiger Beute zog sich Hannibal schließlich in das nördliche Apulien zurück, um hier Winterquartiere zu nehmen, die Römer setzten sich in der Nähe fest. So war durch die Haltung des neuen Strategen, der bald der große Zauderer (Cunctator) hieß, eine Niederlage vermieden, allerdings auch jeder Erfolg ausgeblieben.

In Rom kam man nach dem Ablauf der Diktatur auf das Drängen des Volkes hin bald wieder auf den Gedanken zurück, durch eine Entscheidungsschlacht Italien zu befreien. Den Konsuln des Jahres 216, Marcus Terentius Varro und Lucius Ämilius Paulus, wurde eine ungeheuer verstärkte Armee zur Verfügung gestellt. Durch zahlenmäßige Überlegenheit sollte die Gefahr der Umfassung auf jeden Fall vermieden, durch den Druck der Massen der Sieg erzwungen werden. Im Sommer 216 stellte sich dieses römische Heer bei *Cannä* am Aufidus zum Kampf, auf beiden Seiten wurden alle Kräfte eingesetzt. Wir können mit einiger Wahrscheinlichkeit für die römische Seite 70 000 Mann Fußvolk und 6000 Reiter, für die karthagische 40 000 und 10 000 annehmen. Hannibal siegte, indem er mit Hilfe seiner stärkeren Reiterei sein Strategem in klassischer Form entfaltete. Die römische Armee wurde umfaßt, selbst im Rücken angegriffen und nach furchtbarem Kampf vernichtet. Damit war eine militärisch unwiderrufliche Entscheidung gefallen: die Niederwerfung des Puniers in offener Feldschlacht war auch der stärksten Anstrengung nicht gelungen, ein langwieriger Krieg in Italien war unvermeidlich geworden. Gewichtiger waren die politischen Folgen der Niederlage von Cannä. An mehreren Stellen des Bundesgebiets kam nun doch die Abfallbewegung in Gang, die Hannibal mit allen Mitteln betrieb. In Apulien und in Bruttium erhielt er seinen ersten Zulauf, im Winter 216/5 schloß selbst Kapua, die mächtigste Stadt des Bundesgebiets, ein Bündnis mit ihm. Doch es war nur eine Lockerung, keine Auflösung des italischen Bundes. Viele Städte und Stämme, die Hannibals Angriffen ausgesetzt waren, hielten auch jetzt stand, in Kampanien blieben unter andern Nola und Neapel auf römischer Seite. Nur waren die Römer jetzt gezwungen, an vielen Orten zugleich den Kampf gegen Hannibal und die abtrünnigen Bündner aufzunehmen. Es war schon aus diesem Grunde nicht mehr möglich, eine Feldschlacht zu wagen. Die politischen Folgen der Katastrophe reichten aber noch viel weiter. Hannibal, auf der Höhe des militärischen Erfolges und der politischen Macht, gewann außeritalische Mächte für den Krieg gegen Rom, der nunmehr als Entscheidungskampf gegen die Herrschaftspläne Roms im Mittelmeergebiet erscheinen mochte. *Makedonien und Syrakus* traten nacheinander auf die Seite der Karthager.

So vollzog sich eine gewaltige Ausweitung des Kriegstheaters, die die römische Führung vor neue Aufgaben und Ziele stellte, ähnlich wie im ersten Punischen Kriege, nur viel umfassender. Der Krieg galt der Befreiung Italiens und zugleich der künftigen mediterranen Stellung Roms. Diese Weltstunde fand in Rom ein starkes Geschlecht und eine überlegene, kundige Führung. Zwar kam es wiederholt zu heftigen politischen Auseinandersetzungen zwischen der Nobilität und den Fortsetzern der Politik des Flaminius, und für mehrere Jahre des langen Krieges ist uns eine tiefgehende religiöse Erregung der Bürgerschaft bezeugt, aber in allen Stürmen bewährte die Führungsordnung der Republik ihre Krisenfestigkeit. Durch außerordentliche Sühnehandlungen und durch weitere Aufnahme griechischer Kultelemente gewann die Gemeinde in den schlimmsten Jahren den Frieden mit den Göttern und mit sich selbst zurück; der Senat hielt die Zügel fest in der Hand. Die Zusammenfassung aller militärischen und finanziellen Kräfte ermöglichte die Aufnahme des Kampfes an mehreren Fronten, und man fand neue Lösungen, die Zahl der Amtsträger zu erhöhen. Der Krieg in Italien mußte freilich ganz nach der von Fabius Maximus aufgebrachten Strategie fortgeführt werden: jede Feldschlacht mußte vermieden, an mehreren Stellen mußten kleine Heere gegen Hannibal und seine Bundesgenossen eingesetzt werden; man mußte von sicherer Stellung aus operieren, durch kleine Erfolge die fortdauernde Schwächung der gegnerischen Kräfte erreichen, die abtrünnigen Bundesgenossen zurückgewinnen; so mußte es schließlich gelingen, den Punier, der seine Verluste nur unzureichend ergänzen konnte, ganz in die Enge zu treiben. Diese *Ermattungsstrategie* mochte noch so starken Einsatz kosten, noch so hohe Anforderungen an die Disziplin von Heer und Volk stellen, schließlich mußte sie zum Erfolg führen. Die Zeit war in diesem Ringen Roms bester Bundesgenosse. Nur diese Hinziehung des italischen Krieges ermöglichte die Aufnahme und Durchführung des Kampfes auf mehreren Schauplätzen außerhalb des Landes. An diesen außeritalischen Fronten hat Rom in den folgenden Jahren so bedeutende Kräfte eingesetzt und so entscheidende Erfolge erzielt, daß der Lauf des ganzen Krieges von außen her entschieden wurde. Es ist daher notwendig, zuerst diese auswärtigen Kampfhandlungen zu nennen.

Makedonien, die stärkste Militärmacht im hellenistischen Osten, fühlte sich, wie früher erwähnt, durch die römische Festsetzung in Illyrien stark benachteiligt. Der König Philipp V.

glaubte jetzt, da Rom durch Hannibal niedergehalten war, die Gelegenheit zum Angriff auf die illyrischen Besitzungen der Römer geboten; schon 217 hatte er einen freilich vergeblichen Versuch in dieser Richtung unternommen. Nach der Schlacht bei Cannä kamen Unterhandlungen zwischen Philipp und Hannibal in Gang, die 215 zum Abschluß eines Bündnisses zwischen Makedonien und Karthago führten, in dem der gemeinsame Kampf gegen die Feinde der Karthager und der Makedonen vereinbart wurde. Für die Aussicht, die römischen Gebiete in Illyrien zu gewinnen, trat Philipp auf Hannibals Seite in den Krieg gegen Rom. Dem Karthager eröffnete sich die Hoffnung, mit den Schiffen des neuen Bundesgenossen die Verbindung zwischen Italien und Karthago herzustellen, vielleicht gar makedonische Unterstützung nach Italien zu erhalten. Diese Gefahr ist nun aber von Rom energisch abgewehrt worden. Die römischen Kräfte reichten hin, eine Flotte in den Osten zu entsenden und die illyrischen Besitzungen vor dem makedonischen Gegner zu schützen, so daß dieser im Land festgehalten war. Dann hat die römische Diplomatie, die bisher der griechischen Welt gegenüber eine geradezu ängstliche Zurückhaltung bewiesen hatte, durch geschicktes Vorgehen im Osten verhindert, daß andere griechische Staaten auf die makedonische Seite traten, ja sie hat nach und nach eine Reihe von griechischen Mächten für die römische Sache gewonnen. Besonders der 212 abgeschlossene Vertrag mit dem Bund der Ätoler schuf dem makedonischen König eine gefährliche Gegnerschaft. Eine makedonische Hilfesendung für Hannibal kam nun nicht mehr in Frage, wohl aber konnte Rom im Laufe der Jahre seinen Einsatz auf dem makedonischen Kriegsschauplatz verringern. Die Kämpfe in Griechenland, die hier nicht weiter verfolgt werden können, führten 206 allerdings zum Siege Philipps über die Ätoler, aber in diesem Jahre war Rom an den andern Fronten bereits so weit entlastet, daß sofort Verstärkung nach dem Osten gesandt werden konnte. Schon im folgenden Jahre wurde zwischen Rom und Makedonien in Phoinike (in Epirus) der Friede geschlossen, der Rom im Besitze der griechischen Städte an der illyrischen Küste beließ, Makedonien mit einem Teil des strittigen Landgebiets zufriedenstellte.

Noch rascher wurde der *sizilische Krieg* entschieden. In Syrakus hatte König Hieron bis zu seinem Tode 215 das Bündnis mit Rom aufrechterhalten. Nach seinem Hingang kam es zu längeren Wirren, in deren Verlauf Syrakus 214 auf die Seite der Karthager trat, auch im Provinzgebiet Sizilien ergriffen daraufhin noch einige Städte die Partei der Karthager. So wurde Rom gezwungen, den Kampfpreis des ersten Punischen Krieges gegen die abtrünnigen Städte und vor allem gegen die Karthager zu verteidigen, die große Anstrengungen zur Wiedergewinnung Siziliens machten. Es kennzeichnet den kurzsichtigen Geist der karthagischen Regierung, daß sie wiederholt Hilfesendungen für Sizilien wie übrigens auch für Sardinien vornahm, während Hannibal in Italien fast ohne Unterstützung blieb. Das zielbewußte Vorgehen der Römer in Sizilien konnte jedoch nicht aufgehalten werden. Marcus Claudius Marcellus eröffnete 213 die Belagerung von Syrakus. Die ausgedehnte Stadt, vom ersten Dionysios zu einer starken Festung ausgebaut und jetzt durch die neuesten Konstruktionen des Archimedes verteidigt, wurde 212 eingenommen und für alle folgende Zeit untertänig gemacht. Wenig später wurden auch die andern Städte der Insel von den Römern zurückgewonnen. Nach großem vergeblichem Aufwand räumten die Karthager 210 Sizilien.

Entscheidende Bedeutung unter den überseeischen Kriegsschauplätzen erhielt *Spanien*. Das Land war das wichtigste Ergänzungsgebiet für die karthagischen Söldner und der stärkste Rückhalt für die Finanzierung des Krieges. Bezeichnenderweise hat Rom von Anfang an den Plan verfolgt, die karthagische Stellung in Spanien anzugreifen, und allen Schwierigkeiten zum Trotz diesen Plan aufrechterhalten, genau als ob Spanien das eigentliche Ziel des Kampfes wäre. Schon 218 brach Gnäus Scipio von Gallien aus in das von den Karthagern nur schwach besetzte nördliche Spanien ein, Tarraco wurde als Stützpunkt für das weitere Vorgehen gewonnen, 217 wurde Publius Scipio mit Verstärkungen hinübergeschickt. Von da an haben die beiden Scipionen Jahr für Jahr den spanischen Krieg zu Land und zur See weitergeführt. Es gelang ihnen, iberische Stämme auf ihre Seite zu ziehen und im Kampf gegen Hasdrubal weit in das

Land südlich des Ebro einzudringen, 212 wurde Sagunt erobert. Das folgende Jahr brachte allerdings einen schweren Rückschlag und damit die Krisis für die römische Kriegführung in Spanien. Auf allzukühnem Vorstoß in den Süden waren die beiden Scipionen nacheinander unterlegen und gefallen, die Reste des römischen Heeres mußten an den Ebro zurückgenommen werden. Daß Rom auch jetzt den spanischen Krieg nicht aufgab, hat schließlich den Ausgang des Ringens entschieden.

Alsbald wurden Verstärkungen in das Land geworfen. 210 sandte Rom einen neuen Befehlshaber, der in Spanien die Wende des Ganzen herbeiführen sollte. *Publius Cornelius Scipio*, der Sohn des zwei Jahre zuvor gefallenen Publius Scipio, war erst fünfundzwanzig Jahre alt und hatte bis jetzt nur das Amt des Ädilen bekleidet. Doch die Sympathie, die der tapfere Jüngling bereits gewonnen hatte, und der Anhang, den sein Geschlecht bei Adel und Volk schon besaß, hatten ihm gegen alles Herkommen bei den Wahlen ein prokonsularisches Imperium zur Führung des spanischen Krieges eingebracht. Mit ihm trat ein Führer in den Kampf, der die Tragweite des spanischen Krieges durchschaute, in jahrelanger Arbeit ein schlagfertiges Heer schuf und in vielen Kämpfen eine wahrhaft feldherrliche Kunst entfaltete, schließlich, als ihm der Zauber seiner Persönlichkeit und der glückhafte Gang seiner Unternehmungen die abgöttische Verehrung des Volkes und des Heeres gewonnen hatte, dem Genius Hannibals ebenbürtig entgegentreten konnte. Die Heeresreform, die Scipio in Spanien durchgeführt hat, zeigt, daß er vom Punier gelernt, ja ihn überboten hat. Es war in erster Linie eine Reform der römischen Taktik. Scipio erkannte, daß die althergebrachte Treffentaktik, die die Bewegungen der drei hintereinander stehenden Treffen des römischen Heeres an ein festes Schema band, das Einkreisungsmanöver Hannibals ermöglicht hatte. Um dem römischen Heer größere Manövrierfähigkeit zu schaffen, machte Scipio die dreißig Manipel zu den maßgebenden Einheiten für die Aufstellung und Bewegung der Legion. Die Beweglichkeit der neuen Einheiten mußte die Gefahr der Umfassung auf den Flanken und vom Rücken beseitigen. Diese Manövriertaktik, die im römischen Heerwesen für lange Zeit maßgebend wurde, hat

Scipio in Spanien aufgebracht und systematisch eingeschult. Daß er die neue Errungenschaft mit dem Blick des Strategen einzusetzen verstand, erklärt seine Siegesbahn.

Scipio gewann 209 in überraschendem Angriff Carthago Nova, große Beute fiel ihm in die Hand, die Silbergruben in der Nähe der Stadt standen nun Rom zu Gebote, der Anhang unter den Iberern wuchs zusehends. 208 wurde ein Vorstoß in das südliche Spanien, den letzten Rückhalt der karthagischen Macht, unternommen. Scipio erfocht bei Bäcula einen Sieg über Hasdrubal, doch gelang es diesem, mit der Hälfte seines Heeres nordwärts zu entkommen und sich den Weg nach Italien zu bahnen. Die Entscheidung in Spanien brachte 206 der Sieg bei Ilipa, der den Römern den Zugang nach Andalusien eröffnete. Eine Zeitlang hielt sich Mago, Hannibals jüngster Bruder, noch in Gades. Als aber die Römer die Belagerung eröffneten, verließ Mago die Stadt, um nach den Balearen und von da nach Italien zu fahren, Gades trat in Bündnis mit Rom. So war ganz Spanien von den Karthagern gesäubert. Scipio stand bereits in Unterhandlungen mit numidischen Häuptlingen, er war entschlossen, nach der Gewinnung Spaniens den Angriff gegen Karthago selbst zu richten.

Unterdessen war auch in *Italien* die Wende eingetreten. Folgerichtig hatte man von 215 an die Ermattungsstrategie durchgeführt. Die Leistungsfähigkeit der italischen Bevölkerung, die moralische Kraft der Bürger und Bundesgenossen bewährten sich in dem langen Ringen. Hannibal wurde auf das Gebiet der mit ihm verbündeten Städte gedrängt und, da diese weit auseinander lagen, durch vielfache Kämpfe stark in Anspruch genommen. Seine Verluste in Italien zu ergänzen war ihm auf die Dauer nicht möglich, Unterstützung aus Karthago anzufordern, fast aussichtslos. Nur ein einziges Mal erhielt er Verstärkung aus der Heimat. Dagegen konnte Rom Jahr für Jahr seine jungen Kräfte einsetzen, vollends seit auf den außeritalischen Schauplätzen Erleichterung gewonnen war. 212 traten mehrere griechische Städte auf Hannibals Seite, Tarent, Metapont, Thurii, doch im selben Jahr eröffneten die Römer die Belagerung von Kapua. Vergeblich versuchte Hannibal die Stadt zu entsetzen, vergeblich wagte er den kühnen Marsch auf Rom, um das römische Heer von Kapua abzuziehen: Kapua fiel 211 in römische Hand. 209 wurde Tarent den Römern ausgeliefert und damit auch die Stellung Hannibals im äußersten Süden eingeengt. Allerdings hatten diese Erfolge ungeheure Anstrengungen gekostet, die Bundesgenossen in Mittelitalien wurden kriegsmüde, zwölf latinische Kolonien verweigerten die Stellung der Kontingente. Und nun eben brach Hasdrubal aus Spanien aus, zog über die Pyrenäen und die Alpen, erschien 207 in Oberitalien und vergrößerte sein Heer durch keltischen Zuzug auf etwa 30 000 Mann. Die Krisis des italischen Krieges war gekommen. Mit starken Kräften suchte der Konsul Marcus Livius Salinator den Durchmarsch Hasdrubals durch Mittelitalien zu sperren. Der Konsul Gaius Claudius Nero, der die Front gegen Hannibal hielt, erfuhr aus der abgefangenen Botschaft Hasdrubals an Hannibal den Operationsplan der Punier, löste sich mit einem Teil seiner Armee los und erreichte in Gewaltmärschen die römische Streitmacht im Norden, die nun dem Gegner zahlenmäßig überlegen war. Am Metaurus in der gallischen Mark wurde Hadrubals Heer in einer schweren Schlacht vernichtet, der Führer selbst fiel im Kampf. Erst nach diesem entscheidenden Sieg konnte Rom aufatmen. Hannibal blieb nun auf Bruttium beschränkt; hier vermochte er sich, wie sein Vater Hamilkar beim Ausgang des ersten Punischen Krieges auf den Höhen von Sizilien, ohne Niederlage zu halten, aber er blieb auch ohne Sieg, da ihm keine Schlacht mehr geboten wurde. 205 landete Mago an der ligurischen Küste, konnte aber nicht tiefer in Italien eindringen. Hannibal hat, dem Beispiel hellenistischer Fürsten folgend, 205 am Tempel der Hera am Lacinischen Vorgebirge einen Bericht seiner Taten anbringen lassen, ein Zeichen, daß er seine Bahn in Italien für abgeschlossen hielt.

In der Tat drängten jetzt die Ereignisse von allen Seiten dem Ende zu. In Italien war Hannibal mattgesetzt, Sizilien war längst in römischer Hand, Spanien war von den Karthagern geräumt, mit Makedonien war Friede geschlossen. Nun zog Scipio die Summe der Ergebnisse, indem er die *Offensive in Afrika* eröffnete. Trotz starker Gegnerschaft in der Nobilität, die den

Aufstieg des überragenden Mannes unwillig verfolgte, wurde er 205 zum Konsul gewählt und mit der Führung des afrikanischen Krieges bis zum Friedensschluß betraut. Bürger und Bundesgenossen unterstützten ihn durch die Stellung von Freiwilligen und mit Kriegsgerät. Auf Sizilien sammelten sich Heer und Flotte, schon 204 wurde die Überfahrt nach Afrika gewagt, die Landung in der Nähe von Utica vorgenommen und ein festes Lager bezogen. Die Aufgabe dieses letzten Kampfes war schwer genug, verfügte doch Karthago in Afrika noch über ansehnliche Kräfte zu Wasser und zu Land. Doch Scipio fand in Afrika selbst Unterstützung. Von den beiden Fürsten, die sich um die Herrschaft über Numidien stritten, Syphax und Massinissa, hatte er den letzteren für die römische Sache gewonnen. Die Erfolge, die er 203 über Syphax und die Karthager erzielte, brachten das östliche Numidien in den Besitz des Massinissa und ermöglichten die Annäherung der Römer an Karthago.

Hier hatte man inzwischen den furchtbaren Ernst der Lage erkannt, Hannibal und Mago aus Italien zurückgerufen. Die Bedrängnis in der Stadt war aber schon so drückend, daß der Rat noch vor der Ankunft Hannibals Scipio ein Friedensangebot machte. Unter schweren Bedingungen wurde von Scipio ein Waffenstillstand gewährt, eine karthagische Gesandtschaft wurde zur endgültigen Vereinbarung des Friedens nach Rom geschickt. Dort kam der Vertrag zustande und wurde, wie ein neugefundener Papyrus zeigt, von römischer Seite bereits beschworen. Aber nach der Rückkehr der Gesandtschaft entschloß man sich in Karthago im letzten Augenblick, die Annahme der römischen Bedingungen zu verweigern. Die Ankunft Hannibals, der mit seinem Heer bei Hadrumetum gelandet war, mag den Kriegswillen neu entfacht haben. Scipio eröffnete daraufhin sofort wieder den Krieg. Er führte sein Heer landeinwärts den Bagradas hinauf, während Hannibal mit dem karthagischen Heer vom Osten herankam. Bei *Zama Regia* traten sich 202 die Heere gegenüber. Die Unterredung der Führer verlief ergebnislos; die Schlacht, in der Scipio das Strategem Hannibals dem Meister selbst gegenüber aufnahm, endete dank den überlegenen soldatischen Qualitäten des römischen Heeres und der Überzahl der Reiterei mit dem entscheidenden Sieg Scipios. Da jeder weitere Kampf aussichtslos war, mußte sich Karthago zum Frieden um jeden Preis entschließen. Die Bedingungen des 201 abgeschlossenen Friedensvertrags brachten das Ende der karthagischen Macht. Alle Besitzungen außerhalb Afrikas mußten abgetreten werden; das bedeutete die Vernichtung des karthagischen Reichs. Das Landgebiet der Stadt Karthago blieb erhalten, doch Numidien wurde dem König Massinissa übertragen; so erhielt Karthago einen römischen Verbündeten zum Nachbarn. Alle Elefanten und die Kriegsflotte bis auf zehn Schiffe mußten ausgeliefert werden; es war eine Entwaffnung, die Karthago die Möglichkeit nahm, den Krieg mit Rom zu erneuern. Die Stadt mußte sich verpflichten, außerhalb Afrikas keinen Krieg, in Afrika nur mit Erlaubnis Roms Krieg zu führen; so wurde Karthago politisch abhängig von Rom. Die Kriegsentschädigung wurde auf 10 000 Talente festgesetzt, die in 50 Jahresraten zu entrichten waren; dadurch war die Gesundung der Stadt nach Möglichkeit erschwert.

Der denkwürdige Ausgang des Krieges bedeutete den Triumph des politischen Prinzips der Römer, das durch die Hingabe der Bürger und Bundesgenossen an das Gemeinwesen bestimmt war, über den karthagischen Staats- und Reichsgedanken, der eine imponierende kaufmännische Schöpfung war, die tiefsten Kräfte der Menschen aber nicht erfaßte und daher im großen Kampf unterlag. Das militärische Genie Hannibals hat diese Entscheidung nicht aufzuhalten vermocht. Seine großzügigen Unternehmungen blieben nicht nur deshalb wirkungslos, weil die karthagische Regierung aus mangelnder Einsicht und aus Angst vor der persönlichen Macht des Feldherrn ihnen die nötige Unterstützung versagte; viel schwerer wog die Tatsache, daß die politische Berechnung, von der sie ausgingen, die Spekulation auf die Auflösung des italischen Bundes, sich als trügerisch erwies. Der Zusammenhalt der italischen Bundesgenossen und der Opfersinn der römischen Bürger, zielsicher auf die richtige Bahn geleitet, hatten die innere Festigkeit und den sittlichen Wert des römischen Staats vor aller Welt erwiesen. So hart auf römischer Seite gefochten worden war, so furchtbare Strafen an den ehrwürdigen Städten Syrakus, Kapua, Tarent vollzogen worden waren: die diesen Krieg miterlebten oder aus der Nähe verfolgten, mußten die Überzeugung gewinnen, daß Rom die bessere Sache verfocht, zumal seit Scipio dem römischen Wesen so bestimmten und so gewinnenden Ausdruck gab.

Der römische Sieg war ermöglicht worden, weil Rom in entscheidender Stunde sich selbst überwunden, die Enge und Unzulänglichkeit des bisherigen Lebens abgelegt, an den umfassenden Aufgaben des Krieges Sinn und Urteil für weltpolitische Zusammenhänge gewonnen hatte. Schwere innere Kämpfe waren darüber ausgefochten worden. Das zeigt am deutlichsten das Ringen um die *mediterrane Auffassung und Führung des Krieges.* Das Blickfeld weiter Kreise in Rom reichte noch kaum über Italien hinaus. Im Gegensatz zu diesen hemmenden Kräften mußten die neuen Führer, voran die Scipionen, die Entscheidung für den Kampf in Übersee, in Spanien und Afrika, durchsetzen und nach dem Kriege in weltpolitischem Sinn die Folgerungen des Sieges ziehen. Dieser Gegensatz hat die immer schon reichlich vorhandenen Differenzen innerhalb der Nobilität verschärft, die Bildung von Adelsparteien, die sich und ihr ganzes Gefolge den maßgebenden Politikern zur Verfügung stellten, gewaltig gefördert und die gesamte Bürgerschaft, die bei den Wahlen über diese Fragen von grundsätzlicher Bedeutung mitzuentscheiden hatte, in den Aufruhr hineingezogen. Der Widerstand eines großen Teils der Nobilität gegen die Ausweitung der römischen Politik hatte seinen letzten Grund darin, daß mit dem neuen Kurs ein tiefgreifender Wandel in der Verfassung und Verwaltung des römischen Staats, ja geradezu die Gefährdung der Herrschaft der Nobilität verbunden war. Schon während des Krieges hatte es sich erwiesen, daß der herkömmliche Lauf der Geschäfte nicht mehr zureichend war. Es mußten gleichzeitig mehrere Heere eingesetzt werden, es traten militärische Aufgaben hervor, die ein über mehrere Jahre ausgedehntes Kommando erforderten. So mußte das Regiment der Jahresbeamten des Gemeindestaats wiederholt durchbrochen werden durch die Verlängerung des Imperiums über das Amtsjahr hinaus *(prorogatio)* und durch die Übertragung der Befehlsgewalt ohne Bindung an ein Amt. Die

Laufbahn des Siegers Scipio, der für den spanischen Krieg ein prokonsularisches Imperium, für die Offensive in Afrika einen das Konsulat überdauernden Auftrag erhalten hatte, war ein deutliches Zeugnis für die politische Umstellung. Daß diese und andere Neuerungen trotz starken Widerstands, besonders im Senat, durchgesetzt wurden, beweist zur Genüge, wie sehr die führenden Köpfe und mit ihnen die Massen der Bürgerschaft die neue Politik mit ihren unerläßlichen Folgerungen bejahten. Die Persönlichkeit Scipios hat wesentlich dazu beigetragen, daß die Wendung aller Dinge den Zeitgenossen zum Bewußtsein kam. Schon während des Krieges hatte er erkennen lassen, daß die Gestalt Alexanders des Großen ihm Vorbild war. Wie dieser, wußte er sich in einem persönlichen Vertrauensverhältnis zur Gottheit, vor allen großen Entscheidungen hielt er im kapitolinischen Tempel Zwiesprache mit dem Gott, er fühlte sich als sein Werkzeug in der Aufrichtung der römischen Herrschaft. Es versteht sich, daß in den Jahren der Siege der Mythos um den genialen Mann aufwuchs, vom Heer und Volk genährt. Scipio erhielt den Ehrennamen Africanus, er wurde 199 zum Censor gewählt, aber das Mißtrauen der Nobilität blieb rege. Der Kreis der Regierenden, in dem der Grundsatz der Gleichstellung aller am Regiment Beteiligten galt, war nicht gewillt, eine überragende Herrscherpersönlichkeit aufkommen zu lassen.

Doch der Übergang von der italischen Hegemonie zur mediterranen Großmacht erstreckte sich in seiner *Auswirkung auf die gesamte Bürgerschaft* und zugleich auch auf die italischen Bundesgenossen. Die Aufgaben des Staates waren in finanzieller und militärischer Beziehung, um zunächst nur das Gröbste zu nennen, über alle Begriffe neu und groß geworden. Ununterbrochen war die übliche Kriegssteuer erhoben, darüber hinaus war der Staat zu beträchtlichen Anleihen bei der Bürgerschaft gezwungen worden. Der Gemeindestaat war plötzlich in die Finanzoperationen eines Großreichs verwickelt worden. Die Bedeutung der bürgerlichen Schichten, die diese Geschäfte für den Staat besorgten, der Händler, Geldverleiher und Unternehmer, wurde dadurch entschieden erhöht. Wenn jetzt neue Provinzen hinzukamen und der Haushalt des Staats immer größere Ausmaße gewann, dann mußte diese Geschäftswelt neben der Nobilität eine feste Stellung im Staat gewinnen. Dagegen hatte das italische Bauerntum der Bürger und Bundesgenossen, das diesen Krieg durchgefochten hatte, auf der neuen politischen Bahn viel zu riskieren. In zahlreichen Bezirken des italischen Landes, besonders im Süden, hatte der Krieg schwere Verheerungen angerichtet, die nicht mehr gutgemacht wurden. Der ununterbrochene Kriegsdienst der Bauern hatte auch in den weniger betroffenen Gebieten die Bewirtschaftung der Güter empfindlich geschädigt. Da die neue Politik auch weiterhin diese Anforderungen stellte, ließen sich tiefgreifende Verschiebungen in den sozialen und wirtschaftlichen Grundlagen des Staates nicht vermeiden. Diese Erschütterung, die A. J. Toynbee in seiner umfassenden Darstellung als Nemesis des Hannibalkrieges aufgezeigt hat, wird in späterem Zusammenhang zu betrachten sein.

Einzelne Folgerungen waren schon während des Krieges, wenn auch nur andeutungsweise, hervorgetreten. Hellsichtigen Politikern war es offenbar, daß der *Weg zur Weltherrschaft* über diese greifbaren Verschiebungen hinaus zu einer Umwälzung in der geistigen Verfassung und menschlichen Haltung der Römer führen mußte. Dichtung und Kunst der Griechen wirkten nun ungehindert in der Stadt; in den Jahren der Bedrängnis hatte man wiederum Gottheiten der hellenistischen Welt aufgenommen, die Venus vom Berge Eryx und die Große Mutter aus Kleinasien. Unbeschwert hatte man in der Ergriffenheit des Augenblicks diese Wendung vollzogen, der Erfolg schien die einmal getroffene Entscheidung gutzuheißen. Es ist auch anzunehmen, daß der römische Staat, der einen so sicheren Instinkt für das Gesunde und Normale besaß, die Aufgaben der folgenden Zeit reiner bewältigt hätte als es der Fall war, wenn das Ergebnis des Krieges etwa nur der Gewinn der Herrschaft über den westlichen Teil des Mittelmeers, über Spanien und Afrika gewesen wäre. Nun aber wurde Rom durch den Zwang der politischen Kräfte, in deren Bereich es geraten war, unmittelbar auch in die Politik des hellenistischen Ostens hineingetrieben und war damit plötzlich vor das Weltregiment gestellt. Diese schicksalhafte Verstrickung in unabsehbare Zusammenhänge führte zu solcher Erregung des römischen Daseins, solcher Überstürzung des Wandels, daß das Staatswesen, in dem sonst der gesunde Menschenverstand zu regieren schien, eine Zeitlang die Selbstkontrolle verlor. Von diesem Schicksalsgang Roms in den Osten, von der geistigen Umwälzung und von der Krisis des ganzen Lebens, die mit diesem Gang verbunden ist, wird noch zu reden sein. Zunächst ist zu berichten, wie Rom die Herrschaft im Westen ergriffen hat, indem es die unmittelbaren Folgerungen aus dem zweiten Punischen Krieg zog. Die Mühseligkeit und das wiederholte Versagen der römischen Politik bei dieser Aufgabe ist, das sei vorweggenommen, in erster Linie durch die gleichzeitigen schwierigeren Verwicklungen im Osten zu erklären.

Die Erfahrungen des Krieges machten in Italien selbst, im Bundesgebiet und darüber hinaus, verschiedene Eingriffe notwendig. Die Mehrzahl der Bundesgenossen hatte treu zu Rom gehalten und durch ihre Leistungen den Sieg ermöglicht. Trotzdem hat Rom, schon völlig in den weltpolitischen Aufgaben verfangen, nicht die Hebung der italischen Bundesgenossen oder gar ihre Aufnahme in die Bürgerschaft vorgenommen. Die Struktur des italischen Bundes wurde kurzsichtig oder engherzig beibehalten, obwohl die ungeheuer vermehrten Aufgaben der Herrschaft eine Verbreiterung des staatlichen Fundaments erfordert hätten. Jene Verbündeten, die bis zuletzt auf Hannibals Seite gestanden hatten, wurden bestraft; Kapua hatte sogleich nach der Rückeroberung seinen Status als Stadtgemeinde verloren, seine Markung war römisches Staatsland geworden. Um die Möglichkeit des Abfalls von Rom künftig zu erschweren, wurde allgemein eine straffere Unterordnung der Bundesgenossen durchgeführt. Am notwendigsten erschien es jedoch, das römische Italien durch die schon vor dem Krieg begonnene *Einbeziehung der Po-Ebene und der ligurischen Küste* vor erneutem Einbruch aus dem Norden zu schützen. Bald nach dem zweiten Punischen Kriege sind mit den Kelten der Po-Ebene und mit den Ligurern längere Kämpfe ausgefochten worden, die schwere Anstrengungen erforderten. Die Entscheidung gegen die Kelten ist 191 gefallen. Die nördlich vom Po wohnenden Stämme waren zu Verträgen gezwungen, südlich vom Strom war ein großer Teil des Landes von

Rom in Besitz genommen worden. Hier wurden Bürger und latinische Bundesgenossen untergebracht, teils in Einzelsiedlungen, teils in Kolonien. 190 wurden die latinischen Kolonien Placentia und Cremona neu besetzt, 189 Bononia als weitere latinische Gründung eingerichtet, Mutina und Parma wurden 183 römische Bürgerkolonien. Die Via Flaminia erhielt 187 in der Via Aemilia, der großen Straße von Ariminum nach Placentia, ihre Fortsetzung. Die wirtschaftliche Erschließung des Landes wurde in jeder Weise gefördert. Wohl führte Oberitalien seinen Namen Gallia weiter und wurde vom Bürgerland aus verwaltet, aber die Latinisierung war eingeleitet und erzielte in der altbewährten, behutsamen Weise der römischen Politik einen durchschlagenden Erfolg. Gallia Cisalpina wurde zu einer neuen Quelle römisch-italischer Wehrkraft.

Während es sich im keltischen Oberitalien um die Wiederaufnahme der vor dem Kriege verfolgten Politik handelte, war das Eindringen in das ligurische Küstengebiet, das vor allem für die Landverbindung mit Gallien und Spanien wichtig war, eine neue Unternehmung, auch diese über Jahrzehnte ausgedehnt. Das Gebiet der Ligurer am Golf von Spezia und anschließend an der Riviera bis zu den Seealpen wurde gewonnen. 177 wurde an der Grenze von Etrurien und Ligurien die Bürgerkolonie Luna gegründet, die 148 angelegte Straße von Genua nach Placentia, Via Postumia, erweist die vollständige Sicherung der Nordwestgrenze Italiens. Die weitere Verbindung nach dem Westen war durch das Bündnis mit Massilia gewährleistet. Im Nordosten von Italien besaß Rom keinen so günstigen Rückhalt, wie ihn diese mächtige Griechenstadt bot, nur die Veneter standen hier im Vertragsverhältnis mit Rom. Zum Schutz Italiens vor den keltischen Stämmen der Ostalpen wurde 181 in günstiger Lage an der östlichen Grenze Venetiens die latinische Kolonie Aquileia gegründet, die bald den Handel von Italien in die nördlichen Länder bis an das Baltische Meer an sich brachte. Wenige Jahre später wurde Istrien erobert, damit war auch im Norden die Ostküste der Adria erreicht.

Diese Erwerbungen, die der Sicherung Italiens dienten und zugleich dem Bauerntum neuen Raum erschlossen, gingen recht langsam vonstatten. In der großen Politik dieser Jahre, in denen Rom in Griechenland auftrat und nach Asien vorstieß, erlangten diese italischen Fragen nur untergeordnete Bedeutung. Noch stärker hat sich die Inanspruchnahme Roms durch die östliche Politik in der *Besitzergreifung Spaniens* ausgewirkt. Während des zweiten Punischen Krieges waren die Karthager aus dem Land verdrängt worden. Die römischen Erwerbungen in Spanien umfaßten aber zunächst nur kleine, wenn auch die wichtigsten Teile des Landes, nämlich die fruchtbaren Randgebiete der Pyrenäenhalbinsel: das Küstengebiet im Nordosten, etwa dem heutigen Katalonien entsprechend, das Gebiet südlich der Sierra Morena mit den ergiebigen Silbergruben und einen von der Ebro-Mündung bis Carthago Nova reichenden schmalen Küstenstreifen, der die weit auseinander liegenden Besitzungen verband. Diese Gebiete wurden nun dauernd in Besitz genommen, seit 197 als Hispania citerior und ulterior von Prätoren verwaltet, die Grenze der diesseitigen und jenseitigen Provinz bildete die Sierra Morena (saltus Castulonensis). Die Einrichtung der Provinzen bedeutete noch lange nicht den ungestörten Besitz dieser Landschaften, noch weniger den maßgebenden Einfluß in den übrigen Teilen der Halbinsel, vor allem im inneren Tafelland. Es kam vielmehr zu wiederholten Aufständen in den Provinzen, zu fortgesetzten Verwicklungen mit den noch nicht unterworfenen Stämmen, zu schweren Kämpfen, die sich mit manchen Unterbrechungen über Jahrzehnte hinzogen.

Die lange Dauer der römischen Eroberung Spaniens findet in der Natur des Landes, das sich zu allen Zeiten für fremde Eindringlinge schwer zugänglich gezeigt hat, ihre Erklärung, noch mehr aber in dem Widerstand der Iberer und Keltiberer, die ihre Unabhängigkeit im Kleinkrieg bis zum äußersten verteidigten. Dazu kommt, daß Rom, durch andere Aufgaben abgelenkt, fast nie einen großen Zug in den spanischen Kriegen getan hat, und schließlich, daß das Regiment der Nobilität in diesen Jahrzehnten einem solchen Eroberungswerk nicht günstig war. Die rasche Ablösung der Statthalter ließ keine einheitliche Politik und Kriegführung aufkommen. Es war ein zweifelhafter Erfolg, als Marcus Porcius Cato, Konsul 195, in den Bereich der *Kelt-*

iberer zwischen dem Ebro und dem Quellgebiet des Duero vordrang und zum erstenmal ein römisches Heer in die Nähe der keltiberischen Festung Numantia führte. Damit war nur erreicht, daß der bisher kaum am Kampf beteiligte Stamm herausgefordert und der Kriegsschauplatz erheblich erweitert war. Ruhe im Norden trat erst ein, als Tiberius Sempronius Gracchus 180 durch diplomatisches Vorgehen die Keltiberer zu einem Friedensvertrag gewann, der längere Zeit in Geltung blieb.

In Afrika hat Rom nach dem zweiten Punischen Kriege keine Annexion vorgenommen. Es lag keine Notwendigkeit dazu vor, da *Karthago* sich in die Rolle des Besiegten fügte und *Massinissa* als Verbündeter die Interessen Roms in Afrika vertrat. Einen Augenblick schien es freilich, als wollte Karthago sich von neuem erheben. 196 übernahm Hannibal, dessen Stellung in Karthago durch den unglücklichen Ausgang des Krieges nicht gebrochen war, das Amt eines Sufeten und führte als solcher eine Reihe von Reformen in der Verfassung und Verwaltung des Staates durch. Diese Neuerungen, im Gegensatz gegen die karthagische Aristokratie durchgesetzt, erstrebten offenbar den Zweck, die Handelsmacht Karthagos von Grund auf zu steigern und die Stadt, wenn auch nicht einem Krieg gegen Rom gewachsen, so doch wieder bündnisfähig für andere Staaten zu machen. Aber schon im folgenden Jahre wurde Hannibal von seinen Gegnern, die mit den Römern in Verbindung standen, zur Flucht aus Karthago genötigt. Er begab sich in den Osten, um dort, wo jetzt die weltpolitischen Entscheidungen fielen, weiter gegen Rom zu wirken.

II. Kapitel

Das Ringen mit den hellenistischen Mächten (201-168)

a) Eingriff in Makedonien und Griechenland

Wie alle Materie sich nach festem Gesetz anzieht, so gibt es auch im politischen Bereich eine Gravitation, die sich nach der Schwere und Entfernung der Staaten richtet. Durch den Hannibal-Krieg hatte Rom so ungeheuer an Macht gewonnen, daß seine Anziehungskraft nun auch den Osten des Mittelmeergebiets erfaßte. Mochten die Römer wollen oder nicht, sie mußten sich mit den hellenistischen Staaten auseinandersetzen, mit den nächstliegenden zuerst. Indem sie dieses Gesetz anfangs zögernd, dann wuchtig vollstreckten, wurden sie zu den Schicksalsträgern der ganzen antiken Welt.

Der römische *Eingriff in die östliche Politik* bezweckte, wie wir durch die Forschungen von Maurice Holleaux und anderen wissen, nicht von Anfang an die Eroberung der hellenistischen Länder. Der Gedanke, die umfassenden Gebiete der hellenistischen Staaten zu unterwerfen, wäre für Rom auch nach dem Ausgang des zweiten Punischen Krieges eine Vermessenheit gewesen. Gewiß war die Einheit des großen Alexanderreiches längst zerschlagen, die aus ihm hervorgegangenen Staaten waren unter sich zerfallen. Neben und unter den Großmächten drängten zahlreiche Fürstentümer, Städte und Bünde zu selbständigem Dasein; überdies war die Erhebung der orientalischen Völker gegen die makedonisch-griechische Herrschaft schon im Gang. Trotzdem mußte die hellenistische Welt, wie sie sich gegen Ausgang des 3. Jahrhunderts darbot, den Römern als ein Gefüge hochentwickelter Kulturgebiete, als eine Summe starker politischer und militärischer Kräfte erscheinen. Die offenkundige kulturelle Überlegenheit der griechischen Welt und die Fremdartigkeit ihrer politischen Organisation, in der die absolute Monarchie vorherrschte, mußte die Römer mit Scheu erfüllen, gleichgültig, ob Verehrung oder Mißtrauen daraus hervorging.

Da war zunächst *Griechenland*, mit dessen Heiligtümern Rom schon seit langer Zeit in Verbindung stand. Durch die Erschließung des Orients seit Alexander war das griechische Mutterland aus der zentralen Stellung im politischen und kulturellen Leben der Griechen verdrängt worden, dann war das Land unter den Einfluß der neuen Großmächte geraten. Doch hatten die Städte Griechenlands den Anspruch auf politische Autonomie nicht preisgegeben, so verheerend auch die Kämpfe der kleinen Gemeinwesen untereinander wirkten und so drückend sich die sozialen und wirtschaftlichen Gegensätze zwischen dem reichen Bürgertum und den proletarischen Massen bemerkbar machten. Seit der Wende vom 4. zum 3. Jahrhundert waren allerdings zwei Bundesstaaten in Griechenland emporgekommen, im nördlichen und mittleren Griechenland der Bund der Ätoler, im Peloponnes der Bund der Achäer, aber auch diese größeren Gebilde haben den Partikularismus nicht überwunden und die Einmischung auswärtiger Mächte eher erleichtert als ferngehalten.

Am entschiedensten erhob *Makedonien* Anspruch auf die Oberherrschaft in Griechenland. Die Macht und Leistungsfähigkeit Makedoniens beruhte nicht zuletzt auf der Tatsache, daß es unter den hellenistischen Reichen der einzige Nationalstaat war. Eine einheimische Dynastie herrschte nach altem Brauch über die Makedonen, deren Volksheer ein militärischer Faktor ersten Ranges war. Philipp II., der Begründer der makedonischen Großmacht, hatte der auswärtigen Politik des Landes neben der Beherrschung der benachbarten Balkanvölker vor allem die Aufgabe gewiesen, die Hegemonie über die griechischen Kleinstaaten zu errichten, ein Ziel, das seine Nachfolger nie aus den Augen verloren haben. Leidenschaftlich verfocht diese Politik seit 221 Philipp V., eine echt makedonische Soldatennatur. Die Hoffnung, die illyrische Küste zu gewinnen, trieb ihn 215 auf Hannibals Seite in den Krieg gegen Rom. In diesem ersten makedonischen Krieg vermochten allerdings die Römer mehrere griechische Staaten, vor allem die Ätoler, auf ihre Seite zu ziehen. Trotzdem brachte der Abschluß des Krieges einen Gewinn für Philipp, eine beträchtliche Stärkung seiner Stellung gegenüber den Illyrern und den Thrakern.

Nicht nur das griechische Mutterland, sondern auch die Städte auf den Inseln des Ägäischen Meeres und an der kleinasiatischen Küste waren zumeist von den Großstaaten abhängig geworden. Doch hatte *Rhodos* durch seine günstige Verkehrslage eine ausgedehnte Handelsmacht und eine selbständige politische Stellung gewonnen. Das Interesse dieser Handelsrepublik richtete sich in erster Linie auf die Sicherung des freien Verkehrs im Ägäischen Meer, besonders auf die Fernhaltung der Großmächte von den Meerengen des Hellesponts und des Bosporus.

In Kleinasien begann das *Reich der Seleukiden.* Ursprünglich von Thrakien bis Indien reichend, war die Schöpfung des Seleukos das umfassendste Gebilde unter den Nachfolgestaaten des Alexanderreichs. Viele Völker und Rassen waren unter dem Regiment des absoluten Königs zusammengefaßt, der durch seine Beamten und durch die Mithilfe zahlreicher griechischer Städte über Griechen und Barbaren gebot. Freilich war es auf diesem ausgedehnten Gebiet im Lauf des 3. Jahrhunderts zu mehreren Sonderbildungen gekommen. In Kleinasien hatten sich die Herren von Pergamon selbständig gemacht und von dieser Stadt aus ein angesehenes Fürstentum geschaffen, Bithynien, Kappadokien und Pontos hatten sich losgelöst, auf der zentralen Hochebene Kleinasiens hatten sich die dort eingewanderten Kelten (Galater) der seleukidischen Herrschaft entzogen. An der Ostgrenze des Reichs war Baktrien abgefallen. In das Hochland südlich vom Kaspischen Meer war aus Turkestan das iranische Reitervolk der Parther eingedrungen und hatte mit einer feudalen Adelsgesellschaft ein mächtiges Reich gegründet, das trotz gewisser Hellenisierung der äußeren Lebensformen dem Griechentum in Asien starken Abbruch tat. Antiochos III., der seit 223 im Seleukidenstaat regierte, unternahm den Versuch, das Reich im alten Umfang wiederherzustellen. Auf einem ausgedehnten Heereszug gelangte er bis an die Grenze Indiens und richtete im Osten die seleukidische Oberherrschaft wieder auf. Als er 205 in seine Residenz Antiochia in Syrien zurückkam, gab man ihm, der sich als Nachfahre Alexanders bewährt hatte, den Beinamen des Großen.

Das *ptolemäische Reich* war im Gegensatz zu dem vorwiegend kontinentalen Staat der Seleukiden auf maritimer Grundlage aufgebaut. Ägypten gab den Rückhalt für die zahlreichen Besitzungen der Ptolemäer im östlichen Teil des Mittelmeergebiets. Dazu gehörten Kyrene, Cypern, das südliche Syrien, Küstengebiete im Süden und Westen von Kleinasien, feste Stellungen im Bereich des Ägäischen Meeres von Kreta bis zur thrakischen Küste. Im ptolemäischen Ägypten war die absolute Monarchie bis zur letzten Konsequenz durchgebildet. Durch das Werk der Könige war die Hauptstadt Alexandria zum Mittelpunkt der hellenistischen Kultur und zum ersten Handelsplatz der Welt erhoben worden. Zu den am meisten umstrittenen Zielen der ptolemäischen Politik gehörte die Festhaltung der Macht im Ägäischen Meer und der Besitz des südlichen Syrien; darüber war es zu wiederholten Kämpfen dort mit Makedonien, hier mit den seleukidischen Herrschern gekommen.

Von dieser hellenistischen Welt waren seit langer Zeit starke Wirkungen auf den Westen, auch auf Rom ausgegangen, nicht nur im kulturellen Leben, wovon später zu reden sein wird, sondern auch in politischer Hinsicht. Rhodos hatte um 306 einen Vertrag mit Rom geschlossen, Pyrrhos hatte den Vorstoß des Hellenismus tief hinein nach Italien getragen, Ägypten unterhielt seit Ptolemaios II. Philadelphos freundschaftliche Beziehungen mit Rom, das hellenistische Königreich Syrakus gehörte seit dem ersten Punischen Kriege zur römischen Machtsphäre. Trotz dieser Verbindung hat die römische Politik des 3. Jahrhunderts, mit den Angelegenheiten Italiens und der westlichen Länder voll beschäftigt, sich von der Einmischung in die griechischen Staaten nach Möglichkeit zurückgehalten. Die Festsetzung Roms an der illyrischen Küste sollte nur die Übergriffe der Illyrer unmöglich machen, nicht die Expansion im Osten vorbereiten. 228 erschien die erste politische Gesandtschaft der Römer in Griechenland, jedoch nicht in großem Auftrag, sondern nur in

Erfüllung diplomatischer Höflichkeit. Die Zurückhaltung der Römer gegenüber dem Osten ging so weit, daß sie es versäumten, in Griechenland Vorkehrungen gegen den zu erwartenden Angriff Makedoniens auf die römischen Besitzungen in Illyrien zu treffen. Erst als Makedonien 215 in den Krieg gegen Rom eingetreten war, ergriff die römische Diplomatie in Griechenland die Initiative. Die Erfahrungen des zweiten Punischen Krieges ließen keinen Zweifel darüber, daß Rom als die beherrschende Großmacht des Westens künftighin mit den hellenistischen Staaten rechnen mußte. Das bedeutsamste Ergebnis des Krieges war die weltpolitische Orientierung Roms. Das bedingte einen neuen Kurs für das Verhalten Roms gegenüber den griechischen Staaten.

Dieser *neue Kurs der östlichen Politik* ist von Anfang an durch ein lebhaftes Interesse an den politischen Ereignissen im hellenistischen Osten und durch eine entschiedene Neigung zur Einmischung in die hellenistischen Angelegenheiten gekennzeichnet. Dabei schwebte dem römischen Senat, wie mit Nachdruck hervorgehoben werden muß, nicht das Ziel der Eroberung der östlichen Länder vor. Dies wird allein durch die Tatsache erwiesen, daß trotz wiederholter Siege erst 148 eine römische Provinz im Osten geschaffen worden ist. Aber auch wirtschaftliche Gesichtspunkte haben bei diesem Eingreifen Roms im Osten nicht den Ausschlag gegeben. Wie groß auch der Gewinn an Beute aus den hellenistischen Kriegen sein mochte, um dieser materiellen Vorteile willen sind die Kriege nicht geführt worden. Die Bestimmungen der Friedensverträge, die Rom abgeschlossen hat, zeigen vielmehr, daß der Senat bei seinem Vorgehen durch rein politische Erwägungen geleitet wurde. Er betrachtete es als seine Aufgabe, zu verhindern, daß eine der hellenistischen Mächte sich auf Kosten der andern übermäßig vergrößerte und dadurch Rom gefährlich wurde. Vor allem traf er Vorsorge, daß von der Balkanhalbinsel aus nicht ein Angriff auf Italien in der Weise vorbereitet wurde, wie Hannibal ihn von Spanien aus unternommen hatte. Diese im wesentlichen präventive Politik Roms, die sich naturgemäß in erster Linie gegen die Großmächte des Ostens richtete, war im Hinblick auf den ersten makedonischen

Krieg gewiß nicht unbegründet. Aber es läßt sich nicht verkennen, daß der Senat in seiner Sorge um die Sicherheit Italiens wiederholt Gefahren gesehen hat, wo in Wirklichkeit solche nicht vorlagen. Und dies im einzelnen Fall beurteilen zu können, hätten die führenden Politiker Roms über eine genaue Kenntnis der hellenistischen Großmächte und ihrer Politik verfügen müssen. Da sie diese Kenntnis nicht von Anfang an hatten und nicht haben konnten, ließen sie sich des öfteren von den kleineren hellenistischen Staaten, die sich von den Großmächten bedroht sahen und die römische Intervention anriefen, zum Eingreifen bestimmen.

Die Niederhaltung der hellenistischen Großmächte, die der Senat zur Sicherung Italiens für nötig hielt, glaubte er erreichen zu können, ohne im Osten Eroberungen zu machen. Die *indirekte Beherrschung der östlichen Staatenwelt* wurde zum obersten Ziel der römischen Politik. Diese Politik war angesichts der großen, kaum zu überwachenden Räume ein Wagnis und trug von Anfang an die Gefahr in sich, daß Rom wider Willen von einer politischen Verwicklung in die andere gezerrt wurde. An diplomatischer Routine fehlte es den Römern dieser Zeit gewiß nicht, aber es mußte doch fraglich erscheinen, ob man auf diesem gefährlichen Boden Kriege würde vermeiden können. Der hellenistischen Welt hat diese römische Politik, die den Osten regieren wollte, ohne sich selbst dort festzulegen und damit die ganze Verantwortung zu übernehmen, schweren Schaden gebracht. Die Gegensätze der großen und kleinen Mächte wurden von Rom begünstigt und gegeneinander ausgespielt. So wurde die Auflösung der hellenistischen Staaten, denen es von jeher an innerer Festigkeit gebrach, beschleunigt und der Vorstoß orientalischer Völker erleichtert. Als endlich Rom die Einbeziehung der hellenistischen Länder vornahm, sah es sich selbst dem orientalischen Ansturm ausgesetzt, den es, bewußt oder unbewußt, so lange begünstigt hatte.

Bald nach dem zweiten Punischen Kriege gab ein Vorfall, der das Gleichgewicht zwischen den Großmächten des Ostens betraf, Anlaß zur Einmischung Roms. Der Herrscher des ptolemäischen Reichs, Ptolemaios IV., hatte bei seinem Tod einen unmündigen

Sohn in der Abhängigkeit des Hofs und der ägyptischen Priesterschaft zurückgelassen. Diesen schwachen Augenblick des ptolemäischen Regiments nutzten Philipp von Makedonien und Antiochos von Syrien, indem sie sich 203 über die Aufteilung der außerägyptischen Besitzungen des Ptolemäers verständigten. Die beiden Herrscher machten sich alsbald daran, die ihnen zunächst liegenden, lang begehrten Gebiete zu erobern. Philipp unterwarf 202 ptolemäische Plätze an der thrakischen Küste, dann Inseln im Ägäischen Meer, wo er bei seinem Vorgehen in Krieg mit Rhodos geriet. Im folgenden Jahr brachte ihn sein Angriff auf den kleinasiatischen Besitz des Ptolemäers in Konflikt mit Pergamon. Da sich die Kämpfe auch 201 noch hinzogen, wandten sich Pergamon und Rhodos an Rom um Hilfe.

Dieses Hilfegesuch der beiden Kleinstaaten hat die Aktivität der römischen Politik im Osten eingeleitet. Angesichts der Zurückhaltung, die der Senat bis auf diese Zeit der hellenistischen Welt gegenüber gezeigt hatte, und in Erwägung der furchtbaren Erschöpfung, in der sich das ganze römische Volk beim Ausgang des zweiten Punischen Krieges befand, ist der Entschluß zur *Intervention im Osten* sehr überraschend. Offenbar hielt der Senat die bevorstehende Vergrößerung der makedonischen Macht, zumal der Seemacht, für eine ernste Gefahr. Die Gesandten von Rhodos und Pergamon haben gewiß nicht versäumt, die zwischen den Königen von Makedonien und Syrien getroffene Vereinbarung als Bedrohung Roms darzustellen und darauf hinzuweisen, daß jetzt durch Philipps auswärtigen Krieg eine günstige Gelegenheit zum Angriff auf Makedonien gegeben war. Unter diesen Umständen entschloß sich der Senat zum kriegerischen Vorgehen gegen Philipp. Zwar entschied sich die Centurienversammlung zu Beginn des Jahres 200 noch ausdrücklich gegen den Krieg, aber eine senatorische Gesandtschaft, die nach Griechenland ging, dort die Aktivität Philipps beobachtete und in Athen den Eintritt dieser Stadt in den Krieg gegen Makedonien miterlebte, schickte einen so wirksamen Bericht nach Rom, daß das Volk im Sommer den Kriegsbeschluß faßte. Die senatorische Gesandtschaft setzte die diplomatischen Vorbereitungen des Krieges im ganzen Orient fort und delegierte im Herbst eines ihrer Mitglieder zu König Philipp, als dieser die Stadt Abydos belagerte und damit am empfindlichsten Punkt der Meerengen stand. Der Römer trug die ultimative Forderung vor, der König solle Feindseligkeiten gegen freie Griechenstädte unterlassen, die ptolemäischen Besitzungen nicht angreifen, Pergamon und Rhodos Entschädigung leisten. Als der König diese Forderungen, zu denen Rom durch keinen Vertrag verpflichtet oder berechtigt war, in Wahrung seiner Souveränität ablehnte, empfing er die römische Kriegserklärung.

Die Römer eröffneten den *zweiten makedonischen Krieg,* indem sie im Herbst 200 ein Heer nach Illyrien übersetzten und eine Abteilung der Flotte in das Ägäische Meer schickten. Hier wurde Chalkis vorübergehend besetzt. Im Winter 200/199 suchten die Römer Bundesgenossen in Griechenland zu gewinnen, was ihnen zunächst nur in geringem Umfang gelingen wollte. Erst als der römische Vormarsch von Illyrien aus 199 unter schweren Kämpfen gegen Philipp wenigstens bis in das obere Makedonien durchgeführt werden konnte und die römische Flotte, von Pergamon und Rhodos unterstützt, im Ägäischen Meer erfolgreich vorging, traten die Ätoler in Bündnis mit Rom und fielen in Thessalien ein. Die Gewinnung der Ätoler ermöglichte es den Römern, im folgenden Jahre von ihrer illyrischen Basis aus in südöstlicher Richtung nach Griechenland vorzudringen. Der Vormarsch wurde allerdings am Aous, dem Grenzstrom von Epirus, von Philipp aufgehalten, doch der neue römische Befehlshaber Titus Quinctius Flamininus, der nach verheißungsvollen politischen Anfängen von den Gegnern der Scipionen für das Jahr 198 zum Konsulat gebracht worden war, umging die feindliche Stellung und gelangte in das nördliche Griechenland. Die römische Flotte erschien vor Korinth und erreichte durch ihr bloßes Auftreten den Übergang des achäischen Bundes auf die römische Seite. Philipp, der in Griechenland keinen festen Rückhalt mehr besaß, machte den Römern Friedensangebote, doch die Verhandlungen, die zwischen Philipp und Flamininus in Griechenland und dann durch Gesandtschaften vor dem Senat in Rom geführt wurden, blieben ohne Ergebnis. Nachdem auf beiden Seiten alle verfügbaren Kräfte aufgeboten waren, kam es 197 bei der Bergkette *Kynoskephalai* in Thessalien zur entscheidenden Schlacht. Die römische Manipulartaktik erwies ihre Überlegenheit über die makedonische Phalanx, die bis jetzt für unüberwindlich gegolten hatte.

Nach dieser militärischen Entscheidung drängte Philipp, um weitere Verluste zu vermeiden, zum Abschluß des Krieges. Auch Rom hatte kein Interesse an der Fortsetzung des Kampfes, denn die Vernichtung Makedoniens lag von Anfang an nicht im Sinn der römischen Politik, erst recht nicht in diesem Augenblick, in dem der Machtgewinn des Königs Antiochos, der während des makedonischen Krieges seine Unternehmungen fortgesetzt hatte, sich als die neue und größere Gefahr im Osten abhob. So wurde dem König Philipp von Flamininus alsbald ein Waffenstillstand und vorläufiger Friede gewährt. In Rom wurde vom Volk der Friede beschlossen und vom Senat der endgültige *Friedensvertrag mit Makedonien* festgelegt. Eine Kommission von zehn Senatoren wurde nach dem Osten geschickt mit dem Auftrag, gemeinsam mit Flamininus, dessen Kommando verlängert wurde, die Angelegenheiten in Griechenland zu regeln. Im Friedensvertrag verpflichtete sich König Philipp, die Freiheit und Autonomie der griechischen Städte in Hellas und Asien anzuerkennen, seine Erwerbungen in Thrakien und Kleinasien sowie die illyrischen Landgebiete herauszugeben und seine Besatzungen aus Griechenland zurückzuziehen; er mußte seine Kriegsflotte bis auf sechs Schiffe ausliefern und eine Kriegsentschädigung von 1000 Talenten bezahlen.

Die Räumung der thrakischen und kleinasiatischen Plätze mochte dem König Philipp erträglich erscheinen, auch die Summe der Kriegsentschädigung war verhältnismäßig niedrig angesetzt. Aber der Verzicht auf die Hegemonie in Griechenland, die nun einmal zum Kernpunkt der makedonischen Außenpolitik geworden war, bedeutete eine schwere Einbuße. Doch auf die Freihaltung Griechenlands kam es Rom in erster Linie an: das griechische Gebiet, das die Verbindung zwischen der römischen Herrschaft im Westen und dem hellenistischen Osten darstellte, sollte für jeden hellenistischen Herrscher künftig gesperrt sein. Dabei dachten die Römer nicht daran, nun an Stelle Makedoniens das

Regiment in Griechenland selbst zu übernehmen, sie glaubten vielmehr durch die *Herstellung der griechischen Freistaaten* ihr Ziel zu erreichen. Im Sommer 196 erschien Flamininus mit der senatorischen Kommission bei der Feier der isthmischen Spiele in Korinth, wo einst König Philipp II. die makedonische Oberherrschaft über die Griechen begründet hatte, und ließ feierlich die Freiheit der bisher von Makedonien abhängigen griechischen Staaten verkünden. Diese Verkündung wurde von den Griechen mit wahrem Enthusiasmus aufgenommen, Flamininus wurde als rettender Gott gepriesen. So oft auch das Schlagwort von der Freiheit der Griechen mißbraucht worden war, jetzt hatten sich zum erstenmal die Römer dafür eingesetzt, die in Italien und auf Sizilien wiederholt ihre Griechenfreundschaft bekundet hatten, deren Feldherrn und Politiker wie Flamininus erklärte Philhellenen waren.

Die Römer haben die Freiheitserklärung Griechenlands aufrichtig gemeint und ernsthaft durchgeführt. Die weiteren Anordnungen, die Flamininus und die senatorische Kommission trafen, stellten in der Tat die Autonomie der Städte und Bünde in Griechenland her. Mit Zustimmung der Hellenen warf Flamininus 195 den Tyrannen Nabis von Sparta nieder, der durch sozialen Umsturz hochgekommen war und nun im Peloponnes an Stelle des makedonischen Königs die Herrschaft an sich zu reißen suchte. Als dann 194 die römischen Besatzungen aus Demetrias, Chalkis und Korinth – den drei Städten, die so lange „die makedonischen Fesseln" Griechenlands gewesen waren – zurückgezogen wurden und als Flamininus mit dem letzten Teil der römischen Armee das Land verließ, schien die Befreiung Griechenlands vollendet. Oder sollten die Ätoler recht haben mit ihrer Behauptung, die Römer hätten die Füße der Griechen von Fesseln befreit, um ihnen ein Halsband umzulegen?

b) Übergang nach Asien

Bald zeigte es sich, daß die römische Politik der Einmischung ohne Eroberung ihren ersten Mißgriff getan hatte. Der Enthusiasmus der Griechen, der in Korinth sich so stürmisch kundgetan hatte, war rasch verflogen. Man erinnerte sich wieder, daß die Befreier des Landes „Barbaren“ waren und daß sie im Krieg gegen Makedonien vor brutalen Maßnahmen nicht zurückgeschreckt waren. Wohl hatten sie Griechenland geräumt, aber die Ordnung, die sie getroffen hatten, sollte nach ihrem Willen und zu ihrem Vorteil unveränderlich sein. Das widersprach dem Freiheitsbegriff, der sich auf dem Boden der sich ewig befehdenden griechischen Kleinstaaten gebildet hatte. Außerdem hatten die Römer ihre Organisation in Griechenland, dem Charakter ihres eigenen Staatswesens entsprechend, in Verbindung mit den besitzenden Klassen in den Städten getroffen und dadurch die sozialen und wirtschaftlichen Gegensätze, an denen das griechische Mutterland darniederlag, noch verschärft. Aus diesen Ursachen ging an vielen Orten die *Unzufriedenheit mit Rom* hervor. Die Ätoler, die im makedonischen Kriege wertvolle Bundeshilfe geleistet hatten, hielten überdies ihre Entlohnung seitens der Römer für ganz unzureichend. So wurden die römischen Anordnungen bald mißachtet und die selbstmörderischen Kämpfe der Kleinstaaten erneuert. Es war eine falsche Politik, wenn Rom den griechischen Boden für andere Mächte sperrte, ohne sich selbst dort festzulegen. Früher oder später mußten die hellenistischen Großmächte wieder in den freigewordenen Raum gezogen werden. Einzelne Politiker in Rom, wie Scipio Africanus, haben diese Gefahr vorausgesehen. Doch die Gegner der Scipionen, die das Feld immer noch beherrschten, wollten möglichst wenig mit den Griechen unmittelbar zu tun haben, sei es, daß sie sie verehrten, wie Flamininus, oder haßten, wie Cato; jedenfalls war ihr politisches Urteil durch Gefühle getrübt.

Bald nach dem Abzug der Römer aus Griechenland erschien Antiochos auf dem freigewordenen Plan. Während des makedonischen Krieges hatten die Römer die *Expansion der seleukidischen Macht* in Asien ruhig mitangesehen, nur darauf bedacht, den Zusammenschluß der beiden mächtigsten hellenistischen Könige zu verhindern. Antiochos hatte aus dem ägyptischen Besitz 198 das südliche Syrien endgültig an sich gebracht, seit 197 hatte er sich gegen die ptolemäischen Plätze in Kleinasien, im Ägäischen Meer und Thrakien gewandt. Durch das Übergreifen auf die europäische Seite des Hellesponts schien das Seleukidenreich auch im Westen seine ursprüngliche Ausdehnung zurückzugewinnen. Diese unerwartete Machterweiterung des Königs Antiochos erschien den argwöhnischen Römern nicht weniger bedrohlich als zuvor die Expansion Makedoniens. Sobald die Entscheidung von Kynoskephalai gefallen war, änderten sie daher ihre Haltung gegenüber Antiochos. Als 196 eine Gesandtschaft des Antiochos vor der senatorischen Kommission in Korinth erschien, protestierten die Römer gegen die Eroberungen des Königs mit Berufung auf die von Rom geforderte Freiheit der griechischen Städte in Hellas und Asien. Antiochos ließ sich dadurch nicht beirren. Die Römer, auf eine ernste Verwicklung gefaßt, sahen sich mit aller Vorsicht in Griechenland nach Bundesgenossen um und ergriffen dann das Hilfegesuch, das die Städte Smyrna und Lampsakos an sie richteten, zum Einschreiten gegen Antiochos.

Eine römische Gesandtschaft ging 196 zu Antiochos nach Lysimacheia und erhob Einspruch gegen den Übergang des Seleukiden auf europäischen Boden und gegen die Eroberung von Städten, die teils den Königen Ptolemaios und Philipp gehörten, teils durch römische Entscheidung für frei erklärt worden waren. Doch Antiochos, der diese römische Einmischung in fremde Angelegenheiten nicht verstand, zeigte sich ganz unnachgiebig. Die *Spannung zwischen Rom und Antiochos* trat offen zu Tage. Allerdings hatten die Römer, denen Antiochos seine bevorstehende Einigung mit Ptolemaios V. eröffnete, bei dieser diplomatischen Auseinandersetzung den kürzeren gezogen. Auf die falsche Nachricht vom Tod des Königs Ptolemaios brach Antiochos zunächst seine Unternehmung im Norden ab und wandte sich nach Süden in der Hoffnung, den ptolemäischen Thron für sich zu gewinnen, aber nach Feststellung des wahren Sachverhalts kam er im Sommer 195 auf seine thrakischen Pläne zurück. Er gewann freundschaftliche Beziehungen mit kleineren Mächten in Asien und zog den aus Karthago flüchtigen Hannibal an seinen Hof. Seiner Einigung mit Ptolemaios V. verlieh er persönlichen Charakter, indem er seine Tochter Kleopatra dem ägyptischen

Herrscher zur Frau gab. Im Winter 194/3 nahm er dann seine Auseinandersetzung mit Rom wieder auf. Die Gesandtschaften, die jetzt ausgetauscht wurden, blieben allerdings ergebnislos, da die Römer nicht von ihrer Forderung abgingen, Antiochos müsse auf seine Erwerbungen in Europa verzichten.

Daß es darüber zum Kriege kommen würde, war kaum noch zweifelhaft. Hannibal hat dem König Antiochos für dessen bevorstehenden Krieg den Rat erteilt, die Römer in Italien anzugreifen. Dieser Kriegsplan war von der Erkenntnis eingegeben, daß der kommende Kampf darüber entscheiden mußte, ob die hellenistischen Staaten ihre Unabhängigkeit gegenüber der drohenden Weltherrschaft Roms aufrecht erhalten konnten. Doch diese Erkenntnis lag den hellenistischen Fürsten noch fern. Der Gedanke, den Krieg nach Italien zu tragen, erschien dem König Antiochos ein allzu gewagtes Unternehmen, eine Auffassung, die der Ausgang des zweiten Punischen Krieges nahelegen mochte. Überdies beabsichtigte er ja nicht einen Angriff auf das römische Reich, sondern die Ausdehnung seiner Macht im griechischen Osten, wo nach seinem Dafürhalten die Römer nichts zu suchen hatten. Ohne Bedenken ließ er sich daher zum Vorstoß nach Griechenland bestimmen, wo ungeachtet der römischen Anordnungen Sparta den Kampf gegen die Achäer erneuert, die Ätoler auf eigene Faust Eroberungen begonnen hatten. Auf die Vorstellungen der Ätoler hin, die trotz der Anwesenheit einer von Flamininus geführten römischen Gesandtschaft den Beschluß gefaßt hatten, Antiochos zur Befreiung Griechenlands herbeizurufen, landete der König im Herbst 192 mit einem kleinen Heer in Demetrias und verkündete sogleich die Freiheit der Griechen. Er fand allerdings nur wenig Anhang, ja die Achäer nahmen, durch ihre alte Feindschaft gegen die Ätoler bestimmt, den Kampf gegen ihn auf. Die Römer, die die Freiheit Griechenlands und damit ihre Interessen nun aufs äußerste bedroht sahen, erklärten ihm jetzt den Krieg. Wider Erwarten schnell waren sie durch die Politik der ‚Einmischung ohne Eroberung' vom makedonischen in den *syrischen Krieg* hineingetrieben worden.

Während des Winters hat Hannibal im Kriegsrat des Königs Antiochos in Demetrias noch einmal den Plan vorgetragen, den

Krieg in Italien zu eröffnen, zu diesem Zweck sich mit Philipp von Makedonien zu verständigen. Doch Antiochos hielt an dem griechischen Schauplatz fest, der ihm als eigentliches Kampfziel erschien, Philipp aber fühlte sich durch das Auftreten des Seleukiden in Griechenland schwer benachteiligt und ließ sich von den Römern zu einem Bündnis gewinnen. Rom zeigte sich den gewaltigen Aufgaben des Krieges mit dem Herrscher Asiens gewachsen. Es verfügte über die gesammelte Macht der Bürger und der italischen Bundesgenossen, über die Kontingente der abhängigen Mächte wie Numidien, über die Hilfe mehrerer Staaten in Griechenland und in der Ägäis wie Rhodos und Pergamon. Auf die Führung des Krieges gewann die Scipionenpartei in Rom maßgebenden Einfluß. Das erste Erfordernis, die Befreiung Griechenlands von Antiochos, wurde schon 191 erreicht. Manius Acilius Glabrio drang von Illyrien aus über Makedonien nach Thessalien vor, das teilweise von Antiochos besetzt war, und schlug den König, der sich am Paß der *Thermopylen* verschanzt hatte, vollständig. Zu diesem Erfolg hat der Unterführer Marcus Porcius Cato, der mit einer Abteilung den Paß umging, wesentlich beigetragen. Der römische Sieg hatte den sofortigen Abzug des Königs aus Griechenland zur Folge. Er begab sich nach Ephesos, um von dort aus die Verteidigung der Plätze, die er an der Küste Kleinasiens und Thrakiens besetzt hatte, zu organisieren. Aber wenige Monate nach der Schlacht bei den Thermopylen trug die römische Flotte unter dem Kommando von Gaius Livius zwischen Chios und Ephesos den Sieg über den Admiral des Königs davon.

Dieser Erfolg bildete die Grundlage für den weiteren Kriegsplan der Römer. 190 war Lucius Cornelius Scipio, der Bruder des Africanus, zum Konsul gewählt und mit der Führung des Krieges betraut worden. Africanus war seinem Bruder beigegeben und hatte in Wirklichkeit die Leitung der Unternehmungen. Der Plan Scipios, an Großzügigkeit der Auffassung Hannibals gleich, ging darauf hinaus, den Krieg nach Asien zu tragen und dort durch einen entscheidenden Sieg Antiochos zu überwinden. So wurden denn die Kämpfe in Griechenland vorläufig abgeschlossen, mit den von Antiochos im Stich gelassenen Ätolern wurde ein Waffenstillstand vereinbart. Das römische Heer wurde an den Hellespont herangeführt, dann wurden die Vorbereitungen zum Übergang nach Asien getroffen. Dabei leisteten Pergamon und Makedonien wirksame Hilfe. Als die vereinigte Flotte der Römer und Rhodier nach längerem Hin und Her bei Myonnesos in Ionien einen entscheidenden Sieg über die Flotte des Königs erzielt und damit jegliche Gefahr im Ägäischen Meer beseitigt hatte, ging das römische Heer über den Hellespont nach Asien, in den Erdteil, den römische Truppen noch nie betreten hatten. Die Versuche des Antiochos, durch Verhandlungen die Feldschlacht zu vermeiden, scheiterten an den Forderungen der Römer, die jetzt bereits die Abtretung Kleinasiens bis zum Taurus verlangten. Gegen Ende des Jahres 190 erfochten die Römer unter dem Kommando von Lucius Scipio – Africanus war während des Vormarsches in Kleinasien durch Krankheit zurückgehalten worden – bei *Magnesia* am Berge Sipylos über die Phalanx und die orientalischen Hilfstruppen des Königs einen vollkommenen Sieg. Antiochos gab den Krieg verloren und zog sich nach Syrien zurück. Den Gesandten, die er zur Aufnahme von Friedensverhandlungen schickte, gewährten die Scipionen in Sardes den erbetenen Waffenstillstand zum Zweck der endgültigen Vereinbarung des Friedens in Rom.

Im folgenden Jahr brachten die neuen Befehlshaber Roms die Kämpfe in Asien und Griechenland durch einen Beutezug gegen die Galater und durch die Unterwerfung der Ätoler, die zur Anerkennung der römischen Oberhoheit gezwungen wurden, zum Abschluß. Nach längeren Verhandlungen wurde 188 in Apamea in Phrygien der *Friede zwischen Rom und Antiochos* ratifiziert. Antiochos mußte Kleinasien bis zum Taurus abtreten, seine Elefanten und die Kriegsflotte bis auf 10 Schiffe ausliefern, für die restlichen Schiffe als Verkehrsgrenze das sarpedonische Vorgebirge in Kilikien anerkennen. Er verpflichtete sich zur Herausgabe der gefährlichsten Römerfeinde und zur Entrichung der Kriegsentschädigung, die auf eine selbst für asiatische Begriffe gewaltige Summe von 15 000 Talenten angesetzt wurde. Damit war die seleukidische Macht, die unter Antiochos einen so überraschenden Aufschwung genommen hatte, nicht nur aus Griechenland, sondern auch aus Kleinasien verdrängt und zur See bedeutungslos gemacht. Annexionen hat Rom nicht vorgenommen, das von Antiochos abgetretene Gebiet wurde vielmehr den Bundesgenossen überlassen. Der Republik Rhodos wurden Lykien und Karien zugewiesen, Pergamon erhielt den übrigen, sehr ansehnlichen Teil des freigewordenen Kleinasien und den thrakischen Chersones. Von den griechischen Küstenstädten wurden viele, vor allem die Plätze, die rechtzeitig den Anschluß an die Römer vollzogen hatten, für frei erklärt; mitten im Gebiet von Pergamon und Rhodos gelegen, bildeten diese Städte jederzeit günstige Anhaltspunkte für die römische Einmischung in Asien.

So hat Rom auch nach dem syrischen Krieg jede Festlegung im Osten vermieden. Die maßgebenden Kreise in Rom fürchteten von der Errichtung neuer Provinzen starke Rückwirkungen auf die Struktur des römischen Staats, vor allem eine Gefährdung der Herrschaft der Nobilität. Daher entschied man sich für die indirekte Beherrschung des Ostens, die man durch die Trennung und Schwächung der Großmächte, durch freundschaftliche Beziehungen mit den kleineren Staaten und durch Einsetzung von abhängigen Gebieten auszuüben gedachte. Die starke diplomatische Inanspruchnahme Roms, die dieses *System der indirekten Herrschaft* nach sich ziehen mußte, war nur geeignet, die Macht des römischen Senats und damit der Nobilität gegenüber der gesamten Bürgerschaft zu erhöhen. Ob diese Methode der Überwachung sich bewährte, konnte jetzt ebenso zweifelhaft sein wie im Jahre 196, als man sie in Griechenland zur ersten Anwendung brachte. Im Augenblick schien es jedenfalls, als ob Rom ohne Schwierigkeiten im Osten diktieren könne. Das Schicksal Hannibals mochte dies zeigen. Als die Römer von Antiochos die Auslieferung des Karthagers verlangten, floh dieser nach Kreta, dann nach Bithynien, immer noch mit großen Plänen gegen die römische Expansion im Osten beschäftigt. Aber auch in Bithynien erschien der römische Gesandte und forderte vom König Prusias die Auslieferung des Karthagers. Hannibal entging dieser Demütigung, indem er sich das Leben nahm (183). Sein Untergang war ein sinnfälliger Beweis dafür, daß der Gedanke, einen großen Koalitionskrieg gegen Rom zu entfesseln, durch die Gewalt der Tatsachen erledigt war.

In denselben Jahren offenbarte die Verdrängung des Scipio Africanus aus der Politik die *innere Krisis*, in die Rom durch die umfassende Herrschaft getrieben wurde. Scipio war durch die überragende Stellung, die er im zweiten Punischen Krieg gewonnen und im asiatischen Feldzug noch gesteigert hatte, in Gegensatz zur Nobilität, zu seinen eigenen Standesgenossen geraten. Er hat durch sein Auftreten diesen Gegensatz noch verschärft und aus seinem Glauben, eine besondere Sendung für Rom in sich zu tragen, kein Geheimnis gemacht. Der Widerstand des römischen Adels gegen ein persönliches Regiment dieser Art, das die Herrschaft des Standes erschüttern mußte, hat noch im Jahre 189 zum Sturz der Scipionenpartei in Rom geführt. Die Anfeindung der Scipionen wurde in den folgenden Jahren fortgesetzt. Dabei trat neben der Angst der Nobilität vor der Alleinherrschaft noch ein anderer Faktor zu Tage. Aus dem mittleren und kleinen Bauerntum, als dessen Vertreter sich Marcus Porcius Cato seit seinem Konsulat (195) gewichtig hervortat, erhob sich eine energische Opposition gegen die neue Weltpolitik, die durch ihre diplomatischen Aufgaben die Macht des Senats über Gebühr zu stärken und durch ihre wirtschaftlichen und kulturellen Rückwirkungen das häusliche Leben der römischen Bürgerschaft zu gefährden drohte. Diese demokratische Reaktion hat eine Reihe von politischen Prozessen herbeigeführt und dann durch ihre Verbindung mit den Gegnern der Scipionen innerhalb der Nobilität die immer noch gefährliche „Dynastie“ der Scipionen zu Fall gebracht. Die selbstherrliche Art, mit der die Scipionen den Krieg in Asien geführt hatten, bot genügend Angriffspunkte. Während des Feldzugs war der Sohn des Africanus in die Gefangenschaft des Feindes geraten; der König Antiochos hatte, um sich den römischen Feldherrn zu verpflichten, den Gefangenen ohne Lösegeld ausgeliefert. Im Hinblick auf diesen Vorgang und auf andere Ereignisse in Asien wurde Africanus des Hochverrats angeklagt. Stolz wie er war, entzog er sich dem Prozeß. Lucius Scipio aber wurde der Unterschlagung beschuldigt und mit Gefängnis bedroht. Damit war das Ansehen der Scipionen erschüttert, der Eintritt Catos in die Censur 184 machte den Sieg der Gegenpartei vollständig. Africanus empfand die Demütigung so tief, daß er sich aus der Politik zurückzog. Als einfacher Privatmann ist er auf seinem Gut in Kampanien gestorben, in demselben Jahr wie Hannibal.

Das römische Diktat von Apamea hat die *Auflösung der hellenistischen Staaten* – und damit scheinbar die Interessen Roms – gefördert. Pergamon ist zwar durch die Gebietserweiterung zu ansehnlicher Macht gelangt und hat sein großes Territorium durch die Entwicklung des Städtewesens wirtschaftlich erschlossen; der König Eumenes II. hat dem gehobenen Herrscherbewußtsein seines Hauses in dem monumentalen Altar des Zeus in Pergamon großartigen Ausdruck gegeben. Doch eben durch diese Erweiterung geriet das Land in Konflikt mit den Nachbarstaaten Bithynien und Pontos, und Rom fand auch hier Gelegenheit, zu vermitteln und zu entscheiden. Rhodos wurde als Mittelpunkt des Getreidehandels und des Bankwesens die reichste Stadt des Hellenismus, stieß aber nach römischem Willen auf starke Widerstände in Lykien. Das Seleukidenreich war durch die Gebietsverluste und durch die Tributlasten sehr geschwächt und in seinem Ansehen unter den orientalischen Völkern tief erschüttert. Kein Wunder, daß den Nachfolgern des Antiochos III. die Oberherrschaft über die Länder im äußersten Osten wieder verloren ging. Thronstreitigkeiten im Herrscherhaus haben die Schwierigkeiten noch vermehrt und die Widerstandskraft des seleukidischen Reiches gegen die Angriffe der Parther herabgesetzt. In Griechenland haben, nachdem die Ätoler zu Klienten Roms geworden waren, die Achäer sich am meisten hervorgetan und den Kampf gegen Sparta und Messenien erneuert. Philopoimen, der Stratege des achäischen Bundes, war zweifellos ein militärischer Führer von hoher Begabung, aber die schwierige Aufgabe, eine selbständige achäische Politik zu verfolgen und doch im Einverständnis mit Rom zu bleiben, haben weder er selbst bewältigt noch die andern Politiker des Bundes, die mit ihm und nach ihm hervortraten, wie Lykortas und sein Sohn Polybios. Bei der sehr verschiedenen Deutung, die die Römer und die Griechen dem Begriff der Autonomie gaben, war diese Aufgabe unlösbar.

So lastete das römische Machtwort schwer auf den Königreichen und Städten des Ostens. Es wurde um so drückender empfunden, als die tiefgreifende Veränderung der Weltlage durch den Sieg von Magnesia jede ernste Gefahr für Rom behoben hatte. Nun konnte nicht mehr davon die Rede sein, daß Rom aus Gründen der Selbstverteidigung im Osten eingreifen müsse. Auch die Unkenntnis der hellenistischen Verhältnisse vermochte die Maßnahmen der Sieger nicht mehr voll zu entschuldigen, seit sie als Herren in Hellas und Asien aus- und eingingen. Ihre Praxis war jetzt vielfach nichts anderes als die Handhabung einer imperialistischen Politik, darauf angelegt, die Mächte des Ostens gegeneinander auszuspielen und jeder einzelnen von ihnen innere Schwierigkeiten zu schaffen. Dieses Vorgehen gab der führenden Schicht in Rom den Genuß der Herrschaft, es brachte riesige Gewinne ein – so lange, bis sich das Gesetz, das gegen die Unterworfenen vollstreckt wurde, gegen Rom selbst gekehrt hat.

c) Pydna. Beherrschung des Ostens

Es war ein heikles Unternehmen, die östliche Welt zu kontrollieren, ohne daß römische Truppen auf hellenistischem Boden standen. Der Senat hat in diesen Jahren eine vielgestaltige Diplomatie entwickelt, er hat Boten ausgeschickt und Gesandte empfangen, Vertrauensleute und Agenten unterhalten und sich oft bemüht, seine Oberhoheit als Schiedsrichteramt auszuüben. Das Mißtrauen, das auf beiden Seiten tief saß, hat diesen Anstrengungen den Erfolg versagt.

Am schwierigsten gestaltete sich die *Lage in Makedonien.* Nach dem syrischen Krieg wurde der König Philipp von den Römern für seine Bundeshilfe zunächst entlohnt. Demetrios, der jüngere Sohn des Königs, der seit dem Unglücksjahr 197 als Geisel in Rom weilte, hatte heimkehren dürfen; ein Teil der noch fälligen Jahresraten wurde erlassen, Philipp erhielt freie Hand gegen einige Plätze in Thessalien und an der thrakischen Küste. Kaum hatte er von diesen Plätzen Besitz ergriffen, da wurden sie ihm, als die betroffenen Städte und der König Eumenes von Pergamon in Rom Vorstellungen erhoben, durch römischen Machtspruch wieder abgenommen. Die Folge war eine ernste Verstimmung zwischen König Philipp und Rom. Nach der Angabe des Polybios hat Philipp, dessen Unternehmungsgeist sich mit der ihm von Rom zugedachten Stellung nicht abfinden konnte, einen neuen Krieg gegen Rom vorbereitet. Er hatte schon nach der Niederlage von Kynoskephalai damit begonnen, die Volkskraft und das wirtschaftliche Leben seines Landes durch energische Maßnahmen zu fördern; nun nahm er Verbindung nach Thrakien und nach der unteren Donau hin auf und traf geheime Rüstungen zum Krieg. Wie es scheint, hätten die Römer den Prinzen Demetrios gern als Nachfolger auf dem makedonischen Thron gesehen, doch Perseus, der ältere Sohn des Königs, wußte die Beseitigung seines Bruders herbeizuführen, ein Vorgang, der die Spannung zwischen Rom und dem makedonischen Königshaus noch gesteigert hat.

Als *Perseus* 179 die Nachfolge seines Vaters antrat, erneuerte er zunächst das Bündnis mit Rom, aber auf beiden Seiten glaubte man nicht mehr recht an die Freundschaft. Perseus setzte im Sinne seines Vaters die militärische und finanzielle Rüstung seines Landes fort. Er gewann vorteilhafte Beziehungen zu kleineren Mächten in Asien und fand in Griechenland, wo die wirtschaftlich notleidende Bevölkerung mit der römischen Organisation längst unzufrieden war, lebhafte Sympathien. Fast ohne es zu wollen, wurde der makedonische König zum Haupt der romfeindlichen Bewegung in Griechenland. Eumenes von Pergamon, durch diese Erfolge seines Rivalen gereizt, erschien 172 persönlich in Rom, um gegen Perseus Klage zu führen, und erreichte durch seine Angaben, daß das römische Mißtrauen gegen die bedrohliche makedonische Macht endgültig wachgerufen wurde. Als dann in Rom bekannt wurde, daß auf den heimkehrenden Eumenes in der Nähe von Delphi angeblich auf Veranlassung des Perseus ein Anschlag verübt worden sei, war man zum Krieg entschlossen. Alsbald wurden Vorkehrungen zur Übersetzung der Truppen nach Illyrien getroffen. Eine Gesandtschaft ging in den Osten mit dem Auftrag, einen geeigneten Kriegsgrund zu schaffen, Bundesgenossen für den bevorstehenden Kampf zu gewinnen, den man sehr ernst nahm, und die östlichen Mächte abzulenken. Als diese Vorbedingungen erfüllt waren, wurde von römischer Seite der Krieg erklärt. Eine Reihe von Staaten in Griechenland und Kleinasien, vor allem Pergamon und Bithynien, stellten sich den Römern für diesen *dritten makedonischen Krieg* zur Verfügung.

Perseus, der ohne namhafte Bundesgenossen in den Kampf ging, nützte den Vorsprung nicht aus, den ihm sein schlagfertiges Heer und seine wohlgefüllte Kriegskasse hätten gewähren können. Als das römische Heer 171 von Illyrien aus in Thessalien eindrang, trat er ihm wohl entgegen und lieferte ein erfolgreiches Gefecht. Aber statt nun sogleich zum entscheidenden Schlag auszuholen, machte er den Römern ein Friedensangebot und zog sich, als dies abgelehnt wurde, nach Makedonien zurück. Die lässige Kriegführung der Römer, deren Vormarsch an der Südgrenze Makedoniens durch eine feste makedonische Stellung am Tempepaß aufgehalten wurde, ließ dem König volle Bewegungsfreiheit. Er konnte 170 einen Vorstoß nach Illyrien wagen und die Verbindung mit Genthios, dem König eines illyrischen Stammes um Skodra, aufnehmen. Seine Lage besserte sich noch, als in diesem Jahr die Epiroten den Krieg gegen die Römer eröffneten und die Stimmung in Griechenland sich Makedonien zuzuwenden begann. 169 gelang es den Römern, an der makedonischen Verteidigungsstellung vorbei über den Olymp in das Land einzudringen, doch wurde ihr Vormarsch von Perseus in der Küstenebene noch einmal aufgehalten. Zu Beginn des folgenden Jahres schloß Genthios ein förmliches Bündnis mit Perseus, eine makedonische Flotte erschien im Ägäischen Meer, wo bisher die vereinigte Seemacht von Rom, Pergamon und Bithynien das Feld beherrscht hatte.

Der Ausgang des Krieges war immer noch zweifelhaft. Die Haltung der mit Rom befreundeten Staaten in Griechenland und Asien, die durch die lange Dauer des Krieges teilweise wirtschaftlich geschädigt waren, wurde bereits unsicher. Rhodos, durch die von den Römern durchgeführte Sperrung der nördlichen Meerengen beunruhigt, bot sich zur Vermittlung des Friedens zwischen Rom und Makedonien an. Erst als der neue römische Befehlshaber Lucius Ämilius Paulus, der militärische Begabung und politische Entschiedenheit vereinigte, die Führung des Krieges übernahm, trat der Umschwung zugunsten Roms ein. Perseus wurde zur Aufgabe seiner festen Stellung am Fuß des Olymp und zum Rückzug auf *Pydna* gezwungen. Vor dieser Festung kam es im Sommer 168 zur Entscheidungsschlacht, in der die römischen Manipel in kurzer Zeit die völlige Auflösung der makedonischen Phalanx erkämpften. Der König, der jeden Rückhalt im Lande verloren hatte, floh nach Samothrake, wurde dort aber eingeholt und gefangen genommen. Der letzte Herrscher der ruhmbedeckten makedonischen Dynastie war dem Schicksal verfallen, den Triumphzug des römischen Siegers als Gefangener zu zieren. Sein ganzes Land hatte sich bedingungslos den Römern ergeben.

Der Sieg von Pydna wurde zum *Wendepunkt der römischen Politik* im Osten und dadurch entscheidungsvoll für die ganze antike Welt. Die römische Weltherrschaft, bis jetzt durch ein Netz loser politischer Beziehungen ausgeübt, ging von nun an zu den straffen Formen eindeutiger Unterwerfung über. Die Erfahrungen der letzten Jahrzehnte hatten gezeigt, daß die Ausspielung der einzelnen Mächte des Ostens gegeneinander den Frieden im griechischen Gebiet nicht zu sichern vermochte und daß die Unterhaltung von Freundschaftsverträgen keine hinreichende Unterstützung Roms seitens der östlichen Staaten gewährleistete. Da man sich aber, wohl unter dem Einfluß Catos und seiner Anhänger, auch jetzt noch nicht zur Besitzergreifung im Osten entschließen konnte, sah man sich zur Niederwerfung aller wirklichen und aller künftighin möglichen Gegner im Osten genötigt. Die Mächte, die in den Krieg gegen Rom eingetreten waren, mußten vernichtet, die der zweideutigen Haltung verdächtigen Staaten mußten gedemütigt und – um den „machiavellistischen" Geist der neuen Politik über jeden Zweifel zu erheben – die bisherigen Freunde und Gehilfen geschwächt und verdrängt werden. Dieser gewaltsame Eingriff in die hellenistische Staatenwelt ließ sich jetzt durchführen, da durch den Sieg von Pydna zum erstenmal eine hellenistische Großmacht vollständig gebrochen war. Der siegreiche Feldherr Lucius Ämilius Paulus und die nach dem Osten entsandte Kommission des Senats haben in diesem Sinn die neuen Anordnungen in den besiegten Staaten getroffen; besondere Senatsbeschlüsse regelten die Angelegenheiten der bisher verbündeten und neutralen Mächte.

Makedonien wurde am stärksten mitgenommen. Das Königtum wurde aufgehoben, Perseus ging als Gefangener nach Italien, viele königliche Beamte wurden gleichfalls dorthin verschleppt. Das Land wurde in vier Bezirke eingeteilt, die nach römischer Verfügung republikanische Regierungen erhielten, unter sich aber jeden Rechtsverkehr aufgeben mußten; es gab keine für ganz Makedonien verantwortlichen Organe mehr. Die Hälfte der bisherigen Steuern mußte künftighin an die Römer entrichtet werden, die außerdem die gewaltige Beute des Krieges an sich nahmen. Das Wirtschaftsleben des Landes wurde durch Schließung der Bergwerke und Verbot des Holzschlags so niedergehalten, daß geheime Kriegsrüstungen nicht mehr möglich waren. So wurde dem makedonischen Volk, das seine Dynastie, sein Heer, seinen Volksverband verlor, der Lebensnerv durchschnitten – eine Maßnahme, die in diesem Jahrhundert einzig dasteht.

In *Griechenland* wurden die Staaten, die während des Krieges eine feindselige oder verdächtige Haltung gegen Rom gezeigt hatten, streng bestraft. Die Anhänger der makedonischen Partei wurden aufgespürt und verfolgt, ihre Hinrichtung oder Verschleppung gefordert. Die Ätoler, die aus ihren Sympathien für Makedonien wenig Hehl gemacht hatten, wurden von der römischen Rache besonders streng getroffen, aber auch der Bund der Achäer mußte 1000 Mann als Gefangene ausliefern, die in Italien vor Gericht gestellt werden sollten. Unter diesen befand sich Polybios, der 169 das Amt des Befehlshabers der Reiterei im achäischen Bund bekleidet hatte. Die Gefangenen wurden in verschiedenen Städten Italiens interniert, eine gerichtliche Untersuchung wurde nicht vorgenommen; im Jahr 151 kehrten etwa 300 Überlebende nach Griechenland zurück. – Der König Genthios, der in einem kurzen Feldzug überwunden worden war, wurde als Gefangener nach Rom gebracht. Das illyrische Gebiet um Skodra wurde in drei von Rom abhängige Bezirke zerschlagen. – Epirus wurde, als der Krieg längst abgeschlossen war, systematisch geplündert, die Bevölkerung großenteils versklavt.

Rhodos, das durch den Versuch der Friedensvermittlung sich zu weit vorgewagt hatte, geriet nach dem römischen Sieg in ernste Gefahr. Zwar wurde in der römischen Volksversammlung der Antrag, der mächtigen Handelsrepublik den Krieg zu erklären, auf Betreiben Catos abgelehnt, aber die Stadt verlor Lykien und Karien und wurde wirtschaftlich schwer geschädigt, indem Delos von den Römern zum Freihafen erhoben, dadurch der Handel von Rhodos abgelenkt wurde. – Auch *Pergamon* wurde wegen seines Verhaltens während des Krieges verdächtigt und gedemütigt. Als der König Eumenes 167 sich nach Rom begeben wollte, wurde er nach der Landung auf italischem Boden schroff zurückgewiesen. – Selbst der am dritten makedonischen Krieg nicht beteiligte Herrscher des seleukidischen Reiches *Antiochos IV.* mußte nach der Schlacht von Pydna sich dem römischen Machtwort unterwerfen. Er hatte 169 die Oberherrschaft über Ägypten gewonnen und war, als die Ägypter sich nach seinem Abzug zum Widerstand gegen das seleukidische Regiment zusammengeschlossen hatten, 168 wieder in Ägypten eingedrungen. Als er nur noch wenige Meilen von Alexandria entfernt war, trat ihm der römische Gesandte Gaius Popilius Länas entgegen und forderte im Auftrag des Senats die Räumung Ägyptens. Der König suchte Ausflüchte, doch der Römer zog mit seinem Stab im Sand einen Kreis um ihn und forderte unverzüglich Entscheidung. Antiochos, von dieser sinnfälligen Einkreisung betroffen, erklärte sich bereit, allen Befehlen Roms zu gehorchen.

Die diplomatische Niederlage des Seleukiden kennzeichnet die Weltlage nach Pydna: es gab keine eigenständige hellenistische Politik mehr, die römische Macht war allgegenwärtig. Wo immer sich im Osten ein neuer politischer Kern bilden wollte, ertönte das Veto einer römischen Gesandtschaft oder der Marschtritt der Legionen. Kein Wunder, daß nun im hellenistischen Schrifttum ein anhaltender geistiger Widerstand gegen Rom aufkommt. Die schlimmen Folgen des römischen Imperialismus für die hellenistischen Staaten hat Michael Rostovtzeff in seinem Meisterwerk über die Sozial- und Wirtschaftsgeschichte der hellenistischen Welt dargetan. Die zersetzende Wirkung der römischen Herrschaft war um so stärker, als die *Auflösung des Hellenismus* von innen heraus längst im Gange war. Die Könige, die weder vor Pydna noch später sich gegenüber den römischen Eingriffen zu einer solidarischen Haltung aufgeschwungen haben, setzten ihre Rivalitäten bis zum Ende fort. Die Beamtenschaft und das Bürgertum der griechischen Städte, die zusammen mit den Königen die makedonisch-griechische Herrschaft in Ägypten und in den weiten Ländern Asiens trugen, vermochten kaum noch dem Druck der orientalischen Völker standzuhalten. Selbst ein so kraftvoller Herrscher wie Antiochos IV., der auch nach Pydna daran festhielt, durch Wiederaufnahme der Kolonisation seinem Reich ein Netz von Städten mit griechischer Organisation zu geben, ist am Widerstand der einheimischen Massen gescheitert, er konnte weder die Erhebung der Juden noch die Expansion des parthischen Reiches verhindern. Die Ptolemäer begegneten der Auflehnung des Ägyptertums mit vermehrtem staatlichen Zwang und schufen ein solches Maß von Not und Unsicherheit im Land, daß ihre außenpolitische Macht erlahmte. Ptolemaios VIII. hat sich als erster der hellenistischen Herrscher bereitgefunden, Rom testamentarisch als Erben seines Teilreiches Kyrene in Aussicht zu nehmen, um im Bruderkampf die Hilfe des Senats zu gewinnen (155). Griechenland und die ägäische Welt litten schwer unter den verheerenden Folgen der grausamen Kriegführung. Die Verarmung führte zur Kinderaussetzung und Geburtenbeschränkung; das Seeräubertum, von Rhodos vergeblich bekämpft, organisierte die Plünderung friedlicher Städte und die Versklavung freier Menschen. Der Reichtum sammelte sich in den Händen der dünnen Oberschicht, die von dem Wohlwollen der Römer lebte. Der Aufruhr des Proletariats, in dem sich Sklaven und freie Arbeiter zusammenfanden, erhielt vielfach eine Spitze gegen Rom. Es sollte noch ein Jahrhundert dauern, bis die römischen Machthaber im Osten ihre Aufgabe darin sahen, die tragenden Kräfte des Hellenismus zu retten und sie zu Pfeilern ihrer eigenen Herrschaft zu machen. Für die Generation von Pydna läßt sich nur sagen, daß sie inmitten von gewalttätigen Eroberern und plündernden Soldaten eine kleine

Gruppe von Männern hervorgebracht hat, die eine echte Begegnung mit der griechischen Bildung erlebten und so die Voraussetzungen schufen für den Eintritt Roms in das kulturelle Erbe des Hellenismus.

III. Kapitel

Die Aufrichtung der Herrschaft im Mittelmeergebiet (168-133)

a) Die letzten Widerstände: Spanien, Karthago, Korinth, Numantia

Die Siege im Osten haben dem römischen Staat riesige Gewinne eingebracht. Die Beute des dritten makedonischen Krieges war so gewaltig, daß man von jetzt ab die Kriegssteuer *(tributum)* von den Bürgern nicht mehr zu erheben brauchte. Die eigentlichen Gewinner waren die führenden Schichten der Republik. Die Männer der Nobilität haben mit dem aus dem Osten einströmenden Kapital ihre italischen Ländereien vermehrt und auf Kosten des Bauerntums ausgedehnte Latifundien geschaffen. Das Großbürgertum griff gierig nach den Chancen, die die Pachtung der Staatsaufträge bot, und profitierte von der neuen Stellung Italiens, das dank dem Niedergang der hellenistischen Länder nun zur wirtschaftlichen Vormacht des Mittelmeergebiets wurde. Italische Kaufleute und Bankiers strömten nach dem Osten und ließen sich vor allem in dem Geschäftszentrum Delos nieder, um mit hellenistischen Kunstgütern, orientalischen Karawanenwaren und östlichen Sklaven zu handeln. Die Masse der Bürger und Bundesgenossen allerdings hatte die Lasten des Kriegsdienstes zu tragen, der in den westlichen Ländern noch größere Opfer forderte als im Osten, und verfiel der Verarmung, je mehr die imperialistische Politik eine Sache der herrschenden Klasse wurde.

Die Kriege aber nahmen kein Ende. Mochte es im Osten eine Zeitlang möglich sein, mit den Mitteln der Diplomatie zu herrschen, die freien Völker der *spanischen Provinzen* forderten den Einsatz der Waffen. Zu Beginn des Jahrhunderts hatten sich die

Bewohner der Ebenen und der Randgebiete der Halbinsel gebeugt, Italiker gingen als Siedler nach Spanien, besonders in den Süden des Landes, wo die Kolonien Italica und Corduba aufblühten und an der Ostküste die Gruben von Neu-Karthago dem Staat täglich 25 000 Drachmen einbrachten. Aber die Stämme der Hochebenen und der Berge leisteten tapferen Widerstand. Nach längerer Ruhe an den Grenzen der spanischen Provinzen traten 154 die Lusitaner, das iberische Volk zwischen Duero und Tajo, und ihnen folgend die Keltiberer im Norden des Landes in den Freiheitskampf ein. Wenn sich nun die Kriege in Spanien – mit Unterbrechungen – über zwanzig Jahre hinzogen, so lag dies an den schweren Schäden der römischen Kriegführung und Verwaltung, ja der ganzen imperialistischen Politik. Die Nobilität schickte auf den Kriegsschauplatz mit Vorliebe Konsuln, die politisch bequeme Figuren waren, den militärischen Aufgaben aber sich nicht entfernt gewachsen zeigten. So kam es zu beschämenden Niederlagen und bitteren Verlusten. Die römische Sache wurde vollends kompromittiert, wenn einzelne dieser Statthalter Tausende von Freiheitskämpfern entwaffnen und dann unter Bruch ihres Wortes abschlachten ließen. Der spanische Krieg kam in Verruf, schon 151 haben in Italien viele der Gestellungspflichtigen den Dienst verweigert. Die Panik soll durch des Lucius Ämilius Paulus jüngeren Sohn überwunden worden sein, der, von den Scipionen adoptiert, als Publius Cornelius Scipio Ämilianus die traditionelle Verbindung seines Hauses mit dem spanischen Kriegsschauplatz aufgriff und sich freiwillig für den Dienst in Spanien zur Verfügung stellte. Doch mußte man sich entschließen, die Dienstzeit in Spanien von 16 auf 6 Jahre herabzusetzen. Auch konnte man im weiteren Verlauf des Krieges nicht umhin, den Befehlshabern in Spanien ihr Kommando auf ein zweites Jahr zu verlängern, obwohl dies der Verfassung widersprach.

Während in Spanien nach 150 für ein paar Jahre Ruhe eintrat, regte sich der Widerstand gegen Rom in Afrika, Makedonien und Griechenland, und dann brach der Sturm in Spanien wieder los. In diesem Augenblick, als die römische Herrschaft zu wanken drohte, hat sich im römischen Senat eine Richtung durchgesetzt, die in allen Teilen der Welt ein schonungsloses Vorgehen, ja die Anwendung von Terror gegen feindliche Kräfte verlangte. Cato, der noch 168 sich zugunsten von Rhodos für Ehre und Anstand als Grundlage römischer Außenpolitik eingesetzt hatte, machte sich hochbetagt zum Wortführer der Draufgänger; auch der junge Scipio hat dieser Gruppe angehört. Im Interesse der Sicherung der römischen Herrschaft hat man sich jetzt auch entschlossen, die Bedenken gegen die Errichtung neuer Provinzen zurückzustellen. Es mußten sich schon Mittel und Wege finden, um die Eigenmächtigkeit der Statthalter im Sinne der Nobilität einzuschränken.

Dieser Kurswechsel hat sich zuerst in den Beziehungen zu *Karthago* ausgewirkt. Lange hatte sich der Gegenspieler bewährt, den die Römer im Frieden von 201 der Stadt gegeben hatten. Massinissa, einer der tüchtigsten und erfolgreichsten Fürsten, die die libyschen Stämme hervorgebracht haben, hat ganz Numidien unter seiner Herrschaft zusammengefaßt und in jahrzehntelanger Arbeit die kulturelle Erschließung des Landes in die Wege geleitet. Mit Berufung auf die von Rom ausgesprochene, doch unbestimmt gehaltene Zuteilung der Länder, auf die er Ansprüche erheben konnte, betrieb er die Erweiterung seines Gebiets auf Kosten Karthagos und brachte mehrere Hafenplätze des karthagischen Landes, vor allem an der Kleinen Syrte, in seine Gewalt. Karthago war durch den Friedensvertrag verhindert, sich zu wehren; der römische Schiedsspruch, wiederholt angerufen, lautete fast immer zugunsten des Numiders.

Diese Entscheidungen lassen erkennen, daß in Rom das Mißtrauen gegen Karthago unvermindert fortbestand. Die Stadt war immer noch mächtig, sie beherbergte eine bedeutende Metall- und Textilindustrie, war Umschlagplatz für den Handel mit Zinn, Gold und Elfenbein; auf ihrem Territorium hatte sie die Landwirtschaft in rationell geführten Plantagen großartig entwickelt. Es gab eine numidische Partei in Karthago, die den Anschluß an das Reich des Massinissa nicht ungern gesehen hätte. In normalen Zeiten hätte der Senat die Gefahren, die der Aufschwung von Karthago und Numidien möglicherweise in sich barg, auf friedliche Weise behoben. Nun aber hat man sich unter dem Eindruck des spanischen Kriegs und der Unruhe im Osten zur Politik der eisernen Faust entschlossen. Cato forderte, seit er als Gesandter Einblick in die Verhältnisse Karthagos gewonnen hatte, unentwegt die Zerstörung der Stadt. Die Forderung fand bei den Vertretern der Milde und Gerechtigkeit des römischen Regiments Widerspruch, hat sich dann aber durchgesetzt. Letzten Endes äußerte sich in diesem, mitten im Frieden gefaßten Beschluß, Karthago zu zerstören, die tödliche Feindschaft, die seit dem Auftreten Hannibals in Italien zwischen den beiden Staaten bestand und nur durch Beseitigung des einen oder durch gemeinsamen Untergang zur Ruhe kommen konnte.

Ein Anlaß zum Vorgehen bot sich den Römern, als Karthago ohne römische Erlaubnis Krieg mit Massinissa geführt hatte. Damit war der Friedensvertrag verletzt, für Rom ein erwünschter Kriegsgrund gegeben. Bei der Annäherung der römischen Macht trug Karthago, durch die Niederlage im Krieg gegen Massinissa geschwächt und durch den sofortigen Übertritt der Stadt Utica auf die römische Seite beunruhigt, in Rom die Unterwerfung an. Der Senat verlangte von Karthago die Stellung von 300 vornehmen Geiseln und das Versprechen, die demnächst zu erwartenden Befehle der Konsuln bedingungslos auszuführen, dafür sicherte er den Karthagern die Erhaltung der Freiheit und des Besitzes zu; was aus der Stadt Karthao werden sollte, wurde nicht ausgesprochen. Die Karthager stellten die Geiseln und lieferten auf Befehl der Konsuln ihre Waffen aus. Dann erst erging der brutale Machtspruch Roms, die Stadt solle zerstört, die Bevölkerung zehn Meilen landeinwärts angesiedelt werden. Dieses Vorgehen, das den Vernichtungswillen der Römer enthüllte, schuf in Karthago solche Erbitterung, daß man sich zum letzten Kampf entschloß. Die Stadt wurde schleunigst in Verteidigungszustand gesetzt, in fieberhafter Eile wurden neue Waffen hergestellt. Die gewaltigen Befestigungswerke der Stadt schienen sicheren Schutz zu versprechen, einige Städte und libysche Stämme des Landgebietes hielten auch nach dem Eintreffen der Römer treu zu Karthago, ein nicht unbeträchtliches Heer unter Hasdrubal, der nach dem unglücklichen Feldzug gegen Massinissa zum Tod verurteilt, jetzt aber zum Befehlshaber ernannt worden war, stand im Binnenland und vermochte die Stadt mit Zufuhr zu versorgen. So war der Verteidigungskampf nicht aussichtslos.

In der Tat blieb die römische *Belagerung Karthagos* zwei Jahre lang ohne Ergebnis, die Angriffe auf die Stadt und auf Hasdrubals Heer schlugen fehl. Die Enttäuschung der Römer, die sich in diesem Krieg einen kurzen Beutezug versprochen hatten, war groß. Da setzte es das römische Volk wiederum gegen Herkommen und Verfassung durch, daß der Oberbefehl in Afrika an den berufenen Führer kam. Publius Cornelius Scipio Ämilianus, der sich als Kriegstribun in Spanien und jetzt eben in Afrika hervorragend bewährt hatte und in seinem Namen die Gewähr des Sieges zu tragen schien, wurde für 147 zum Konsul gewählt, obwohl er noch nicht das gesetzlich vorgeschriebene Alter hatte, und mit dem Kommando in Afrika betraut. Scipio erreichte durch einen Angriff, daß Hasdrubal sich in die Stadt zurückzog, und führte dann die völlige Einschließung Karthagos durch. Die Bevölkerung nahm unter dem strengen Befehl Hasdrubals trotz Hunger und Elend den Todeskampf auf sich mit einem Fanatismus, der an den schrecklichen Untergang von Tyros und Jerusalem erinnert. Im Frühjahr 146, als die Stadt schon äußerste Not litt, wurde von Scipio der Sturm eröffnet. Vom Kriegshafen aus drangen die Römer in die Festung ein und eroberten in einem grauenhaften Straßenkampf, der sich sechs Tage und Nächte hinzog und ganze Quartiere in Asche legte, die Stadt und schließlich die Burg. 50 000 Menschen gingen als Gefangene in die Sklaverei; die Stadt wurde von der Erde vertilgt; über den Boden, der nie mehr eine menschliche Behausung tragen sollte, wurde ein feierlicher Fluch gesprochen. In Verbindung mit einer senatorischen Kommission traf der Sieger Scipio die *Neuregelung der Verhältnisse in Afrika.* Das karthagische Landgebiet, ein ansehnlicher Teil des heutigen Tunesien, wurde als römische Provinz eingerichtet. Der Name Afrika, der die neue Provinz und zugleich den Erdteil bezeichnete, wies auf umfassende Herrschaftsansprüche Roms hin. Die rechtzeitig auf die römische Seite übergetretenen Städte, voran Utica, wurden als freie Gemeinden mit ehemals karthagischem Land entlohnt.

So unerbittlich traf der römische Machtwille die Stadt, deren bloßes Dasein eine Herausforderung Roms zu bedeuten schien. Alles, was einstmals zu Karthago gehört hatte, war nun von Rom abhängig geworden. Das Phönikertum des Westens, dessen Sammlung Karthagos historische Leistung gewesen ist, hatte seinen stärksten Rückhalt verloren. Doch hielt sich das punische Element Nordafrikas, durch Sprache und Religion geschützt, in den Städten der Küstenzone und konnte im Hinterland sogar noch weiter an Raum gewinnen. Die Römer, die nach dem Untergang Karthagos die Bücher der karthagischen Bibliothek den numidischen Häuptlingen überließen, haben es gern gesehen, daß die punische Lebensform den Übergang vom Libyschen zum Römischen herstellte, doch eine politische Rolle haben sie dem punischen Volkstum nicht mehr gestattet.

Während Karthago in den letzten Kampf ging, begann auch im Osten der Aufstand gegen Rom, und eine Zeitlang standen die Feinde Roms in Afrika und in Makedonien miteinander in Verbindung. Makedonien und Hellas waren ein zu unsicherer Boden, als daß sie die Fremdherrschaft hätten tragen können, wenn ihre Grundlagen nicht im Lande selbst gelegt wurden. Die römische Organisation in Makedonien hat sich nicht bewährt. Ein gewisser Andriskos, der sich als Sohn des Perseus ausgab, machte 149 den Versuch, das Land wieder zu einigen. Mit thrakischer Hilfe drang er in Makedonien ein und gewann einen Teil der Makedonen für sein Unternehmen. Rom, zum förmlichen Krieg genötigt, schickte ein Heer unter Quintus Cäcilius Metellus, der 148 Andriskos aus dem Land schlug. Jetzt entschloß man sich auch hier zur förmlichen Besitzergreifung. *Makedonien* wurde als *Provinz* eingerichtet, Epirus und das südliche Illyrien wurden zu der neuen Provinz geschlagen, deren Gebiet sich damit vom Adriatischen und Ionischen bis zum Ägäischen Meer erstreckte. Die Via Egnatia, von Apollonia bis zur Hauptstadt Thessalonike durchgeführt, bildete die Fortsetzung des großen Verkehrswegs Rom – Brundisium – Dyrrhachium. Die ausgedehnte Provinz übernahm in der Organisation des römischen Reichs die bisher vom Königreich erfüllte Aufgabe, die griechische Welt vor Angriffen aus dem Norden zu schützen.

In Griechenland ist auch nach dem Strafgericht des Jahres 168 keine Besserung der Verhältnisse eingetreten. Die Griechen ließen nicht davon ab, den Rest der Freiheit, der ihnen noch verblieben war, zu mißbrauchen; Freiheit bedeutete ihnen nach eigenem Eingeständnis vor allem die Möglichkeit, Kriege nach freiem Ermessen zu führen. Immer wieder wurden die Römer als Schiedsrichter angerufen und erwarben sich durch ihre Entscheidungen, auch wenn sie gerecht und verständig waren, neue Feindschaften. Es gab Fehden zwischen den einzelnen Städten, wie der Streitfall zwischen Athen und Oropos zeigt, der die Athener 155 veranlaßte, die Häupter der philosophischen Schulen als Gesandte nach Rom zu schicken. Noch größere Schwierigkeiten schufen die Bünde, die an ihren alten politischen Zielen festhielten. Eine *Erhebung der Achäer* hat schließlich die endgültige Unterwerfung Griechenlands unter Rom herbeigeführt. Als Rom 148 in Spanien, Makedonien und Afrika zu kämpfen hatte, erneuerten die Achäer den Krieg gegen Sparta, der zum festen Bestand der achäischen Bundespolitik gehörte. Da griffen die Römer ein und trafen Verfügungen, die eine empfindliche Schwächung des achäischen Bundes zur Folge haben mußten. Diese römische Einmischung brachte im achäischen Bund den Haß gegen Rom zum Ausbruch. Unter dem Druck fanatischer Führer und des revolutionären Stadtvolks von Korinth erklärten die Achäer 146 den Krieg an Sparta und forderten damit das bewaffnete Einschreiten der Römer heraus. Der Kampf der Achäer, aus Wahnsinn hervorgegangen, wurde mit furchtbarer Erbitterung geführt. Doch gelang es Metellus, von Makedonien aus das mittlere Griechenland zu besetzen. Der von Rom entsandte Befehlshaber Lucius Mummius schlug dann die Achäer am Isthmos und marschierte in Korinth ein. Damit war der Krieg entschieden. Auf Beschluß des Senats wurde Korinth, der Herd der achäischen Unruhen, zerstört; eine Menge griechischer Kunstwerke wurde als Beute nach Italien gebracht. Die noch bestehenden Bundesorganisationen verloren ihren politischen Charakter. Die Städte und Gemeinden des Landes wurden teils tributpflichtig gemacht, teils wie Athen und Sparta durch Bündnisverträge an Rom gebunden. So war Hellas in seine einzelnen

Bestandteile aufgelöst, dem Statthalter der Provinz Makedonien unterstellt und vor sich selbst geschützt. Die Stellungnahme des Polybios, der zwischen Rom und seinen Landsleuten vermittelt hat, mag als Zeugnis dafür dienen, daß diese römische Organisation letzthin auch den griechischen Interessen entsprach.

So furchtbar das Strafgericht über Korinth war, die römische Faust hat für ein halbes Jahrhundert in Hellas Frieden geschaffen. Die Zerstörer von Korinth und von Karthago, Mummius und Scipio, haben 142 durch gemeinsame Bekleidung des hohen Amtes der Censur den Zeitgenossen die Erfolge der neuen Politik zum Bewußtsein gebracht. Als Scipio einige Jahre später als Haupt einer Gesandtschaft in den Osten ging, konnte er in Ägypten, Cypern, Syrien und Kleinasien die Oberhoheit Roms bekräftigen.

Nur Spanien war noch im Aufruhr. Bei den Lusitanern hat *Viriathus*, der mit wenigen andern ein vom römischen Befehlshaber veranstaltetes Massaker überlebt hatte, 147 zum Rachekrieg aufgerufen. Es gelang ihm, die Stämme unter seinem Befehl zusammenzufassen und als der Freiheitsheld seines Volkes den Guerillakrieg in der jenseitigen Provinz mit Energie und Schwung zu führen. Als er 143 auch die Keltiberer wieder in den Krieg hereinzog, war er der Schrecken der Konsuln und der Legionen, bis er 139 durch römischen Meuchelmord fiel. Von nun an konzentrierte sich der Kampf in der nördlichen Provinz um die keltiberische Burg *Numantia.* Hier trat der ganze Tiefstand der römischen Politik und Kriegführung zutage. Gaius Hostilius Mancinus, Konsul 137, hat, um sein Heer vor der Einschließung und Vernichtung zu retten, mit den Numantinern einen Vertrag geschlossen, der einer Kapitulation gleichkam. Die Numantiner, bei denen das Wort eines Römers schon sehr in Verruf gekommen war, haben neben dem Konsul auch seinen Quästor Tiberius Sempronius Gracchus und die höheren Offiziere vereidigt. Trotz dieser feierlichen Verpflichtung wurde der Vertrag vom Senat verworfen. Zur Beruhigung des Gewissens hat man Mancinus den Numantinern ausgeliefert, doch diese lehnten das Opfer ab, das ihnen nackt und gefesselt vor das Stadttor gestellt wurde.

Die Verwerfung des Vertrags ging auf die Extremisten in Rom zurück, die jetzt mit Scipio Ämilianus, dem Sieger über die Karthager, die Oberhand in allen Fragen der spanischen Politik erhielten. Zur völligen Niederwerfung der feindlichen Stadt entschlossen, erreichten sie, daß für 134 Scipio wieder zum Konsul gewählt wurde, obwohl damals eine zweimalige Bekleidung dieses Amtes untersagt war, und daß er Spanien als Provinz erhielt. Mit einer Truppe, die wesentlich aus Freiwilligen Italiens und aus Hilfskontingenten der verbündeten Städte und Könige zusammengesetzt war, und mit einer Kohorte seiner persönlichen Freunde und Gefolgsleute machte sich der erste Mann Roms daran, durch Blockade und Aushungerung den verhaßten Feind zur bedingungslosen Kapitulation zu zwingen. Die deutschen Ausgrabungen haben die sieben Lager und die sie verbindende Mauer zutage gefördert, die Numantia von der Umwelt abschlossen und jede Hilfe von außen unterbanden. Scipio hat etwa 60 000 Mann, den iberischen Zuzug eingerechnet, gegen die feste Stadt aufgeboten, in der sich gegen 10 000 Menschen befanden, darunter 4000 Krieger. Nach Monaten zähen Durchhaltens und kühner Ausbruchsversuche mußten sich die Numantiner ergeben, sie wurden in die Sklaverei verkauft; ihre Stadt, die so lange der Sammelpunkt feindlicher Kräfte und so oft der Schauplatz römischer Niederlagen gewesen war, wurde nach Scipios Willen zerstört. Der Sieger hat dann zusammen mit der üblichen Zehnerkommission des Senats das neugewonnene Gebiet geordnet.

So waren die Hochburgen des Widerstands gefallen, die Vernichtungspolitik hatte ihre Ziele erreicht. Die inneren Verhältnisse der Provinzen und der abhängigen Staaten waren allerdings keineswegs gesund, und Italien selbst geriet durch die Welteroberung in eine schwere Krisis.

b) Die Organisation der Provinzen und Schutzstaaten

Auf die militärische Unterwerfung der Mittelmeerländer war teils die Besitzergreifung, teils die indirekte Beherrschung durch

Rom gefolgt. Die organisatorische Durchbildung dieser beiden Formen der Unterordnung hat dort zum *Provinzialsystem*, hier zu einer Rechtsbeziehung geführt, die wir als *Schutzherrschaft* ansprechen können. Man hat mit Recht darauf hingewiesen, daß diese beiden Formen in der italischen Expansion des römischen Staates, die durch Annexion und Bündniszwang bestimmt war, gewisse Vorstufen gehabt haben. Nur darf man, wenn man diese Formeln gebraucht, nicht dem Mißverständnis verfallen, als ob der Aufbau der mediterranen Welt in Provinzen und Schutzgebieten nur eine Fortsetzung der Bildung des römischen Staats in Italien gewesen sei, als ob diese Organisation ohne größere Schwierigkeiten vollzogen worden sei, als ob „die Systeme" von Anfang an gegeben und daher überall in derselben Weise durchgeführt worden seien. Es handelt sich vielmehr um eine großartige Neuschöpfung, um ein Werk, das langsam geworden ist und immer eine erstaunliche Beweglichkeit bewahrt hat.

Die *provinziale Organisation* wurde zuerst in Sizilien angewandt, dann auf Sardinien und Korsika übertragen, weiterhin für die beiden spanischen Gebiete und schließlich auch für Makedonien und Afrika eingerichtet. Später hat sie sich in noch viel größerem Umfang durchgesetzt. Die Einrichtung der Provinz, d. h. eines Besatzungsgebiets außerhalb Italiens, geht von der Rechtslage aus, daß das im Kriege überwundene Land dem römischen Volke untertan geworden ist. Die erste Forderung Roms richtet sich daher auf die Preisgabe der politischen Selbständigkeit des unterworfenen Staates, mag dieser ein Königreich, eine Republik oder ein Stammesverband gewesen sein. Doch nicht nur die bisherigen Träger der Staatsgewalt werden beseitigt, sondern auch die untergeordneten Organe der früheren Regierung und Verwaltung werden zumeist aufgehoben. Lokale Verbände verlieren ihre politische Bedeutung, nur als sakrale Vereinigungen werden sie weiterhin geduldet. Land und Volk, auf diese Weise entstaatlicht, werden Eigentum des römischen Volkes, wenn nicht in der Theorie, so doch in der Praxis. Da es sich nun aber um große, von Rom weit entfernte, teilweise überseeische Länder handelt, ist die Annexion der Gebiete nicht in derselben Weise möglich wie in Italien, wo die Verwaltung des in Besitz genommenen und römischen Bürgern zugeteilten Landes durch Magistrate und Beauftragte des Gemeindestaates ausgeführt werden konnte. Es wird daher eine neue Form der Besitzergreifung in der Weise geschaffen, daß das Land den bisherigen Bewohnern, die nunmehr Untertanen des römischen Volkes geworden sind, überlassen und die Oberhoheit Roms durch die Besteuerung des Bodens festgelegt wird. Dieses Verfahren haben die Römer, wie es scheint, von den früheren Herren Siziliens, Karthagern und Syrakusanern, übernommen. Das Herrschaftsrecht auch auf die militärischen Dienstleistungen der Untertanen auszudehnen, hat das republikanische Rom im allgemeinen vermieden, da neben dem Aufgebot der Bürger und Italiker die Kontingente der auswärtigen Bundesgenossen zur Verfügung standen, somit eine weitere Verstärkung des Heeres, zumal aus dem unzuverlässigen Bestand der Provinzialen, nicht notwendig schien.

Die besonderen *Formen der Unterordnung und Besteuerung* wurden nicht gleichmäßig auf das ganze Gebiet einer Provinz, geschweige denn für alle Provinzen angewandt, vielmehr von Fall zu Fall geregelt, je nach den bisher geltenden Bestimmungen und nach den Verfügungen, die Rom während des Krieges, als das Land noch nicht untertänig war, getroffen hatte. Dabei ging man so vor, daß der römische Feldherr in Verbindung mit einer meist aus zehn Mitgliedern bestehenden Kommission des Senats in die örtlichen Verhältnisse Einblick nahm und aufgrund dieser Erhebungen die für die Zukunft geltenden Abhängigkeitsverhältnisse aller Stadt- und Landbezirke regelte. Diese Bestimmungen wurden im Grundgesetz der Provinz *(lex provinciae)* niedergelegt. Da gab es, um mit den Ausnahmen zu beginnen, einige Gemeinden, die aus dem Verband der Provinz herausgenommen waren: förmliche Verbündete *(civitates foederatae)*, die einen Bündnisvertrag mit Rom geschlossen hatten und dementsprechend ihre volle Autonomie bewahrten. Ihrer Rechtsprechung unterstanden daher auch die römischen Bürger, die sich in ihren Mauern aufhielten. Diese verbündeten Städte, für die man als Beispiele Gades, Athen und Sparta nennen kann, waren von allen Abgaben frei, ihr Land war rechtlich anerkanntes Privatland *(ager privatus ex iure peregrino)*. Nicht so günstig war die Stellung der freien Städte, deren Freiheit nicht auf einem Vertrag zu gleichem Rechte beruhte, sondern von Rom einseitig gewährt war *(civitates sine foedere liberae)*. Die Autonomie dieser Gemeinden, die teilweise auch zu Abgaben verpflichtet waren, konnte jederzeit durch römische Verfügung aufgehoben werden. Die Regel auf dem Boden der eigentlichen Provinz bildete die Kategorie der steuerpflichtigen Untertanenstädte *(civitates stipendiariae)*. Auch sie behielten einen hohen Grad von Selbstverwaltung, waren aber der Besteuerung des Bodens unterworfen. Die Besteuerung war nach dem Rechtscharakter des Bodens verschieden. War die Stadt noch während des Krieges auf römische Seite getreten, dann war ihr Land nicht in die Oberhoheit des römischen Volkes übergegangen, die Besteuerung des Bodens galt dann als Ersatz des römischen Kriegsaufwands *(stipendium)* und wurde, was ein besonderer Vorteil für die Steuerpflichtigen war, für alle Zukunft in einer bestimmten Höhe geregelt. Wenn aber die Stadt im Krieg erobert, ihr Land also ein Teil des römischen Herrschaftsgebiets geworden war, so verfiel sie der eigentlichen Untertanensteuer *(vectigal)*. Art und Höhe der Steuer richtete sich nach den örtlichen Verhältnissen. Für Sizilien, dessen Provinzialordnung wir aus Ciceros Reden gegen Verres genauer kennen, war der Zehnte der Ernte, bei Weideland eine entsprechende Abgabe in Geld festgesetzt. Schließlich gab es in den Provinzen zumeist auch einzelne Gebiete, die von Rom unmittelbar als Gemeindeland in Besitz genommen und ähnlich wie der *ager publicus* in Italien verpachtet wurden. Es waren vor allem die Domänen und die Bergwerke der im Kriege unterworfenen Könige und Republiken. Diese verschiedenen Stufen der Abhängigkeit waren in der *lex provinciae* geregelt. Allgemein für das Gebiet der Provinz galt die indirekte Besteuerung durch die Zölle.

Diese Organisation, deren Schwerpunkt in der Besteuerung des Untertanenlandes lag, wurde zuerst auf Sizilien angewandt. Dort zeigte es sich bald, daß zur Wahrung der Ordnung und zur Sicherung der Interessen ein Träger der staatlichen Hoheit unentbehrlich war. Nun hatte man bei der Verwaltung Italiens früher schon Vertreter des römischen Staates verwendet, die ihr Amt nicht in Rom ausübten, so die *praefecti iure dicundo,* die die Rechtsprechung in den abhängigen Landstädten Italiens vornahmen. Trotzdem war es eine in das Wesen des Gemeindestaats tief eingreifende Neuerung, wenn jetzt in die Provinz ein Magistrat mit vollem Imperium geschickt wurde. Seit 227 sind als *Verwalter der Provinzen* in der Regel *Prätoren* entsandt worden, deren Zahl entsprechend erhöht werden mußte. Die Einrichtung, daß die Magistrate des Gemeindestaats, Konsuln und Prätoren, nach Ablauf ihres Amtsjahrs als Promagistrate, Prokonsuln und Proprätoren, in die Provinzen gingen, ist erst von Sulla endgültig geschaffen worden. Für den die Provinz übernehmenden Prätor wurde durch besonderen Beschluß der Bereich der Aufgaben, die ihm zukamen, festgesetzt. Dieser Aufgabenkreis, der von jeher für die obersten Beamten des Staates genau bestimmt wurde, hieß immer schon *provincia.* Seit der Einrichtung der Provinzen mußte der Umfang der Funktionen in erster Linie territorial umgrenzt werden. So ist es gekommen, daß das Wort *provincia* schließlich territorialen Sinn erhalten hat und zur Bezeichnung des Verwaltungsgebiets geworden ist.

Daß die in die Provinzen entsandten Magistrate das volle Imperium erhielten, also zivile und militärische Gewalt vereinigten, ist charakteristisch für die römische Staatsordnung. Auf diese Weise war in der Provinz, ebenso wie in Rom, ein einheitliches Regiment gesichert. Der Statthalter hatte das Kommando der in der Provinz stehenden Besatzung und übte die Rechtsprechung aus. Seiner Kriminalgerichtsbarkeit unterstanden alle Bewohner der Provinz, von der Zivilgerichtsbarkeit waren die Bürger der freien Gemeinwesen ausgenommen. So hatte das Regiment des Statthalters eine umfassende Ausdehnung, es war zugleich durch besondere Unabhängigkeit ausgezeichnet. Die Rechtsprechung des Prätors in der Provinz war in der Regel nicht durch das Recht der Berufung an das Volk *(provocatio)* eingeschränkt. Der Statthalter war auch nicht durch die Kollegialität gehemmt, die für die Magistrate in Rom galt; denn der Quästor, der ihm beigegeben wurde, war nur sein Gehilfe. Senat und Volk haben in der Überwachung der Statthalter zumeist Nachsicht gezeigt. So war in den Provinzen Raum geschaffen für Gouverneure, die den römischen Machtwillen in alltägliche Wirklichkeit umzusetzen vermochten. Allerdings eröffnete sich hier auch ein Feld für selbstherrliche Naturen, die darauf ausgingen, neue Länder zu erobern und von der Provinz aus die Regierung in Rom unter ihren Willen zu beugen.

Die *Nachteile und Gefahren des Provinzialsystems* wirkten sich jedoch in erster Linie gegen die Provinzen aus. Die jährliche Ablösung der Statthalter ließ ein dauerhaftes Regiment nicht gut aufkommen. Gegen Mißwirtschaft und Ausbeutung durch römische Beamte und Geschäftsleute mangelte es den Provinzialen an hinreichendem Rechtsschutz. Gewiß war das Grundgesetz der Provinz meist so beschaffen, daß die Leistungen den Untertanen erträglich waren, daß also beide Teile, Rom und seine Untertanen, auf ihre Kosten kamen; denn Raubbau zu treiben, lag auf die Dauer auch nicht im römischen Interesse. Aber die freie Stellung, die dem Statthalter und seinen Organen zugewiesen war, verführte manche zu egoistischem Mißbrauch ihrer Befugnisse. Statthalter, die sich in der Provinz bereichern, dort sich die für die stadtrömische Wahlagitation nötigen Mittel und manches darüber hinaus verschaffen, sind besonders in der ausgehenden Republik eine häufige Erscheinung gewesen. Es erwies sich hier eben als nachteilig, daß das Amt des Statthalters nur eine Stufe in der von der Volkswahl abhängigen Ämterlaufbahn war. Beschwerden, die die Provinzialen gegen solche habsüchtigen Verwalter etwa an den Senat richteten, hatten nur geringe Aussichten auf Erfolg. Im Jahre 149 wurde in Rom zwar ein stehender Gerichtshof für die Klage wegen Erpressung geschaffen, doch die Untertanen mußten sich bei einem solchen Prozeß durch einen Anwalt vertreten lassen, der in der Regel doch ein Standesgenosse des Angeklagten war. Es scheint auch, daß die Ahndung des Erpressungsdelikts weniger den Provinzialen zuliebe geschehen ist als zu dem Zweck, dem herrschenden Stand eine Waffe gegen unbotmäßige Statthalter in die Hand zu geben.

Nun war aber die Ausbeutung durch die Statthalter nicht die

einzige, nicht einmal die schlimmste Gefahr. Viel schlimmer wurden die Provinzialen durch die Steuerorgane des römischen Staates belästigt. Die Steuererhebung wurde in der republikanischen Zeit nicht durch Beamte vorgenommen, sondern, wie zumeist in der antiken Welt, durch private Unternehmer, an die der Staat die Steuer verpachtete. Die *Steuerpächter* gehörten zu dem Kreis von Geschäftsleuten, die auch die übrigen öffentlichen Leistungen und Lieferungen finanziell durchführten und entsprechend ihrer Tätigkeit, der Pacht staatlicher Unternehmungen *(publica)*, als *publicani* bezeichnet wurden. Es waren kapitalkräftige Leute aus der römischen Bürgerschaft, doch waren Senatoren von dieser Betätigung ausgeschlossen. Die Praxis war so, daß derjenige, der nach der Schätzung des Steuersolls den Censoren das höchste Angebot machte, den Zuschlag erhielt; er mußte die Summe sofort bezahlen, konnte sich dann aber bei der Eintreibung in der Provinz seinen Gewinn sichern. Zu dieser Plage der Steuerpächter kam dann noch der Schwarm der Geldverleiher *(negotiatores)*, die Städten und Privatleuten in der Provinz Darlehen gewährten und durch die ungeheuren Zinsen, die sie fordern durften, hin und wieder die tiefe Verschuldung der Provinzen herbeiführten. Daß Mißstände dieser Art im letzten Jahrhundert der Republik überhand nahmen, hatte seinen Grund nicht im Provinzialsystem selbst, sondern in der schweren inneren Krisis des römischen Staates in dieser Zeit. Das Kaisertum, das diese Krisis überwunden hat, ist auch in der Organisation der Provinzen mit wesentlichen Neuerungen hervorgetreten.

Über diesen Entartungserscheinungen darf, wenn man die Geschichte der Länder auf lange Sicht betrachtet, die Wohlfahrtswirkung der römischen Herrschaft nicht vergessen werden. Gewiß war das nächstliegende Ziel der römischen Verwaltung die Ausbeutung der Länder für Rom, doch diese Ausbeutung war im römischen Interesse zumeist eine rationelle Bewirtschaftung. Durch das römische Regiment haben Landwirtschaft, Handel und Gewerbe in vielen Ländern eine tatkräftige Förderung erfahren. Die Anlage von Straßen, Häfen und Kanälen kennzeichnet geradezu den Übergang eines Landes in römischen

Besitz. Weiterhin war es ein Ergebnis der römischen Herrschaft, daß große Länder geordneten Rechtszuständen und friedlichen Verhältnissen zugeführt wurden. Wie sehr diese Befriedung auch im Sinne der Provinzialen lag, zeigt der Vergleich des provinzialen Lebens mit den vorrömischen Zuständen. Im Westen, in Spanien und auch in Gallien, waren vor der römischen Besitzergreifung die kleinen, in primitiven Verhältnissen lebenden Einheiten der Burgen und Gaue unter sich zerfallen, soweit sie überhaupt Beziehungen untereinander aufgenommen hatten. Im Osten gab es wohl ein hochentwickeltes städtisches Leben, aber es wurde durch den zerstörenden Partikularismus der griechischen Politik um seine schönsten Früchte gebracht. Ein unanfechtbares Zeugnis für den erzieherischen Wert der römischen Herrschaft ist die *Romanisierung der westlichen Provinzen*, denn sie wurde nicht durch rohen Zwang herbeigeführt. Das heimische Leben der Untertanen, ihre Sprache, Religion und Sitte, hat Rom nicht angetastet, trotzdem verbreiteten sich im Gefolge der römischen Verwaltung auch Sprache und Recht der Römer. Die Einwanderung von Bürgern und von Italikern, die oft schon vor der Erhebung eines Landes zur Provinz begonnen hat, schuf volkreiche Mittelpunkte römischen Lebens, später kam dann die Anlage von Kolonien in den Provinzen hinzu. Nach und nach wurde die Gemeindeverfassung Italiens vorbildlich für die Städte der unterworfenen Länder. So vollzog sich langsam, doch zielsicher die Hinwendung der Länder zu den Lebensformen der herrschenden Macht.

Das Provinzialsystem hat auf die Verfassung Roms von Anfang an stark zurückgewirkt. Um die mit dem System verbundene Gefährdung der gemeindestaatlichen Verfassung und der Nobilitätsherrschaft zu verhindern, haben die römischen Politiker wiederholt von der Einrichtung einer Provinz abgesehen, auch wenn die allgemeinen Voraussetzungen der Unterwerfung gegeben waren. Natürlich gab es auch noch andere Beweggründe, die Besitzergreifung zu unterlassen oder hinauszuschieben. Die unbestimmte Scheu vor den griechischen Kulturgebieten hat gewiß lange Zeit als Hemmung gewirkt. In solchen Fällen entschieden sich die Römer für die indirekte Beherrschung, das heißt für die maßgebende Beeinflussung des Landes mittels der im Lande bestehenden Regierung. Diese Regelung bot für Rom den Vorzug, daß es keine weiteren Jahresbeamten einzuführen und keine Besatzung in das Land zu legen hatte.

Die *indirekte Beherrschung*, die man vergleichsweise als Protektorat bezeichnen kann, wurde auf sehr verschiedene Weise begründet und in sehr verschiedenen Formen verwirklicht, wie ein bloßer Hinweis auf die Stellung des Königreichs Numidien, der vier Bezirke von Makedonien, der Republik Rhodos zeigen mag. Wiederholt ist die politische Abhängigkeit eines Staates von Rom in aller Form vertraglich festgelegt worden. In einem solchen ungleichen Vertrag war die Bündnispflicht einseitig für das den Vertrag von Rom empfangende Gemeinwesen ausgesprochen und überdies die ausdrückliche Anerkennung der Majestät des römischen Volkes enthalten. So sind die Ätoler 189 durch einen förmlichen Klientelvertrag von Rom abhängig geworden. Aber auch der einfache Friedensvertrag konnte durch besondere Bestimmungen die Oberherrschaft Roms wenigstens in wichtigen Dingen erreichen. Das geschah z. B. mit Karthago, dem durch den Vertrag von 201 die Kriegführung außerhalb Afrikas untersagt, die Kriegführung in Afrika nur im Einverständnis mit Rom zugestanden wurde. Ähnlich erging es Antiochos von Syrien, der im Vertrag von Apamea eine bestimmte Verkehrsgrenze für seine Flotte und die Einschränkung seiner Rüstungen anerkennen mußte. Auch Staaten, die mit Rom durch Freundschafts- und Bündnisverträge verbunden waren, konnten unter Umständen aus der Stellung gleichgeordneter Verbündeter zu abhängigen Klienten herabsinken. Die Überlegenheit Roms, die eine fortgesetzte Steigerung erfuhr, bewirkte praktisch eben doch die Ungleichheit der vertragschließenden Parteien. Was bedeutete selbst eine Macht wie Massilia gegenüber dem römischen Reich! Schließlich ist eine Art Schutzherrschaft oft ohne jeden Vertrag durch die tatsächlichen Verhältnisse allein herbeigeführt worden. So sind die Fürstentümer an den Grenzen des Reiches, deren Herrscher hin und wieder mit dem Titel „Freund des römischen Volkes“ ausgezeichnet wurden, fast alle zu römischen Vasallenstaaten geworden. Massinissa von Numidien,

Prusias von Bithynien, Tigranes von Armenien und der Germanenfürst Ariovist stehen da in einer Linie.

Die praktische Auswirkung der Schutzherrschaft äußerte sich vor allem in der *Anerkennung der römischen Oberhoheit.* Bei den Vasallenfürsten kam bald die Regel auf, daß sie, zum Thron gelangt, sich den Königstitel von Rom bestätigen lassen mußten. Das größte Interesse hatte Rom an der Überwachung der auswärtigen Politik seiner Klienten. Kriegführung und Bündnisabschluß wurden beaufsichtigt, gelegentlich wurde die Stellung von Kontingenten zum römischen Heer verlangt und der Auftrag zur Mitwirkung an der Verteidigung der benachbarten Reichsgrenze erteilt. Dagegen haben die Römer in die inneren Verhältnisse dieser Staaten wenig eingegriffen. Verwaltung, Finanzwesen und Rechtsprechung blieben in der Regel ohne römische Bevormundung, ja Rom hat oft Mißstände auf diesen Gebieten, die den betroffenen Staat schwächen mußten, begünstigt.

Die *Überwachung der Klientelstaaten* ist im wesentlichen mit diplomatischen Mitteln erreicht worden. Gesandtschaften gingen häufig hin und her und besorgten die Ausführung der Anordnungen des Senats, der in dieser indirekten Beherrschung der Länder eine bedeutende Stärkung seiner ganzen Stellung erfuhr. Unterwürfige Staaten sandten schon von sich aus immer wieder Boten nach Rom, die die Anliegen des Gemeinwesens vortragen und die Entscheidung des Senats erbitten sollten. Unsere Überlieferung über die Zeit vom zweiten bis zum dritten Punischen Krieg enthält zahlreiche Nachrichten über solche Gesandtschaften, die nach dem römischen Sieg bei Pydna fast zu einer stehenden Einrichtung wurden. Damals begab sich auch der König Prusias II. von Bithynien nach Rom, dessen Verhalten als ein Beispiel für die unwürdige Kriecherei gelten kann, die durch die römische Schutzherrschaft oft gefördert wurde. Als er früher einmal römische Gesandte in Bithynien empfing, hatte er die Tracht eines römischen Freigelassenen angelegt, um das Herrenrecht der Römer so aufdringlich wie möglich zum Ausdruck zu bringen. Nun wurde er 167 im Senat vorgelassen. Er nahte sich der Versammlung in der unterwürfigen Haltung des Dieners mit den Worten: „Seid gegrüßt, ihr rettenden Götter!“ (Polyb.

30, 18). Andere Fürsten, die nicht so willfährig waren, machten eine sorgsame Überwachung seitens der Römer notwendig. Daher sind römische Gesandte, Mitglieder des Senats, nicht nur zum Zweck spezieller Entscheidungen, sondern auch zu allgemeiner Information und Kontrolle abgeschickt worden. Die Inspektion, die Scipio Ämilianus um 140 im Orient vornahm, ist ein berühmtes Beispiel diplomatischer Überwachung. Wie die Herren der Welt traten die römischen Gesandten auf. In den abhängigen Ländern gewöhnte man sich schließlich so daran, daß auch Senatoren, die ohne Auftrag erschienen, wie Fürsten empfangen wurden. Ein Papyrusblatt (Pap. Tebtunis 33) zeigt uns, wie für die Reise eines römischen Senators in Ägypten ein hoher alexandrinischer Beamter den lokalen Behörden genaue Anweisungen gab, Quartiere und Gastgeschenke bereitzustellen, zur Unterhaltung des Gastes die Fütterung der heiligen Krokodile und die Besichtigung des Labyrinths vorzunehmen. Großartiger reisten die Römer in Ägypten auch später nicht, als das Land römisch geworden war.

Trotz der Unterwürfigkeit mancher Staaten war der *Erfolg der indirekten Beherrschung* nicht durchweg befriedigend für Rom. Die Überwachung der Klientelstaaten verwickelte Rom in viele abseits liegende Händel und führte zu den schweren Kriegen, von denen früher die Rede war. Die fortgesetzte Einmischung der römischen Diplomatie zog mancherorts Abneigung und Haß gegen Rom nach sich, es kam zur Mißhandlung römischer Gesandter und dadurch wieder zu kriegerischer Verwicklung. Die Vorgeschichte der achäischen Erhebung des Jahres 147 gibt ein Beispiel dieser Art. Diese Erfahrungen haben neben andern Erwägungen in Rom schließlich zu der Erkenntnis geführt, daß die Besitzergreifung doch die sicherste Methode der Beherrschung sei. So sind, nachdem ein halbes Jahrhundert lang kein Land annektiert worden war, die Provinzen Makedonien und Afrika geschaffen worden. Später, als die auswärtige Politik Roms mehr von den großen Machthabern als vom Senat bestimmt wurde, kamen noch viele neue Provinzen hinzu. Das System der Schutzherrschaft war damit nicht aufgegeben, es entsprach eben dem römischen Grundsatz, mit möglichst geringen eigenen Kräften zu wirtschaften. In den Grenzgebieten des Reiches behielt man es gern bei, besonders im Orient, wo diese Herrschaftsform von den ältesten Zeiten bis zur Gegenwart eine häufige Erscheinung ist.

So war um die Mitte des 2. Jahrhunderts das ganze Mittelmeergebiet in verschiedenen Formen Rom untertan geworden und durch feste Bande die Zusammengehörigkeit der Länder gesichert. Es wäre nun von großem Interesse, zu wissen, welche Auffassung die Römer im Zeitalter der Punischen Kriege über die Bedeutung ihrer Erfolge gehabt, welche Aufgabe sie ihrem Regiment letzthin gesetzt haben, wie sie nach und nach zum *Bewußtsein der Weltherrschaft* gekommen sind. Die seltenen ursprünglichen Äußerungen, die aus diesem Jahrhundert auf uns gekommen sind, ergeben wenig für diese Frage. Die Rückschlüsse aus der praktischen Einrichtung auf die theoretische Begründung der Weltherrschaft erlauben kaum, mehr zu sagen, als früher bereits geschehen ist. Dagegen sprechen zu uns die Stimmen der Griechen, die in besonderer Weise von der römischen Expansion betroffen waren und von ihrer eigenen Vorstellungswelt aus die römischen Erfolge und Einrichtungen beurteilt und geschichtlich eingeordnet haben.

Schon seit dem Beginn des zweiten Punischen Krieges haben einzelne Politiker, wie der von Polybios (5, 104) genannte Agelaos von Naupaktos, die Erkenntnis gewonnen, daß die im Westen siegende Macht, ob Rom oder Karthago, auch nach dem Osten des Mittelmeergebiets ausgreifen werde. Als dann nach dem Ausgang dieses Krieges die römische Einmischung in die hellenistischen Staaten wirklich begann, als römische Legionen über den Hellespont nach Asien gingen, betrachteten die Griechen dies als den Beginn der römischen Weltherrschaft. Die kultische Verehrung der Göttin Roma und die Begrüßung der römischen Sieger als Retter und Wohltäter war nur der religiöse Ausdruck für die in manchen griechischen Städten sich durchsetzende Anerkennung des römischen Regiments. Seit dem Siege von Pydna, der die römische Weltherrschaft in so massiven Formen hervortreten ließ, glaubte man in der griechischen Welt, das römische Reich sei als neue Universalherrschaft an die Stelle des Alexanderreichs und des aus ihm hervorgegangenen hellenistischen Staatensystems getreten.

Die Auffassung des Geschichtsschreibers *Polybios* ist von besonderer Wichtigkeit. Er war in den Traditionen der griechischen Politik aufgewachsen, ist dann als Geisel in das Haus des Siegers Lucius Ämilius Paulus und in die Freundschaft seines Sohnes Scipio Ämilianus aufgenommen worden, er hat die großen Entscheidungen um Karthago, Korinth und Numantia in der Begleitung römischer Feldherrn und Staatsmänner miterlebt. Der Grieche, der auf so wunderbare, menschlich so verpflichtende Weise den Weg zum Römertum gefunden hatte, erkannte als Ergebnis der römischen Herrschaft die politische Einigung der bewohnten Erde, der Oikumene. In seinem Geschichtswerk hat er von dieser Grundanschauung aus den Aufstieg Roms zur Weltherrschaft dargestellt. In dieser rückwärts gewandten Betrachtung ist er leicht geneigt, die Bildung des römischen Weltreichs als eine bewußte Schöpfung der Römer auszugeben, obwohl nach seiner eigenen Darstellung die Tatsachen dieser Auffassung oft widerstreiten. Er hat die ungeheure Leistung der Römer aus der unvergleichlichen Verfassung des römischen Staates, aus der sittlichen Tüchtigkeit und der gesunden Veranlagung des römischen Volkes zu erklären gesucht. Bei aller Bewunderung der römischen Erfolge übt er offene Kritik an den brutalen und unaufrichtigen Methoden, die in der römischen Politik überhandzunehmen drohten. Sein Gesamturteil läßt erkennen, daß er die Forderung der griechischen Philosophie an den idealen Staat, vor allem das stoische Ideal von der ökumenischen Einheit der Menschen, im römischen Reich nicht erfüllt sah. Denn dieses Reich war nicht, jedenfalls noch nicht, die Verwirklichung einer einheitlichen Rechtsordnung, sondern die Herrschaft der Römer über Untertanen.

Polybios' Auffassung vom Gang der römischen Geschichte hat maßgebende Bedeutung gewonnen, auch in der römischen Welt. In derselben Zeit, in der griechische Philosophen in Rom auftraten und Panaitios, der Vertreter der damals geltenden stoischen Philosophie, im Hause des Scipio Ämilianus verkehrte, sind auch Forderungen der griechischen Ethik, Gedanken des

Platon und Aristoteles, an die römische Politik herangetragen worden. Das Problem der Gerechtigkeit im Weltreich, vor allem die Frage des gerechten Krieges, die auch dem ältesten Rom nicht fremd war, wurde leidenschaftlich erörtert. Aus römischer Überlieferung und griechischer Überzeugung ergab sich die Theorie, daß ein Krieg nur dann als gerecht gelten könne, wenn er für die eigene Sicherheit oder zum Schutz der Bundesgenossen geführt werde. Die Frage, ob es berechtigt sei, fremde Völker zu unterwerfen, wurde in dem Sinne bejaht, daß die Unterwerfung um höherer Güter willen durchgeführt werden müsse. Eroberung, die als letztes Ziel die Verwirklichung des Rechtszustandes anstelle der rohen Gewalt erstrebe und erreiche, geschehe nicht nur zum Vorteil der Sieger, sondern auch zum Nutzen der Untertanen. Ein auf dieser Grundlage aufgebautes Reich erschien, um einen Ausdruck Ciceros (De officiis 2, 27) anzuführen, als Schutzherrschaft, nicht als Gewaltregiment *(patrocinium orbis terrae verius quam imperium).*

So wurde von den Griechen eine Problematik neuer Art in die römische Politik hineingetragen und manches, was den Römern in ihrem Glauben stets lebendig gewesen war, zum Bewußtsein erhoben. Zunächst wirkten diese Auffassungen, die eine neuartige ethische Durchdringung der Politik erstrebten, nur auf enge Kreise der römischen Gesellschaft. In den folgenden Generationen aber drangen die neuen Gedanken auch in die Führung der Politik und in die Ausgestaltung des Reiches ein. So konnten spätere Geschlechter in der römischen Herrschaft eine Annäherung an das Ideal des stoischen Weltstaates erkennen.

In einem wesentlichen Punkt sehen wir hier die Römer als Schuldner der Griechen. So wird es notwendig, die Stellung der Römer zur griechischen Kultur im Zusammenhang eingehend zu erörtern.

IV. Kapitel

Römertum und Hellenismus

Die römische Politik hat es in der Unterwerfung fremder Staaten nicht an Gewalt, in der Organisation der Herrschaft nicht an Härte fehlen lassen. Wenn die römische Eroberung uns trotzdem nicht als eine rohe Vergewaltigung der Umwelt erscheint, so liegt das vornehmlich in der Tatsache begründet, daß die römische Machtsphäre die Auseinandersetzung mit ihrer kulturellen Eigenart notwendig machte, daß politische Herrschaft, wenn sie dauerhaft sein sollte, zur geistigen Erfassung der Umwelt und zur moralischen Führung werden mußte. Hier lag die schwerste Probe der römischen Begabung, doch auch sie wurde schließlich bestanden. Mit jener Anpassungsfähigkeit und Aneignungskraft, die der Grieche Poseidonios als wesentliche Ursache für die Größe Roms angeführt hat, haben die Römer durch die Aufnahme fremder Bildung ihr eigenes Wesen entfaltet und so die Expansion zu einem das ganze Leben des Staates und des Volkes erfassenden Wachstum erhoben.

Die Auseinandersetzung mit dem geistigen Eigentum der Nachbarn und Untertanen ging von frühester Zeit an der politischen Ausdehnung parallel. Der Zusammenstoß mit den Etruskern brachte die Römer in Berührung mit einer fremdartigen, hochstehenden städtischen Kultur. Daß sie aus dieser überlegenen Kultur manches übernahmen, ohne Wesentliches von ihrer Eigenart preiszugeben, ist ein Zeichen dafür, wie entschieden schon in diesem Zeitalter in Rom der Sinn für das eigene Wesen und das Wesensgemäße ausgebildet war. Auch die Einbeziehung italischer Gemeinden und Stämme in das römische Machtgebiet bedeutete die Erwerbung neuer kultureller Werte, vor allem im religiösen Leben der Republik. Die Aufgabe der Aneignung war hier erleichtert, da das gemeinsame italische Volkstum die allgemeine Verständigung sicherte. Dagegen wurde Rom durch die *Begegnung mit der griechischen Kultur* vor eine Entscheidung von größter Tragweite gestellt. Das Griechentum hatte in der Zeit, als Rom eben erst das klare Bewußtsein seines besonderen Daseins erlangte, im Denken und Reden, im Dichten und künstlerischen Gestalten endgültige Formen ausgebildet und in großen Schöpfungen zur Wirkung gebracht. Religion und Kunst, Literatur und Philosophie der Griechen stellten eine umfassende, in sich geschlossene geistige Ordnung von höchstem Rang dar. Diese das ganze menschliche Wesen erfassende und umgestaltende Kultur enthielt Ausdrucksformen für geistige Anlagen, die bei den Römern fehlten oder noch nicht hervorgetreten waren, sie überstieg also zunächst das römische Fassungsvermögen. Ja sie war als eine im Geistigen begründete Ordnung dem Römertum, das in der Entfaltung seines wurzelhaften, eigenwüchsigen Lebens den besonderen Sinn theoretischer und künstlerischer Objektivierung der eigenen Existenz nicht kannte, wesentlich fremd. Im größeren Teil der Mittelmeerwelt aber, auch in Ländern, die die Römer militärisch und politisch unterwarfen, war der griechische Geist durch die anhaltende Ausstrahlung der zahlreichen griechischen Kolonien und dann durch die gewaltige Fernwirkung des Alexanderreiches und der hellenistischen Staaten zur Herrschaft gelangt. So war die Auseinandersetzung des Römertums mit dem griechischen Geist unausweichlich. Wie sie auch enden mochte, sie mußte für das römische Dasein entscheidende Bedeutung erlangen.

Der Sinn dieser Begegnung des Römertums mit der griechischen Kultur ist den Römern erst spät zum Bewußtsein gekommen, lange nachdem der äußere *Vorgang der griechischen Beeinflussung* begonnen hatte. Schon in der Königszeit übernahm Rom das Alphabet von den Etruskern, die es ihrerseits vielleicht aus der Griechenstadt Cumä bezogen hatten. Durch die Etrusker, deren Lebensgestaltung unter stärkster griechischer Einwirkung stand, wurden auch religiöse Vorstellungen und Kunstformen der Griechen an Rom vermittelt. Seit Beginn der Republik gestalteten sich die Beziehungen der Römer zu Cumä und anderen griechischen Städten Unteritaliens sehr rege. Der Vorstoß der römischen Politik nach Kampanien und die Einbeziehung des südlichen Italien nach dem Kriege mit Tarent schufen die dauernde Verbindung Roms mit Großgriechenland und seiner Kultur. Während des ersten Punischen Krieges lernten die Römer in Sizilien eingehender als zuvor das griechische Theater kennen, seitdem bemühten sie sich um die Einführung dieser dramatischen Dichtung und Kunst in Rom. Die gewaltige Beute, die bei der Eroberung von Syrakus (212) gemacht und dann in Rom zur Schau gestellt wurde, offenbarte vor aller Augen den Glanz und Reichtum einer hellenistischen Großstadt. Dann begann die Einmischung Roms in die Politik des hellenistischen Ostens; die Kenntnis Griechenlands und seiner Kultur wurde seitdem zu einer politischen Notwendigkeit. In Krieg und Frieden vollzog sich nun eine fortgesetzte persönliche Berührung von Römern und Griechen. Römische Feldherrn, Soldaten und Kaufleute zogen nach Griechenland und Asien, Griechen kamen als Kriegsgefangene nach Rom, Gesandte gingen hin und her. Unter den Gebildeten Roms erlernten manche die griechische Sprache, sei es zum praktischen Gebrauch im Verkehr mit der hellenistischen Welt oder aus Interesse für die griechische Literatur, die man im Original kennenlernen wollte, nicht nur in den mannigfachen Nachbildungen, die in Rom entstanden. Griechen betätigten sich in Rom als Ärzte und Baumeister, Lehrer und Musiker. Der Sieger von Pydna führte die Bibliothek des Königs Perseus mit sich und schenkte sie seinen Söhnen; tausend angesehene Achäer gelangten als Gefangene nach Rom und in die Städte Italiens. Seit der Mitte des 2. Jahrhunderts stand die gesamte römische Welt dem griechischen Einfluß offen.

Dieser lebhafte Verkehr zwischen den hellenistischen Ländern und Rom hat auf die Lebensführung der Römer allerdings nicht immer günstig gewirkt. Unter den Griechen, die sich mit ihren Kenntnissen und Künsten hervortaten, befanden sich auch nichtsnutzige Gesellen, die den Römern verächtlich erscheinen mußten. Auf das Konto dieser fragwürdigen Gestalten geht die geringschätzige Bezeichnung der Griechen als *Graeculi* (= Griechenmännlein) zurück. Und in Rom fehlte es nicht an Leuten, die durch Nachäffung griechischer Manieren und durch Übernahme griechischer Laster sich als moderne Menschen zu erweisen glaubten. Es waren eben nicht nur Theater und Philosophie griechischer Herkunft, auch der Luxus der Kleider, Gastmähler und Prunkwohnungen stammte aus den hellenistischen Städten, Hetärenwesen und Knabenliebe lernten die Italiker im Osten kennen. Kein Wunder, daß das hellenistische Leben in Gefahr geriet, in Rom als Verderbnis und Lumperei zu gelten, daß man *pergraecari* sagte, wenn man Liederlichkeit meinte. Unerfreuliche Beobachtungen dieser Art haben manchen Römer stutzig gemacht und zur Ablehnung der griechischen Elemente in der römischen Gesellschaft bestimmt. Andere gingen noch weiter und sahen nicht nur in der Duldung der Entartungserscheinungen des hellenistischen Lebens eine Gefahr für das Römertum, sondern überhaupt in der Aufnahme der griechischen Kultur, die, wie sie glaubten, in jedem Fall eine Revolutionierung der römischen Welt nach sich ziehen mußte. In der Zeit nach dem syrischen Kriege, als der Einfluß des Ostens mit aller Gewalt über Italien kam, erhob sich ein starker *national-römischer Widerstand gegen die griechische Bildung*. Er wurde längst nicht von allen maßgebenden Persönlichkeiten Roms geteilt – die Scipionen und andere vornehme Geschlechter hielten sich immer griechenfreundlich –, fand aber doch an Cato einen leidenschaftlichen Verfechter. Die Feindschaft, die er den Griechen ansagte, war ein Stück des großen Kampfes, den er gegen die Weltpolitik und ihre die italische Eigenart und die herkömmliche römische Lebensordnung gefährdende Wirkung führte. Er erklärte die Griechen für eine nichtsnutzige und eingebildete Gesellschaft und sprach es offen aus: „Sobald uns dieses Volk seine Literatur gibt, wird es alles ruinieren."

In dieser Ablehnung einer überlegenen Lebensform war nun freilich ein ordentliches Maß von Bauernangst vor den Gebildeten enthalten; überdies konnte gar nicht mehr von der Fernhaltung der griechischen Literatur die Rede sein, nachdem längst das griechische Theater, wenn auch in römischer Übertragung, Aufnahme gefunden hatte. Trotzdem hat die von Cato geführte

Opposition gegen den Hellenismus eine bedeutsame Wirkung erzielt. Daß man wiederholt griechische Philosophen und Rhetoren aus Rom ausgewiesen hat, war allerdings nur eine vorübergehende Schutzmaßnahme von zweifelhaftem Erfolg. Ein wesentlicher Gewinn aber war es, daß die mahnende Stimme des politischen Führers den Gebildeten die Tragweite der ganzen Kulturbewegung zum Bewußtsein brachte und daß sein persönliches Beispiel dazu antrieb, die Griechen nicht blindlings nachzuahmen, sondern ihren vorbildlichen Werken römische Leistungen entgegenzustellen, die an Eigenart und Urwüchsigkeit diesen ebenbürtig waren, auch wenn sie ihren Rang als Kunstwerke nicht erreichen konnten.

Ein gewisser Ausgleich dieser gegensätzlichen Bestrebungen wurde seit der Mitte des 2. Jahrhunderts durch die Begegnung führender Persönlichkeiten der römischen Gesellschaft und der griechischen Bildungswelt angebahnt. Männer aus der Nobilität, wie Scipio Ämilianus, die die Werte des altrömischen Lebens kannten und hochschätzten, aber auch für die griechische Bildung einen empfänglichen Sinn hatten, lernten im persönlichen Verkehr mit griechischen Gelehrten, Dichtern und Philosophen die tiefere Bedeutung der griechischen Weisheit und Kunst kennen und erlebten unmittelbar die erzieherische Wirkung der griechischen Kultur. Einigen aus dieser Generation war es vergönnt, die von den Griechen übernommenen neuen Erkenntnisse und Erfahrungen dem Zusammenhang römischer Lebenswerte einzufügen. Dabei kamen ihnen ihre Lehrmeister zu Hilfe, indem sie ihre philosophischen Lehren und wissenschaftlichen Unternehmungen den Tatsachen und Erfordernissen des römischen Lebens anpaßten. Auf solche Weise gelang wenigstens einem kleinen Kreise von Gebildeten die wahrhafte Aneignung wesentlicher Elemente der griechischen Kultur. Die römische Eigenart wurde nicht erdrückt, sondern durch das griechische Vorbild entfaltet und zu größerer Kraft erhoben. Eine neue römische Bildung vermochte ebenbürtig neben die griechische Kultur zu treten.

Wie eng das geistige Reifen und Auswachsen des Römertums mit der politischen Expansion verbunden war, ist noch am deutlichsten im *religiösen Leben* der Republik zu verfolgen. Die Römer teilten die allgemeine Anschauung des antiken Polytheismus, daß die Götter fremder Gemeinden und Völker wirklich existieren und ebenso tätig seien wie die eigenen Götter, und bemühten sich, diesem Glauben entsprechend, die Götter auswärtiger Staaten, mit denen sie Beziehungen aufnahmen, für sich zu gewinnen. Im besondern hielten sie es für ihre Pflicht, wenn sie die politische Existenz einer fremden Stadt vernichteten, die Gottheit dieser Stadt nach Rom zu überführen. Aus diesen Anschauungen heraus sind in Rom von der ältesten Zeit bis in die christlichen Jahrhunderte hinein immer wieder Eingemeindungen neuer Gottheiten vorgenommen worden, so daß sich schließlich alle Kulte der Mittelmeerwelt in der Tiberstadt sammelten. Diese fast schrankenlose Ausweitung des römischen Staatskults ist oft als ein Kennzeichen der Äußerlichkeit römischer Götterverehrung hervorgehoben worden, genauere Betrachtung erweist aber, daß der römische Staat diese religiöse Expansion mit unermüdlicher Sorge überwacht hat und daß die Entlehnungen nicht willkürlich, sondern dem eigenen religiösen Wachstum gemäß vorgenommen wurden.

Die schon in der Königszeit einsetzende Aufnahme von Kulten aus den benachbarten latinischen Gemeinden (Diana aus Aricia, Fortuna aus Präneste, Venus aus Ardea) hat keine Schwierigkeiten hervorgerufen. Bedeutsamer war die Wirkung der etruskischen Herrschaft auf die römische Religion, wie früher bereits angedeutet wurde. Unter etruskischem Einfluß wurde die gesamte Weissagekunst ausgestaltet; durch die Einsetzung der Götterdreiheit auf dem Kapitol wurden die etruskisch-griechischen Göttervorstellungen, die durch die Anschauung von der Menschengestaltigkeit der göttlichen Personen sich vom römischen Glauben an unpersönliche göttliche Kräfte *(numina)* entschieden abhoben, zu größerer Geltung gebracht. Viel weiter reichte allerdings noch der unmittelbare *Einfluß der Griechen auf die römische Religion*, der gleichfalls schon in der Königszeit begann. Von Cumä wurde der Kult des griechischen Apollo übernommen, von dort wurden auch die sogenannten sibyllinischen Bücher erworben, eine Sammlung griechischer Orakelsprüche, die als kostbarer Besitz der Gemeinde im kapitolinischen Tempel aufbewahrt wurde. Die Aufnahme der sibyllinischen Bücher kam fast der Errichtung eines griechischen Orakels in Rom gleich. In Zeiten der Not wurden die Schicksalsbücher auf besonderen Beschluß des Senats befragt; die Ratschläge, die man ihnen entnahm, empfahlen sehr oft die Einführung neuer griechischer Gottheiten und der mit ihnen verbundenen Kultbräuche. So wurde Hermes als Mercurius nach Rom gebracht, es folgte die Dreiheit Demeter, Dionysos, Kora unter den italischen Namen Ceres, Liber, Libera; Poseidon wurde als Neptun eingeführt, erheblich später schloß sich in feierlicher Übertragung der Heilgott Asklepios von Epidauros an. Die Priesterschaft, die die Orakelbücher zu bewahren und zu deuten hatte, übernahm auch die Aufsicht über den Kult dieser neuen Götter, die naturgemäß nach griechischem Ritus verehrt werden mußten; um 367 vermehrte man die Priester dieses Kollegiums auf zehn *(decemviri sacris faciundis)*, in ihrem Ansehen standen sie jetzt den Pontifices und Augures nicht mehr nach.

Die griechischen Kulte haben das Bild des religiösen Lebens in Rom nicht unwesentlich verändert. Es gab jetzt repräsentative Feste, an denen Chöre unter Gesängen und Tänzen aufzogen; Prozessionen wurden abgehalten, an denen sich das Volk beteiligen konnte; den kultischen Festen wurden mannigfache Spiele angereiht, zu deren Darbietungen bald auch Theateraufführungen nach griechischem Vorbild gehörten. Es ist keine Frage, daß manche dieser Neuerungen durch fremde Volkselemente in Rom verbreitet wurden; manche entsprachen aber auch dem religiösen Verlangen der Bürgerschaft selbst. In Zeiten der Not mußte es als besonders unbefriedigend empfunden werden, daß der römische Staatskult von den Priestern der Gemeinde vollzogen wurde, ohne daß das Volk mitwirken konnte. Überdies entsprachen die alten Satzungen und Bräuche, die man unverändert beibehielt, dem einfachen Bauerndasein der Frühzeit, aber nicht mehr dem städtischen Leben des 4. und 3. Jahrhunderts. So kam die *Hellenisierung der Religion* dem innerrömischen Vorgang des religiösen Werdens und Reifens entgegen.

Die neue religiöse Haltung trat am stärksten während des

zweiten Punischen Krieges hervor, der die hellenistischen Strömungen in jeder Hinsicht gefördert hat. Die Erregung der kritischen Jahre begünstigte die Verbreitung fremder Riten und fragwürdiger Wahrsagebücher und machte behördliches Einschreiten gegen die wilden religiösen Neuerungen notwendig. Ein Entgegenkommen gegen die Volksstimmung war es, wenn jetzt der griechische Ritus weiter ausgestaltet und auch auf den Kult der nichtgriechischen Götter ausgedehnt wurde. Auf die Weisung der sibyllinischen Bücher hin wurde 204 der Kult der phrygischen Göttermutter Kybele nach Rom gebracht und der schwarze Stein, der die Göttin darstellte, auf dem Palatin aufbewahrt. Zum ersten Mal war damit eine Gottheit des hellenistischen Orients in die römische Staatsreligion eingedrungen. Wohl sorgte der Senat dafür, daß römische Bürger sich nicht an dem orgiastischen Kult der phrygischen Göttin beteiligten; daß aber die Religiosität des Volkes sich unter dem Einfluß der hellenistischen Kulte fortdauernd wandelte, ließ sich durch Beschlüsse nicht verhindern. Wenige Jahre nach dem Krieg trat die religiöse Wandlung dieses Zeitalters in der überraschenden Verbreitung dionysischer Mysterien zu Tage. Von Unteritalien, wo der Geheimdienst des Dionysos längst bekannt war, wurden die geheimen Genossenschaften durch Kriegsgefangene auch in das mittlere Italien und nach Rom getragen. Der neue Gott, der seinen Gläubigen besondere Leistungen auferlegte und besondere Gnaden in Aussicht stellte, übte auch in der römischen Bürgerschaft eine starke Anziehungskraft aus. Außenstehende, denen die absonderlichen Riten unverständlich blieben, erhoben bald die Beschuldigung, daß mit dem Geheimkult Verbrechen verbunden seien. Die Beunruhigung der Öffentlichkeit war so groß, daß der Senat sich veranlaßt sah, die Untersuchung der religiösen Bewegung einzuleiten und für die Zukunft Bürgern und Bundesgenossen bei Androhung der Todesstrafe zu verbieten, gruppenweise an diesem Geheimdienst teilzunehmen (*senatus consultum de Bacchanalibus* vom Jahr 186).

Die *Wandlung der römischen Frömmigkeit* unter dem Einfluß der hellenistischen Strömungen trat in sehr verschiedener Richtung zutage. Der Anthropomorphismus der Göttervorstellung wurde durch die griechischen Kulte allgemein durchgesetzt; die bildende Kunst brachte die menschengestaltigen Götter überall zur Anschauung; die neu erstehende Literatur, die die Mythen der Götter und die Sagen der Heroen immer wieder behandelte, machte die Götterwelt den Menschen vertraut. Vielleicht hatte Varro recht mit seiner Auffassung, daß die Vertrautheit mit diesen menschlichen Göttern die Furcht gemindert habe, die das alte Rom vor seinen Numina empfunden hatte. Doch darf man nicht weiter folgern, daß sich aus der Minderung der Furcht notwendig eine Lockerung der religiösen Bindungen des Einzelnen und der Gemeinde ergeben habe. Denn die persönliche Beziehung, die in manchen hellenistischen Kulten zwischen dem Gläubigen und der Gottheit bestand, und die Überzeugung, daß das sittliche Verhalten des Menschen, nicht schon der Vollzug von Opfern, über Belohnung oder Bestrafung seitens der Gottheit entscheide, wirkten auf die Läuterung der hergebrachten Werkgerechtigkeit und auf die ethische Durchdringung der religiösen Gesinnung hin.

Allerdings erhob die philosophische Aufklärung auch grundsätzliche Einwände gegen jeglichen Götterglauben. Rationalistische Theorien wurden verbreitet, die sich ebenso gegen die Mythen von den Göttern wie gegen die Kulte des Staates wandten. Es mußte sich da ein Zwiespalt auftun zwischen der volkstümlichen Religion des Staates, der philosophischen Anschauung der Gebildeten und dem mythologischen Spiel der Dichter. Die auf stoisches Denken zurückgehende Erklärung des Pontifex Quintus Mucius Scävola, eines Zeitgenossen des Marius, daß drei Arten von Theologie nebeneinander beständen, die der Staatsmänner, der Philosophen und der Dichter, war geeignet, den Lebensgrund der Religion zu zerstören und die politisch maßgebenden Kreise zu dem rationalistischen Dünkel zu verführen, man müsse Volksglauben und Staatsreligion als Instrumente der politischen Herrschaft betrachten und ausnützen. Ungeachtet dieser stark auseinandergehenden Anschauungen müssen wir im ganzen sagen, daß der römische Staat als solcher am Abschluß der Punischen Kriege nichts von seiner religiösen Weihe preisgegeben, vielmehr das Festhalten an der überlieferten Religion zu einem Kernpunkt konservativer Politik erhoben, und daß der römische Mensch seine Frömmigkeit nicht verloren, nur gewandelt und unter viele Götter zu teilen gelernt hat.

Wie in der Religion, so waren auch in der *Kunst* der frühen Republik auswärtige Einflüsse am Werke. Die Aufnahme fremder Kulte brachte es mit sich, daß Tempel oft von nichtrömischen Künstlern gebaut und ausgeschmückt wurden. In der Zeit der etruskischen Herrschaft ist das Heiligtum der kapitolinischen Dreiheit errichtet worden, mit großem Unterbau und mit dreifacher Cella ausgestattet; diese Anlage entsprach den Normen des etruskischen Tempelbaus, die in Rom lange maßgebend blieben. Ein Künstler aus Veii schuf die Statuen der kapitolinischen Gottheiten, die wir uns in der Art der Terrakottastatue des „Apollo von Veii" vorstellen dürfen. Etruskische Künstler und Handwerker wohnten auch nach dem Ende des etruskischen Königtums in Rom und behaupteten ihren Platz im Kunstleben und Kunstgewerbe der Stadt. Noch stärker als das etruskische Vorbild wirkte auf die Entfaltung der Künste in Rom der unmittelbare griechische Einfluß, der von Unteritalien, dann von Sizilien, schließlich vom griechischen Osten kam. Von den Tempeln und Statuen, die den griechischen Göttern bei ihrer Übertragung nach Rom geschaffen wurden, ist uns wenig erhalten, es unterliegt aber keinem Zweifel, daß es sich durchweg um griechische Werke gehandelt hat. Der uns erhaltene Sarkophag des Lucius Cornelius Scipio Barbatus (Konsul 298) erweist das Eindringen griechischer Kunst in die führende Gesellschaft Roms. Seit dem zweiten Punischen Kriege kamen griechische Künstler in größerer Zahl herüber, immer wieder wurden von den Kriegsschauplätzen Statuen und Gemälde nach Rom gebracht. In dieser Verschleppung von Kunstwerken äußerte sich gewiß auch die Lust des Eroberervolks an schönen Beutestücken, doch fehlte es keineswegs an ernstem Interesse für die griechischen Werke. Quintus Cäcilius Metellus Macedonicus, der die ersten Marmortempel in Rom bauen ließ, schuf auch die erste Kunstgalerie in der Stadt.

Trotz der offenkundigen Abhängigkeit des Kunstschaffens von den Griechen hat Rom sich eine selbständige Stellung in der künstlerischen Betätigung errungen. Natürlich bedienten sich die Römer der von den Griechen geschaffenen Formen, sie übernahmen auch viele Bildentwürfe von griechischen Meistern, zumal ihnen schöpferische Phantasie nicht eigentlich verliehen war. Aber die Zähigkeit, mit der sie ihr ursprüngliches Können festhielten, sicherte auch nach dem Eindringen der Griechen den altitalischen Kunstzweigen weiteren Bestand. Und die Sicherheit, mit der sie ihre von den Griechen verschiedene Weltanschauung vertraten, brachte die besondern römischen Lebenswerte auch in der Kunst zur Anerkennung und ermöglichte eine echt römische Bau- und Bildkunst. Vor allem nehmen die *Ingenieurbauten* in der römischen Architektur einen viel bedeutsameren Platz ein als in der griechischen Kunst. Hier äußerte sich der zweckgebundene Geist des Römertums, der die Organisation eines ausgedehnten Herrschaftsgebiets auch künstlerisch bewältigte. Es ist erwiesen, daß in Zweckbauten schon das alte Italien, das von griechischen Einflüssen noch wenig berührt war, ein gewisses Können erreicht hat. Der Gewölbebau war in frühester Zeit in Italien, nicht etwa nur in Etrurien, bekannt; vom Mauerbau des 6. Jahrhunderts geben die Stadtbefestigungen von Norba und Signia Kunde. Die nach der gallischen Eroberung aufgeführte sogenannte Servianische Mauer Roms zeigt bereits vollendeten Quaderbau. Einen unvergleichlichen Ruhmestitel der römischen Baumeister bildet die Anlage der Kunststraßen, die Rom mit den verbündeten und abhängigen Städten verbanden. An die lange Reihe, die von der um 370 angelegten Via Latina über die Via Appia und Via Flaminia zu den nach den Provinzen gehenden Fernverbindungen herabführt, ist hier nur eben kurz zu erinnern. Die Anlage von Steinbrücken und Wasserleitungen war nicht minder großartig. In diesen Zweckbauten, die dem obersten Ziel der politischen Herrschaft dienten, hat sich die römische Originalität des Bauens kraftvoll entfaltet. Für die Sakralbauten wurden seit dem Eindringen der griechischen Kulte griechische Vorbilder maßgebend. Auch im Städtebau lernte man von den Griechen, wie die Baugeschichte Roms lehrt. Aus hellenistischen Stadtanlagen übernahm man die Ausstattung der Straßen mit Säulengängen, die vor Sonne und vor Regen Schutz bieten sollten, und die Errichtung der Basiliken, großer Hallen, die dem Gerichts- und Marktverkehr dienten. Es entsprach auch einem Prinzip des hellenistischen Städtebaus, wenn man diese Basiliken, die mit dem Aufschwung des Geschäftslebens auf dem Forum Romanum seit der Basilica Porcia Catos (184) rasch aufeinander folgten, nach künstlerischem Gesichtspunkt in Beziehung zueinander setzte und den Marktplatz als einheitlichen Raum ausgestaltete. Aber auch in der Ausstattung der Straßen und Plätze stellten sich römische Neuschöpfungen ein. Aus den seit dem 2. Jahrhundert aufkommenden Bögen, die als Träger von Statuen dienten, gingen die Triumphbögen hervor, die zu den charakteristischen Denkmälern der römischen Kunst gehören.

In *Plastik und Malerei* hatten die griechischen Formen unbestrittene Geltung. Doch selbst auf diesem Gebiet führte die eigenartige römische Weltansicht zu Leistungen, die den entsprechenden griechischen Werken selbständig gegenüberstehen und, wie man mit Recht hervorgehoben hat, den unabhängigen Geist der römischen Kunst offenbaren. Eine hervorragende Schöpfung der griechischen Plastik war der Typus des nackten Jünglings, der das in der Gymnastik gebildete Körpergefühl der Hellenen zum Ausdruck brachte. Die römische Plastik lehnte mit sicherem Instinkt diesen Typus ab, hatte doch die Gymnastik keinen Raum in der römischen Erziehung. Dagegen erhielt die seit dem 4. Jahrhundert nachweisbare *Statue des Togatus* (des mit der Toga bekleideten Mannes) repräsentative Bedeutung in Rom. Die Würde des römischen Menschen, die Feierlichkeit des Magistrats fand darin ihre Verkörperung. Jeder Gang durch ein Museum griechischer und römischer Werke offenbart durch die Antithese der statuarischen Typen den tiefgehenden Gegensatz im Lebensgefühl der beiden klassischen Völker. Ähnlich ist das Verhältnis zwischen griechischen und römischen *Porträts*. Die griechische Bildniskunst erstrebte nicht so sehr die Wiedergabe der besondern, vorübergehenden Erscheinung einer Person, sondern die Gestaltung des schöpferischen, einer idealen Welt angehörenden Menschen. Der Römer verlangte dagegen mit Nachdruck die Festhaltung der individuellen Erscheinung im Porträt.

Die Wachsmasken der Ahnen, die in den Atrien der adeligen Häuser aufbewahrt wurden, sind Zeugnisse eines urtümlichen Ahnenglaubens und zugleich einer frühen, volkstümlichen Bildniskunst, der alles an der Erfassung der persönlichen Züge lag. Diese realistische Absicht erweist sich auch bei Künstlern wirksam, die sich an griechischen Meistern geschult haben. Das Bronzeporträt des sogenannten Brutus, das man als ein Werk des 3. Jahrhunderts erwiesen hat, ist eine echt italische Charakterstudie. Derselbe Wirklichkeitssinn verschaffte dem *historischen Gemälde und Relief* in der römischen Kunst eine hohe Bedeutung. Während die Griechen den überzeitlichen Sinn der Geschehnisse in mythologischen Szenen zur Anschauung brachten, stellten die Tafelbilder, die seit den Punischen Kriegen beim römischen Triumph gezeigt wurden, ein einmaliges Ereignis, den wirklichen Verlauf einer Schlacht oder einer Belagerung dar. Ebenso wahrheitsgetreu wollen auch die später so häufigen historischen Reliefs der Triumphbögen und Ehrensäulen vom wirklichen Geschehen berichten. Die Geschichte, nicht die Mythologie übte die stärkste Anziehungskraft auf den künstlerisch und wissenschaftlich tätigen römischen Menschen aus. So hat sich allenthalben die römische Eigenart auch in der Kunst durchgesetzt.

Am stärksten drängt sich der historischen Betrachtung auf dem Gebiete der *Literatur* die Abhängigkeit der Römer von den Griechen auf. Es ist eine unbestreitbare Tatsache, daß die römische Literatur der griechischen nachgebildet ist, daß es bis um die Mitte des 3. Jahrhunderts in Rom keine Literatur gegeben hat. Die Römer, die Italiker überhaupt, kannten wohl seit alter Zeit rhythmische Gebilde in Poesie und Prosa, Hochzeitslieder und Totenklagen, Inschriften unter den Wachsmasken der Ahnen, Leichenreden, kultische Formeln und Sprichwörter. Auch Ansätze zu volkstümlichen dramatischen Spielen waren im alten Rom vorhanden. Die Priester entwarfen die Geschäfts- oder Klageformeln, sie führten die Kalendertafel und die Jahreschronik, die daraus hervorging, die Beamten formulierten Gesetze und Verträge und faßten die Anweisungen der Geschäftsführung in Amtsbüchern zusammen. Doch diese Formeln, Sprüche und Aufzeichnungen dienten dem praktischen Gebrauch und der Unterhaltung des Augenblicks, es fehlte ihnen die Bestimmung, auf die Dauer zu wirken, und der Anspruch, Werte einer höheren Welt der Kunst wiederzugeben.

Über diese Ansätze waren die Römer nicht hinausgekommen, als sie im Zeitalter der Punischen Kriege mit der griechischen Literatur bekannt wurden. Die vollendeten Formen, die die Griechen in allen Gattungen der Dichtung, aber auch in Geschichtschreibung und Rede, im philosophischen Dialog und im wissenschaftlichen Lehrvortrag geschaffen hatten, mußten ihnen zunächst wie Gebilde einer fremdartigen Welt erscheinen. Indes fehlte es den Römern nicht an geistiger Reife für die Aufnahme der griechischen Literatur. In ihrer Begabung ragte das Poetische nicht hervor, doch hatten sie ein ursprüngliches Verhältnis zu der sie umgebenden Natur und zu den Erscheinungen des menschlichen Lebens und waren so in der Lage, die von den Griechen dargebotenen Formen der Dichtung sich zu eigen zu machen. Mit bewundernswerter Sicherheit hatten sie in Staat und Recht eine ihrem Wesen entsprechende Welt aufgebaut und damit einen höchsten Daseinswert gewonnen; sie hielten ihn fest, auch wenn sie nun die Denkmethoden und Ausdrucksformen der Griechen auf die theoretische Bearbeitung des Rechtsstoffes anwandten und so eine Rechtswissenschaft hervorbrachten, die es bei den Griechen nicht gegeben hat. Dichtung und künstlerische Prosa haben die Römer wesentlich durch Nachbildung der griechischen Muster geschaffen, ein Schicksal, das die späteren Nationen Europas mit ihnen teilen sollten, aber durch die Art, wie sie die Vorbilder aufnahmen und in ihre Welt einführten, erwiesen sie ihre Originalität.

Im besondern besaßen sie, worauf mit Nachdruck hingewiesen werden muß, in ihrer *Sprache* ein Werkzeug, das ihnen beim Wettbewerb mit der griechischen Literatur trefflich zustatten kam. Die lateinische Sprache bewahrte aus dem Uritalischen die Knappheit der grammatischen Formen und ermöglichte durch diese Struktur die markige und zugleich präzise Redeweise, die wir als Ausdruck römischen Wesens betrachten. Diese Eigenart des Lateinischen wurde durch die Stilisierung der Sprache, die unter griechischem Einfluß schon seit dem 5. Jahrhundert einsetzte und sich deutlich in der Formulierung der zwölf Tafeln bemerkbar machte, noch stärker ausgeprägt. Dichter und Schriftsteller, die diese Sprache zu einer Literatursprache zu erheben unternahmen, waren durch die Urwüchsigkeit des Materials, das sie vorfanden, vor eine höchst anziehende Aufgabe gestellt. Wir erkennen dies noch an den Fragmenten der Spruchsammlung und der Reden des Appius Claudius Cäcus. Diese sprachliche Rüstung der Römer war um die Mitte des 3. Jahrhunderts bereits einem großen Teil Italiens bekannt geworden. Die Organisation der römischen Herrschaft in Italien hatte zur Folge, daß von allen italischen Dialekten nur das Lateinische zur Literatursprache erhoben und daß die in Italien erstehende Literatur römisch wurde.

Die Stadt Rom zog die Talente an sich, der römische Staat schuf ihnen Gelegenheit zu größerer Wirkung. Von Anfang an zeigt das literarische Leben Roms diese Orientierung am römischen Staat. Ein Grieche, vielleicht tarentinischer Herkunft, der Sklave eines gewissen Livius war, von diesem freigelassen und *Livius Andronicus* genannt wurde, ist der erste römische Dichter. Er unterrichtete als Freigelassener in der griechischen und lateinischen Sprache und fertigte für seine Schüler eine Übersetzung der Odyssee in das Lateinische, indem er den Hexameter durch den altitalischen Vers des Saturniers ersetzte. Diese Übersetzung, die als solche ein Kunstwerk von Rang sein wollte, veröffentlichte er in Buchform und schenkte so den Römern Homer, den Erzieher der griechischen Nation. Als 240 die zu Ehren der kapitolinischen Götter gefeierten *ludi Romani* mit dramatischen Aufführungen ausgestattet wurden, brachte Livius eine griechische Tragödie und eine griechische Komödie in lateinischer Bearbeitung auf die Bühne und verschaffte durch diese Stücke, denen er bald andere nachfolgen ließ, den Römern den Zugang zum griechischen Drama. Er wählte Tragödien der klassischen Zeit des 5. Jahrhunderts, im Lustspiel aber suchte er seine Vorlagen in der sogenannten neuen attischen Komödie der hellenistischen Epoche, eine Entscheidung, die für die späteren Dramatiker Roms maßgebend wurde. Die bürgerliche Gesellschaft dieses Lustspiels war nicht sehr verschieden von der Welt, die die

Römer in den griechischen Städten Unteritaliens und Siziliens, bald auch Griechenlands kennenlernten. Auch zu den Gestalten der klassischen Tragödie gewannen sie Beziehung, zumal sie sich längst als Nachkommen der Trojaner betrachteten. Kein Wunder, daß der trojanische Sagenkreis in Rom besondere Beliebtheit gewann.

Das Verlangen nach Dramen blieb, nachdem Livius ein Theater, das diesen Namen verdiente, erst geschaffen hatte, lange Zeit sehr rege, so daß die Produktion gewaltig in Zug kam. *Gnäus Nävius,* ein geborener Kampaner, übertrug in ähnlicher Weise wie sein Vorgänger griechische Tragödien und Komödien für die Aufführung bei den Spielen, doch wagte er bereits, auch römische Stoffe einzuführen, die Sage von Romulus und Remus reihte sich den griechischen Mythen an. In der dichterischen Gestaltung einer in das Jahr 222 datierten Episode aus dem Kriege Roms mit den Kelten Oberitaliens unternahm Nävius sogar den Versuch eines historischen Schauspiels römischer Art. Am entschiedensten brachte er die geistige Welt der Römer zur Geltung, indem er ein Epos vom ersten Punischen Krieg schuf, an dem er selbst teilgenommen hatte, und damit der Odyssee des Livius eine auch im Gegenstand römische Ilias zur Seite stellte. Die dichterische Behandlung der ganzen römischen Geschichte unternahm wenig später *Quintus Ennius,* der aus dem messapischen Unteritalien – angeblich vom jungen Cato 204 – nach Rom gebracht wurde und dort in die vornehme Gesellschaft Aufnahme fand. Sein im Hexameter verfaßtes episches Gedicht „Annales", das die römische Geschichte von der Gründung der Stadt bis auf die Gegenwart darstellte, war eine vom Ethos des römischen Staates erfüllte Verherrlichung der römischen Vergangenheit. Daneben hat Ennius auch Tragödien übertragen, in kleineren Dichtungen mancherlei Schriften der hellenistischen Welt nach Rom gebracht und dadurch entschieden zur Verbreitung hellenistischer Anschauungen beigetragen. Doch die stärkste Wirkung erzielte er mit seinem Heldengedicht, das bis auf Vergil das nationale Epos der Römer blieb.

Die römische Aneignungskraft erwies sich jedoch nicht nur in der Einführung römischer Stoffe in die Literatur, sondern auch in der Bearbeitung griechischer Vorlagen. Das zeigen die einzigen, vollständig erhaltenen literarischen Werke dieses Zeitraums, die Komödien des *Titus Maccius Plautus,* der gegen Ende des zweiten Punischen Krieges und darüber hinaus das Theater beherrschte, und des *Publius Terentius Afer,* der aus Afrika als Sklave nach Rom kam, hier freigelassen wurde und Verbindung mit Scipio Ämilianus gewann. Plautus hat die Stücke des Menander, Philemon und Diphilos in freiester Weise umgestaltet, um eine möglichst bewegte Handlung zu gewinnen und die komischen Situationen zu häufen. Er scheute sich nicht, mehrere griechische Stücke zusammenzuarbeiten, griechische Szenen und römische Bilder in raschem Übergang nebeneinander zu stellen. Diese Bewältigung des fremden Stoffes, die der italischen Begabung des Dichters entsprach und der Auffassung des römischen Publikums entgegenkam, vollzog er mit bildhafter Phantasie, mit sicherem Spürsinn für das Komische und mit unvergleichlicher sprachlicher Gestaltungskraft. Mochte seine Bearbeitung oft eine Vergröberung der griechischen Stücke darstellen, so war sie doch eine bedeutende dichterische Leistung von echt römischem Gepräge. Terenz hat sich enger an die griechischen Vorlagen angeschlossen und eine psychologische Durchdringung der Personen erreicht, die der Charakterzeichnung der neuen attischen Komödie nahekam, aber durch die Erhebung der Probleme in das Allgemein-Menschliche auch römische Zuschauer ansprach. Doch fehlte ihm die Urwüchsigkeit und die Ungebundenheit der plautinischen Komik. Er mochte in den vornehmen Kreisen, in denen er verkehrte, größeren Erfolg haben als bei der breiten Masse der Theaterbesucher.

Von der römischen Tragödie des 2. Jahrhunderts können wir uns aus den kurzen Fragmenten, die erhalten sind, keine rechte Vorstellung machen. Doch scheint es, daß die führenden Dichter wie Pacuvius und Accius die übernommenen Stoffe originell zu deuten verstanden. Nicht besser steht es um unsere Kenntnis des besonders in der Gracchenzeit beliebten Lustspiels, das sich von den hellenistischen Mustern abwandte und das bürgerliche Leben Italiens behandelte. Diese neue Schöpfung, die der römischen Originalität größeren Raum bot, hat sich nicht länger zu halten vermocht als die Tragödie und die Komödie griechischer Herkunft. Um die Wende vom 2. zum 1. Jahrhundert kam die dramatische Dichtung der Römer vorläufig zum Abschluß. Das römische Publikum, dessen Zusammensetzung in dieser Zeit durch das Eindringen von Freigelassenen und von andern Elementen sich erheblich veränderte, wandte sich mehr den Wagenrennen und Gladiatorenspielen, der Posse und dem Mimus zu als der hohen dramatischen Kunst.

Die Römer der führenden Gesellschaft haben sich an dem literarischen Schaffen, soweit es bis jetzt zur Darstellung kam, nicht beteiligt. Sie haben wohl die Dichter gefördert und die dramatischen Aufführungen zu einer Angelegenheit des Staates erhoben, aber sich selbst in dem Spiel der Dichtung zu versuchen, verspürten sie keinen Drang. Erst nach der Mitte des 2. Jahrhunderts war die Stellung des Dichters sozial so gehoben, daß ein Mitglied der herrschenden Gesellschaft sich als Dichter bekennen konnte. *Gaius Lucilius*, der aus einem ritterlichen Geschlecht der Kolonie Suessa Aurunca stammte und in vertrautem Verkehr mit Scipio Ämilianus stand, hat aus volkstümlichen Vorstufen und aus literarischen Ansätzen bei Ennius eine neue, eigentümlich römische Art der Dichtung geschaffen, die Satire, die, wie das Wort sagt, vermischten Inhalt bot, aber alles – Erzählung, Lehre, Kritik – in streitbarem Geist vortrug. Wie die Bruchstücke zeigen, geben diese Satiren eine höchst persönliche Aussprache über alle möglichen Erscheinungen des öffentlichen Lebens, über Politik und Literatur, Ehe und Mode. Im sprachlichen Ausdruck und im menschlichen Bekenntnis entfaltet sich kraftvoll die dichterische Individualität. Dabei übte Lucilius eine unerhört kühne, freimütige Kritik, die auch vor den großmächtigen Aristokraten nicht haltmachte. Die Ausfälligkeit dieser Satirendichtung entsprach der Spottlust, die dem italischen Charakter eigen war und von ältester Zeit an sich in Spottversen volkstümlicher Art ausgetobt hatte. Lucilius hat diese Begabung der Literatur erschlossen und in einer Zeit, in der die Schaubühne bereits dem Niedergang verfiel, in der Satire eine neue Art öffentlicher Aussprache über die Fragen des Staates und der Gesellschaft begründet.

Die bedeutendste literarische Leistung der römischen Oberschicht war die Schaffung der *politischen Rede* und die Begründung der *Geschichtsschreibung.* Die fähigsten Köpfe Roms waren hier am Werke. Die natürliche rednerische Veranlagung und der leidenschaftliche politische Wille der Römer brachten die politische Beredsamkeit in Rom zu anerkannter Geltung und zu technischer Sicherheit, noch ehe die Vorschriften der griechischen Rhetorik sich durchsetzten. Cato, von dem Cicero 150 publizierte Reden kannte, hat auch als Redner starken Einfluß ausgeübt. Die erhaltenen Fragmente vermitteln noch eine Vorstellung von der Klarheit und Schärfe seines Ausdrucks, von der Beschwingtheit seines Vortrags. Diese natürlichen Vorzüge der römischen Beredsamkeit konnten durch die schulmäßige Rhetorik der Griechen nur gesteigert und veredelt werden. Dem Aufkommen der literarischen Geschichtsschreibung geht in Rom eine von Staatswegen geführte Jahreschronik voran. Der Pontifex maximus, der alljährlich den Kalender aufstellte, verband mit diesem Monats- und Tagesverzeichnis die Namen der obersten Magistrate und begann schon früh, auf einer in der Regia aufbewahrten Holztafel die für Staat und Kult wichtigsten Jahresereignisse festzuhalten. Diese Jahrestafeln sind später, vielleicht schon im 3. Jahrhundert, zu einer Pontifikalchronik zusammengefaßt worden. Sicher ist, daß diese Chronik um 123 vom Pontifex maximus P. Mucius Scävola in Buchform publiziert wurde mit dem Titel *annales maximi.* So wichtig der Inhalt dieser pontifikalen Überlieferung für das geschichtliche Bild der älteren Republik immer war, so ist die literarische Geschichtsschreibung der Römer doch wesentlich durch die Begegnung der Oberschicht mit der hellenistischen Welt angeregt worden. Ihr Begründer Quintus Fabius Pictor, Zeitgenosse des zweiten Punischen Krieges, und andere, ihm bis zur Mitte des 2. Jahrhunderts folgende Historiker haben die Geschichte Roms in griechischer Sprache dargestellt, um allen Gebildeten, auch den Griechen, den Gang der römischen Politik eindrucksvoll zu zeigen. Diese Männer waren als Senatoren durch ihre eigene Tätigkeit in die Politik eingeweiht, hatten Zugang zu den Archiven und bemühten sich, wie die Fragmente zeigen, auf fachmännische Weise um die Rechtfertigung der römischen Politik im Urteil kundiger Leser.

Es ist das Verdienst Catos, das Lateinische auch zur Sprache der Geschichtsschreibung erhoben zu haben. Cato hat nicht nur die Vergangenheit der Stadt Rom, sondern eine das ganze Italien einbegreifende Geschichte zum Gegenstand seines Geschichtswerks *origines* gemacht und diesen großen Stoff in bewußter Antithese zur Pontifikalchronik nicht nach Jahresereignissen, sondern nach sachlichen Gesichtspunkten geordnet. Doch das anhaltende Verlangen der römischen Leser nach genauer Kenntnis der Hauptaktionen im Werden und Wachsen der Stadt hat dann doch dazu geführt, daß die Darstellung der römischen Geschichte nach Jahresereignissen, die Annalistik, zur maßgebenden Form der Historiographie wurde, wenn es darum ging, das Geschehen seit der Gründung der Stadt zu rekonstruieren. Die Annalenwerke, die gleichzeitig mit Catos historischem Buch erschienen, hielten sich noch in beschränktem Umfang. Doch die jüngeren lateinischen Annalisten, die dem Zeitalter der Gracchen und vor allem Sullas angehören, scheuten sich nicht, den überkommenen Stoff zur Unterhaltung der Leser mit neuen Legenden auszuschmücken und zur Verherrlichung der jetzt führenden Adelsgeschlechter mit reinen Erfindungen zu erhöhen. Dieses weithin verfälschte Bild der römischen Geschichte ist dann am Ende der Republik zum guten Teil noch in das abschließende Annalenwerk des Titus Livius eingegangen.

Die Entfaltung der römischen Literatur läßt uns erkennen, wie begabte und selbständige Schüler die Römer waren. Doch Schüler waren und blieben sie in ihrem Bildungsgang; ihre Fähigkeiten entwickelten sich erst unter der Einwirkung ihrer Lehrmeister. Ihr geistiges Reifen zeigt nicht das geschlossene Wachstum aller Seelenkräfte, das die griechische Vollendung auszeichnet, sondern eine oft seltsam zusammengesetzte Erwerbung von Wissen und Weisheit. Seit Jahrhunderten hatten sie politische und rechtliche Fragen mit scharfem Verstand behandelt, aber ein geschlossenes rationales Weltbild aufzustellen war ihnen nicht beigefallen. Auch *Philosophie* lernten sie von den Griechen, sie taten es mit Ernst und Eifer und mit dem Erfolg, den das Lernen auf diesem Gebiet im günstigen Fall haben kann: sie gaben ihrer Lebensführung festen Halt und ihren Idealen klare Form. Ihre philosophische Bildung erhielt von Anfang an eine ausgesprochen praktische Zielsetzung.

Dieser Tendenz kamen die vorherrschenden Strömungen der hellenistischen Philosophie entgegen. Die Schulen der Peripatetiker und Akademiker, der Epikureer und Stoiker hatten mit den praktischen Erfordernissen des Lebens bereits Kompromisse geschlossen und die extremen Positionen ihrer Gründer schon mannigfach abgeändert. Trotzdem erschienen die Lehrvorträge griechischer Philosophen, die man in Rom seit Beginn des 2. Jahrhunderts zu hören bekam, den maßgebenden Kreisen nicht ungefährlich, enthielten sie doch teils eitles dialektisches Spiel, teils freimütige Anfechtung der bestehenden Ordnung. Um die verführerische Wirkung dieser Lehren von der Stadt fernzuhalten, entschloß man sich sogar zur förmlichen Ausweisung griechischer Philosophen. Doch das Interesse der römischen Jugend an der griechischen Philosophie wurde immer stärker. Im Jahre 155 kamen die Häupter der athenischen Philosophenschulen in politischer Mission nach Rom und fanden für die Lehrvorträge, die sie während ihres Aufenthalts hielten, ein aufmerksames Publikum. Besonderes Aufsehen erregte der Akademiker Karneades, der in einem Vortrag die philosophische Begründung des Prinzips der Gerechtigkeit im Staat darlegte, am folgenden Tage aber die philosophische Widerlegung dieses Prinzips verfocht. Den Eindruck, den der große Dialektiker machte, ersehen wir noch aus Ciceros Buch über den Staat, in dem nach dem Vorbild des Karneades Reden für und wider die Gerechtigkeit, wenn auch nicht von demselben Sprecher, gehalten werden.

Schließlich wurde die Erregung, die das erste Auftreten der Philosophen in Rom hervorgerufen hatte, durch das verständige Verhalten der maßgebenden Kreise überwunden, die griechische Philosophie wurde in Rom eingebürgert. Nicht als ob sie einen festen Platz im Leben des Volkes eingenommen hätte; doch die Besten des römischen Adels vermochten durch die philosophische Bildung der Griechen ihre römische Art zu vervollkommnen und zu höherer menschlicher Reife zu erheben. Die freundschaftliche Verbundenheit Scipios mit hervorragenden Griechen, vor allem mit Polybios, der sein Lehrer wurde, und mit Panaitios aus Rhodos, der längere Zeit in der Umgebung Scipios lebte und erst nach dessen Tod die Leitung der stoischen Schule in Athen übernahm, gab diesem die Schranken des Volkstums überwindenden Verkehr der Geister den Charakter unbefangener persönlicher Aussprache und beiderseitigen Gebens und Nehmens. Für den Erfolg dieser Aussprache war es entscheidend, daß auch die Griechen von den Römern lernten, daß sie ihre Erkenntnisse und Lehren an die römische Welt, die ihnen in mancher Hinsicht als eine Realisierung ihrer Ideale erscheinen mußte, anzupassen verstanden. Polybios gewann aus der Anschauung der umfassenden römischen Macht den universalhistorischen Gesichtspunkt seines Werkes, in dem er als erster Roms Aufstieg weltgeschichtlich einordnete. Er hat mit dieser Konzeption ebenso Schule gemacht wie mit seiner Deutung der römischen Verfassung als der von der griechischen Staatstheorie geforderten idealen Mischverfassung. Auch das Menschenbild, das Panaitios verkündete, hat stark auf die Anschauungen der römischen Welt gewirkt. Nach seiner Lehre ist es für den Menschen wesentlich, daß er durch seine Vernunftanlage, durch den Logos, eine sittliche Lebensführung begründet, indem er die vier großen Tugenden verwirklicht: die Weisheit, die das Erkennen zur Grundlage der Daseinsgestaltung macht; die Gerechtigkeit, die das Handeln in der konkret gegebenen staatlichen Gemeinschaft fördert; die Tapferkeit, die über die materiellen Dinge erhebt, und die Mäßigung, die die Triebe bändigt und ein einheitliches sittliches Verhalten ermöglicht. Der Gedanke, daß alles Denken und Tun des Menschen seiner Persönlichkeit angemessen sein, daß die individuelle Anlage harmonisch entfaltet werden soll, wird in der Ethik des Panaitios bis in die Einzelheiten des Alltags hinein verfolgt. Diese Sittenlehre, in der die persönliche Lebensformung und der Dienst in der Gemeinschaft gleichermaßen verankert waren, hat manchen Männern der führenden Schicht Roms in der kritischen Zeit Halt gegeben. Wahrscheinlich hat sie auch auf die Ausbildung des römischen Begriffs *humanitas* Einfluß gewonnen. Mit diesem Wort bezeichnen die Römer allerdings nicht ein über das einzelne Volkstum hinausgreifendes Humanitätsideal moderner Prägung, das Wort ist auch nicht aus der griechischen Philosophie unmittelbar hervorgegangen; bei seinem ersten Aufkommen bei Plautus und Terenz bedeutet es Sänftigung und Milde, die gesittete Art, die nach der Auffassung der gebildeten Römer dieser Zeit den Menschen erst zum Menschen macht. Bald erhält das Wort dann den gehobenen Sinn der feinen Gesittung, der geistigen Kultur und der inneren Gelassenheit, den es in der lateinischen Sprache bis zu Cicero und Horaz hin bewahrt. Dieser Begriff der *humanitas* ist somit ein Zeugnis der persönlichen Lebenskultur der geistigen Elite, die sich im letzten Jahrhundert der Republik geformt hat.

So tritt uns auf allen Gebieten des römischen Lebens die erzieherische Wirkung entgegen, die die Auseinandersetzung des Römertums mit der griechischen Kultur hervorgebracht hat. Die Anfechtung der hergebrachten Lebenswerte und die Auflockerung des ganzen römischen Daseins führten zwar eine langanhaltende geistige Krisis herbei, doch die Problematik wurde durch neue Erkenntnisse und durch wesenhafte Entscheidungen überwunden. Eine geläuterte, vertiefte Religiosität und ein veredeltes sittliches Ideal sind in den Kreisen der Gebildeten zur Geltung gelangt und haben auch nach der Preisgabe alter Bindungen dem schrankenlosen Individualismus Widerstand geleistet. Kunst und Wissenschaft haben Aufnahme gefunden. Mochte die Hingabe an diese neue Welt des Geistes vielen noch nutzlos erscheinen, andern nur ein Spiel für müßige Stunden sein, es fehlte doch nicht an Talenten, die mit den neuen Ausdrucksmitteln verborgene Bereiche des römischen Menschen zu heben und zu gestalten vermochten. Auch diesem gewandelten Römertum stand der oberste Wert des Staates und der Herrschaft fest. Aus der neuen Bildung schuf es sich neue Möglichkeiten politischer Wirkung, vor allem gegenüber der griechischen Welt. Zur Gewalt über die Leiber gewann es in langem Ringen die Herrschaft über die Geister.

Vierter Teil

Die Republik und die Weltherrschaft

I. Kapitel

Die Krisis des Staatswesens

Der Eintritt Roms in die Weltherrschaft ist in der Abfolge der Ereignisse erzählt und auf Grund der organisatorischen Neuerungen, die er nach außen hin hervorgebracht hat, gewürdigt worden. Nun hat aber, worauf immer wieder hingewiesen wurde, der Übergang Roms von der italischen Hegemonie zum Großreich in der ganzen Struktur des Staatswesens tiefgreifende Wandlungen nach sich gezogen. Die Verfassung und Verwaltung des Staates, das soziale und wirtschaftliche Leben der Bürger und Bundesgenossen, die Denkrichtung und Lebensführung der römischen Gesellschaft traten in eine schwere Krisis ein. Indem wir die Erscheinungen dieser Krisis zusammenfassen, müssen wir manches erörtern, was schon im 3. Jahrhundert sich angekündigt hat, und vieles hinzufügen, was erst viel später hervorgetreten ist. Denn nur ein Gesamtbild, das alle Gebiete des Lebens in die Betrachtung einbezieht, vermag die Erschütterung zu erklären, von der die römische Republik im letzten Jahrhundert ihres Bestandes betroffen worden ist. Handelt es sich doch nicht nur um politische Konflikte, sondern um eine Revolutionierung des ganzen römischen Daseins.

Der Zustand der Ausgeglichenheit, den die römische Verfassung zu Beginn des 3. Jahrhunderts erreicht hatte, ist nicht lange erhalten geblieben. Damals war nach schweren Kämpfen das Regiment des Staates an die patrizisch-plebejische Oberschicht gelangt und ein harmonisches Zusammenwirken der kräftigsten Elemente der Bürgerschaft, des alten Adels und des mittleren Bauerntums, hergestellt. Dieses Regiment hat sich im ersten Punischen Kriege bewährt, wie das starke Eingreifen der Komitien in die Politik dieser Jahrzehnte zeigt. Die nach dem Kriege durchgeführte Reform der Centurienverfassung hat das Gewicht des mittleren Bauerntums bei den großen Entscheidungen des Staates noch beträchtlich erhöht. Bald darauf kündigte sich aber ein scharfer *Gegensatz* an *zwischen der regierenden Aristokratie und dem bäuerlichen Mittelstand*, dessen politische Bestrebungen demokratische Züge aufwiesen. Die Führung dieser bäuerlichen Bewegung hatte lange Zeit der *homo novus* Gaius Flaminius, der 232 die Aufteilung der gallischen Mark in Einzelsiedlungen gegen den Senat durchsetzte und 223 im Widerspruch mit dem Senat den großen Vorstoß in die nördliche Po-Ebene im Interesse des mittleren und kleinen Bauerntums durchführte. Der zweite Punische Krieg hat den Gegensatz noch gesteigert, in seinem Endergebnis aber die politische Macht des Bauerntums geschwächt. Dazu haben schon die militärischen Mißerfolge der bäuerlichen Führer, des Gaius Flaminius am Trasimenischen See, des Marcus Terentius Varro bei Cannä, erheblich beigetragen. Der Hauptgrund für den Rückgang des bäuerlichen Einflusses auf die Staatsleitung, für die Schwächung der Komitien gegenüber dem Senat lag aber in der Tatsache, daß die umfassenden militärischen, finanziellen und diplomatischen Aufgaben des Krieges von der Versammlung der Bürgerschaft schlechterdings nicht mehr bewältigt werden konnten. Die Erfahrung des Krieges bewies, daß Weltpolitik nicht unmittelbar von der Volksversammlung, sondern nur von dem engeren Kreis einer fachkundigen Elite, am Ende vielleicht nur von einem erwählten Führer mit Erfolg geleitet werden konnte. So schien die neue Politik die Herrschaft einer Minderheit, die Oligarchie, oder das persönliche Regiment notwendig zu machen.

Es hat nicht an Bestrebungen gefehlt, die Wandlung der überkommenen Verfassung aufzuhalten. Dieses Ziel verfolgte in erster Linie *Marcus Porcius Cato*, so vielseitig und unberechenbar seine Politik sonst auch sein mochte. Der Abkömmling des Bauerngeschlechts aus Tusculum hat sich als Soldat und Offizier im zweiten Punischen Krieg ausgezeichnet, ist als *homo novus* in die höchsten Ämter des Staates gelangt und hat zwischen dem zweiten und dritten Punischen Krieg eine bedeutende Machtstellung in Rom innegehabt. Das Bestreben, die Verfassung der Väter, in der die Aristokratie und das Bauerntum gemeinsam die Führung gehabt hatten, gegen alle Neuerungen zu erhalten, trieb ihn in den Kampf gegen die oligarchische Gruppe und gegen einzelne überragende Führergestalten. Die Demütigung der Scipionen und die Überwachung der Aristokraten während ihrer Amtsführung in Rom und in der Provinz hängen mit der von Cato verfochtenen Reaktion zusammen. Doch sein Kampf blieb erfolglos. Zwar wurde die Gefahr des persönlichen Regiments überwunden, aber die Herrschaft der Oligarchie wurde in den Jahrzehnten, in denen die Unterwerfung des hellenistischen Ostens durchgeführt wurde, endgültig befestigt.

Eine engbegrenzte aristokratische Oberschicht besetzte mit immer größerer Ausschließlichkeit die Ämter, bildete den wesentlichen Bestand des Senats und beherrschte so die Politik. Gesellschaftlich hob sich der Kreis der Regierenden deutlich ab gegen das einfache Bauerntum, aus dem nur noch wenige in die höheren Ämter gelangten, noch deutlicher gegen den Teil der Bürgerschaft, der wohl den Reitercensus aufweisen konnte, aber sich den Handelsgeschäften statt den Ämtern zuwandte. Senatoren waren von der Staatspacht ausgeschlossen; durch ein besonderes Gesetz (lex Claudia 218) war den Senatoren und ihren Söhnen auch der Besitz größerer Lastschiffe, damit also die Beteiligung am Seehandel untersagt. Wirtschaftlich auf den Grundbesitz festgelegt, berufsmäßig den Ämtern und dem Senat zugewiesen, stellten die regierenden und regimentsfähigen Familien in der Gesellschaft Roms den *senatorischen Stand* dar. Äußere Abzeichen kamen hinzu, die Mitglieder dieses Standes von der übrigen Bürgerschaft abzuheben. Innerhalb dieser senatorischen Gesellschaft bildeten, wie früher schon erwähnt wurde, die Familien, die unter ihren Vorfahren einen Konsular aufweisen konnten, den eigentlichen Herrenstand, die Nobilität. Dieser enge Kreis brachte die obersten Ämter des Staates, Konsulat und Censur, jetzt fast ausschließlich in seinen Besitz. Durch Ausnützung der gesellschaftlichen Bindungen, an denen das römische Leben so reich war, wie Schutzverhältnis, Freundschaft, Gefolgschaft, gewannen die Söhne der adeligen Häuser immer wieder den Anhang, der bei den Wahlen den Ausschlag gab. Wohl haben die führenden Geschlechter der Nobilität und ihre Häupter als *principes civitatis* untereinander schwere Fehden ausgetragen, die durch persönlichen Ehrgeiz oder durch sachlichen Gegensatz veranlaßt waren, wohl kam es durch die Rivalität der hochadeligen Führer zur Bildung von förmlichen Adelsparteien, die ihren Zusammenhalt oft durch mehrere Generationen hindurch bewahrten: nach außen hin wurde die Geschlossenheit der regierenden Schicht nicht durchbrochen, das Eindringen von neuen Geschlechtern wurde nach Möglichkeit erschwert. Für die lange Zeit von 366 bis 63 hat man im obersten Amt des Staates nur 15 „Neulinge", die in ihrem Stammbaum keinen Konsul hatten, mit zusammen 24 Konsulaten nachweisen können. Aber auch der ungewöhnliche, die herkömmlichen Regeln verletztende Aufstieg einzelner Führer aus den eigenen Reihen wurde von der Nobilität bekämpft, da man in ihm eine Gefährdung der Standesherrschaft sah. Um Erscheinungen, wie sie die Laufbahn des Scipio Africanus mit sich gebracht hatte, zu vermeiden, bestimmte man durch Gesetz (lex Villia 180) das Mindestalter für die Bewerbung um die Ämter, die genaue Abfolge der Ämter und die zeitlichen Abstände zwischen den verschiedenen Etappen der Laufbahn.

Noch mehr als durch den Besitz der Ämter kam diese Standesherrschaft durch den Senat zu politischer Geltung. Während Jahresbeamte auf das Weltregiment kaum noch maßgebenden Einfluß gewinnen konnten, war der Senat, die dauernde Ratskörperschaft, dazu ausersehen, die große Politik an sich zu ziehen. Vor allem wurden die auswärtigen Angelegenheiten nach dem zweiten Punischen Kriege vom Senat nahezu selbstherrlich entschieden. Wenn für die Erklärung des Krieges und für den Abschluß von Verträgen noch die Zustimmung der Komitien eingeholt wurde, so wurde die Einrichtung der Provinzen, die Überwachung der abhängigen Staaten, die Entsendung von bevollmächtigten Gesandten und der Empfang von fremden Gesandtschaften allein vom Senat vollzogen. Auch die Finanzverwaltung wurde ganz vom Senat in Anspruch genommen. Er bewilligte den Feldherrn die für die Kriegführung notwendigen Summen, er leitete den ganzen Staatshaushalt, wobei die Censoren und Quästoren seine ausführenden Organe waren. Diese *Machtsteigerung des Senats,* der im 2. Jahrhundert die Organisation des römischen Reiches geschaffen hat, bedeutete eine Störung im Gleichgewicht der Verfassung und brachte die Gefahr mit sich, daß der Rat aus dem Gutachter der Beamten und des Volkes zum wirklichen Herrn des Staates wurde.

Die Schwächung der Komitien war nun freilich nicht nur darin begründet, daß die Volksversammlung vor den Aufgaben des Großreiches versagte, sie erklärt sich letzten Endes vielmehr aus der Tatsache, daß die Schichten der römischen Bürgerschaft, die um die Mitte des 3. Jahrhunderts zu so bedeutendem Einfluß gelangt waren, seit dem zweiten Punischen Kriege gesellschaftlich und wirtschaftlich schwer geschädigt wurden: aus dem Niedergang des mittleren und kleinen Bauerntums, dem das Aufkommen des Großgrundbesitzes und die Ausbildung der Latifundienwirtschaft zur Seite geht. Der *Niedergang des bäuerlichen Mittelstandes,* eine der schädlichen Folgen des Weltregiments, war von mehreren Seiten her gleichzeitig angebahnt worden. Zunächst brachten die fortgesetzten Kriege dem Bauernstand, aus dem die römischen Heere sich rekrutierten, eine übermäßige Belastung. Von der Schlacht am Trasimenischen See (217) erstreckten sich die schweren Blutopfer mit geringen Unterbrechungen bis zum Kampf um Numantia (133). Für viele Bauernhöfe bedeutete der Tod des Besitzers den Anfang des Ruins; auch die Güter, deren Besitzer wieder aus dem Feld zurückkehrten, gerieten durch die lange Abwesenheit der leitenden Kräfte in Zerrüttung. Diese unmittelbaren Schäden der Kriege trafen den bäuerlichen Mittelstand stärker als den Großgrundbesitz, der jetzt mit den aus Kriegsbeute und Plünderung der Provinzen gewonnenen Mitteln dazu überging, verschuldete kleine Güter aufzukaufen. Die überlieferten Censuszahlen weisen für die mittleren Jahrzehnte des 2. Jahrhunderts eine erhebliche Abnahme der bürgerlichen Bevölkerung aus. Wir dürfen annehmen, daß die Not der Landbevölkerung seit etwa 180 zum Rückgang der Geburten geführt hat. Sicher ist, daß seit dieser Zeit die Verödung einzelner Landschaften eingesetzt hat, besonders im südlichen Italien, aber auch in Teilen von Latium und Etrurien. Ein anderer Grund für die Gefährdung des Bauerntums war die in derselben Zeit durchgeführte Umstellung der italischen Landwirtschaft vom Getreidebau zur Oliven- und Rebenkultur und zur Weidewirtschaft. Diese Umstellung war nicht eigentlich durch die Einfuhr fremden Getreides, durch die Naturalleistungen einzelner Provinzen bedingt, sie hatte schon lange vor der Einrichtung der Provinz Sizilien begonnen. Es erwies sich eben, daß die von den Griechen übernommenen neuen Kulturen sich auf dem italischen Boden mehr lohnten als der Getreidebau. Die Umstellung auf die neue Wirtschaft erforderte größeres Kapital, bedeutete doch der Übergang vom Getreidebau zur Baumkultur für die Anfangszeit den Verzicht auf jegliche Ernte, während die Aufnahme der Weidewirtschaft, wenn sie ertragreich werden sollte, die Erwerbung größerer Flächen und die Vermehrung des Viehbestandes voraussetzte. So gewann auch von dieser Seite her der Großgrundbesitz mit seinen lediglich auf Steigerung der Bodenrente abgestellten wirtschaftlichen Methoden einen gewaltigen Vorsprung vor dem bäuerlichen Mittelstand.

Diese Verschiebung der ländlichen Besitzverhältnisse zugunsten der Großgrundbesitzer, aus denen der Senatorenstand hervorging, vollzog sich am frühesten und am schärfsten auf dem *Gemeindeland.* Von jeher hatte man den *ager publicus*, soweit er nicht für Kolonien und für bürgerliche Einzelsiedlungen verwendet wurde, gegen Entrichtung einer Abgabe den Bürgern zur Nutznießung überlassen. Diese Besitzergreifung *(occupatio)* des Staatslandes stand allen Bürgern in gleicher Weise zu, in der Praxis kam sie besonders der vermögenden Schicht der Großbauern zustatten, die über die zur Vergrößerung der Wirtschaft notwendigen Kapitalien verfügten. So kam es auf dem Gemeindeland bald zur Bildung von großen Gütern, die um so begehrter waren, je mehr das Rechtsverhältnis des in Besitz genommenen Landes in Vergessenheit geriet und die Steuer in Wegfall kam. Es hat nicht an Eingriffen der Regierung zugunsten des mittleren und kleinen Bauerntums gefehlt. Schon das Ackergesetz von 367 hatte für die Okkupation von Staatsland ein Höchstmaß bestimmt; dieses Gesetz war nach dem Hannibalkrieg erneuert worden, und damals wurde auch das Weiderecht auf dem *ager publicus* eingeschränkt. Aber diese Bestimmungen wurden von den Regierenden, die ja selbst die Großgrundbesitzer waren, so lässig gehandhabt, daß das Gesetz wirkungslos blieb und gewohnheitsrechtlich abkam. Hier zeigt sich deutlich, daß das Regiment der Nobilität sich zum Schaden des Staates in Standesinteressen verfing. Auch die andere Möglichkeit, die das ausgedehnte, sich immer noch vergrößernde Staatsland zur Rettung des bäuerlichen Mittelstandes bot, die Gründung von Kolonien, wurde in der kritischen Zeit nicht mehr voll ausgenützt. Zwar wurden nach dem zweiten Punischen Kriege, besonders in Oberitalien, mehrere Bürgerkolonien und latinische Gründungen angelegt und durch die Zuteilung von Parzellen an einzelne Bürger viele Bauernhöfe neu geschaffen. Aber diese großzügige Siedlungspolitik, die in 17 Jahren 20 Kolonien geschaffen hat, kam mit dem Jahr 177 zum Abschluß. Von da an bis zum Auftreten der Gracchen ist von dem engherzigen und kurzsichtigen senatorischen Regiment nur eine einzige Bürgerkolonie gegründet worden.

Schließlich ist noch auf die Erscheinung hinzuweisen, die im 2. Jahrhundert das Überhandnehmen der Latifundien auf Kosten der mittleren und kleinen Güter endgültig entschieden hat, auf die Gewinnung billiger Arbeitskräfte in den *Sklaven*. Auch die Landwirtschaft der römischen Frühzeit kannte auf den größeren Gütern die Verwendung von Sklaven neben den Klienten und den Taglöhnern. Doch hatte sich die Gewinnung von Sklaven in einer Zeit, in der Kriege zumeist mit stammverwandten Staaten geführt wurden, in mäßigen Grenzen gehalten; Schuldsklaven aber mußten in das Ausland verkauft werden. So hat die Sklaverei die patriarchalischen Verhältnisse der alten Zeit nicht gestört, der Großbauer bewirtschaftete sein Gut selbst in Gemeinschaft mit seinen freien und unfreien Arbeitern. Das änderte sich in grundlegender Weise gerade in der Zeit, als durch die Zusammenfassung ausgedehnter Staatsländereien und durch den Aufkauf von kleinen Bauernhöfen große Latifundien gebildet wurden. Die Kriege mit Karthago und mit den hellenistischen Staaten brachten gewaltige Mengen von Kriegssklaven ein. Dazu kam noch der Aufkauf von Sklaven auf den großen Märkten des Ostens. Sagt doch Strabon (14, 668), daß auf dem Markt in Delos täglich mehrere Tausende von Sklaven umgesetzt wurden. Diese Sklaven gelangten als Arbeitskräfte in den römischen Haushalt, in viele städtische Berufe, ganz besonders aber auf die Latifundien. Sklaven erwiesen sich nicht nur als die billigsten Arbeitskräfte, sie boten den freien Arbeitern gegenüber auch den Vorteil, daß sie von jedem Kriegsdienst befreit waren. Auf diese Weise wurden die kleinen Bauern, die ihre Höfe verloren, auch noch von den Arbeitsplätzen auf den großen Gütern verdrängt.

So ist das italische Bauerntum im Zeitalter der Punischen Kriege der aufgehenden Weltherrschaft und Weltwirtschaft zum Opfer gefallen. Manche Bauern hatten ihr Gut verkauft, andere, die sich zur Arbeit auf den großen Gütern entschlossen hatten, waren durch Sklaven ersetzt worden. Eine große *Abwanderung der Bauern in die Stadt*, vor allem nach Rom, hatte eingesetzt. Auch hier war das Fortkommen durch die Konkurrenz der unfreien Arbeiter erschwert, aber hier lockten besondere Zuwendungen auf dem Weg der Wahlbestechung, hier schien sich auch am ehesten Aussicht auf staatliche Hilfe zu eröffnen. Angesichts der grundlegenden Bedeutung, die das mittlere und kleine Bauerntum in Staat, Gesellschaft und Wirtschaft von Altrom innegehabt hat, wird man die schwere Krisis verstehen, die durch diese Wandlung über das römische Staatswesen gekommen ist. Auf politischem Gebiet war die Entwertung der Volksversammlung gegenüber Magistratur und Senat eingetreten. Das kräftige, selbstbewußte Bauernvolk, das in den Komitien des 3. Jahrhunderts den Ausschlag gegeben hatte, war nicht mehr vorhanden. Ein Haufen kleiner, abhängiger Leute, käufliches Stadtvolk, bildete jetzt den größeren Teil der Versammlung, zumal die Bürger der entfernteren Kolonien und Bezirke nur bei besonders wichtigen Anlässen zur Abstimmung in Rom erschienen. Eine Volksversammlung dieser Art mußte in einem Staat, der ein Weltreich regierte, ihre selbständige Bedeutung verlieren. Wenn sie auch weiterhin Beamtenwahl und Gesetzgebung vornahm, so wurde sie dabei zum Werkzeug der Faktoren, die in Wirklichkeit regierten, der Oligarchie oder der einzelnen Machthaber.

Die Auswirkung der sozialen und wirtschaftlichen Umschichtung war aber auch auf militärischem Gebiet schon spürbar. Da man in der Regel nur die grundsässigen Bürger in die Legionen einstellte, zeigte sich im 2. Jahrhundert, als der Niedergang des Bauerntums zur Tatsache geworden war, wiederholt ein empfindlicher Mangel an geeigneten Rekruten. In derselben Zeit verminderte sich die Qualität der römischen Truppe. Diese Schäden, die in den spanischen Kriegen deutlich hervortraten, mußten eine ernste Gefährdung der römischen Machtstellung nach sich ziehen, wenn man nicht Abhilfe schuf. Auf der andern Seite hatte die Ansammlung von Sklavenherden die patriarchalischen Verhältnisse auf den großen Gütern gründlich beseitigt, wie in Italien, so auch in den Provinzen. Die Überlieferung über die *Sklavenaufstände* hebt nachdrücklich hervor, daß besonders die aus dem hellenistischen Osten eingebrachten und auf die Latifundien verpflanzten Kriegsgefangenen zur Rebellion drängten. In Sizilien kam es seit 135 zum ersten Sklavenkrieg. Da bald darauf auch in Rom und im südlichen Latium, vor allem aber auf der Insel Delos und in den Bergwerken von Laureion in Attika die Sklaven sich erhoben, hat man geglaubt, von einer proletarischen Einheitsfront gegen Kapital und Bürgertum sprechen zu können. Sicher ist, daß die Nachrichten vom Aufstand sich rasch von einem Schauplatz zum anderen verbreiteten. Aber es gibt in unseren Quellen weder für diesen Krieg noch für spätere Rebellionen von Sklaven einen Anhalt für eine internationale Zusammenarbeit der Unfreien oder gar für ein Programm, das allgemein die Abschaffung der Sklaverei verlangt hätte. Daß die Funken vom ersten Brandherd weiterflogen und an mehreren Orten zündeten, erklärt sich aus der zunehmenden Verelendung der unfreien Arbeiterschaft im Gefolge der plutokratischen Standesherrschaft in aller Welt. In der Stadt Rom selbst kündigten sich auch in anderer Richtung die Folgen der vermehrten Sklaveneinfuhr an. Hier kam es oft zur Freilassung von Sklaven, die sich im Haushalt, im Handwerk und Handel bewährt hatten. Freilassung durch den Herrn führte aber den Sklaven ohne weitere Stellungnahme des Staates in das Bürgerrecht ein. So gelangten in das Bürgervolk fremde Elemente, die den geschlossenen Charakter verändern, den sicheren Gang der Politik erschweren mußten.

Der Eintritt in die Weltherrschaft hat nun aber neben der Ausgestaltung der senatorischen Oligarchie und neben der Vernichtung des bäuerlichen Mittelstandes, der früher den Kern der Bürgerversammlung und des Heeres gebildet hatte, im staatlichen und gesellschaftlichen Leben als weitere folgenschwere Neuerung das *Aufkommen eines neuen Kapitalistenstandes* notwendig gemacht. Durch die Aufnahme politischer und wirtschaftlicher Beziehungen mit allen Ländern des Mittelmeergebiets sind Industrie und Handel Italiens mächtig gefördert worden. Der industrielle Aufschwung des Landes war vor allem in der Metallindustrie Etruriens und Kampaniens bemerkbar, weniger in Rom, das im Laufe seiner langen Geschichte nie zur Industriestadt geworden ist. Dagegen wurde die Stadt als Mittelpunkt des Reiches im Handel und Geldwesen vor neue Aufgaben gestellt. Die Besitzergreifung und Überwachung der Länder zog die wirtschaftliche Ausbeutung großer Räume nach sich und eröffnete dadurch unternehmenden Köpfen unabsehbare Möglichkeiten der Betätigung und des Gewinns. Vor allem wuchs der Staatshaushalt selbst mit seinen Einnahmen und Ausgaben ins Riesenhafte. Die Beuteergebnisse der Kriege, die Entschädigungssummen der Friedensverträge, die Steuern der Provinzen bildeten neue große Einkünfte. Auf der andern Seite erforderten die Finanzierung der Kriege, die Ausführung der Bauten in Rom, die Anlage der Straßen in Italien und in den Provinzen und viele andere Unternehmungen Summen, die man bisher nicht gekannt hatte. Die römische Republik hat die Ausführung ihrer Finanzgeschäfte von jeher großenteils an Privatleute verpachtet, die über entsprechende Kapitalien verfügten. Unter den neuen Verhältnissen des Weltreiches mußten die Kapitalisten, die die öffentlichen Bauten finanziell durchführten, die staatlichen Gefälle in Pacht nahmen und sich bei umfassenden Aufgaben zu größeren Gesellschaften *(societates publicanorum)* zusammenschlossen, eine wirtschaftlich und bald auch politisch hervorragende Rolle gewinnen.

Diese Unternehmer gehörten zu den wohlhabenden Schichten

Roms, sie waren dem Reitercensus zugewiesen und dienten mit dem vom Staate zur Verfügung gestellten Pferd *(equo publico)*, noch häufiger mit eigener Ausstattung *(equo privato)* in der Kavallerie des Heeres. Da nun durch Herkommen und Gesetz die Senatoren von der Staatspacht sowie von den Handelsgeschäften großen Stils ausgeschlossen waren, trat in den obersten Kreisen der Bürgerschaft eine Spaltung ein, die zunächst beruflicher Art war, bald aber gesellschaftliche Ausprägung und politische Geltung erhielt. Im Laufe des 2. Jahrhunderts wurde durch Volksgesetz den Senatoren das Staatspferd entzogen und damit die Abstimmung in den Centurien der Reiter genommen. Dadurch wurde der Senatorenstand noch deutlicher als zuvor abgesondert, zugleich wurden ihm die Nichtsenatoren der wohlhabendsten Schichten militärisch als die Klasse der Reiter, gesellschaftlich als der Stand der Ritter entgegengesetzt. Traditionen des Berufs und Kennzeichen der Kleidung hoben die beiden Stände voneinander ab. Während die Senatoren Magistratur und Senat fest in ihren Besitz brachten, übernahmen die Ritter in standesgemäßer Betätigung die Ausführung der Finanzgeschäfte des Staates – Steuern und Zölle, Bau von Straßen und Aquädukten – und betrieben daneben in Rom, in Italien, in den Provinzen und Schutzgebieten zahlreiche Handels- und Bankgeschäfte privater Natur. So war eine große Finanzmacht organisiert, ein Stand des Geldkapitals geschaffen.

Der Einfluß, den die Ritter als Staatspächter und Geldverleiher auf die Verwaltung der Provinzen bekamen, wurde bereits erwähnt. Noch gewichtiger trat die politische Bedeutung des neuen Standes in Rom selbst zu Tage. Seit dem zweiten Punischen Kriege kam es wiederholt zu Zusammenstößen zwischen der senatorischen Regierung und den Staatspächtern, die durch ihr selbstherrliches und egoistisches Vorgehen die Staatsverwaltung gefährdeten. Zu diesen Differenzen, die bei der verschiedenen wirtschaftlichen Festlegung der beiden Stände geradezu unvermeidlich waren, kam seit der Mitte des 2. Jahrhunderts neuer Konfliktstoff auf einem ganz andern Gebiet. 149 wurde auf den Antrag des Volkstribunen Lucius Calpurnius Piso Frugi ein stehendes Geschworenengericht für die Erpressungsklage eingerichtet. Bald darauf sind auch für andere Delikte stehende Gerichtshöfe *(quaestiones perpetuae)* gebildet worden, während man bisher nur von Fall zu Fall Sondergerichte eingesetzt hatte. In diesen neu geschaffenen Gerichtshöfen führte der Prätor den Vorsitz, die Geschworenen wurden dem Senatorenstand entnommen. So gewannen die Senatoren auch auf die Kriminalgerichtsbarkeit maßgebenden Einfluß. Die Ritter, die in der Ausbeutung der Länder öfters Kriminalprozessen ausgesetzt waren, fühlten sich von der richterlichen Macht des senatorischen Standes bedroht. So ergab sich als weitere Folge der politischen und wirtschaftlichen Wandlung der Gegensatz zwischen den führenden Ständen in Rom.

Mit dem Hinweis auf die innerhalb der Bürgerschaft sich vollziehenden Vorgänge ist die Gesamtlage des römischen Staates um die Mitte des 2. Jahrhunderts noch nicht vollständig gekennzeichnet. Die Grundlage dieses nun zum Weltreich erhobenen Staates war nicht allein von der Bürgerschaft, sondern zugleich von den *italischen Bundesgenossen* gebildet. Diese hatten an den militärischen und wirtschaftlichen Leistungen des zweiten Punischen Krieges und der nachfolgenden Zeit wesentlichen Anteil genommen. Daher zeigten sich im Bundesgebiet vielfach ähnliche Erscheinungen des gesellschaftlichen und wirtschaftlichen Lebens wie im Bürgerland. Der Niedergang des mittleren und kleinen Bauerntums hatte begonnen, besonders im südlichen Italien, wo die Verheerungen des Hannibalischen Krieges den weitesten Umfang und die größte Dauer erreicht hatten. In den Städten führten der Aufschwung der Industrie und die Belebung des Überseehandels zu gewaltiger Bereicherung einer zahlenmäßig geringen Schicht von Unternehmern und Kaufleuten *(negotiatores)* auf Kosten der Masse der Bevölkerung. Die Entlohnung der Bundesgenossen, durch deren Dienste das Weltregiment Roms erst ermöglicht wurde, war sehr mangelhaft: bei der Verteilung der Kriegsbeute, bei der Gründung von Kolonien, bei der Nutznießung des Gemeindelands waren sie den Bürgern gegenüber benachteiligt; von der Ausbeutung der Provinzen waren sie ausgeschlossen, soweit sie nicht zur Klasse der Großunternehmer gehörten; im Heeresdienst unterlagen sie noch der

Strafe der Auspeitschung, die jetzt für Bürger abgeschafft war. Trotz der Bewährung des italischen Bundes dachte Rom nicht an die weitere Ausdehnung des Bürgerrechts auf die Bundesgenossen. Die Großzügigkeit, mit der die Republik der älteren Zeit die Bundesgenossen zu sich herangezogen oder ganz in sich aufgenommen hatte, war vergessen, als Rom in die Weltherrschaft eingetreten war und die Bürgerschaft ein Herrenrecht neuer Art gewonnen hatte. Es ist, als ob die Eröffnung des weltpolitischen Blickfelds das Augenmaß für die italischen Fragen getrübt hätte.

So ist es kein Wunder, daß die Bundesgenossen jetzt auf mancherlei Wegen in das Bürgerrecht, das so viele Vorteile bot, einzudringen bestrebt waren. Die Latiner suchten in immer größerer Zahl durch Einwanderung in Rom das Ziel zu erreichen, von den übrigen Bundesgenossen entschlossen sich manche zur Übersiedlung in eine latinische Stadt, um dort das latinische Recht und von diesem aus das römische Bürgerrecht zu gewinnen. Es kam auch vor, daß Italiker sich zum Schein an römische Bürger verkauften und von diesen dann freigelassen wurden; das römische Recht bot ja bei aller Strenge manchen Anhalt zur Umgehung der harten Bestimmungen. Diese Infiltration der Bundesgenossen in die Bürgerschaft wurde von den römischen Magistraten früh genug bemerkt und durch besondere Gesetze aufgehalten. Die Verstimmung der Bundesgenossen wurde dadurch noch vermehrt. Die Zurückhaltung in der weiteren Verleihung des Bürgerrechts war allerdings nicht nur im Egoismus der Bürger begründet, die für die Welteroberung wohl die Hilfe der Italiker in Anspruch nahmen, bei der Ausbeutung der Welt aber möglichst wenig Teilhaber dulden wollten, sie beruhte auch auf dem sachlichen Grund, daß Rom am *gemeindestaatlichen Prinzip* unentwegt festhielt. Gewiß war dieses Prinzip durch die Aussendung von bürgerlichen Kolonien und Siedlungen über ganz Italien praktisch schon durchbrochen, aber die Aufnahme der Bundesgenossen in die Bürgerschaft erschien als eine förmliche Preisgabe der Gemeindeverfassung. Denn der Gedanke, die außerhalb Roms wohnenden Bürger ihre Rechte in Rom durch Vertreter, nach Art des repräsentativen Systems, ausüben zu lassen, lag völlig fern. So blieben die Italiker von der Civitas ausgeschlossen, so weit auch die Latinisierung im Bundesgebiet fortgeschritten sein mochte. Aus diesem unhaltbaren Zustand erwuchsen der römischen Politik neue Schwierigkeiten.

Schließlich konnte auch die Einrichtung der Provinzen ihre Rückwirkung auf die Verfassung des Gemeindestaates nicht verfehlen. Die Organisation der Provinzen ließ keinen Zweifel darüber, daß die Untertanenländer Ausbeutungsobjekte des römischen Volkes waren. Praktisch fielen sie häufig den Statthaltern zum Opfer, die sich im politischen Machtkampf gezwungen sahen, „aus den Provinzen Wahl- und Kriegskassen zu machen" (Wieacker). Zahlreiche Aufstände waren die Folge, Aufstände aber führten neue Kriege herauf, dadurch neue Möglichkeiten der Bereicherung für Feldherrn, die es sich mehr und mehr herausnahmen, fremde Völker eigenmächtig zu überfallen. Die stadtstaatliche Organisation zeigte sich der Aufgabe, einen Flächenstaat gerecht zu verwalten, nicht mehr gewachsen. Das *Imperium des Statthalters,* das durch keine Kollegialität gehemmt und aus sachlichen Gründen oft über ein Jahr hinaus verlängert wurde *(prorogatio),* war in vieler Beziehung dem Imperium des in der Stadt Rom tätigen Magistrats überlegen und dem Senat gegenüber sehr selbständig. Gewaltenträger dieser Art wurden durch die Einrichtung neuer Provinzen immer zahlreicher und verteilten sich über das weite Reichsgebiet, während die Zentralgewalten in Rom keine entsprechende Stärkung erfuhren. So war durch das Provinzialsystem, das eine mit der Republik kaum noch zu vereinbarende Beamtenstellung schuf, die Voraussetzung gegeben für Kämpfe der Machthaber gegen den Senat und für das Aufkommen eines persönlichen Regiments. So lange auch die Oligarchie ihre Stellung verteidigen mochte, am Ende mußte aus dem Weltreich die Alleinherrschaft hervorgehen.

So traten auf allen Gebieten die Rückschläge des Weltregiments zutage. Die Krisis des Staates wird erst recht verständlich, wenn wir bedenken, daß den politischen und sozialen Umschichtungen die *geistige und moralische Wandlung* zur Seite ging, die jeden Menschen, jede Familie betraf. Glaube und Sitte der Väter wurden durch die neuen, aus aller Welt eindringenden Strömungen erschüttert. Die Auseinandersetzung mit der griechischen Kultur hat, wie wir sahen, im Römertum eine Unsicherheit hervorgerufen, die nur langsam überwunden wurde. In der privaten und öffentlichen Lebensführung machten sich die Schäden des mühelosen Reichtums breit, den die Weltherrschaft einbrachte. Die Anlage der ausgedehnten Villen, die Hinwendung zu Kleiderluxus und Tafelverschwendung, das Aufkommen neumodischer Formen der Geselligkeit waren beunruhigende Erscheinungen für alle, die mit dem Dichter Ennius der Überzeugung waren, daß der römische Staat auf der bewährten Sitte und dem Mannestum der alten Zeit beruhe. Der Zusammenhalt der Familie wurde durch mannigfache Einschränkungen der väterlichen Gewalt gelockert. Dadurch wurde erwachsenen Kindern die Selbständigkeit gewährt, die ihnen in einer aufgeklärten und wohlgeordneten Gesellschaft zuzukommen schien, aber die für das altrömische Leben so charakteristische Disziplin des Hauses war damit durchbrochen. Auch die Stellung der Frau im gesellschaftlichen Leben hat sich gewandelt. Die neue Form der Ehe, die jetzt aufkam, gab der Frau eine rechtlich günstigere Lage und größere Bewegungsfreiheit, doch die nächste Folge dieser Emanzipation der Frau war eine Krisis der Ehe. Die freiere Stellung, die die Matrone im öffentlichen Leben gewann, teilte sie bald mit der Kurtisane. Die Not der Übergangszeit ließ sich nicht verkennen: die alte Sitte war preisgegeben, aber neue Normen waren noch nicht gefunden.

Diese Zustände, die seit dem Eintritt in die Weltherrschaft sich ausbildeten, waren die Voraussetzung für die Reformen und Revolutionen, in denen die römische Republik zu Ende ging. Mit fieberhafter Erregung wurde in diesem letzten Jahrhundert die äußere und innere Neugestaltung des Staates erkämpft. Kein anderes Zeitalter der römischen Geschichte kennt solche Leidenschaften, solche Katastrophen und, wie man hinzufügen muß, so heroische Leistungen. Das Jahrhundert der Revolution hat Reich und Kultur der Römer zur höchsten Kraftanstrengung geführt.

II. Kapitel

Der Anfang der Revolution. Die Gracchen

Die Krisis, in die Staat und Gesellschaft der Römer seit dem zweiten Punischen Kriege geraten waren, ist von den römischen Politikern lange Zeit nicht in ihrer Tragweite erkannt worden. Die auswärtigen Erfolge täuschten immer wieder über die innern Schwierigkeiten hinweg und brachten so bedeutenden Gewinn an Geld, Getreide und Arbeitskräften, daß die Nöte der italischen Wirtschaft als reichlich aufgewogen erschienen. Die Schäden, an denen der Staat krankte, bildeten unter sich ein förmliches System von Aushilfen: was auf die eine Weise verdorben war, wurde auf andere, nicht minder gefährliche Weise vorübergehend wieder ausgeglichen. So ist es auch verständlich, daß die am meisten von der Krisis betroffenen Schichten des Bauernstandes sich nicht zur Wehr setzten. Das hatte allerdings auch noch andere Gründe. Die aristokratische Führung war im römischen Staate noch so fest verankert, daß Maßnahmen gegen die Mißstände in Staat und Gesellschaft nicht von den Unterdrückten, sondern nur von der Aristokratie ausgehen konnten, selbst wenn sie sich letzten Endes gegen das aristokratische Regiment kehren mußten. Von oben her mußte die Reform, und falls diese mißlang, die Revolution unternommen werden.

In der Tat haben sich manche Politiker, die dem Senatorenstand und der Nobilität angehörten, gegen einzelne Erscheinungen der Krisis gewandt. Die Politik des Marcus Porcius Cato bekämpfte die Auswüchse der oligarchischen Herrschaft und die Gefahren der Hellenisierung Roms. Gaius Lälius, ein Freund des Scipio Ämilianus, hat in seinem Konsulat 140 den Versuch gemacht, die Not des italischen Bauerntums zu beheben, ist aber dabei am Widerstand der Nobilität gescheitert. Andere, gleichfalls dem herrschenden Stand angehörende Reformer waren entschlossen, den unvermeidlichen Kampf mit der Nobilität zur Rettung des Staates auf sich zu nehmen. Als Plattform bei diesem Vorgehen bot sich das Volkstribunat dar, das den Ständekampf der frühen Republik zugunsten der abhängigen Schichten entschieden, dann freilich durch seine lange Zurückhaltung das Aufkommen der Oligarchie erleichtert hatte. Dieses Amt konnte, wieder aufgegriffen und in den politischen Kampf eingeführt, Reformen zugunsten der bäuerlichen Schicht auch gegen die Nobilität erzwingen, ja diese selbst in ihrer Machtstellung erschüttern. Das war der Weg der beiden Gracchen, in deren Politik viele wesentliche Probleme des römischen Revolutionszeitalters bereits enthalten sind.

Tiberius und Gaius Gracchus entstammten dem Geschlecht der Sempronii, das seit dem Ende des 4. Jahrhunderts zur Nobilität gehörte. Der Vater Tiberius Sempronius Gracchus, dessen Friedensschluß mit den Keltiberern 178 für längere Zeit Ruhe in Spanien schuf, hat zweimal das Konsulat, außerdem die Censur bekleidet. Er gehörte zu den politischen Gegnern der Scipionen, ließ sich dadurch aber nicht abhalten, eine Familienverbindung mit ihnen einzugehen. Er heiratete Cornelia, die Tochter des Scipio Africanus, eine gebildete, hoch angesehene Frau des römischen Adels. Aus der Ehe gingen zwölf Kinder hervor, deren Erziehung nach dem Tode des Vaters die Mutter geleitet hat. Am Bildungsgang und politischen Werk des Tiberius und Gaius hat Cornelia so innigen Anteil genommen, daß sie neben ihren Söhnen als die „Mutter der Gracchen" in der Erinnerung fortlebte. Griechische Rhetoren und Philosophen wurden zur Erziehung der Söhne beigezogen, griechische Staatstheorien gewannen dadurch auf ihre Vorstellungswelt spürbaren Einfluß. Noch stärker wirkte allerdings die römische Tradition. Mit den angesehensten Häusern und den führenden Politikern des Adels waren die Gracchen verwandtschaftlich verbunden. Scipio Ämilianus, der erste Mann Roms, war durch Adoption Enkel des Siegers von Zama, wie die Gracchen durch leibliche Abstammung, und trat in noch nähere Verbindung mit diesen, als er 147 ihre

Schwester Sempronia heiratete. Somit wiesen alle Momente der Herkunft und Erziehung die beiden Gracchen auf eine große politische Laufbahn im Sinne der Nobilität hin.

Die politische Wirksamkeit des Tiberius, der, 162 geboren, um zehn Jahre älter war als Gaius und schon im dritten Punischen Kriege Dienst im Heer getan hatte, begann 137 mit der Quästur. Die Erfahrungen dieses Jahres, in dem Tiberius mit dem Konsul Hostilius Mancinus nach dem diesseitigen Spanien geschickt wurde, haben seine Politik maßgebend beeinflußt. Er beobachtete auf der Reise durch Etrurien den Niedergang der italischen Bauernhöfe, lernte in Spanien die schlechte Qualität der römischen Truppe und die moralische Anfechtbarkeit der Eroberungspolitik kennen. Den Vertrag, durch den Mancinus sein Heer vor der Vernichtung durch die Numantiner bewahrte, hat Tiberius Gracchus als Quästor mitbeschworen; auch ihm drohte, als der Vertrag in Rom verworfen wurde, eine Zeitlang die Auslieferung an den Feind. Diese Vorgänge waren geeignet, die Notwendigkeit von Reformen darzutun. Vor allem mußte es ihm geboten erscheinen, die nationale Wehrkraft Italiens durch Hebung des Bauernstandes wiederherzustellen. Als Mitglied des Senats hat Tiberius Gracchus sich der Gruppe reformwilliger Politiker angeschlossen, deren Haupt sein Schwiegervater Appius Claudius Pulcher war. Das Volkstribunat, das Gracchus 133 übernahm, eröffnete ihm große Möglichkeiten reformerischer Tätigkeit, da mit dem Amt die Initiative der Gesetzgebung verbunden war.

Sofort nach seiner Wahl zum Tribunen, vielleicht schon bei der Bewerbung um das Amt, trug Tiberius in den Versammlungen des Volkes bestimmte Anträge vor, die die *Schaffung neuer Bauernstellen* und dadurch die Hebung der Wehrkraft des Staates bezweckten. Er beantragte die Erneuerung des alten Gesetzes, daß kein Bürger mehr als 500 Morgen (125 ha) Gemeindeland in Nutznießung haben dürfe, bestimmte aber in einem dem Großgrundbesitz entgegenkommenden Zusatz, daß die Besitzer von Gemeindeland für ihre Nachkommen noch je 250 Morgen behalten dürften. Zur praktischen Durchführung des Gesetzes sollte eine Behörde von drei Männern geschaffen werden mit dem Auftrag, die das angegebene Höchstmaß überschreitenden Besitzanteile an Gemeindeland festzustellen, einzuziehen und in kleinen Parzellen an römische Bürger zu verteilen, die kein Land besaßen; für die Nutznießung sollte eine geringe Abgabe an den Staat entrichtet werden, die Zuteilung der Ackerlose sollte zu unveräußerlichem Besitz erfolgen, damit die neu begründeten Bauernhöfe die Vermehrung der wehrpflichtigen Männer sicherstellten und nicht wieder durch Großgrundbesitzer aufgekauft werden könnten. Diese Vorlagen, die die gesamte Siedlungsfrage mit einem Schlag aufrollten, vertrat Tiberius in leidenschaftlicher Agitation. So kennzeichnete er in einer Rede, von der uns Plutarch (Ti. Gracchus 9) ein Stück erhalten hat, den militärischen Notstand, den die neuere Forschung als einen wesentlichen Faktor seiner Politik hervorhebt: „Die Tiere Italiens haben Höhle und Unterschlupf, aber die Helden des Landes werden mit Licht und Luft abgefunden. Ohne Haus und Hof irren sie mit Weib und Kindern durchs Land. Eine Lüge ist es, wenn ihnen die Feldherrn in der Schlacht zurufen, Vätergrab und Altar zu verteidigen, denn keiner von ihnen hat einen Hausaltar und ein Ahnengrab. Für Schwelgerei und Luxus der andern kämpfen und sterben sie. Herren der Erde heißen sie, und doch hat keiner von ihnen eine Scholle zu eigen."

Die aufreizende Stimme des Tribunen trug gewaltige Erregung in die Bürgerschaft, gewann starken Anhang für den Reformplan und rief ebenso entschiedene Gegnerschaft wach. Selbstverständlich erklärten sich die Besitzer der Latifundien auf staatlichem Grund und Boden gegen die Vorlage, aber auch von unbeteiligter Seite konnten Einwände gegen den Antrag geltend gemacht werden, da die Vermengung von Privat- und Gemeindeland oft bis zur Unkenntlichkeit gediehen war, da ferner die Einbeziehung der italischen Bundesgenossen, die gleichfalls größere Flächen des Gemeindelands in Nutznießung hatten, in die ganze Bewegung zu befürchten war. Die Entscheidung über den Gesetzentwurf lag bei den Tributkomitien. Als die Abstimmung der Versammlung schon mehrfach hinausgeschoben war, erhob schließlich Marcus Octavius, ein Kollege des Tiberius im Tribunat, Einspruch gegen die Vorlage. Dadurch war die Abstimmung hinfällig geworden, nach der Verfassung konnte die Vorlage in diesem Amtsjahr nicht mehr durchgesetzt werden. Derweilen hatte sich aber die Erregung in der Bürgerschaft gewaltig gesteigert; das Landvolk strömte in Mengen nach Rom, wo die Lebensfrage des Bauernstandes entschieden werden sollte. Tiberius war vor die Frage gestellt, ob er, wie einst Lälius, seinen Plan preisgeben oder einen neuen Weg zur Durchführung erzwingen sollte. Aus dieser Not heraus entschloß er sich zu einem unerwarteten Schlag, der den gegnerischen Tribunen vernichten und dadurch das Ackergesetz dem sicheren Erfolg zuführen sollte. Er stellte den Antrag an das Volk, Octavius des Amtes zu entsetzen, da er gegen die Interessen des Volkes handle, das ihn zum Tribunen gewählt habe. Alle 35 Tribus stimmten für die Absetzung des Volkstribunen. Octavius schied aus dem Amt, ein Nachfolger, der keinen Einspruch gegen die Vorlage des Gracchus erhob, trat an seine Stelle. Dann wurde auch das Ackergesetz von der Versammlung angenommen.

Ein überraschender Erfolg war damit erzielt, allerdings auf revolutionäre Weise. Denn der Antrag auf Absetzung des Volkstribunen, der in Ausübung seines Amtes sein Veto eingelegt hatte, verstieß gegen Form und Geist der republikanischen Verfassung. Niemals hatten die Komitien die Volkssouveränität im Sinne der attischen Demokratie ausgeübt. Der Magistrat, der einmal gewählt war, blieb bis zum Ablauf der gesetzlichen Frist im Besitz seines Imperiums, ohne daß die Volksversammlung ihren Auftrag zurücknehmen konnte. Diese Bestimmung galt auch für das Volkstribunat, obgleich das Amt kein Magistrat mit Imperium war, ja die Absetzung eines sakrosankten Tribunen war eine besonders schwere Verletzung der geltenden Ordnung. Die Begründung dieses Vorgehens mit dem Hinweis darauf, daß der Tribun gegen die Interessen der Plebs gehandelt habe, war anfechtbar, da die Tribunen seit langem nicht nur von der Plebs, sondern vom Gesamtvolk gewählt wurden. Der revolutionäre Schritt traf die Verfassung der Republik in einem wesentlichen Punkt. Von diesem Präzedenzfall aus konnte durch weitere entsprechende Beschlüsse die Republik auf scheinbar demokratischem Wege in eine Selbstherrschaft nach Art der griechischen Tyrannis umgewandelt werden. Daß diese Gefahr bestand, kann nicht bezweifelt werden, so sehr auch das Vorgehen des Tiberius Gracchus psychologisch verständlich ist. Denn die Verschiebung der Abstimmung über das Ackergesetz auf ungewisse Zeit mußte ihm als Gefährdung seines ganzen Werkes erscheinen. Bereit, alles zu wagen für einen großen, durch nationale Interessen gebotenen Plan, gedrängt von seinen Anhängern, hatte er sich zu dem übereilten Schritt entschlossen, der unmittelbar in die Revolution hineingeführt hat.

Zunächst wurde nun die *praktische Durchführung des Ackergesetzes* in Angriff genommen. In die Dreimännerkommission zum Zwecke der Festlegung und Aufteilung von Staatsland *(tresviri agris iudicandis assignandis)* wurde Tiberius Gracchus, sein Bruder Gaius und sein Schwiegervater Appius Claudius gewählt; der Familienzusammenhalt der Mitglieder erschien in diesem Fall zweckdienlich. Die drei Männer, die sich in jährlichem Turnus bei der Leitung der Kommission ablösen sollten, erhielten die richterliche Befugnis, strittige Eigentumsfragen zu entscheiden. So begann die praktische Arbeit, während bereits Vorwürfe gegen Tiberius wegen seiner verfassungswidrigen Handlung sowie Drohungen laut wurden, man würde ihm nach Ablauf seines Amtes den Prozeß machen. Eine große Schwierigkeit bei der Begründung neuer Bauernhöfe war, wie sich sofort herausstellte, der Mangel an Kapital auf seiten der anzusiedelnden Bauern. Um diese Not zu beheben, stellte Tiberius den Antrag, aus der Erbschaft des Königs Attalos von Pergamon, die eben an Rom gefallen war, Barmittel für diesen Zweck zur Verfügung zu stellen. Auch dieser Antrag wurde angenommen, obwohl auch er gegen Herkommen und Verfassung verstieß. Denn die Entscheidung über auswärtige Angelegenheiten und die Führung des Staatshaushalts gehörten zu den Kompetenzen des Senats. So gewannen die Angriffe gegen Tiberius neue Nahrung, schon beschuldigte man ihn, er strebe nach der Alleinherrschaft. Der Tribun, zur Durchführung der Reformen mit allen ihren Folgerungen entschlossen, scheute vor einem dritten verfassungswidrigen Schritt nicht zurück. Er bewarb sich mit einem großen Reformprogramm für 132 von neuem um das

Tribunat, ohne die für die Wiederholung des Amtes erforderliche Dispens eingeholt zu haben. Unter den Gesetzesentwürfen, die er vortrug, befand sich der Vorschlag einer andern Zusammensetzung der stehenden Gerichtshöfe, eine Maßnahme, die sich gegen die richterliche Machtstellung des Senats wandte, ferner der Plan, die italischen Bundesgenossen für die Einbeziehung des von ihnen besetzten Gemeindelands in die Agrarreform auf andere Weise zu entschädigen.

Diese Ankündigungen zeigten, daß man erst am Beginn der Reformen stand. Anhänger und Gegner der Tribunen warben Stimmen für die große Entscheidung, die bei den Tribunenwahlen fallen mußte. Da diese Wahlen im Sommer vorgenommen wurden, waren viele Parteigänger des Gracchus durch Erntearbeiten auf dem Land zurückgehalten, um so entschiedener wurde die Agitation unter dem städtischen Volk fortgesetzt. Aus der Erregung, die auf beiden Seiten sich einstellte, sind Gewaltakte hervorgegangen, die zum *Untergang des Reformers* geführt haben. Die Komitien gelangten am ersten Tage nicht zur Abstimmung. Für den zweiten Tag wurden von beiden Seiten Vorbereitungen zum gewaltsamen Vorgehen getroffen. Die Volksversammlung trat auf dem Kapitol zusammen, gleichzeitig versammelte sich dort im Tempel der Fides der Senat. Während beide Versammlungen sich argwöhnisch beobachteten, im Senat widerstreitende Meinungen geäußert wurden und in der Volksversammlung bald ein Tumult entstand, brachte ein Mißverständnis, wie es in so zugespitzter Lage oft geschieht, den Sturm zum Ausbruch. Als Tiberius die Hand zum Kopf erhob, um seinen Anhängern zu bedeuten, daß es um seinen Kopf gehe, glaubten die Gegner im Senat, er fordere für sich das Diadem. Darauf stürmten die erbittertsten Feinde der Reform unter Führung des Pontifex maximus Scipio Nasica gegen Tiberius und seinen Anhang vor. Die nächste Umgebung des Tribunen, die ihm als Leibwache diente, wurde auseinandergesprengt und niedergehauen, Tiberius ergriff die Flucht, wurde aber bald eingeholt und erschlagen, seine Leiche wurde in den Tiber geworfen. Dann wurden die nächsten Anhänger des Revolutionärs in summarischem Verfahren abgeurteilt.

So war der verfassungswidrige Vorstoß mit Gewalt niedergeschlagen. Die Tatsache, daß die Reform, die den Interessen des Staates diente, im Widerspruch mit der Verfassung ins Werk gesetzt werden mußte, war dem Politiker zum Verhängnis geworden, sie wurde aber auch zum Verhängnis für sein Unternehmen und damit für den römischen Staat. Die Agrarreform war mit dem Plan, die Souveränität des Volkes gegen die Herrschaft des Senats durchzusetzen, ein für allemal verknüpft und dadurch mit dem Wagnis der Revolution versehen. Zwar blieb die Gesetzgebung des Tiberius Gracchus nach seinem Tode in Geltung, aber die Durchführung der Gesetze bis zum Ende mußte zu einer neuen Machtprobe im Staate führen.

Zunächst hat die Ackerkommission ihr Werk fortgesetzt. Anstelle des Tiberius Gracchus wurde Publius Licinius Crassus Mucianus, der Schwiegervater des Gaius Gracchus, in das Kollegium gewählt, später sind als Ersatzleute andere reformwillige Senatoren eingetreten, Marcus Fulvius Flaccus und Gaius Papirius Carbo. Vom praktischen Erfolg der Kommission geben die Grenzsteine Zeugnis, die in verschiedenen Teilen Italiens gefunden worden sind: eine größere Anzahl neuer Bauernhöfe wurde auf dem Gemeindeland geschaffen. Allerdings wurden in den Jahren nach dem Tode des Tiberius auch die *Schwierigkeiten und Gefahren des Siedlungswerks* deutlicher, zumal gleichzeitig in Sizilien und Asien gegen aufständische Sklaven Krieg geführt werden mußte. Man war darangegangen, auch das von den Bundesgenossen besetzte Gemeindeland in die Aufteilung einzubeziehen. Der Widerstand, der sich bei den Italikern dagegen erhob, stärkte die Opposition in Rom. Scipio Ämilianus, der 133 den Krieg gegen Numantia zu Ende geführt, nach seiner Rückkehr die Erschlagung seines Schwagers gebilligt hatte, wenn auch mit einiger Zurückhaltung, setzte es 129 durch, daß die richterliche Entscheidung über umstrittene Landanteile der Bundesgenossen den Konsuln übergeben wurde. Die Folge war, daß die Landzuteilung ins Stocken geriet. Der Eingriff Scipios, eine fragwürdige Leistung des angesehenen Staatsmannes in so kritischer Lage, wurde von den Reformern heftig bekämpft. Als Scipio noch im selben Jahre plötzlich starb, tauchte das Gerücht auf, er sei einem Anschlag der Reformgruppe zum Opfer gefallen, doch wurde eine Untersuchung nicht angestellt, die Frage blieb für Zeitgenossen und spätere Geschlechter ungeklärt. Der Kampf für und wider die weitere Ausgestaltung der Reform nahm seinen Fortgang. Marcus Fulvius Flaccus stellte 125 als Konsul den großzügigen Antrag, die Bundesgenossen zum Bürgerrecht oder doch zum Recht der Berufung bei Verhängung von Kapitalstrafen zuzulassen, aber der Widerstand gegen diese folgenschwere Neuerung war so stark, daß der Konsul seinen Antrag zurückziehen mußte. Ein paar bundesgenössische Städte, wie Fregellä, traten darauf in den Aufstand, doch die Erhebung wurde unerbittlich niedergeworfen, Fregellä wurde zerstört, anstelle der vernichteten latinischen Stadt wurde eine Bürgerkolonie gegründet.

Diese Gewalttätigkeit des Senats hatte zur Folge, daß nun die Gruppe der Reformer wieder zum Zug kam und ihren besten Mann in das Volkstribunat brachte. *Gaius Gracchus* war entschlossen, das Werk, das er von Anfang an mitgeschaffen hatte, zu Ende zu führen. Leidenschaftlich wie er war, betrachtete er den politischen Kampf als seine persönliche Angelegenheit. Das Motiv der Rache für die Erschlagung seines Bruders bestimmte sein Vorgehen nicht unwesentlich und erfüllte ihn mit tiefem, bis zum Vernichtungswillen gesteigerten Haß gegen das senatorische Regiment. Die Gewalt seiner Rede machte ihm die Masse des Volkes untertan und verschaffte ihm den Anhang, dessen er zum Kampf um die politische Macht bedurfte. Der Senat, der nichts Gutes von ihm erwartete, hatte ihn als Quästor 126 nach Sardinien geschickt, wo er dem Konsul bei der Befriedung der Provinz behilflich sein sollte. Die Aufgabe nahm mehrere Jahre in Anspruch; sie war noch nicht abgeschlossen, als Gaius die Provinz verließ, um sich in Rom um das Tribunat zu bewerben. Er machte keinen Hehl daraus, daß er den Kampf mit den von seinem Bruder eingeführten Mitteln wieder aufzunehmen bereit war. Vergebens warnte ihn seine Mutter in einem auf uns gekommenen Briefe, in dem die mütterliche Sorge mit den Interessen des Staates seltsam vereinigt ist, vor seinem rachsüchtigen Beginnen. Zum Tribunen für das Jahr 123 und dann wieder für 122 gewählt, hat Gaius Gracchus eine Reihe von Gesetzen zur Annahme gebracht, die in ihrer Gesamtwirkung einer politischen Umwälzung gleichkamen.

So unsicher im einzelnen die genaue Datierung dieser Gesetze ist, an den Anfang der politischen Wirksamkeit des Tribunen gehört gewiß eine Bestimmung, die für alles weitere Vorgehen eine Art Rückendeckung schaffen sollte. Durch das Gesetz wurde die Bildung einer außerordentlichen richterlichen Kommission des Senats, gegen deren Urteil keine Berufung galt, verboten. Dadurch glaubte Gracchus sich und seine Anhänger im äußersten Fall gesichert zu haben. Zugleich war durch das Gesetz, das rückwirkende Kraft erhielt, das summarische Verfahren gegen die Anhänger des Tiberius Gracchus als rechtswidrig bezeichnet. Auf diese Schutzmaßnahme folgte eine Reihe von Gesetzen, die die Macht im Staate von der senatorischen Oligarchie an das Volk und seinen Führer bringen sollten. Politische Gedanken, die im Werke des Tiberius schon angekündigt waren, wurden jetzt ausgeführt und als Selbstzweck verfolgt, während sie bisher dem großen Plan der Agrarreform untergeordnet waren. Gaius hat im *Kampf um die politische Macht* ohne Bedenken das bürgerliche Proletariat umworben, den Ritterstand gegen die Senatoren ausgespielt und die italischen Bundesgenossen in die Bewegung hereingezogen. Das Unternehmen gewann schließlich solche Tragweite, daß die Agrarreform nur noch ein Teil seiner Politik war.

Zunächst wurde das Ackergesetz des Tiberius Gracchus wieder aufgenommen und der inzwischen veränderten Lage angepaßt, so daß die Landaufteilung ihren Fortgang nehmen konnte. Dem Schutz des Bauerntums diente auch das Militärgesetz, das die Aushebung der Rekruten vor dem siebzehnten Lebensjahr verbot. Dagegen stand das *Getreidegesetz* nicht im Einklang mit dem Werke der bäuerlichen Siedlung. Es bestimmte, daß den Bürgern in Rom von Staats wegen Brotgetreide unter dem Marktpreis beschafft werden sollte. Auf diese Weise konnte wohl die Not, die durch eine seit Jahren anhaltende Teuerung hervorgerufen war, im Augenblick gelindert werden; aber die Folge dieser auf die Dauer geschaffenen staatlichen Wohlfahrtseinrichtung mußte sein, daß immer mehr Bürger sich in Rom sammelten, wo die staatliche Unterstützung den Bedürftigen das Fortkommen erleichterte, ohne daß sie genötigt waren, ein Bauerngut zu übernehmen. Das Gesetz, das offenkundig den Zweck verfolgte, das Stadtvolk an seinen Führer zu binden, widersprach der römischen Auffassung, die ein Eingreifen des Staates in die freie Wirtschaft nur in besonderer Notzeit kannte, es entstammte dem Gedankenkreis der griechischen Demokratie, deren Bürger die Aufteilung der überschüssigen staatlichen Einkünfte beanspruchen konnten. Mit Energie wurde die praktische Durchführung des Gesetzes unter Heranziehung der Handels- und Geschäftsleute in Angriff genommen. In Rom wurden große Magazine angelegt, in Italien Wege gebaut, um den Verkehr nach Rom von allen Seiten her zu erleichtern. Die gewaltigen Mittel, die diese Wohlfahrtseinrichtung erforderte, wurden durch ein neues Gesetz beschafft, das die Steuern der vor wenigen Jahren eingerichteten Provinz Asien, des früheren Königreichs Pergamon, neu regelte. Das Gesetz führte in Asien als Hauptsteuer die Landabgabe des Zehnten ein und verordnete die Verpachtung sämtlicher Steuern und Zölle sowie der Domänen und Bergwerke. So wurden durch die Auslieferung der Provinz an die Publikanen neue Einnahmen zugunsten des römischen Proletariats erschlossen und zugleich die Ritter für die Bewegung gewonnen. Der Ritterstand wurde sodann durch ein *Richtergesetz* in aller Form gegen den Senat ins Feld geführt. Aller Wahrscheinlichkeit nach bestimmte diese Neuerung, daß die Geschworenen der stehenden Gerichtshöfe, ja die Richter überhaupt künftighin statt dem Senatorenstand den Rittern entnommen werden sollten. So war auch der Ritterstand mobilisiert, die persönliche Machtstellung des Tribunen war gewaltig gehoben. Mit weiteren Gesetzesentwürfen, die vor allem die Gründung von Kolonien vorsahen, erreichte Gaius seine erneute Wahl zum Tribunen für das folgende Jahr. Die Schwierigkeiten, die noch vor wenigen Jahren einer Wiederholung des Amtes entgegengestanden hatten, waren durch ein schon vor dem Auftreten des Gaius eingebrachtes Gesetz behoben worden. Während des zweiten Tribunats hat Acilius Glabrio, ein Kollege des Gaius, in einem Gesetz, von dem uns Bruchstücke inschriftlich erhalten sind, das Delikt der Erpressung unter empfindliche Strafe gestellt. So war den senatorischen Statthaltern in einem entscheidenden Punkt die Macht der vom Ritterstand besetzten Geschworenenhöfe zum Bewußtsein gebracht.

Der Erfolg des Gaius Gracchus bedeutete eine Umwälzung, wenn er auch durch verfassungsmäßige Mittel erreicht war. Der Gesetzgeber hatte im Tribunat den archimedischen Punkt gefunden, von dem aus er das senatorische Regiment aus den Angeln heben konnte. Da das Amt des Tribunen jetzt wiederholbar war, konnte die Machtstellung, die es bot, über mehrere Jahre ausgedehnt und zu einer Art Alleinherrschaft im demokratischen Staat erhoben werden. Allerdings gab es einige Fehler in dieser Konstruktion. Einmal konnte gegen die weitere Gesetzgebung des Tribunen der Einspruch eines andern Tribunen gewonnen, damit Gaius vor dieselbe Schwierigkeit wie sein Bruder gestellt werden. Sodann war – und dies erwies sich als ausschlaggebend – die Machtstellung des demokratischen Führers nur so lange gesichert, als das Volk hinter ihm stand und seinen Anträgen zustimmte. An diesem schwachen Punkt setzte, gestützt auf die politischen Erfahrungen von Generationen, die *Gegenwehr des Senats* im Jahre 122 ein.

Der Tribun Marcus Livius Drusus wurde zum Vorkämpfer des senatorischen Widerstandes gegen die Politik des Gracchus. Er trat dem Demagogen in wirksamer Weise entgegen, indem er durch Versprechungen, die über die Vorschläge des Gracchus weit hinausgingen, das Volk von ihm abzog. Gracchus und seine Freunde beantragten die Gründung von neuen Kolonien, in Kapua und Tarent sollten Bürgersiedlungen geschaffen werden, aber auch außerhalb Italiens, auf dem Boden des zerstörten Karthago sollte eine Neugründung (Colonia Iunonia) angelegt und dabei sollten auch italische Bundesgenossen herangezogen werden. Es war ein großzügiger Plan, der eine neue Auffassung vom Verhältnis zwischen Bürgern und Bundesgenossen, zwischen Italien und den Provinzen verriet und Gedanken des Reichsgründers Cäsar vorwegnahm. Eine Dreimännerkommission wurde zur Ausrichtung der überseeischen Kolonie eingesetzt.

Gracchus, der in diese Kommission gewählt war, begab sich selbst nach Afrika zur Vorbereitung der Ansiedlung.

Die Zeit seiner Abwesenheit benützte nun Drusus, um die Stellung des Gegners zu untergraben. Er beantragte, es sollten zwölf Kolonien gegründet werden, alle auf dem Boden Italiens, was den Siedlern viel angenehmer sein mußte als die Verpflanzung in ein fremdes Land; die Beteiligung an den Gründungen sollte nur römischen Bürgern zustehen, die italischen Bundesgenossen sollten vom Wettbewerb ausgeschlossen sein. So war der Siedlungsplan des Gracchus stark überboten und der Gegensatz zwischen Bürgern und Bundesgenossen gegen Gracchus aufgerufen. Das Programm, an dessen Ausführung im Ernst wohl nicht gedacht werden konnte, fand viele Anhänger im Volke. Als Gracchus zurückkehrte, suchte er mit einem großen Schlag die endgültige Entscheidung herbeizuführen. Er stellte den Antrag, *die Latiner und die Italiker* in das Bürgerrecht aufzunehmen. Dieser Gedanke, der, wie sich schon früher gezeigt hatte, in der Konsequenz der Agrarreform lag, bedeutete eine wesentliche Veränderung im Aufbau des römischen Staates. Das Interesse des Weltreichs forderte eine solche Verbreiterung des Fundaments, so unklar die Ausführung im einzelnen sein mochte. Unglücklicherweise war dieser weittragende Plan nun mit dem demokratischen Machtkampf verknüpft und dadurch von vornherein dem Widerstand des Senats ausgesetzt. Doch nicht nur der Senat, auch Ritterschaft und Volk wandten sich großenteils von Gracchus ab. Die demagogische Politik hatte die Bürgerschaft schon so verdorben, daß sie nicht mehr gewillt war, ihre Privilegien mit den Bundesgenossen zu teilen, auch wenn die Lebensnotwendigkeit des Staates dies erforderte. So mußte der Staatsmann Gracchus büßen, was der Demagoge verschuldet hatte: der Antrag wurde abgelehnt. Die schwere Niederlage zog den weiteren Mißerfolg nach sich, daß Gracchus für 121 nicht mehr zum Tribunen gewählt wurde.

Der Plan seiner Gegner ging dahin, ihn vor Gericht zu stellen. Dies war nicht möglich, solange er noch in der Kommission für die Ausrichtung der Colonia Iunonia war. Daher brachte man, um Gracchus seine letzte Vollmacht zu entziehen, den Antrag ein, den Beschluß der Koloniegründung in Afrika rückgängig zu machen. Um diesen Antrag entspann sich *der letzte Kampf*, für den sich beide Parteien rüsteten. Als am ersten Tage der Komitien ein römischer Bürger von einem Anhänger des Gracchus erschlagen wurde, entstand solche Erregung, daß die Versammlung aufgehoben werden mußte. Für den folgenden Tag traf der Konsul Lucius Opimius, ein erklärter Feind des Gracchus, umfassende Vorbereitungen. Er alarmierte die Ritter, die von Gracchus bereits abgerückt waren; er veranlaßte, daß der Senat die Voraussetzungen des Notstands für gegeben erklärte und den Konsuln diktatorische Vollmacht zur Wiederherstellung der Ordnung übertrug: es ist der erste, in der Folgezeit öfters wiederholte Fall des Notstandsbeschlusses *(senatus consultum ultimum)*, durch den sich der Senat selbst zum autoritären Träger der Staatsgewalt erklärte. Mit seinem Anhang besetzte dann der Konsul das Kapitol, Gracchus verschanzte sich auf Betreiben des Fulvius Flaccus mit seinem Gefolge auf dem Aventin, der von alters her der Sammelplatz der Plebs war. Gracchus und Flaccus, die ihrer Sache unsicher wurden, suchten Verhandlungen mit dem Senat aufzunehmen, doch sie wurden nur aufgefordert, persönlich vor dem Senat zu erscheinen. Dann wurde der Sturm auf den Aventin unternommen, die Anhänger des Gracchus wurden überwältigt, Gracchus selbst floh über den Tiber und ließ sich vom letzten seiner Getreuen den Tod geben. Sein Kopf wurde abgeliefert und vom Konsul, wie er es in Aussicht gestellt hatte, mit Gold aufgewogen. Die überlebenden Genossen des Tribunen verfielen strenger Verfolgung und Bestrafung.

Nach dem Untergang des zweiten Gracchus trat das Verhängnis, das durch die Verbindung der staatsnotwendigen Reformen mit den Bestrebungen revolutionären Demagogentums gegeben war, erst recht hervor. Das Getreidegesetz blieb zum Verderben des römischen Volkes erhalten und das Richtergesetz bewirkte die dauernde Spaltung der führenden Stände. Dagegen wurde der Gedanke, die Italiker in die Bürgerschaft aufzunehmen, so lange unterdrückt, bis er sich mit furchtbarer Gewalt Bahn brach. Die Agrarreform, von der die Bewegung ihren Ausgang genommen hatte, wurde aufgegeben und durch eine

Reihe von Gesetzen, über die wir durch Appian, den Geschichtsschreiber der römischen Bürgerkriege, und durch inschriftliche Funde unterrichtet sind, in den folgenden Jahren rückgängig gemacht. Noch 121 kam die Unveräußerlichkeit der neu gegründeten Bauernstellen in Wegfall, der Aufkauf der kleinen Höfe war damit wieder freigegeben. Spätere Gesetze bestimmten, daß keine weitere Aufteilung von Gemeindeland mehr vorgenommen werden sollte, und erklärten die bisherigen Anteile als privates Eigentum, so daß jede Abgabe für sie hinfällig wurde. Auf diese Weise wurde zwar der Unsicherheit, die durch den Streit um den *ager publicus* entstanden war, ein Ende gemacht, aber es war auch die fruchtbare Idee der gracchischen Reform gefallen. Neue Bauernstellen wurden nicht mehr geschaffen, die Latifundien bestanden fort, von keiner Steuer mehr behindert. Der Gedanke, das Bauerntum wenigstens auf dem Grund und Boden des Staates zu retten, war den Interessen der Parteien geopfert, und die Zustände auf dem Lande wurden schlimmer als zuvor. Wohl sind in späterer Zeit noch viele Ackergesetze zur Annahme gelangt, doch sie gingen zumeist auf die Enteignung der bisherigen Besitzer zugunsten der Parteigänger und Veteranen der neuen Machthaber aus; den Niedergang des alten Bauerntums in Italien haben sie nicht aufgehalten.

Verhängnisvoll war es schließlich auch, daß der von den Gracchen entfesselte Kampf gegen den Staat der Nobilität eine wesentliche Versteifung der Senatsherrschaft zur Folge gehabt hat. Die regierende Schicht hat äußerste Anstrengungen gemacht, durch Besetzung der Ämter und des Senats die Macht zusammenzuhalten und alle widerstrebenden politischen Kräfte niederzuwerfen. Die Verfechter dieser senatorischen Standesinteressen nannten sich von nun ab *Optimaten* und nahmen so für ihre Ziele die Berufung auf den Adel schlechthin in Anspruch. Es gehört zu den negativen Ergebnissen der gracchischen Revolution, daß diese geschlossene Gruppe keine einheitliche Gegnerschaft fand. Der Ritterstand wurde von den wirtschaftlichen Interessen auf dem politischen Feld bald hierhin, bald dorthin getrieben, und das Volk der Komitien unterlag immer wieder

der Macht der optimatischen Häupter. Nur einzelne Männer des Adels haben im Kampf mit ihren Standesgenossen die Anliegen der Staatsreform aufgegriffen und mit dem Namen der *Popularen* den Anspruch, die Sache des Volkes zu verfechten, an sich gerissen. Eine zusammenhängende Bewegung oder gar eine demokratische Partei haben sie nicht geschaffen; es wäre daher irreführend, die politischen Kämpfe der nächsten Jahrzehnte unter dem Gesichtspunkt eines Zweiparteiensystems zu betrachten. Zur Schaffung und Sicherung ihrer Macht haben auch die popularen Politiker die in der Republik überlieferten Formen der Familienbündnisse, des persönlichen Anhangs und der Gefolgschaftshaufen – neben den neuen Methoden der Straßenschlachten und der Stoßtrupps – gehandhabt; als Ziel ihres Kampfes trat bald die Begründung der persönlichen Herrschaft zutage.

III. Kapitel

Das Reich in der Defensive. Marius

Der Aufruhr der beiden Gracchen hat den ganzen römischen Staat ergriffen, Bürger, Bundesgenossen und Untertanen. Die Agrarreform war unternommen worden zu dem Zweck, die Krisis des Staates in einem wesentlichen Punkte zu überwinden, nun war sie gescheitert und alle Organe des Staatswesens waren in Mitleidenschaft gezogen. Die innere und die auswärtige Politik haben sich seitdem in unheilvoller Weise durchsetzt und durchdrungen. Während das senatorische Regiment in der Zeit vom zweiten zum dritten Punischen Kriege die Politik der Unterwerfung und Überwachung des Mittelmeergebiets mit großer Unabhängigkeit bestimmt hatte, begannen nun die Gegensätze zwischen den führenden Ständen und die durch die Tribunen wachgerufenen Ansprüche des Volkes die *auswärtige Politik* und die *Kriegführung* zu stören. Die senatorische Oligarchie scheute sich nicht, nachdem nun einmal ihre Machtstellung in Zweifel gezogen war, ihre Ämter und Kommandostellen nach Möglichkeit auszubeuten, die Ritterschaft brachte ihre wirtschaftlichen Interessen in der Außenpolitik zu größerer Geltung, das Volk suchte dic militärischen Erfolge einzelner Führer zur Wiederaufnahme der Reformen auszunützen. In Asien, in Afrika und an der Nordfront des Reiches ist es in dem Menschenalter, das zwischen der Einnahme von Numantia und der Revolte des Jahres 100 liegt, zu Kämpfen gekommen, und auf allen Schauplätzen traten die innern Schwierigkeiten zutage. Dabei handelte es sich keineswegs um große Eroberungen, sondern um die Niederwerfung von Aufständen, um die Abwehr fremder Völker und um die Ausgestaltung der Grenzverteidigung. Von der

Eroberung Numantias an bis zum Auftreten des persönlichen Regiments des Pompeius, das der Expansion neue Stoßkraft verlieh, war die Politik des Reiches im wesentlichen defensiv.

In Asien hatte sich Rom seit dem syrischen Kriege mit der Überwachung der Fürstentümer und Städte begnügt, die Besitzergreifung auf dem Boden des Landes ist ihm durch die letztwillige Verfügung eines kleinasiatischen Fürsten aufgedrängt worden. Allerdings ist das Testament des Königs Attalos III. von Pergamon, der bei seinem Tod 133 das Land den Römern vermachte, auch eine Art Auswirkung der römischen Schutzherrschaft, wie später die entsprechenden Verfügungen in Kyrene und in Bithynien. Rom nahm das Erbe an, mußte es aber mit den Waffen erkämpfen. Aristonikos, angeblich ein illegitimer Sohn des Eumenes II., also ein Halbbruder des letzten Königs, erhob Anspruch auf das pergamenische Reich und fand Anhang bei den Massen der Unterdrückten, den Leibeigenen der großen Güter und den Sklaven in Stadt und Land. Es war ein Aufruhr gegen die bestehende Ordnung, gegen das reiche städtische Bürgertum und die zu seinem Schutz auftretende römische Macht. Da die Aufgebote der römischen Vasallenfürsten versagten, mußte Rom den schweren Kampf selbst durchfechten. Erst 129 konnte der Prätendent aufgegriffen und das Land als Provinz eingerichtet werden. Obwohl nur Mysien, Lydien und Karien zum Gebiet der Provinz geschlagen, die entfernteren Teile des Königreichs den befreundeten Herrschern der Nachbarländer Bithynien, Pontos und Kappadokien zugewiesen wurden, erhielt die neue Provinz die Bezeichnung *Asia*, den Namen des ganzen Erdteils, so wie man das Land um Karthago mit dem anspruchsvollen Namen Afrika belegt hatte. Die endgültige Ordnung der Verhältnisse brachte erst das Gesetz des Gaius Gracchus: das Königsland, die Bergwerke und Steinbrüche aus königlichem Besitz wurden Eigentum Roms, die städtischen Bezirke wurden dem Zehnten unterworfen; die Erhebung sämtlicher Abgaben fiel den Steuerpächtern anheim. Das Ausbeutungssystem der römischen Publikanen und die Betriebsamkeit der zahlreich ins Land strömenden italischen Händler und Bankiers haben die neue Provinz schwer geschädigt und die Bevölkerung im Lauf von Jahrzehnten für den Aufruhr reif gemacht, der von Asien aus gegen Rom losbrechen sollte.

In *Afrika* hat sich die Organisation des Jahres 146 nicht bewährt. Im Gebiet der Provinz, die nur den nordöstlichen Teil des heutigen Tunesien umfaßte, gab es keine Schwierigkeiten. Daß die Bürgerkolonie auf dem Boden von Karthago nicht zustandekam, war nur durch den Gang der inneren Politik Roms begründet. Aber die Schutzherrschaft über die angrenzenden Gebiete von Nordafrika, besonders über Numidien, führte bald zu ähnlichen Verwicklungen, wie sie durch das System der indirekten Herrschaft früher in Griechenland, später in Kleinasien geschaffen wurden. Die Aufgabe der Überwachung, die Rom sich in Numidien gestellt hatte, ließ sich noch durchführen, solange ein treu ergebener und zugleich energischer Fürst die weit zerstreuten libyschen Stämme in den geographisch und kulturell so verschiedenen Landschaften vom mittleren Algerien ostwärts bis zum Syrtengebiet unter seiner Herrschaft zusammenfaßte. Das traf für Massinissa zu, auch für seinen Sohn Micipsa, der ihm 148 folgte und nach dem Tod seiner Brüder das ganze Reich beherrschte. Schwierigkeiten traten erst ein, als nach Micipsas Tod (118) das Land an seine drei Erben fiel, seine Söhne Adherbal und Hiempsal und seinen Neffen Jugurtha. Damit war im Land der Zustand wieder hergestellt, der bis auf Massinissa die Regel gebildet hatte: die tödliche Feindschaft der sich befehdenden Fürsten. In der Zeit der Punischen Kriege waren diese Verhältnisse dem Versuch der Römer, in Afrika Fuß zu fassen, günstig gewesen, jetzt aber wurde das Ansehen der Weltmacht von den Umtrieben der Berberfürsten betroffen.

Der fähigste unter den drei Erben Micipsas war *Jugurtha,* der den Schwung des Nomaden mit dem Raffinement eines halb zivilisierten Häuptlings und mit gewissenlosem Draufgängertum vereinigte. Er hatte vor Numantia einen numidischen Reitertrupp befehligt, bei dieser Gelegenheit Verbindung mit römischen Adeligen gewonnen, zugleich auch so viel Einblick in die Schäden der römischen Kriegführung und Politik erhalten, daß er, in Numidien zur Macht gelangt, sich alles gegen Rom herauszunehmen wagte. Sein ehrgeiziger Plan ging auf die Gewinnung von ganz Numidien. Hiempsal wurde beseitigt, Adherbal verjagt und wie so mancher flüchtige Fürst den Römern als Schutzflehender zugetrieben. Eine Kommission des Senats nahm 116 die Aufteilung Numidiens an Jugurtha und Adherbal vor, dabei erwiesen sich die Bestechungsmanöver Jugurthas insofern wirksam, als Jugurtha der bessere Teil des Landes zugesprochen wurde. Doch auch jetzt trat keine Ruhe ein. Jugurtha begann bald mit neuen Herausforderungen gegen Adherbal, fiel 112 in dessen Landesteil ein und belagerte Adherbal in Cirta (Constantine). Die Stadt, eine natürliche Festung wie kaum ein anderer Platz in Nordafrika, wurde mit Energie verteidigt, auch die in der Stadt anwesenden Griechen und Römer wirkten dabei mit. Schließlich wurde die Festung doch eingenommen, die Besatzung einschließlich der Italiker wurde niedergemacht, auch Adherbal wurde getötet.

Dieses Vorgehen war eine unerhörte Mißachtung der römischen Anordnungen, zumal von Rom ausdrücklich die Anweisung an Jugurtha ergangen war, die Belagerung von Cirta einzustellen. Trotzdem zeigte die Nobilität geringe Neigung zu bewaffnetem Vorgehen gegen den Ruhestörer in Afrika; standen doch an der Nordfront Italiens durch den Vorstoß der Kimbern ernstere Gefahren in Aussicht. Dagegen setzte sich die Ritterschaft, die in Numidien geschäftliche Interessen verfolgte und Rache für das Blutbad von Cirta verlangte, für den Krieg ein, ebenso auch das Volk, das von dem Tribunen Gaius Memmius gegen die Nobilität aufgehetzt wurde. So kam 111 doch der Kriegsbeschluß zustande. Sechs Jahre lang hat sich der *Krieg gegen Jugurtha* hingezogen. Das Gelände Nordafrikas bot dem römischen Vordringen, besonders für die Verpflegung des Heeres, gewaltige Schwierigkeiten, während sich auf diesem Boden die numidische Kavallerie und die Leichtbewaffneten glänzend bewährten. Doch der Hauptgrund für die lange Dauer des Kampfes war das Versagen der Nobilität in der politischen und militärischen Führung dieses Krieges, der – wir mögen es Sallust, dem Geschichtsschreiber des Jugurthinischen Krieges, glauben – ein ruhmloses Kapitel in der Geschichte der römischen Expansion darstellt.

Im ersten Kriegsjahr erzielten die Römer einige Erfolge, doch keine militärische Entscheidung, trotzdem ließ sich der Konsul Lucius Calpurnius Bestia durch Bestechung zum Friedensschluß gewinnen. Der Senat setzte sich für den Frieden ein, aber die Agitation des Tribunen Memmius unter dem Volke und die Stellungnahme der Ritter verhinderte die Ratifikation des Vertrages. Es wurde vielmehr die Untersuchung der Vorgänge, die zu diesem voreiligen Friedensschluß geführt hatten, angeordnet, zu diesem Zweck wurde auch Jugurtha nach Rom geladen. Er hatte kein Interesse daran, seine römischen Freunde zu kompromittieren; ein Volkstribun, den er für sich gewann, verhinderte in der Volksversammlung im entscheidenden Augenblick die Vernehmung Jugurthas. Dieser trieb sein frevelhaftes Spiel mit der Majestät des römischen Volkes so weit, daß er einen numidischen Prinzen, den man an seiner Stelle zum Herrn von Numidien hätte machen können, durch einen Agenten in Rom ermorden ließ und, als der Fall untersucht wurde, dem Mörder zur Flucht verhalf. Nach dieser Herausforderung wurde Jugurtha aus Rom verwiesen, der Krieg gegen ihn wurde wieder aufgenommen. Alsbald wiederholte sich das empörende Versagen der römischen Führung. Als der Konsul Spurius Postumius Albinus gegen Ende des Jahres 110 sich zur Leitung der Wahlen nach Rom begab und das Kommando seinem Bruder übertrug, ließ dieser sich in einen aussichtslosen Feldzug ein, erlitt bei Suthul eine schimpfliche Niederlage und schloß ein Abkommen auf Räumung des Landes. Dieser Vertrag wurde nun aber vom Senat verworfen. Auf Verlangen der Tribunen wurde ein Untersuchungsausschuß eingesetzt und dieser konnte nicht umhin, einige Mitglieder der Nobilität zu verurteilen. 109 übernahm Quintus Cäcilius Metellus den Oberbefehl. Seine energische und zielbewußte Führung errang in den nächsten Jahren größere Erfolge, 107 wurde der Vorstoß bis Cirta vorgetragen. Doch Jugurtha organisierte nun die Volkserhebung in der benachbarten Landschaft Gätulien und gewann den König Bocchus von Mauretanien zum Bundesgenossen. So schien sich der Krieg in neue, unabsehbare Räume zu verlagern.

Militärisch ist der Krieg in der Tat nicht entschieden worden, auch nicht von *Gaius Marius*, der 107 das Konsulat und den Oberbefehl in Numidien gewann und sich später den Endsieg im Jugurthinischen Kriege zugeschrieben hat. Dieser Abkömmling einer ritterlichen Familie in Arpinum hatte bei Numantia Dienst getan, sich nachher aber den Geschäften statt der Politik zugewandt. Als er dann, von der Familie der Meteller begünstigt, doch in die Ämter eintrat, erwies er sich im Volkstribunat (119) und in der Prätur (115) keineswegs als hervorragender Politiker. Für den ehrgeizigen Emporkömmling, der eine mangelhafte Bildung genossen hatte und nicht über einflußreiche Beziehungen verfügte, gab es nur eine Möglichkeit des Erfolges: wenn er sich auf dem Gebiet betätigen konnte, auf das ihn seine starke Begabung hinwies. Diese Begabung war ausgesprochen militärisch. Als Legat unter Metellus hatte sich Marius 108 vortrefflich bewährt, dann hatte er in Rom mit Hilfe der Geschäftsleute, die auf die weitere Erschließung von Numidien drängten und nun den *homo novus* gegen die Nobilität ausspielten, seine Wahl zum Konsul durchgesetzt und den Oberbefehl in Numidien anstelle von Metellus gewonnen. Marius brachte in den Krieg namhafte Verstärkungen mit, die er teilweise durch Einstellung von Freiwilligen zu schaffen wußte. Außerdem gewann er wertvolle Hilfe für die Beendigung des Krieges an seinem Quästor Lucius Cornelius Sulla, einem hochkultivierten Aristokraten, der neben dem geschäftigen Marius seine Bahn mit der vornehmen Gelassenheit eines Glücksspielers verfolgte. Durch die militärischen Erfolge des Marius wurde Jugurtha 106 aus dem östlichen Numidien verdrängt und zur Flucht nach Mauretanien zum König Bocchus genötigt. Von diesem erreichte Sulla durch sein diplomatisches Geschick die *Auslieferung Jugurthas*, und damit war der Krieg beendigt. Obwohl der Ausbruch und der Verlauf des Kampfes erwiesen hatten, daß die Organisation der Schutzherrschaft unzureichend war, hat Rom in Nordafrika keinen größeren Eingriff vorgenommen; nur ein kleines Landstück wurde zur Provinz geschlagen. Der östliche Teil von Numidien wurde dem Prinzen Gauda, einem Enkel Massinissas, zugeteilt, das westliche Land dem König von Mauretanien überlassen. Durch Beibehaltung des Systems der Schutzherrschaft vermied man die Festlegung von militärischen Kräften, die jetzt an der Nordfront des Reiches dringend gebraucht wurden. Am 1. Januar 104 hat Marius den gefangenen Jugurtha im Triumph aufgeführt, vom ganzen Volke als Vorkämpfer gegen das Mißregiment der Nobilität gefeiert. Er war für dieses Jahr wieder zum Konsul gewählt worden und ging, vom allgemeinen Vertrauen getragen, an die Aufgabe, Italien und das Reich vor dem Ansturm der nördlichen „Barbaren" zu schützen.

Die Ausgestaltung der *Nordfront Italiens und des Reiches* war in der ersten Hälfte des 2. Jahrhunderts energisch angefaßt, aber noch lange nicht zum Abschluß gebracht worden. Die Landverbindung im Nordosten nach Illyrien, im Nordwesten nach dem jenseitigen Gallien war hergestellt. Doch daraus ergaben sich neue Verwicklungen mit den Stämmen in Dalmatien und in den Ostalpen wie auch im jenseitigen Gallien. Zwischen Istrien, das 177 erobert worden war, und dem Gebiet um Skodra, das man 168 dem König Genthios abgenommen hatte, bestand noch eine große Lücke der römischen Grenzanlage. Mehrfach wurde hier mit Dalmatien und Istrien Krieg geführt, das Ergebnis war die Unterstellung des illyrischen Landes, das von Oberitalien oder von Makedonien aus verwaltet wurde. Das Gebiet der Ostalpen unterlag noch nicht der römischen Kontrolle. Ein im Jahre 115 durchgeführter Feldzug hatte nur den bescheidenen Erfolg, die keltischen Taurisker für die Freundschaft mit Rom zu gewinnen.

Im Nordwesten Italiens waren die Ligurer bis zu den Seealpen hin unterworfen worden, die Landverbindung nach dem mit Rom verbündeten Massilia und von da nach Spanien war festgelegt. Freilich war *Massilia* ein militärisch schwacher Bundesgenosse. Die Stadt hatte wohl Kolonien am ligurischen Golf von Monoikos (Monaco) bis Agathe (Agde), doch im Innern des Landes besaß sie keinen Rückhalt. Sie hatte seit Jahrhunderten die Rhonestraße aufwärts Handel getrieben, aber sich kein größeres Territorium im südlichen Gallien erworben. Durch das Bündnis mit Rom verführt, hatte Massilia seine Wehrkraft ganz vernachlässigt. Das war ein bedenkliches Verhalten angesichts der ligurischen Stämme, die von den Seealpen bis an die untere Rhone wohnten und die Küstenstädte bedrohten. Auch mit den großen keltischen Stämmen war zu rechnen, die sich in Südfrankreich festgesetzt hatten: mit den Volkern westlich der unteren Rhone, den Allobrogern an der mittleren und oberen Rhone, den Äduern in der Bourgogne, vor allem den Arvernern in der Auvergne, denen vorübergehend eine überragende Machtbildung gelang. Rom sah sich schon 154 genötigt, in Erfüllung seiner Bündnispflicht für Massilia Krieg zu führen; die ligurischen Oxybier und Dekiaten, die Antipolis (Antibes) und Nikaia (Nizza) bedrängten, wurden unterworfen.

Seit 125 wurde Rom in neue Kämpfe verwickelt gegen die Salluvier nördlich von Massilia und gegen die Vokontier zwischen Isère und Durance. Im Verlauf dieses Krieges legte Gaius Sextius Calvinus bei den warmen Quellen nördlich von Massilia das Kastell Aquä Sextiä an (Aix-en-Provence). Doch vom Küstengebiet aus war der Krieg zu den benachbarten keltischen Stämmen getragen worden. Die Äduer traten in Freundschaft mit Rom; mit den Arvernern und Allobrogern wurden schwere Kämpfe ausgetragen, bei denen sich Gnäus Domitius Ahenobarbus hervortat. Nach dem Abschluß des Krieges 121 wurde das Gebiet der Volker, deren Vorort Tolosa war, und das Land der Allobroger als neue Provinz organisiert. Damit waren wichtige Teile des unteren Rhone-Gebiets, das ausgesprochen mediterranen Charakter aufweist und von Massilia aus bereits der Kultur erschlossen war, dem Mittelmeerreich angefügt und der italischen Einwanderung eröffnet. Auf dem Boden der keltischen Stadt Narbo wurde durch die Ansiedlung von Soldaten und stadtrömischen Proletariern 118 die Bürgerkolonie Narbo Martius errichtet; sie diente der Überwachung des Landes und wurde zum Mittelpunkt der Provinz, die nach dieser Stadt *Gallia Narbonensis* genannt wurde. Die Landverbindung von Italien nach Spanien konnte jetzt endgültig gesichert werden. Die Straße vom ligurischen Apennin bis zur Rhonemündung wurde von der Stadt Massilia unterhalten, der ein schmaler Küstenstreifen zugeteilt war. Von der Rhone bis zu den Pyrenäen legte der Arvernersieger Domitius die Via Domitia an.

Da an der tyrrhenischen Küste Italiens die Via Aurelia bis Luna führte und diese Küstenverbindung 109 vom Censor Marcus Ämilius Scaurus bis Vada Sabatia am Fuße des ligurischen Apennin fortgesetzt wurde (Via Ämilia Scauri), besaß Rom seit Ende des 2. Jahrhunderts eine durchgehende Küstenstraße von der Tiber-Mündung bis nach Spanien.

Diese Organisation der Nordfront rechnete allerdings noch nicht mit den keltischen Völkern im mittleren und nördlichen Frankreich, im Alpengebiet und in Süddeutschland, erst recht nicht mit den Germanen an den nördlichen Meeren, zu denen nur selten römische Kaufleute kamen. Den starken Druck, den die Expansion der Germanen auf die Kelten von der Rheinmündung bis nach Böhmen hin ausübte, hatte man noch nicht zur Kenntnis genommen. Erst der Einbruch germanischer Völker vom Nordseegebiet, der die römische Front mit elementarer Gewalt traf und das Sicherheitsgefühl des weltbeherrschenden Volkes empfindlich erschütterte, hat die Germanen in das Blickfeld der Römer und Griechen gebracht.

Die *Kimbern*, die der ersten germanischen Wanderung nach dem Süden den Anstoß gaben, saßen vor ihrem Aufbruch an der Küste von Schleswig-Holstein und Jütland. Die Bezeichnung „Himbersysael", später Himmerland, für einen Bezirk am Limfjord hat den Namen des Volkes dort bewahrt. Mit den Kimbern verbanden sich die *Teutonen*, die der griechische Geschichtsschreiber Poseidonios, der Gewährsmann für den ersten Krieg Roms mit den Germanen, als Kelten bezeichnet, die aber aller Wahrscheinlichkeit nach auch als ein germanischer Stamm des Nordseegebiets anzusprechen sind. Daß auch das dritte Wandervolk, die *Ambronen*, seine Wohnsitze in dieser Gegend hatte, ist vielleicht aus dem Namen der nordfriesischen Insel Amrum zu erschließen. Nach der Überlieferung wurden die Kimbern durch eine verheerende Sturmflut aufgescheucht; doch wissen wir auch, daß die Stämme in diesem germanischen Kerngebiet damals schwer unter der Landnot litten. Aus dem südlichen Schweden und dem östlichen Dänemark sind ja zu dieser Zeit die Burgunder und die Vandalen in die Länder zwischen Oder und Weichsel gezogen. Die Kimbern und ihre Verbündeten wälzten sich nach Südosten, in Böhmen trafen sie auf die keltischen Boier, wurden von ihnen abgeschlagen und wandten sich weiter nach Süden über die Donau in das Gebiet der Ostalpen. In Kärnten stießen sie auf die Taurisker, die mit Rom in Freundschaft standen. Zum Schutz der Nordostgrenze Italiens wurde unter dem Konsul Gnäus Papirius Carbo ein Heer entsandt, doch bei Noreia (wohl in Kärnten) wurden 113 die römischen Legionen zum ersten Mal von den Kriegsvölkern des Nordens überwunden. Trotz dieses Erfolges setzten die Germanen den Marsch nach Italien nicht fort, wandten sich vielmehr im Alpenvorland nach Westen. Hier schlossen sich ihnen die *Tiguriner* an, ein Gau der in Süddeutschland siedelnden keltischen Helvetier. Um 110 gingen die Völker gemeinsam über den Oberrhein und unternahmen dann getrennt ausgedehnte Wanderzüge durch Gallien. Dabei stießen sie wiederholt mit den Römern zusammen, die ihre vor kurzem geschaffene gallische Provinz verteidigten. 109 und 107 wurden römische Heere geschlagen, die Schlacht bei Arausio (Orange) 105 endigte mit einer Katastrophe für Rom. Die vereinigten germanischen Völker vernichteten zwei konsularische Heere, der Zwist der römischen Feldherrn hatte ein geschlossenes Handeln unmöglich gemacht und die Niederlage vollendet. Auch in diesem Augenblick, in dem kein neues römisches Heer verfügbar war, drangen die Sieger nicht nach Italien vor. Aus Gründen, die wir nicht kennen, wandten sich die Kimbern nach Spanien, die andern unternahmen Plünderungszüge durch Gallien. So gewann Rom eine Ruhepause, die die Organisation des Abwehrkampfes ermöglichte.

Die Durchführung dieses Kampfes ist das große Verdienst des Gaius Marius, der nach der Beendigung des Jugurthinischen Krieges für 104 wieder zum Konsul gewählt war und dann, da die Entscheidung im Norden sich hinzog, Jahr für Jahr bis 101 das Konsulat erhielt – ein Vorgang, der nie dagewesen war und sich nie wiederholt hat, solange die Republik dauerte. Die militärische Aufgabe, vor die er gestellt war, hat Marius großzügig bewältigt. Er hat, 104 im südlichen Gallien angekommen, darauf verzichtet, die Wandervölker in Gallien und Spanien zu verfolgen, vielmehr die Jahre der Ruhe, die er durch seine abwartende Haltung gewann, zur Durchführung einer umfassenden *Heeresreform* benützt. Durch seine Schöpfung wurde in einer Zeit, in der das politische Leben hoffnungslos zerfiel, das Heerwesen des Staates auf neue Grundlagen gestellt. Sein Eingriff betraf zunächst die Heeresverfassung. Die alte Bestimmung, daß nur vermögende römische Bürger zum Legionsdienst ausgehoben werden sollten, war durch den Zerfall des Bauerntums überholt. In den kritischen Jahren der Kriege hatte man immer wieder den Census der fünften Klasse senken müssen, um die Legionen zu füllen. Marius, der schon bei der Rekrutierung für den Jugurthinischen Krieg neue Wege eingeschlagen hatte, tat nun in dieser Richtung den entscheidenden Schritt. Da die förmliche Rekrutierung von Proletariern unzulässig war, fand er den Ausweg, die besitzlose Masse auf dem Wege der Werbung von Freiwilligen für das Heer zu gewinnen. Diese Einstellung von besitz- und berufslosen Bürgern mußte dem Heeresdienst eine neue Bedeutung geben. Durch mehrere Jahre ausgeübt, wurde der Dienst zu einem regelrechten Beruf; bei der Entlassung aus dem Heer, die dem Verlust des Berufes gleichkam, mußten künftighin die Veteranen von Staats wegen versorgt werden. Außerdem wurde ein bürgerliches Söldnerheer in ganz anderer Weise abhängig von seinem Führer. Der Feldherr, der das Heer aufstellte und nach Ablauf des Krieges sich für die Unterbringung der Veteranen verbürgte, konnte in seiner Truppe – einer neuen Art von Klientel – eine gefährliche Waffe zum Kampf gegen die Regierung gewinnen. So mußte die neue Heeresverfassung auf militärischem Gebiet die Alleinherrschaft vorbereiten.

Dem neugeschaffenen Heer hat Marius auch eine *neue Taktik* und dadurch erhöhten Kampfwert gegeben. Auch hier hat er an vorausgehende Reformen angeknüpft. Seit der Wirksamkeit des Scipio Africanus im zweiten Punischen Kriege bildeten die dreißig Manipel der Legion die beweglichen Kampfeinheiten. Diese Einteilung hatte sich längst als zu feingliedrig erwiesen. Marius machte nun die Kohorte, die bisher die Gefechtseinheit der bundesgenössischen Kontingente gewesen war, auch für die

Bürgerlegionen zur maßgebenden Einheit. Die in den drei Linien der Schlachtordnung hintereinander stehenden drei Manipel wurden zur neuen Dispositionseinheit der 600 Mann starken Kohorte zusammengefaßt; die auf solche Weise geschaffenen zehn Kohorten der Legion waren starke und doch bewegliche Truppenkörper. Diese Kohortentaktik, die bis zum Ende der Republik maßgebend blieb, hat Marius eingeschult. Ein unermüdlicher Zuchtmeister, hat er die Legionen in der Ruhezeit auch zur Anlage von festen Stellungen verwendet, selbst zum Bau eines Kanals von Arles zum Meer, der anstelle der versandeten Rhonemündung die Seeverbindung zwischen Italien und dem unteren Rhonegebiet herstellen sollte. Als die Kimbern gegen Ende des Jahres 103 aus Spanien zurückkamen und sich in Gallien mit den andern Völkern vereinigten, war Rom zur Abwehr gerüstet.

Nunmehr entschlossen sich die Germanen aus Gründen, die wie die meisten ihrer Entscheidungen unersichtlich sind, zu getrenntem Einmarsch in Italien. Die Teutonen und Ambronen sollten durch das südliche Gallien und durch Ligurien vorgehen, die Kimbern und Tiguriner ostwärts ziehen und über die zentralen Alpenpässe nach Süden vorstoßen. Die römische Abwehr war dadurch sehr erleichtert. Die Teutonen und Ambronen wurden 102 bei *Aquä Sextiä* von Marius, der sich auch als Stratege bewährte, in doppelter Schlacht vernichtet. Die Kimbern und Tiguriner waren unterdessen ostwärts gewandert; während die letzteren in den Alpen zurückblieben, waren die Kimbern über den Brennerpaß vorgedrungen. Der Konsul Quintus Lutatius Catulus gab vor ihrem Anmarsch seine Stellung an der Etsch auf und zog sich hinter den Po zurück, die Kimbern verbrachten den Winter in der nördlichen Po-Ebene. Marius hatte sich nach dem Siege von Aquä Sextiä für kurze Zeit nach Rom begeben, ließ dann aber, als der Feind über die Alpen in Italien eingebrochen war, seine Truppen aus Gallien nach Oberitalien marschieren und vereinigte sich am Po mit dem Heer des Catulus. Im Sommer 101 wurden die Kimbern bei *Vercellä* (einem Ort, der neuerdings am unteren Po lokalisiert werden konnte) völlig geschlagen.

Damit war der Germanensturm abgewehrt. Die elementare Gewalt der Kriegsvölker war der Rüstung der hochzivilisierten Mittelmeerwelt erlegen; in Bewaffnung und Taktik, Disziplin und Führung hatte sich Rom doch wieder als unbesiegbar erwiesen. Wohl blieb der Schrecken, den die ersten Erfolge der Kimbern in Italien hervorgerufen hatten, noch lange in Erinnerung. Die Gefangenen, die auf die Latifundien und in die Bergwerke Italiens und Siziliens verschickt wurden, brachten erst recht zum Bewußtsein, daß die Germanen keine geringere Gefahr über Rom bringen konnten als ehedem die Gallier, von denen man sie bisher nicht unterschieden hatte. Der vollständige Sieg des Marius hatte den Einbruch aufgehalten, für lange Zeit blieb Rom unbelästigt von den Germanen. Für die germanische Welt hat der Untergang der Nordseevölker die Folge gehabt, daß neue Wanderungen nach dem Süden vorerst nicht mehr unternommen wurden. So wurde eine planlose Zerstreuung der germanischen Kräfte vermieden.

Der Ausgang des Jugurthinischen Krieges und der Kämpfe im Norden konnte nicht ohne *Rückwirkung auf die innere Politik* Roms bleiben. Zehn Jahre lang hatte die Nobilität im politischen Kampf den kürzeren gezogen, in beiden Kriegen waren angesehene Optimaten schwer kompromittiert worden. Auch die kleineren Unternehmungen, die neben dem Kimbernkrieg hergingen, dienten nicht zum Ruhm der Nobilität, sie erinnerten nur an die schweren Schäden, die mit der Weltherrschaft verbunden waren. 102 mußte eine Expedition gegen die Seeräuber Kilikiens, die durch offenen Menschenraub die Sklavenmärkte mit Ware versorgten, durchgeführt werden. Die Unternehmung schuf die Grundlage für die Provinz Kilikien, konnte aber die Seeräuberei nicht überwinden. Auch ein im folgenden Jahr ergangenes Gesetz, das von den Statthaltern, Vasallenkönigen und verbündeten Städten des Ostens ein energisches Vorgehen gegen das Piratentum forderte, blieb wirkungslos. Neue Aufstände der Sklaven in Sizilien und Unteritalien (104–101) brachten große Verluste und erforderten starken Einsatz. Kein Wunder, daß in den Jahren nach Arausio radikale Politiker die Initiative gewannen. Sie betrieben immer wieder die Wahl des Marius, der den Nimbus eines *vir popularis*, eines Vorkämpfers des Volkes gewann, sie erreichten die Versorgung eines Teils der Veteranen auf dem Boden der Provinz Afrika und benützten jede Gelegenheit, die Machtstellung der Nobilität zu schwächen. Gegen den Hochadel richtete sich das 103 angenommene Gesetz, das für die großen Priesterkollegien der Pontifices und Augures statt der bisher geltenden Beiwahl seitens der Mitglieder die freie Volkswahl einführte. Ein gleichzeitiges Majestätsgesetz, das den Hochverrat, aber auch militärisches Versagen unter Strafe stellte, war als Waffe gegen die konservativen Heerführer gedacht. Schließlich holte die Opposition, die Politik der Gracchen wiederaufnehmend, zu einem großen Schlag gegen die Senatsherrschaft aus.

Nach der endgültigen Entscheidung des Kimbernkrieges schien die Lage dafür besonders günstig. Gaius Marius, der seit 104 ohne Unterbrechung im Konsulat war, verkörperte geradezu den dauernden Sieg der Feinde der Nobilität in der Politik. Gegen Ende des Jahres 101 feierte er einen glänzenden Triumph und wurde vom Senat als dritter Gründer Roms (nach Romulus und Camillus) bezeichnet. Sein Ansehen stand so fest, daß er auch jetzt, wo keine militärischen Aufgaben mehr bevorstanden und die Nobilität gewaltige Anstrengungen im Wahlkampf gegen ihn machte, für das Jahr 100 – zum sechsten Mal – in das Konsulat gelangte. Neben ihm waren die Demagogen des Forums gleichfalls gegen starken Widerstand in wichtige Ämter gebracht worden. *Lucius Appuleius Saturninus*, der sich schon 103 als Volkstribun hervorgetan hatte, war zum zweiten Mal Tribun, *Gaius Servilius Glaucia* war Prätor geworden. So hatte die Opposition eine Reihe maßgebender Ämter in ihrer Hand, dazu kam jetzt zum ersten Mal die politische Auswirkung der Heeresreform des Marius. Das Heer, das Marius geschaffen hatte, stand allerdings dem Konsul des Jahres 100 nicht mehr zu Gebote; der Kampf gegen die Nobilität war noch nicht so akut, daß der siegreiche Feldherr der Popularen die Legionen vom Schlachtfeld weg gegen Rom führen konnte. Die Truppe war entlassen, aber die Veteranen mußten versorgt werden, ihre Stimmen mußten in den Komitien starkes Gewicht erlangen, ihre Arme boten im Notfall einen sicheren Schutz. Eines freilich war notwendig, wenn diese Möglichkeiten zu einem entscheidenden Erfolg ausgenützt werden sollten: die klare Führung der Politik durch Marius. Dafür fehlten nun aber alle Voraussetzungen. So wurde der *Vorstoß des Jahres 100* zu einer kläglichen Revolte, deren Ausgang die Macht der Nobilität wiederhergestellt hat.

Der Tribun Saturninus, ein erklärter Populare und Feind des Senats, stellte den Antrag auf neue Ackerzuteilung und Koloniegründung. Dabei sollte Land außerhalb Italiens, besonders im keltischen Gebiet nördlich des Po, aber auch in den Provinzen von Korsika bis Makedonien herangezogen, die Veteranen des Marius, ob römische Bürger oder italische Bundesgenossen, sollten in erster Linie berücksichtigt werden. Dieser Antrag, eine Wiederaufnahme von Plänen des Gaius Gracchus, fand starken Widerstand in der Nobilität, aber auch bei den Rittern, die vor dem zunehmenden Radikalismus Angst bekamen; bei der Abstimmung gab jedoch die Gewalt der Veteranen den Ausschlag, trotz aller Gegenarbeit wurde das Gesetz angenommen. Die Demagogen hatten Vorsorge getroffen, daß die Nobilität die Durchführung des Gesetzes nicht, wie es früher in ähnlichen Fällen vorgekommen war, durch nachträgliche Obstruktion verhinderte. Daher war dem Volksbeschluß die Klausel angefügt, jeder Magistrat und jeder Senator sollte binnen fünf Tagen auf das Gesetz vereidigt werden. Der Zwangscharakter der neuartigen Bestimmung erregte starken Anstoß, auch bei den Anhängern der Opposition. Marius selbst wurde unsicher. Durfte er, der Zuchtmeister des Heeres, auf dem Forum die Anarchie dulden? Mußte er nicht als Konsul die Rechte der Magistrate und des Senats wahrnehmen? Er fand einen Ausweg, indem er den Eid auf das Gesetz mit dem Vorbehalt leistete, soweit es verfassungsmäßig sei; ihm folgten die Senatoren mit Ausnahme des Quintus Cäcilius Metellus, der es vorzog, in die Verbannung zu gehen. Die unschlüssige Haltung des Marius stärkte den Widerstand der Nobilität, auch bei den Rittern und im Volk rückten viele von den radikalen Politikern ab.

Die Entscheidung der Machtfrage brachten die *Wahlen für das*

Jahr 99. Saturninus bewarb sich von neuem um das Tribunat, Glaucia wollte von der Prätur sofort zum Konsulat aufsteigen, obwohl dies verfassungswidrig war. Die Tributkomitien wählten Saturninus zum dritten Mal zum Tribunen, bei den Konsulwahlen aber, bei denen infolge der starken Gegenarbeit der Nobilität und auch der Ritterschaft die Aussichten für Glaucia gering waren, kam es durch die Umtriebe der Demagogen zu einer schweren Schlägerei, der Gaius Memmius, der Gegenkandidat des Glaucia, zum Opfer fiel. Damit hatte nun die Nobilität den nötigen Anhalt zum diktatorischen Vorgehen gewonnen. Ein Senatsbeschluß erklärte den Belagerungszustand und ermächtigte die Konsuln zur Wiederherstellung der Ordnung. So bot sich das seltsame Schauspiel, daß Gaius Marius als Konsul die Niederwerfung der Popularen auf sich nehmen mußte. Die Bürgerschaft wurde bewaffnet, die Aufständischen mit ihrem Anhang wurden auf dem Kapitol eingeschlossen und zur Übergabe gezwungen, Saturninus und Glaucia wurden erschlagen. Mit dem Untergang der Führer war die Opposition erstickt.

Es war ein Vorgang von ernster Bedeutung. Daß zwei Demagogen, die als Persönlichkeiten den Gracchen nicht ebenbürtig waren, als Revolutionäre umkamen, war zu ertragen. Verhängnisvoll aber war, daß die persönliche Machtstellung des Marius den im Interesse des Staates notwendigen Reformen nicht zugute kam. Marius, von beiden Parteien mißbraucht und bei beiden mißliebig geworden, zog sich aus der Politik zurück; so waren die Aussichten einer Reform verspielt. Die Neugestaltung des Staates erforderte offenbar eine Persönlichkeit, die nicht nur Gewalt über die Massen besaß, wie Gaius Gracchus, nicht nur die Schaffung und Führung eines Heeres gegen auswärtige Feinde durchzusetzen vermochte, wie Gaius Marius, sondern beide Kräfte im politischen Kampf zu geschlossener Wirkung brachte.

IV. Kapitel

Bürgerkrieg und Diktatur. Sulla

Der Aufruhr des Jahres 100 hatte mit der Niederlage der Senatsfeinde geendet. Die Folge war die *Wiederherstellung des Regiments der Optimaten*, die nun fast zehn Jahre lang unangefochten die Politik bestimmt haben. Freilich war dieses Regiment weder energisch noch weitsichtig. Nur durch das Versagen der Gegner, nicht durch eigene Leistungen und Verdienste wieder zur Macht gelangt, haben die Optimaten sich in erster Linie bemüht, ihre Stellung zu behaupten und auszunützen, durchgreifende Neuerungen aber zu vermeiden. Sie hatten dabei keinen ganz leichten Stand, denn sehr bald trat der Gegensatz zwischen den Rittern und der herrschenden Aristokratie, der im Jahre 100 durch die Gefahr des Umsturzes zurückgedrängt war, wieder störend hervor. Als der angesehene und hochgebildete Publius Rutilius Rufus, der sich 94 als Legat an der Verwaltung Asiens beteiligt hatte und dabei in Übereinstimmung mit dem Statthalter, dem hochangesehenen Juristen Mucius Scävola, gegen das schamlose Treiben der Steuerpächter und Geldverleiher scharf vorgegangen war, 92 von dem aus Rittern zusammengesetzten Geschworenengericht wegen angeblicher Erpressung verurteilt wurde, war der Bruch der führenden Stände nicht mehr abzuwenden. Die Machtstellung der Optimaten geriet dadurch ins Wanken, was um so bedenklicher war, als sie in den Jahren ihrer gesicherten Herrschaft nichts unternommen hatten, die seit den Gracchen schwebenden Probleme zu lösen, und überdies die Interessen des Reiches in Asien gegenüber den Umtrieben des Herrschers von Pontos nur sehr schwach wahrgenommen hatten. So ist denn das Adelsregiment von beiden

Seiten her, von der Reformbewegung in Italien und vom Angriff des Königs Mithridates, vor vollendete Tatsachen gestellt und aus der doppelten Gefahr nur durch das gewaltsame Durchgreifen Sullas gerettet worden, nicht zum Besten von Staat und Reich.

Einsichtigen Männern in der Aristokratie konnte die Notwendigkeit von Reformen nicht entgehen, wie sehr auch die Reformpolitik durch die letzten Vorgänge kompromittiert war. Zu diesen Einsichtigen gehörte der Volkstribun des Jahres 91 *Marcus Livius Drusus*, der Sohn jenes Drusus, der Gaius Gracchus zu Fall gebracht hatte. Dem Hochadel entstammend, der optimatischen Richtung zugetan, von vornehmer Bildung und edlem Charakter, ging Drusus nicht ohne Aussichten an die Wiederaufnahme der Reformen. In einer umfassenden Vorlage brachte er eine Reihe von Anträgen an das Volk, die den Forderungen der verschiedenen Stände und Schichten maßvoll angepaßt waren und in ihrer Verbindung sich gegenseitig stützen sollten. Zu dieser Vorlage gehörte ein Richtergesetz, das die Ansprüche des Senatoren- und Ritterstandes durch einen Kompromiß in der Weise zu lösen suchte, daß 300 Ritter in den Senat aufgenommen und von dem so ergänzten Senat künftighin die Geschworenen der stehenden Gerichtshöfe gestellt werden sollten. Zugunsten des Volkes waren Anträge auf Koloniegründung und Ackerverteilung in der Vorlage enthalten. Es sollten die früher beantragten Kolonien in Italien und Sizilien zur Ausführung gelangen und das restliche Gemeindeland aufgeteilt werden. Ein Getreidegesetz bestimmte die weitere Verbilligung des seit den Gracchen vom Staat bereitgestellten Getreides.

Obwohl die führenden Stände weder mit dem Kompromiß des Richtergesetzes noch mit dem Entgegenkommen gegen die Ansprüche der besitzlosen städtischen Bevölkerung zufrieden waren, wurden die Anträge, als sie in einer *Sammelvorlage (lex satura)* gemeinsam zur Abstimmung gelangten, alle angenommen. Zwar galt die Verwendung einer solchen Sammelvorlage für ungesetzlich, auch war es bei der Abstimmung wieder zu Gewalttätigkeiten gekommen, doch die Annahme der

Gesetze war zunächst ein großer Erfolg des Tribunen, der für seine Person eine politische Macht zu gewinnen schien, wie sie seit Gaius Gracchus nicht mehr dagewesen war. Bald aber trat die Opposition gegen die bereits angenommenen Gesetze in ihrer ganzen Schärfe hervor. Alle, die sich von einer der gemeinsam durchgesetzten Bestimmungen geschädigt fühlten, erklärten sich gegen die Reformgesetze, in der Nobilität rührten sich die persönlichen Gegner des Tribunen, der sich in bedrohlicher Weise über seinen Stand zu erheben suchte. Schließlich sprach der Senat mit Berufung auf formale Unstimmigkeiten die Ungesetzlichkeit der Beschlüsse aus, obwohl Drusus von Anfang an in Verbindung mit der Aristokratie gestanden hatte. So schien plötzlich das ganze Werk vernichtet.

Nun hatte aber die Reform schon so weite Kreise gezogen, daß die Bewegung nicht mehr durch einen Senatsbeschluß aufgehalten werden konnte. Wie schon früher, so war auch dieses Mal mit dem Ackergesetz die Frage des *Bürgerrechts der italischen Bundesgenossen* verknüpft. Offenbar hatte Drusus den Bundesgenossen das Versprechen gegeben, sie in die Bürgerschaft aufzunehmen unter der Voraussetzung, daß auch das von ihnen besetzte Gemeindeland zur Verteilung käme. Mit den politischen Führern der Bundesgenossen stand Drusus dauernd in Verbindung; nur in Etrurien und Umbrien wurde er von Teilen der Oberschicht, die ihre großen Güter nicht verlieren wollte, abgelehnt. Nach Aufhebung seiner Gesetze war er nun nicht imstande, das den Italikern gegebene Versprechen zu erfüllen, die Bundesgenossen indes waren nicht gewillt, sich noch einmal abweisen zu lassen. Für ihre dauernde Mitwirkung an den militärischen Leistungen des Weltregiments erhielten sie keine nennenswerte Entlohnung, ja sie erfuhren immer wieder förmliche Zurücksetzung. Im Heer galten sie als Soldaten zweiter Klasse, im bürgerlichen Leben waren sie ohne wirksamen Rechtsschutz gegenüber den römischen Magistraten. Noch im Jahre 95 waren Bundesgenossen, die in Erwartung ihrer Aufnahme in die Bürgerschaft sich in Rom aufhielten, aus der Stadt ausgewiesen worden. Die Erbitterung der Bundesgenossen über ihre Behandlung seitens der herrschenden Bürgerschaft hatte einen solchen Grad erreicht, daß sie jetzt, nachdem Drusus sich für sie eingesetzt hatte, keine Nachgiebigkeit mehr kannten. Einzelne Städte und Stämme hatten schon geheime Verbindungen untereinander aufgenommen, um ihre Forderung nötigenfalls mit Gewalt durchzusetzen. Drusus stand immer noch in Beziehung mit den Italikern, wenn er auch nicht so weit ging, sich von ihnen, wie es heißt, einen förmlichen Treueid leisten zu lassen. Als die Erregung in Rom, wo man auch jetzt wieder jedes Entgegenkommen ablehnte, und bei den Bundesgenossen gewaltig gestiegen war, wurde Drusus auf geheimnisvolle, nie aufgeklärte Weise in seinem Hause ermordet. Die Beseitigung des Reformers wurde nun aber zum Signal für den Aufruhr in Italien, für den großen *Bundesgenossenkrieg*, der im römischen Staate eine Umwälzung bis auf den Grund hervorbringen sollte.

Die Regierung hat die Tragweite der italischen Erhebung lange unterschätzt, bis sie durch furchtbare Zwischenfälle alarmiert wurde. Im picentischen Asculum waren der römische Prätor und alle in der Stadt anwesenden römischen Bürger niedergemacht worden. Schon hatte der Aufruhr den größten Teil Italiens ergriffen. Die latinischen Kolonien, die von jeher eine bevorzugte Stellung unter den Bundesgenossen einnahmen und die griechischen Städte Unteritaliens, die durch ihre wirtschaftlichen Interessen an Rom gebunden waren, hielten zu Rom. Dagegen war im Landgebiet des mittleren und südlichen Italien, wo das Latifundienwesen die größte Ausdehnung erreicht hatte und die Bevölkerung mit dem Bürgerrecht zugleich Staatsland zu gewinnen hoffte, die Erhebung in vollem Gange: in Picenum an der Adria, bei den sabellischen Stämmen in den Abruzzen, bei den Lukanern und besonders bei den Samniten, bei denen sich noch Reste des Stammesverbandes erhalten hatten und die Erinnerung an die früheren Kämpfe zwischen Rom und Samnium noch lebendig sein mochte. Mit überraschender Schnelligkeit schufen die Aufständischen eine politische Organisation, die blitzartig beleuchtete, was Rom seit langer Zeit versäumt hatte. Ein *italischer* Staat trat ins Leben: 500 Vertreter der rebellierenden Gemeinden bildeten den Senat, die Regierung wurde zwei Konsuln und zwölf Prätoren übertragen. Zur Hauptstadt der Konföderation wurde das am Schnittpunkt der wichtigsten Straßen des Abruzzengebiets gelegene Corfinium ausersehen, es erhielt den vielversprechenden Namen „Italia". Schon gab der neue Staat Münzen heraus, deren Aufschriften bei den Marsern in lateinischer, bei den Samniten in oskischer Sprache abgefaßt waren.

Die Regierung der Aufständischen übernahm sogleich die Leitung der militärischen Operationen. Diese waren allerdings mit großen Schwierigkeiten verbunden, da der Aufruhr sich über ein weites Gebiet erstreckte, das immer wieder durch treu gebliebene Gemeinden durchbrochen wurde. So war für die Aufständischen wie für die römische Gegenwehr die Dezentralisierung der militärischen Unternehmungen unerläßlich. Die Bundesgenossen stellten unter ihren Konsuln zwei größere Heere ins Feld. Im Norden, wo sich die Marser besonders hervortaten, übernahm der Marser Quintus Pompädius Silo den Oberbefehl. Im Süden kommandierte der Samnite Gaius Papius Mutilus. So waren starke Kräfte zum *Vormarsch auf Rom* bereit, das seit dem zweiten Punischen Kriege eine so unmittelbare Bedrohung nicht mehr erlebt hatte.

Diese Gefahr hat in Rom die Gegensätze der Stände und Parteien für einen Augenblick zurücktreten lassen und die Bürgerschaft zu geschlossener Abwehr der Aufständischen geeinigt. Die Konsuln des Jahres 90 und eine Reihe von Legaten, unter ihnen Marius und Sulla, traten an die Spitze von Heeresabteilungen, um auf mehreren Schauplätzen zugleich den Aufruhr niederzuwerfen. Der Krieg begann mit schweren römischen Niederlagen. Im Norden wurde der Konsul Publius Rutilius Lupus geschlagen und fiel im Kampf, nur mit Mühe konnte Marius die Lage wiederherstellen, im Süden vermochte der Konsul Lucius Julius Cäsar das Eindringen der Aufständischen in Kampanien nicht zu verhindern. Das Ergebnis des ersten Jahres war entmutigend für Rom. Diese Notlage führte zur Besinnung und zur Nachgiebigkeit gegenüber wohlbegründeten Forderungen; die *Aufnahme der Bundesgenossen in die Bürgerschaft* wurde nach und nach vollzogen. Noch im Jahre 90 wurde durch die *lex Iulia* allen Bundesgenossen, die treu geblieben waren oder die Waffen bereits niedergelegt hatten, das Bürgerrecht verliehen. Das Entgegenkommen hatte den Erfolg, daß die noch unentschiedenen Italiker auf römischer Seite gehalten wurden. Um die Wende 89/88 bestimmte die auf Antrag zweier Tribunen angenommene *lex Plautia Papiria* die Übertragung des Bürgerrechts an alle Italiker, die am Tage der Verkündigung des Gesetzes ihren Wohnsitz in Italien hatten und sich binnen sechzig Tagen beim Prätor meldeten. Schon wurde auch Gallia Cisalpina der Bürgerschaft angenähert. Durch die von Gnäus Pompeius Strabo, Konsul 89, durchgesetzte *lex Pompeia* erhielten die Städte Oberitaliens das latinische Recht als Vorstufe des Bürgerrechts. Da das Land südlich vom Po großenteils schon Bürgerland war, kam die Bewilligung in erster Linie den Städten nördlich vom Po (in Gallia Transpadana) zugute. Durch solches Entgegenkommen war die Bundesgenossenfrage grundsätzlich entschieden, aber der Widerstand der abtrünnigen Gemeinden war noch lange nicht überwunden, das ganze Jahr 89 war noch mit schweren Kämpfen angefüllt. Noch einmal fiel ein Konsul im nördlichen Kriegsgebiet, nur langsam erzielte Gnäus Pompeius Strabo Erfolge in Picenum und gegen die Marser. Im Süden unterwarf Sulla die Landschaft Kampanien und bahnte sich durch schonungslose Zerstörungsarbeit den Weg nach Samnium. An verschiedenen Orten hielten sich die Aufständischen noch längere Zeit, auch als Corfinium 88 gefallen war.

Die durch Gewalt erzwungene Lösung der Bundesgenossenfrage bedeutete eine tiefgreifende *staatsrechtliche Neuerung*. Die Bürgerschaft umfaßte jetzt ganz Italien, die latinischen und bundesgenössischen Städte waren gleichmäßig Bürgergemeinden *(municipia civium Romanorum)* geworden. Durch ein besonderes Gesetz wurde bestimmt, daß die Selbstverwaltung der Municipien durch ein jährlich zu wählendes Kollegium von vier Beamten zu führen war; das Quattuorvirat wurde zur Norm der italischen Städteordnung. So war Rom praktisch kein Gemeindestaat mehr, allerdings wurden die Folgerungen aus diesem Tatbestand nicht gezogen. Obwohl die gesamte Bevölkerung des italischen Landes nun zur Bürgerschaft gehörte, wurde keine italische Regierung gebildet, vielmehr das Regiment des Gemeindestaats Rom beibehalten. Die Magistratur Roms wurde zur Magistratur Italiens, nur in Rom wurde die Bürgerversammlung abgehalten, da man an dem Grundsatz festhielt, daß die Ausübung der politischen Rechte an „die Bürgerstadt“ gebunden sei. Das hatte natürlich zur Folge, daß die Volksversammlung in der Regel nur von den stadtrömischen Bürgern besucht wurde. Am ehesten konnte der Senat zum Organ der erweiterten Bürgerschaft werden, denn den neuen Bürgern stand der Weg in die Ämter und dadurch in die Ratskörperschaft offen. So brachte die Reform nur eine Erweiterung der Fundamente des Staates, der Oberbau blieb unverändert.

Diese Inkonsequenz findet ihre Erklärung in der unverbrüchlichen Geltung des *gemeindestaatlichen Prinzips,* das in der politischen Geschichte der Griechen und Römer vorherrschte, die Bildung von Bundesstaaten erschwerte, die Schaffung eines Nationalstaats fast unmöglich machte. Wohl war Italien in nationaler Kultur weitgehend geeinigt, die letzten Sonderbildungen in Volkstum, Sprache und Sitte, die dem lateinischen Wesen und der römischen Prägung sich bisher entzogen hatten, schwanden nach dem Bundesgenossenkrieg vollends dahin. Aber diese Nation erhielt kein staatliches Organ. Das System der Repräsentation, das die intensive politische Betätigung der Bürger und die Forderung großer staatlicher Machtbildung in gleicher Weise hätte gewährleisten können, gelangte auch jetzt nicht zur Anwendung. Ein nationaler Staat im modernen Sinne wurde daher von Rom nicht erreicht. Rom war nach der Aufnahme der Italiker in die Bürgerschaft ein auf das italische Land übergreifender Stadtstaat, auf den sich ohne die Zwischenstufe nationaler Staatsbildung das Weltreich gründete. Die Bereicherung und Vertiefung, die das nationale Wesen in seiner staatlichen Durchbildung zu geben vermag, blieb dem politischen Leben Roms versagt. Anderseits hat diese Verkümmerung des politischen Wachstums die Ausgestaltung der Weltherrschaft erleichtert. Ungehindert von einem italischen Nationalstaat konnte sich die *urbs Roma* zum *orbis Romanus* erweitern.

Durch die Neuerungen der Jahre 90 und 89 war die Erweiterung der Bürgerschaft grundsätzlich vorgenommen, doch die praktische Durchführung der Bürgerrechtsgesetze war noch lange umstritten. Die Feinde der Nobilität ergriffen alsbald die Sache der Neubürger zu einem erneuten Vorstoß gegen das senatorische Regiment. Aus dem Bundesgenossenkrieg, der Italien auf weite Strecken hin verheert und eine schwere wirtschaftliche Krise nach sich gezogen hatte, wurde Rom unmittelbar in den Bürgerkrieg hineingezogen, der über die gesamte Bürgerschaft, besonders aber über die führenden Stände neue Verluste gebracht und die weitere politische Gestaltung des Staates unheilvoll beeinflußt hat.

Die Wirren nahmen ihren Ausgang von der Frage, wie die Neubürger in die Tribus eingeschrieben werden sollten. Die Regierung hatte offenbar vorgesehen, die Italiker auf acht durch das Los zu bestimmende Tribus zu verteilen. Das bedeutete eine sehr geringe Einschätzung der Neubürger, die zahlenmäßig weit überlegen waren, bei dieser Einstufung aber nur in acht von fünfunddreißig Tribus zu Wort kommen konnten. Die Verstimmung der Italiker über diese Zurücksetzung war nicht ungefährlich, da an mehreren Orten Italiens die Empörung immer noch nicht niedergeworfen war. Doch hielt der Senat zuversichtlich an dieser Bestimmung fest; stand ja der militärisch erfolgreiche Pompeius Strabo noch als Prokonsul an der Spitze einer starken Armee und waren ja die beiden Konsuln des Jahres 88 entschiedene Anhänger der Optimatenpartei. Besonders galt das von *Lucius Cornelius Sulla,* dessen Anfänge bei der Darstellung des Jugurthinischen Krieges erwähnt worden sind. Inzwischen hatte es der hochmütige Aristokrat, der über politischen und militärischen Erfolgen die Genüsse der Welt und die Freuden der schönen Künste nie vergaß, nicht sehr eilig gehabt. Erst 97 hatte er die Prätur bekleidet, im Bundesgenossenkrieg hatte er sich als Legat hervorragend bewährt und selbst den alten Marius ausgestochen. In Anerkennung seiner Verdienste war er nun zum Konsul gewählt worden, außerdem war ihm durch das Los die Provinz Asien und damit der Oberbefehl in dem gegen Mithridates von Pontos zu führenden Kriege zugefallen. Von ihm wußte man, daß er für demokratische Neuerungen, auch für weitere Konzessionen an die Neubürger, nicht zu haben war; im Bundesgenossenkrieg hatte er gezeigt, daß er seine Aufgaben und Ziele mit rücksichtsloser Energie verfolgte. Mit dem Kommando der großen Armee mußte ihm nun auf Jahre hinaus die Beherrschung der Politik zufallen. Allerdings war auch die Gegenseite nicht müßig. Der Tribun Publius Sulpicius Rufus, ein zur Plebs übergetretener Patrizier, setzte sich für die Sache der Neubürger ein. Um einen entsprechenden Antrag durchzubringen, trat er in Verbindung mit all denen, die den Oberbefehl im Kriege gegen Mithridates lieber Marius als Sulla zugeteilt wissen wollten, mit den Senatsfeinden, den Rittern, den Veteranen des Marius. Durch geschlossenes Vorgehen wurden die Anträge des Sulpicius angenommen: die Neubürger und auch die Freigelassenen, deren Einstufung in die Bürgerschaft gleichfalls umstritten war, sollten auf alle fünfunddreißig Tribus verteilt werden, anstelle Sullas sollte Marius den Oberbefehl im Mithridatischen Kriege erhalten.

Die Zuerkennung eines militärischen Kommandos durch Volksbeschluß, nachdem bereits die herkömmliche Verlosung der Provinzen stattgefunden hatte, war ungesetzlich. Es lag hier wieder ein Versuch vor, das Volksgesetz zur einzigen Instanz der Gesetzgebung und Reichsverwaltung zu erheben. Diese zuerst von den Gracchen aufgebrachte demokratische Forderung befand sich nun aber einem neuen Faktor gegenüber, dem Feldherrn und seinem Heer, das seit der Reform des Marius zu einer politischen Größe geworden war. Sulla war nicht gewillt, sich durch einen Volksbeschluß um militärisches Kommando und politische Macht bringen zu lassen, vollends nicht zugunsten des ihm verhaßten Marius. Sein Heer, das noch bei der Belagerung von Nola stand, ließ sich leicht für die Sache des Gefolgsherrn gewinnen und zwang ihn zum Vorgehen gegen Rom. Ohne Bedenken trat Sulla zur Unterdrückung der Volkserhebung und ihrer radikalen Führer den Marsch auf Rom an, der den *Anfang der Bürgerkriege* bildet. Er bemächtigte sich der nahezu wehrlosen Stadt und war Herr des Staates – der erste Feldherr in der Geschichte Roms, der mit seiner Armee die Bürgerstadt bezwang. Jedoch kam es ihm nicht darauf an, die Militärherrschaft aufzurichten, seine Absicht war, die Optimaten zur Herrschaft zu bringen, um dann unverzüglich auf den Kriegsschauplatz abzugehen. So wurden denn Sulpicius, Marius und ihre Helfer, die beim Anmarsch Sullas geflohen waren, zu Staatsfeinden erklärt. Sulpicius wurde auf der Flucht getötet, Marius entkam auf abenteuerlichen Wegen nach Afrika. Die sulpicischen Gesetze wurden durch einen Senatsbeschluß rückgängig gemacht. An ihrer Stelle brachte Sulla mehrere Gesetze zur Annahme, die jede demokratische Revolution für die Zukunft ausschließen sollten. Ob dies gelingen würde, war zweifelhaft, denn für das Jahr 87 war neben dem Optimaten Gnäus Octavius der oppositionelle Lucius Cornelius Cinna zum Konsul gewählt worden, ein Mann des Hochadels mit klaren Sympathien für die Gruppe des Marius. Sulla nahm dem verdächtigen Konsul noch den Eid auf die neuen Gesetze ab und ging dann im Frühjahr 87 nach Griechenland hinüber.

Bald nach dem Abgang Sullas hat Cinna, der sich durch seinen Eid nicht gebunden fühlte, die Anordnungen Sullas umgestoßen und einen senatsfeindlichen Regierungskurs eingeschlagen. Er brachte Gesetze zur Annahme, nach denen die Neubürger nun doch auf alle fünfunddreißig Tribus verteilt, Marius und die andern geächteten Popularen zurückgerufen wurden. Wohl verfügte der optimatische Konsul Gnäus Octavius noch über einen so starken Anhang, daß er Cinna aus der Stadt vertreiben und durch Senatsbeschluß ihn seines Amtes entsetzen lassen konnte. Doch Cinna erkämpfte sich und seiner Partei die Rückkehr mit der Waffe, die Sulla nun einmal in den Kampf der Parteien eingeführt hatte: mit dem Heer. An verschiedenen Plätzen Italiens standen noch Heeresabteilungen gegen die Aufständischen im Feld. Diese Truppen wurden aufgeboten und durch Neubürger verstärkt, mehrere Unterführer, wie Quintus Sertorius, wurden für den *Angriff auf Rom* gewonnen, Marius war in Etrurien gelandet, sammelte dort seinen Anhang und rief die Sklaven auf. Von verschiedenen Seiten her rückten die improvisierten Heere vor Rom. Da die Führung der Optimaten ganz unzureichend, die Haltung des Pompeius Strabo und seiner

Armee zweideutig war, mußte sich die Stadt Cinna ergeben. Der Besitz der Stadt bedeutete jetzt, da Sulla mit seinem Heer in Griechenland stand, das Regiment im Staat. Cinna mußte wieder zum Konsul eingesetzt, die Rückkehr des Marius in aller Form anerkannt werden, die Gegenpartei wurde völlig niedergeworfen. Gnäus Octavius und viele Optimaten fielen dem grausamen Werk der Rache, bei dem sich der greise Marius hervortat, zum Opfer. Sulla wurde geächtet, seine Gesetzgebung widerrufen. Für das Jahr 86 übernahmen Cinna und Marius das Konsulat; Marius selbst ist freilich wenige Tage nach Antritt des Amtes gestorben. So war Rom im Bürgerkrieg niedergehalten, durch ein brutales Parteiregiment geknechtet, während die ganze Machtstellung Roms im Orient erschüttert war.

Die *Lage im vorderen Orient* war seit dem Auftreten Roms durch den Niedergang der hellenistischen Staaten gekennzeichnet. Die Herrscher, auf deren persönlicher Wirksamkeit der Zusammenhalt ihrer Staaten im wesentlichen beruhte, waren oft schwache, genußsüchtige Despoten, die Fähigen unter ihnen waren durch die Obmacht Roms gelähmt. Das Griechentum im Orient, die Stütze der hellenistischen Reiche, hatte nach den gewaltigen Schöpfungen des 4. und 3. Jahrhunderts seine Leistungsfähigkeit fast eingebüßt. Vielfach war es zur Mischung der Griechen und Orientalen in Volkstum und Kultur gekommen, auch dadurch war die Stoßkraft der griechischen Elemente geschwächt. Zwischen den Ansprüchen Roms und den Angriffen neu aufkommender orientalischer Staaten gingen die hellenistischen Reiche ihrer Auflösung entgegen.

Das Regiment der Ptolemäer, unter denen kein Herrscher von Rang mehr begegnet, war durch Aufstände der ägyptischen Bevölkerung und durch dynastische Streitigkeiten stark in Anspruch genommen. In Ägypten setzten sich die einheimischen Kräfte in Heer und Verwaltung immer entschiedener an die Stelle der Makedonen und Griechen. Die auswärtigen Besitzungen des Reiches wurden teilweise an Prinzen des königlichen Hauses gegeben und dadurch raschem Verlust ausgesetzt. Kyrene gelangte 116 an Ptolemaios Apion, der bei seinem Tode (96) sein ganzes Besitztum Rom hinterließ. Rom hat zunächst die Freiheit der griechischen Städte in der Landschaft anerkannt, dann aber das ganze Gebiet unter dem Namen *Cyrenaica* zur Provinz gemacht (74). Cypern, im Jahre 80 an einen ptolemäischen Prinzen gegeben, ist später mühelos von Rom eingezogen worden. So war das ptolemäische Reich auf Ägypten beschränkt. Im Besitz dieses Landes verfügten die Könige noch über großen Reichtum, zumal jetzt eben der direkte Seeverkehr mit Indien aufgenommen war, politisch aber waren sie längst abhängig geworden von Rom.

Im Reich der Seleukiden unternahm es Antiochos IV. Epiphanes, der nach der Schlacht von Pydna von dem Gesandten des römischen Senats so schwer gedemütigt worden war, wenigstens in Asien seine Länder fest in die Hand zu bekommen. Doch der gewaltsame Versuch, die Juden zu hellenisieren, führte zu der religiösen Erhebung der Makkabäer, die nach Erlangung der Religionsfreiheit die nationale Unabhängigkeit der Juden von der seleukidischen Herrschaft erkämpften. Rom hat diese wie manche andere Abfallbewegung begünstigt und die Thronstreitigkeiten, die seit der Mitte des 2. Jahrhunderts im Hause der Seleukiden kein Ende mehr nehmen wollten, gefördert. So war der *Niedergang des Hellenismus in Asien* nicht mehr aufzuhalten. In Judäa machte sich die hohepriesterliche Dynastie der Hasmonäer selbständig und gewann durch Eroberungen schließlich ganz Palästina, das nun als jüdisches Königreich gegen die hellenistische Umwelt möglichst abgeschlossen wurde. Durch die Expansion der Parther wurden die östlichen Gebiete des seleukidischen Reiches immer mehr gefährdet. Als Antiochos VII. Sidetes 129 in Medien unterlag und fiel, waren die Landschaften Babylonien und Medien endgültig verloren. Die Herrschaft der Seleukiden umfaßte nur noch das nördliche Syrien und das östliche Kilikien, in diesem kleinen Raum war sie durch fortgesetzte dynastische Kämpfe und durch den Widerstand der vielerorts aufkommenden Stadtfürstentümer zur Ohnmacht verurteilt. Um so mehr gewannen die orientalischen Staaten, mit ihnen die Kulturen des Orients, den seit Alexander von Griechen beherrschten Boden zurück. Die Parther geboten bis zum Euphrat und suchten bald darüber hinaus nach Westen vorzudringen. Zwischen dem parthischen Gebiet und Kleinasien gelangte Armenien zu größerer Bedeutung, seit es in Tigranes einen unternehmenden Herrscher erhielt (97). Die zahlreichen Fürstentümer Kleinasiens waren seit dem Frieden von Apamea dem Einfluß der Seleukiden entzogen. Doch die Schutzherrschaft, die Rom hier aufrichtete, erwies sich als eine schwere, auf die Dauer unlösbare Aufgabe der römischen Politik.

Die Anfechtung der römischen Oberherrschaft, ja der Angriff auf die gesamte römische Machtstellung in Asien ging vom Königreich Pontos aus, dem Land an der Südostküste des Schwarzen Meeres. In diesem Land, das über fruchtbare Ackerflächen und große Waldbestände verfügte und durch die griechischen Küstenstädte, vor allem Sinope, mit den übrigen Teilen des Schwarzmeergebiets in Verbindung stand, kam bald nach 121 als Sproß eines persischen Fürstengeschlechts *Mithridates VI. Eupator* zur Regierung. Ein kluger und machtgieriger Fürst, der die naturhafte Kraft des Asiaten mit der großen Geste des hellenistischen Königs vereinigte, fühlte sich Mithridates berufen, auf den Spuren seines Vorgängers Pharnakes I. ein umfassendes pontisches Reich zu schaffen. In den ersten Jahren seiner Regierung brachte er die griechischen Städte auf der Halbinsel Krim und an der Straße von Kertsch (dem kimmerischen Bosporus), die ihn gegen Skythen und Sarmaten zu Hilfe riefen, unter seine Herrschaft, dazu gewann er auch Kolchis, die Landschaft an der Ostküste des Schwarzen Meeres. Nach Westen hin nahm er Verbindung auf mit den Nomaden zwischen Dnjepr und Donau, darüber hinaus mit Thrakern und Illyrern. Um das Gebiet des Schwarzen Meeres ganz in seinem Reich zusammenzufassen, suchte er auch in den Nachbarländern Paphlagonien und Bithynien Einfluß zu gewinnen, 104 wurde Paphlagonien überfallen und zwischen Pontos und Bithynien aufgeteilt. Im Innern Kleinasiens richtete Mithridates in Verbindung mit seinem Schwiegersohn, dem König Tigranes von Armenien, wiederholte Vorstöße gegen Kappadokien, dabei geriet er allerdings in die römische Machtsphäre, doch die orientalische Politik Roms wurde lässig geführt, seit die Optimaten 100 das Regiment an sich gebracht hatten. Als Mithridates den König Ariobarzanes, den Rom in Kappadokien eingesetzt hatte, aus dem Lande verjagen ließ, begnügte sich Rom damit (92), durch den Proprätor Sulla den römischen Schützling zurückzurufen; Mithridates blieb unangefochten. Kein Wunder, daß der König, durch die römische Nachsicht ermutigt, seine Eroberungspläne nun auch auf Bithynien richtete. Eine römische Gesandtschaft war ungeschickt genug, den König Nikomedes von Bithynien zum Angriff auf Pontos zu bestimmen. Diese Herausforderung war für Mithridates der Anlaß zur Eröffnung des umfassenden Angriffs auf die römische Macht in Asien, der wie ein letzter Erhebungsversuch der hellenistischen Welt gegen das römische Regiment erscheint. Die Kampfmittel, die sich Mithridates zu Wasser und zu Lande geschaffen, die Verbindungen, die er weit nach Osten und Westen hin gewonnen hatte, die Sympathien in der romfeindlichen Welt der Griechen gaben ihm einen gewaltigen Vorsprung. Rom, durch den Aufstand der Italiker und durch die Revolution der Mariusgruppe gelähmt, erwies sich im *ersten Mithridatischen Kriege* (89–85) den Aufgaben der Verteidigung des Weltreichs nicht gewachsen.

Die unbedeutenden römischen Truppen in Asien konnten den Ansturm des Mithridates nicht aufhalten. Ein pontisches Heer rückte in Bithynien ein, ein zweites Heer marschierte in die römische Provinz Asien, die pontische Flotte erschien im Ägäischen Meere. Die Unterschicht in den griechischen Städten der Provinz Asien, bei der das römische Regiment tief verhaßt war, begrüßte Mithridates als ihren Befreier. Von Ephesos aus erließ der König 88 den Befehl, die Römer und Römlinge im Lande zu beseitigen: gegen 80 000 Italiker wurden angeblich erschlagen. Der neue Herrscher Asiens richtete in Pergamon seine Residenz auf. Auch zum griechischen Mutterland hatte er bereits Beziehungen gewonnen; die Stimmung in Hellas wandte sich ihm zu, als die pontische Flotte im Ägäischen Meere weiter vordrang, Delos besetzte und im Piräus Aufnahme fand. Athen und andere Städte des mittleren und südlichen Griechenland traten unter dem Druck der Volksmassen auf die Seite des Mithridates, ein pontisches Heer suchte durch Thrakien und Makedonien nach

Griechenland zu gelangen. Bis nach Italien erstreckten sich die Verbindungen des Königs, mit den aufständischen Italikern verhandelte er über die Möglichkeit einer Landung in Italien.

Sulla, durch den Bürgerkrieg lange in Italien zurückgehalten, fand in Griechenland eine schwere Kriegslage vor. Die pontische Macht war in Athen konzentriert, mit dem Eintreffen des pontischen Heeres aus Makedonien war zu rechnen. Von Italien abgeschnitten, mußte Sulla sich vollständig aus dem Land versorgen. Mit seiner kleinen Armee eröffnete er die Belagerung Athens, die sich vom Sommer 87 bis zum Frühjahr 86 hinzog. Nur der rücksichtslose Einsatz aller erreichbaren Mittel ermöglichte Sulla die Einnahme der Stadt und des Hafens. Damit war seine Lage nur wenig gebessert, denn die pontische Besatzung Athens war von der Flotte weggebracht und bei den Thermopylen wieder an Land gesetzt worden, wo sie sich mit dem aus Makedonien eingetroffenen Heer vereinigte. Sulla hatte von Rom keine Verstärkungen zu erwarten, im Gegenteil, die Regierung hatte Lucius Valerius Flaccus, der nach Marius' Tod das Konsulat übernommen hatte, an der Spitze einer ansehnlichen Armee nach Griechenland geschickt mit dem Auftrag, den zum Staatsfeind erklärten Sulla des Oberbefehls zu entsetzen. In dieser schwierigen Lage unternahm Sulla einen kühnen Angriff auf das pontische Heer bei *Chäronea*, sein Sieg war der erste bedeutende Erfolg Roms in diesem Kriege. Unter dem Eindruck dieses Erfolges hat sich Flaccus, wie es scheint, bestimmen lassen, nicht gegen Sulla vorzugehen. So konnte dieser ein neues pontisches Heer, das bei Chalkis gelandet war, in Böotien schlagen. Hellas, in schweren Kriegen ausgesogen und verwüstet, unterlag der römischen Macht.

In Asien war die anfängliche Begeisterung für Mithridates bereits verflogen, nachdem die Gewaltherrschaft des Königs sich ebenso drückend erwies wie die römische Verwaltung. Flaccus, der Makedonien zurückgewonnen hatte, ging nun mit seinen Truppen über den Bosporus. Fast schien es, als sollte Sulla um die Entscheidung des Krieges gebracht werden. Diese Gefahr wuchs noch, als Flaccus von Soldaten seines Heeres, die von seinem Legaten Fimbria gegen ihn aufgebracht waren, erschlagen wurde. Denn jetzt übernahm der rührige Fimbria das Kommando und erzielte bald einige Erfolge gegen Mithridates im nördlichen Kleinasien. Doch hatte Sulla, um die Entscheidung in der Hand zu behalten, schon Verhandlungen mit Mithridates eingeleitet. Sie führten bei der Zusammenkunft zwischen Sulla und Mithridates in Dardanos in der Landschaft Troas zum *Abschluß des Friedens.* Die Bedingungen waren ungewöhnlich günstig für Mithridates: er verpflichtete sich, die Eroberungen in Asien herauszugeben, einen Teil seiner Flotte für Sullas Rückfahrt abzutreten und 3000 Talente Kriegsentschädigung zu bezahlen. Gegenüber einem Feind, der die ganze römische Ordnung Asiens umgestoßen hatte und viele Tausende von Italikern hatte ermorden lassen, bedeuteten diese Friedensbedingungen eine Nachgiebigkeit, die allen römischen Traditionen widersprach. Nur der Gedanke, die Beendigung des Krieges dem Gegenspieler zu entreißen, hatte Sulla bei seinem Vorgehen geleitet. Nach dem Abschluß mit Mithridates rückte Sulla gegen Fimbria vor, um mit ihm abzurechnen, doch dessen Heer trat zu Sulla über, und Fimbria nahm sich das Leben. So hatte Sulla in überraschendem Erfolg die Provinzen des Reiches zurückgewonnen und sein Heer gewaltig verstärkt. Den Rest des Jahres 85, das ganze Jahr 84 und noch den Anfang von 83 verbrachte Sulla in Asien und in Griechenland, damit beschäftigt, durch Kontributionen aus den Provinzen, vor allem durch schwerste Besteuerung von Asien seine Kassen zu füllen und sich die Armee zu verpflichten. Ausgepreßt und verelendet, leisteten die griechischen Länder ihren Beitrag zur Rückeroberung Italiens im Bürgerkrieg.

Unterdessen hatte die Regierung der Marianer sich in Rom behauptet. Die führenden Optimaten waren zu Sulla geflüchtet, die verbleibenden Männer der Nobilität zeigten vielfach Sympathien für den neuen Kurs, Cinna konnte fortgesetzt im Konsulat bleiben. Trotz dieser festen Stellung hat die Regierung nichts getan, den Charakter der Parteiherrschaft abzustreifen und durch großzügige Reformen den Staat neu aufzubauen. Die einzige Aufgabe, die ernsthaft angefaßt wurde, war die *Rüstung für den Bürgerkrieg,* der mit der Rückkehr Sullas erwartet werden mußte. Cinna traf Anstalten, über das Adriatische Meer und Illyrien offensiv gegen Sulla vorzugehen, doch zu Beginn des Jahres 84 wurde er in Ancona von seinen Soldaten erschlagen. Um die Rache abzuwenden, die man von dem Sieger im Mithridatischen Kriege zu befürchten hatte, trat der Senat in Unterhandlungen mit Sulla, als dieser in Griechenland seine Rückkehr vorbereitete, doch Sulla lehnte jede Nachgiebigkeit ab. Als der Senat das Ansinnen an ihn richtete, er sollte sein Heer entlassen, war der Krieg auf beiden Seiten beschlossene Sache. Die Konsuln des Jahres 83, Lucius Cornelius Scipio Asiaticus, ein der marianischen Partei anhängender Mann der Nobilität, und Gaius Norbanus, ein Vertreter des neuen Italikertums, übernahmen Heere in Unteritalien.

Im Frühjahr 83 landete Sulla in Brundisium. Sogleich stellten sich ihm, der in den schwierigsten Lagen seines Lebens vom Glück nicht verlassen wurde, mehrere optimatische Freunde als Legaten zur Verfügung, so Gnäus Pompeius und Marcus Licinius Crassus. Pompeius brachte gar zwei Legionen mit, die er in Picenum, wo seine Familie ausgedehnte Landgüter besaß, ausgehoben hatte. In Unteritalien trat eine rasche Entscheidung zu Sullas Gunsten ein. Das Heer des einen Konsuls wurde geschlagen, das des andern zum Übertritt veranlaßt. Die Führung der Regierungsstreitkräfte war in diesem wie im folgenden Jahre geradezu kläglich; der fähigste unter den militärischen Führern der Marianer, Quintus Sertorius, galt offenbar als unbequem und wurde als Statthalter nach Spanien geschickt. Für das Jahr 82 waren Gnäus Papirius Carbo und der 27jährige Sohn des Marius, die Extremen der Partei, zu Konsuln gewählt worden. Es standen ihnen noch genügend Truppen zu Gebote, zumal die Neubürger Italiens sich für die Sache der Marianer entschieden hatten. Doch Sulla gelang es, bis nach Latium vorzudringen, Marius bei Signia zu schlagen und ihn in Präneste einzuschließen. Ohne Widerstand zu finden, zog *Sulla in Rom* ein. Als Carbo von Etrurien her auf Rom marschierte, wurde er bei Clusium von Sulla aufgehalten, die Unterführer Sullas erfochten kleinere Erfolge in Oberitalien. Gefährlich war aber immer noch die Stellung des Marius in Präneste, zumal jetzt ein großes Heer von Samniten und Lukanern unter einheimischen

Führern von Süden heranrückte. Den Krieg gegen Sulla, der im Bundesgenossenkrieg furchtbar gegen die Samniten gewütet hatte, verstanden diese Italiker als letzten Freiheitskampf gegen Rom. Dieses Heer marschierte vorbei an Sulla, der bei Präneste stand, und erschien überraschend vor Rom. In letzter Stunde eilte Sulla zur Rettung der Stadt herbei. Vor dem Collinischen Tor im Nordosten der Stadt wurde am 1. November 82 die blutige Schlacht geschlagen, die mit der Vernichtung der Italiker endete; selbst die Gefangenen wurden auf dem Marsfeld niedergehauen. Bald darauf wurde auch Präneste eingenommen. Wohl hielten sich noch einzelne Plätze, im ganzen aber war jetzt Italien von Aufständischen und von Marianern gesäubert: Sulla war der Herr des Staates.

Wie man erwartet hatte, begann er sein Werk mit der *Rache an der Gegenpartei.* Mit einer Brutalität und Grausamkeit, wie sie nur der Bürgerkrieg hervorbringen kann, wurde diese Rache vollzogen. In summarischer Weise wurden die Gegner, die das Regiment der Popularen unterstützt hatten, geächtet, und das Morden begann. Als die Formlosigkeit dieses Mordens auch bei Anhängern Sullas Anstoß erregte, ging er dazu über, die Namen der Geächteten durch öffentlichen Anschlag bekanntzumachen (Proskriptionen); auf ihre Köpfe wurden Preise gesetzt, zu ihrer Beseitigung wurden Freigelassene und Sklaven aufgeboten. Viele Senatoren, noch mehr Ritter wurden auf diese Weise umgebracht. Ein besonderes Gesetz verfolgte die Rache bis zum Ende: die Güter der Geächteten wurden versteigert, wobei sich die Anhänger Sullas schwer bereicherten; ihre Sklaven wurden von Sulla freigelassen und bildeten als Cornelii – es sollen über 10 000 gewesen sein – den festen Rückhalt des Gewaltherrschers; ihre Söhne und Enkel verloren das Recht, sich um die Ämter zu bewerben. So wurde in unerhörter Weise die politische Parteinahme auch in den nachfolgenden Geschlechtern bestraft und die Wiedererstehung der Gegner unterbunden. Doch nicht nur die führende Gesellschaft Roms, ganz Italien war von der Rache des Siegers getroffen. Die Städte in Etrurien, Kampanien und Samnium, die sich bis zuletzt auf der Gegenseite gehalten hatten, wurden enteignet, auf ihrem Landgebiet wurden bald in geschlossenen Verbänden Massen von Veteranen angesiedelt, die großenteils ihrer neuen Aufgabe nicht gewachsen waren. So wurde eine Umwälzung der Besitzverhältnisse durchgeführt, die dem Sinne der Agrarreform widersprach und den Keim für weitere Unruhen schuf. Auch in den Provinzen, wohin sich manche der Geächteten begeben hatten, wurde das neue Regiment fühlbar. Die Statthalter der westlichen Provinzen wurden noch Ende 82 durch Anhänger Sullas abgelöst. Darüber kam es in Spanien zu schweren Kämpfen, von denen noch zu reden sein wird.

Dann ging Sulla an die *Reform von Staat und Gesellschaft*, die ihm nach den Erfahrungen der letzten Jahrzehnte geboten schien. Durch Volksbeschluß ließ er sich, obwohl die Regierungsämter der Republik fortdauerten, zum Diktator ernennen mit dem allgemeinen Auftrag, eine Verfassung zu geben und den Staat zu ordnen *(dictator legibus scribendis et rei publicae constituendae)*, für diesen Zweck waren ihm Vollmachten bewilligt wie noch nie einem römischen Magistrat. Mit der altrömischen Diktatur, die zeitlich begrenzt und sachlich genau festgelegt gewesen war, hatte die Stellung Sullas, die schon von antiken Geschichtsschreibern als Königtum bezeichnet wurde, nur noch den Namen gemeinsam. Als Diktator schuf Sulla ein Gesetzgebungswerk, das den Zweck verfolgte, die Senatsherrschaft wiederherzustellen und für alle Zukunft zu sichern. Die Partei der Marianer war zerschlagen, die Ritterschaft, deren Stellungnahme seit den Gracchen das Vorgehen der Revolutionäre begünstigt hatte, war niedergeworfen. Allerdings hatte auch die Aristokratie im Kriege schwere Verluste erlitten. Der *Senat*, die künftige Regierungsbehörde, mußte erst neu gebildet werden. Sulla nahm, auf den Vorschlag des Drusus zurückgreifend, 300 auserlesene Ritter in den Senat auf und brachte dadurch die Körperschaft auf etwa 600 Mitglieder. Die auf solche Weise neu in den Senat eingeführten Ritter gehörten zum kleineren Teil den von Sulla stets bekämpften kapitalistischen Kreisen der Hauptstadt, überwiegend aber dem Landadel Italiens an, der seit der Erweiterung der Bürgerschaft zu den Rittern zählte. Künftighin sollte der Senat sich nur noch aus den Reihen der

Magistrate von der Quästur an ergänzen, die Beiwahl von Mitgliedern seitens der Censoren sollte unterbleiben. Die neue aristokratische Körperschaft wurde mit weitgehenden Kompetenzen ausgestattet. Jeder Gesetzesantrag der Volkstribunen bedurfte vor der Einbringung an die Komitien der Genehmigung des Senats. Die Geschworenenstellen der stehenden Gerichtshöfe wurden den Rittern entzogen und dem Senat zugeteilt. Auch die Provinzialverwaltung wurde dem Senat anheimgegeben. In Gesetzgebung, Gerichtsbarkeit und Reichsverwaltung sollte der Senat souverän werden.

Der Festigung dieses Adelsregiments diente mittelbar oder unmittelbar auch die *Neuordnung der Magistratur.* Die Zahl der Quästoren wurde auf 20, die der Prätoren auf 8 erhöht. Für die Ämterlaufbahn wurden feste Normen der Altersgrenzen und der Intervalle aufgestellt. Es sollte dadurch vermieden werden, daß ein einzelner durch außerordentlichen Aufstieg die Standesherrschaft gefährdete. Grundlegende Bedeutung für die Zukunft erhielt die Regel, daß die Konsuln und die Prätoren ihr Amtsjahr in Rom verbringen, danach für ein weiteres Jahr als Promagistrate die Verwaltung der zehn Provinzen – Gallia Cisalpina erhielt wahrscheinlich jetzt den Rechtscharakter einer Provinz – übernehmen sollten. Diese Regelung der Provinzialverwaltung sollte jede Verlängerung des Imperiums über das Amtsjahr hinaus und jedes Aushilfskommando überflüssig machen. Das Volkstribunat, von dem die ganze Bewegung ihren Ausgang genommen hatte, wurde völlig entwertet. Die Initiative der Gesetzgebung wurde von der Genehmigung des Senats abhängig gemacht, das Vetorecht erheblich eingeschränkt. Es wurde bestimmt, daß gewesene Tribunen von allen übrigen Ämtern ausgeschlossen sein sollten. Auf so radikale Weise sollte die Gefährlichkeit des Amtes beseitigt werden, wenn darüber auch die sinnvolle Funktion des Tribunats in der römischen Verfassung verloren ging.

Was die *Stellung des Volkes* betrifft, so wurde die Abstimmung über Gesetzesanträge den von den Konsuln geleiteten Centuriatkomitien zugewiesen, den Tributkomitien fast nur die Wahl der niederen Beamten gelassen. Die staatliche Kornzuteilung an die Bürger wurde eingestellt; deutlicher konnte die Ausrottung der gracchischen Reformen nicht bekundet werden. Schließlich wurde auch das *Gerichtswesen* neu geordnet. Die Zahl der stehenden Gerichtshöfe wurde auf sieben erhöht, so daß nun für alle Delikte ein Gericht unter dem Vorsitz eines Prätors geschaffen war und die Volksjustiz hinfällig wurde. Die weitere Ausgestaltung des Strafrechts und der Strafprozeßordnung war nach großen, von der Tagespolitik unabhängigen Gesichtspunkten orientiert.

Nach jahrelanger Arbeit war das umfassende Werk abgeschlossen. Wie jeder Herrscher Roms hat der Diktator Sulla große Bauten in der Stadt ausgeführt, Feste und Spiele gaben seinem Regiment auch äußerlich das Ansehen der Monarchie. Und doch war Sulla von der Aufrichtung des persönlichen Regiments weit entfernt; der erfolgreiche Spieler, der sich den Namen Felix gab, hing nicht an der Macht. Zu Anfang des Jahres 79, als die Herrschaft des Senats gesichert schien, legte er die Diktatur nieder und zog sich als Privatmann nach Puteoli zurück, dort ist er im Jahre darauf gestorben.

Cäsar der Monarch hat von Sulla gesagt, er sei in der Politik ein Analphabet gewesen. Diese Äußerung bezog sich auf die Niederlegung der Diktatur in einem Augenblick, in dem die Alleinherrschaft keinen ernsthaften Widerstand gefunden hätte. Es wäre vermessen, dieses scharfe Wort auf das ganze Werk Sullas anzuwenden. Es läßt sich nicht verkennen, daß in der Vermehrung der Magistrate, in der Regelung der Provinzialverwaltung politische Notwendigkeiten erkannt und vollstreckt, in der Strafrechtspflege neue Ideen verwirklicht waren. Aber der Gedanke, die stadtrömische Aristokratie für immer in die Herrschaft einzusetzen, hat das eigentliche Ziel Sullas, in der chaotischen Welt eine Ordnungsmacht aufzurichten, verfehlt. Alte Verfassungsbestimmungen waren erneuert, aber die Voraussetzungen für eine solche Restauration fehlten vollkommen. Der senatorische Stand bildete auch nach der Aufnahme der 300 Ritter nicht die geschlossene Macht und nicht die überlegene Adelsgesellschaft, die die Regierung des Weltreichs hätte führen können. Die politischen Ansprüche und die sozialen Nöte des

Volkes waren nicht aus der Welt geschafft, indem man sie negierte. Wenn jetzt die Ritterschaft aus der Politik verdrängt, die Partei der Reformwilligen zerschlagen und damit zur Regierung unfähig gemacht war, so mußten die im neuen Italien gegebenen politischen Forderungen ehrgeizigen Staatsmännern anheimfallen, die mit diesen Ansprüchen ihre persönliche Machtstellung gegen das Adelsregiment begründen konnten. Auch die Reichsverwaltung brachte, wie die Erfahrung gezeigt hatte, Aufgaben mit sich, denen die Aristokratie nicht mehr gewachsen war, erst recht nicht, wenn ihr Regiment in so feste Regeln eingespannt war. Im Hinblick auf die radikale Unterdrückung positiver Kräfte hat schon das Altertum das Urteil gesprochen, Sullas Heilmittel seien ärger gewesen als das Übel, das er bekämpfen wollte. In seiner starren Systematik widersprach das Verfassungswerk Sullas der großartigen Tradition der römischen Politik, die seit Beginn des Ständekampfes neue Kräfte und Regungen mit sicherem Takt aufzufangen verstanden hatte. So ist es denn auch überraschend schnell von der Geschichte widerlegt worden.

V. Kapitel

Das persönliche Regiment. Pompeius

Die sullanische Verfassung hat durch die Gewalttätigkeit, mit der sie das Schemen der Senatsregierung ins Leben zurückrief, Klärung in den politischen Kampf gebracht. Wohl versuchten auch jetzt wieder die Mittelmäßigen, die sich von jeher durch das Ideal der Standesherrschaft gedeckt sahen, das Aufkommen überragender politischer Größen auf jede Weise zu verhindern. Die Rolle, die der elende Intrigant Publius Cornelius Cethegus nach der sullanischen Restauration gespielt hat, kennzeichnet den Tiefstand der senatorischen Gesellschaft und die Unzulänglichkeit ihrer politischen Maximen. Angesichts dieses Treibens der Koterien, denen das Schicksal des Reiches nun ausgeliefert sein sollte, stellte sich jedoch den selbständigen politischen Köpfen als Ziel gerade die Form der Herrschaft dar, die Sulla durch die Normierung der senatorischen Staatsverwaltung hatte vermeiden wollen, das persönliche Regiment. Ob dies ohne Einführung eines neuen Amtes geschaffen und dem Senat zur Seite gestellt oder als militärische Diktatur dem Adelsregiment entgegengesetzt werden sollte, war durchaus noch unklar. Doch war allen Bestrebungen, die auf die Verwirklichung einer solchen persönlichen Herrschaft gerichtet waren, die Aneignung und Ausnützung der politischen Ansprüche gemeinsam, die bisher die Gruppe der Senatsgegner verfochten hatte. Das ist wohl das entscheidende Kennzeichen der veränderten Lage: die Forderung der Souveränität des Volkes wurde nicht mehr ernstlich im Sinne einer demokratischen Umgestaltung der Verfassung erhoben, sondern von den Anwärtern des persönlichen Regiments als Kampfmittel gegen die Senatsherrschaft verwendet.

Dabei denken wir nicht etwa an die politischen Pläne des Gaius Julius Cäsar, der als Neffe des Marius und Schwiegersohn des Cinna wohl den Verdacht Sullas und seiner Genossen erregt hatte, in diesen Jahren aber noch ohne politischen Einfluß war. Es ist charakteristisch für die Wirklichkeitsferne des sullanischen Werkes, daß es gerade von denen umgangen, angefochten und schließlich zerschlagen wurde, die wesentlich zu seiner Durchsetzung beigetragen hatten. Da war *Marcus Licinius Crassus*, der sich dem Diktator zur Verfügung gestellt hatte, als er in Italien den Kampf gegen die Marianer aufnahm. Er hatte sich bei den Proskriptionen ein gewaltiges Vermögen erworben und vermehrte durch großzügige Unternehmungen nach dem Tode des Diktators seine wirtschaftliche Macht in solchem Umfang, daß sie fast von selbst zu einer politischen Größe wurde. Er hatte riesigen Grundbesitz in Italien, besaß Silberminen in Spanien, brachte ausgedehnte Wohnquartiere der Stadt Rom in seine Hand, verfügte über große Scharen von Sklaven, die als Spezialisten in den verschiedensten Handwerken und Künsten ausgebildet waren. Seine geschäftlichen Erfolge setzte Crassus ohne Bedenken als politische Kampfmittel ein, ohne mit diesem Verfahren beim allgemeinen Niedergang der Moral Anstoß zu erregen. Als Ziel schwebte ihm vor, mit eigenen Kräften eine Armee auf die Beine zu stellen und auf diese Weise die Diktatur zu begründen, ein Unterfangen, dessen Gefährlichkeit durch die mangelnde politische Begabung des geschäftstüchtigen Aristokraten noch erhöht wurde.

Neben ihm stand, sich selbst und andern ein Rätsel, *Gnäus Pompeius*, der Sohn jenes Gnäus Pompeius Strabo, der während des Bundesgenossenkrieges 89 das Konsulat bekleidet und danach, auf seine militärische Macht gestützt, mit dem Gedanken eines Staatsstreichs gespielt hat. Die gefährlichen Jahre der Cinna-Herrschaft hatte der junge Pompeius in der Landschaft Picenum verbracht, wo er vom Vater ausgedehnten Grundbesitz und stattliche Gefolgschaft geerbt hatte. Als Sulla vom Osten zurückkehrte, hatte er ihm zwei eigenmächtig ausgehobene Legionen zugeführt und war, ein junger Mann ohne Amt und Vollmacht, von diesem mit dem Titel Imperator angeredet worden. Dann hatte er im Auftrag Sullas Sizilien und Afrika von Marianern gesäubert; Sulla hatte ihn, als er 80 zurückkam, mit dem Beinamen „Magnus“ empfangen und ihm zum Ärger des Senats den Triumph bewilligt. So hatte Pompeius die höchsten militärischen Auszeichnungen und großes politisches Ansehen gewonnen, ehe er an die staatlichen Ämter herantrat. Daß dieser Mann, dessen politische Laufbahn mit den Erfolgen begonnen hatte, die sonst den Abschluß der Wirksamkeit des römischen Aristokraten bildeten, sich nun nachträglich durch die einzelnen Ämter aufdienen sollte, war nicht vorstellbar. Seine gegen alle Regeln der Adelsherrschaft gewonnene Machtstellung war eine schlagende Widerlegung der sullanischen Satzungen, sein politischer Ehrgeiz eine dauernde Bedrohung der Senatsherrschaft. Zwar reichte des Pompeius Hochmut weiter als sein Mut: die Errichtung der Diktatur im offenen Kampf gegen das herrschende System war kaum von ihm zu befürchten. Wenn er aber nach dem Tode des Diktators das Ziel verfolgte, sich statt der üblichen Ämter außerordentliche Vollmachten übertragen zu lassen und neben Senat und Magistratur eine persönliche Machtstellung auf die Dauer zu begründen, so bedeutete das eine friedliche, aber nicht minder umwälzende Aufhebung der bestehenden Ordnung. Die Frage war nur, ob diese Art von Regentschaft sich gegen die von andern verfochtene militärische Form der Alleinherrschaft würde behaupten können.

Als Sulla in königlicher Weise auf dem Marsfeld bestattet wurde, war der Kampf gegen seine Verfassung schon entbrannt. Der Konsul *Marcus Ämilius Lepidus* trat 78 mit revolutionären Anträgen hervor, die die Erneuerung der staatlichen Getreidebeschaffung, die Rückführung der Verbannten und die Entschädigung der Enteigneten vorsahen. Auf diese Agitation des Konsuls hin kam es in Etrurien, wo Sullas gewaltsame Ansiedlungen am drückendsten empfunden wurden, sogleich zur Erhebung. Der Senat entsandte die Konsuln zur Niederwerfung der Unruhen, doch Lepidus einigte sich mit den Aufständischen in Etrurien und ließ durch Marcus Junius Brutus in Oberitalien Truppen ausheben. Dieser von einem Konsul geführte Angriff auf den sullanischen Staat wurde vom Senat abgeschlagen, jedoch nur durch außerordentliche Maßnahmen, die deutlich zeigten, daß die Senatsherrschaft sich mit dem üblichen Apparat nicht mehr zu schützen vermochte. Da durch die Umtriebe des Lepidus die Konsulwahlen für 77 nicht zustande gekommen waren, beauftragte der Senat Quintus Lutatius Catulus, den andern Konsul des abgelaufenen Jahres, und neben ihm den Privatmann Pompeius mit der Durchführung des Krieges gegen die Aufständischen. Die Erhebung in Etrurien und Oberitalien wurde auf diese Weise bezwungen. Die Machtstellung des Pompeius, dessen Vorrecht es offenbar sein sollte, zugleich Privatmann und Imperator zu sein, war erheblich gestärkt. Bald erging an ihn ein neuer besonderer Auftrag, der durch die Erfolge der sullafeindlichen Bewegung in Spanien veranlaßt war.

Das nördliche Spanien hatte um die Wende der Jahre 83/82 *Quintus Sertorius* als seine Provinz übernommen, ein aus dem Ritterstand hervorgegangener Politiker, der sich seit dem Kimbernkrieg als Offizier hervorgetan, unter der sullafeindlichen Regierung die Prätur bekleidet hatte. Er war entschlossen, sich in der Provinz gegen die von Sulla zu erwartende Reaktion zu behaupten. Durch großes Entgegenkommen gewann er sogleich die Sympathien der Provinzialen. Als aber zu Beginn des Jahres 81 ein von Sulla entsandter Statthalter eintraf, glaubte Sertorius noch nicht genügend Kräfte zur Gegenwehr zu besitzen und räumte die Provinz. Um der Unterwerfung unter den Gewaltherrscher in Rom zu entgehen, verfolgte er neue abenteuerliche Pläne. Er trat in Verbindung mit den kilikischen Seeräubern und tat als eigenmächtiger Truppenführer Dienste in Mauretanien. Als die Lusitaner 80 noch einmal den Freiheitskampf gegen Rom eröffneten, übernahm Sertorius die Führung der Bewegung, um mit Hilfe der aufständischen Provinzialen die Regierung in Rom zu bezwingen. Er landete bei Gades, gelangte nach Lusitanien und sammelte die rebellischen Stämme und die aus Rom flüchtigen Marianer zum Krieg gegen die Statthalter der sullanischen Regierung. Seine persönliche Tapferkeit und die überlegene Haltung des zum Führer geborenen Offiziers gewannen ihm Adel und Volk der Iberer. Er organisierte nach dem Vorbild des Viriathus den Kleinkrieg und machte von Lusitanien aus bedeutende Fortschritte. Auch Quintus Cäcilius Metellus Pius, dem Sulla nach Ablauf des Konsulats im Jahre 80 das jenseitige Spanien als Provinz zuteilte, konnte nicht gegen ihn aufkommen, obwohl er den Krieg im südlichen Spanien mit Energie und Umsicht organisierte. Im Jahre 77 durchzog Sertorius das Land vom Guadiana bis zum Ebro, der größere Teil der diesseitigen Provinz war von ihm gewonnen.

In dieser Machtstellung konnte er wohl den Versuch wagen, von der Provinz aus die Regierung in Rom zu Fall zu bringen. Sein vorwiegend aus Iberern gebildetes Heer war gut diszipliniert und wohlausgestattet; von römischen Offizieren befehligt, stellte es eine vortreffliche Truppe dar. Der Adel der iberischen Stämme war Sertorius ergeben. Die vornehme Jugend des Landes wurde in der Residenz des Sertorius, in Osca am Fuß der Pyrenäen, in die griechisch-römische Bildung eingeführt; auf diese Weise sollte die junge Generation dem römischen Führer verpflichtet werden. Den Kampf gegen Rom trieb Sertorius so weit, daß er in Spanien eine *Gegenregierung* bildete. Es wurde ein aus 300 Mitgliedern bestehender Senat zusammengesetzt, Prätoren und Quästoren wurden ernannt. Zu dieser Regierung wurden die zahlreichen Flüchtlinge der Mariuspartei herangezogen, die sich im Jahre 77 noch beträchtlich vermehrten, als nach dem Scheitern der Erhebung in Etrurien Marcus Perperna eine Abteilung der Aufständischen nach Spanien führte. Iberer waren zu diesem merkwürdigen provinzialen Senat nicht zugelassen; es ist daher übertrieben, wenn man Sertorius den Plan einer iberischen Reichsbildung zugeschrieben hat. Wir haben auch keine hinreichende Kenntnis von den Reformgedanken, die Sertorius nach einem etwaigen Sieg über das sullanische Adelsregiment verwirklichen wollte, um ihn als einen großen Staatsmann bezeichnen zu können. Nur so viel ist sicher, daß er, seinem politischen Ideal getreu, von der Provinz aus mit Hilfe rebellischer Untertanen die Regierung der Marianer wiederherstellen wollte.

In Rom erkannte man den Ernst der Lage und nahm auf Betreiben einer in diesem Jahrzehnt mächtigen Adelsgruppe der Metelli und Claudii wieder einmal die Hilfe des amtslosen

Pompeius in Anspruch. Mit prokonsularischem Imperium wurde er zur *Niederwerfung der Erhebung* nach Spanien entsandt. Nach seiner Ankunft im Frühjahr 76 hat Pompeius im Zusammenwirken mit Metellus Pius, der das südliche Spanien behauptete, den Versuch gemacht, die Ostküste zurückzugewinnen. Dabei wurden einige Erfolge über Unterführer des Sertorius erzielt, aber bis zum Ende des Jahres 75 keine Entscheidung herbeigeführt. Pompeius verlangte in einem anmaßenden Schreiben vom Senat Verstärkungen, die man ihm nicht abschlagen konnte. Sertorius glaubte, seine Stellung durch einen hochverräterischen Vertrag mit Mithridates verbessern zu können. In diesem Vertrag (75) verpflichtete sich Mithridates zur Stellung von 40 Schiffen und 3000 Talenten, Sertorius sprach dem König die seit langer Zeit von ihm begehrten Fürstentümer Kleinasiens zu und entsandte den Marcus Marius als Feldherrn und zugleich als Vertreter der „römischen Regierung" nach Asien.

Dieser Vertrag wurde für die Sache des Sertorius allerdings nicht mehr wirksam, denn schon im Jahre 74 konnten Pompeius und Metellus Pius eine große Zahl keltiberischer Plätze erobern. Sertorius entzog sich einer Feldschlacht und vermied so eine Niederlage, konnte aber nicht verhindern, daß sein Ansehen bei den Iberern ins Wanken geriet. Als Pompeius 73 im keltiberischen Hochland weitere Fortschritte machte, versuchte Sertorius durch verzweifelte Gewaltmaßnahmen, unter anderem durch Beseitigung der in Osca versammelten adeligen Jugend, die Iberer auf seiner Seite zu halten. Auch so vermochte er die Lage nicht mehr zu retten; von seinem Anhang im Stich gelassen, wurde er schließlich von seinem Unterführer Perperna ermordet (72). Das Unternehmen, Rom von der Provinz aus zu bezwingen, hatte damit seine treibende Kraft verloren. Die letzten Widerstände wurden von Pompeius bewältigt, der auch Perperna schlug und hinrichten ließ. Nach Herstellung der *Ruhe in Spanien* brachte Pompeius die Verwaltung des Landes wieder in Ordnung. Als persönlichen Gewinn des spanischen Krieges konnte er die Ergebenheit mancher Städte und vieler Privatleute betrachten, die er sich in der Provinz verpflichtet hatte. Auf dem Rückmarsch ließ er auf der Höhe der Pyrenäen eine Siegesinschrift anbringen, die in der ihm eigenen großsprecherischen Tonart verkündete, daß er weit über 800 Städte – es können damit nur die kleinen iberischen Burgen gemeint sein – in Spanien bezwungen habe. An der Spitze des siegreichen Heeres kehrte er nach Italien zurück, um nun in Rom seinen Einfluß auf die Regierung geltend zu machen.

Dort hatte die Senatsherrschaft inzwischen keinen leichten Stand gehabt. Wiederholt war der Versuch unternommen worden, das Volkstribunat von den Fesseln der sullanischen Verfassung zu befreien, auch die senatorischen Gerichtshöfe waren angefochten worden. Dazu kam die Bedrängnis durch mehrere auswärtige Verwicklungen, die dem spanischen Kriege zur Seite gingen. Als die Seeräubergefahr überhandnahm und Mithridates von neuem den Krieg gegen Rom eröffnete, mußten im Jahre 74 Befehlshaber mit erhöhten Vollmachten ins Feld geschickt werden. Es war eine Ironie des Schicksals, daß unter den im Widerspruch mit den Normen Sullas ausgestatteten Feldherrn Lucius Licinius Lucullus war, der dem Diktator am nächsten gestanden hatte, ein überzeugter Anhänger seiner Verfassung war und wenige Jahre später durch den Zusammenbruch dieses Systems eine schwere persönliche Demütigung erfahren sollte. Dazu kam nun noch ein neuer *Aufstand der Sklaven in Italien*. Der größte aller Sklavenkriege erinnerte wieder an die Unzuverlässigkeit der sozialen Grundlagen der ganzen Lebensordnung und machte ungewöhnliche Abwehrmaßnahmen notwendig.

Aus einer Gladiatorenschule in Kapua, wo die von den Etruskern übernommenen Fechterspiele sich besonderer Beliebtheit erfreuten, waren siebzig Fechtersklaven ausgebrochen. Unter Führung des *Spartacus*, eines klugen, mutigen und edelgesinnten Sklaven thrakischer Herkunft, verteidigten sich die Flüchtlinge in den Schluchten des Vesuv gegen die ersten römischen Aufgebote. Von dieser Stellung aus plünderten sie die reiche kampanische Landschaft; die Sklaven der umliegenden Gebiete strömten in Scharen zu. Die um den Vesuv gelegte Einschließungslinie wurde durchbrochen, mehrere römische Abteilungen wurden in Kampanien geschlagen. Spartacus, der sich als Hauptmann durchzusetzen wußte, führte die Sklaven in das südliche Italien, wo neue Banden sich anschlossen. Im Winter 73/72 wurde das Sklavenheer, auf mindestens 40 000 Mann angewachsen, ordnungsgemäß bewaffnet. Die Konsuln des Jahres 72 gingen mit je zwei Legionen ins Feld. Eine von dem Kelten Krixos geführte Abteilung der Sklaven wurde in Apulien überwunden, doch der größere Haufe unter Führung des Spartacus siegte über das römische Heer und erzwang sich den Durchmarsch nach Norden bis Mutina. Jetzt stand der Alpenweg und damit die Heimführung der Sklaven in die keltischen und germanischen Länder und in das Balkangebiet offen, doch die Horde verlangte, gegen Rom geführt zu werden. Spartacus, zur Umkehr gezwungen, war klug genug, den Marsch auf Rom zu vermeiden, er führte sein Heer südwärts bis Lukanien.

In Rom war die Erregung über die an den Hannibalischen Krieg erinnernden Heeresbewegungen der Sklaven so stark, daß man gegen Ende des Jahres 72 die Konsuln im Oberbefehl ersetzte durch den Prätor Marcus Licinius Crassus, der als der fähigste der in der Stadt anwesenden Militärs gelten mochte. Crassus hat mit einer Armee von acht Legionen – einer Truppenmacht, die Cäsar genügte, Gallien zu erobern – die Sklaven in Unteritalien bezwungen. Spartacus wurde in das äußerste Bruttium gedrängt und dann, als sein Plan, mit Hilfe der Seeräuber nach Sizilien überzusetzen, gescheitert war, durch eine vom Tyrrhenischen zum Ionischen Meere durchgeführte Graben- und Maueranlage im Silawald eingeschlossen. Doch auch hier erkämpften sich die Sklaven den Durchbruch, wurden dann aber, als die Haufen sich trennten, überwunden, zuerst die keltischen und germanischen Sklaven, dann die Hauptmacht unter Spartacus, der im letzten Kampf fiel. 6000 Gefangene ließ Crassus der Via Appia entlang kreuzigen: ein grausiges Bild der Brutalität, mit der sich die weltbeherrschende Gesellschaft Roms behauptete. Eine nach Oberitalien entkommene Abteilung der Sklaven wurde von Pompeius, der eben aus Spanien zurückkam, vernichtet.

Damit war die Ruhe in Italien hergestellt. Das senatorische Regiment sah sich aber jetzt, wo die siegreichen Feldherrn

Pompeius und Crassus mit ihren Heeren nach Rom zurückkamen, in eine bedenkliche Lage versetzt. Beide forderten das Konsulat für das folgende Jahr. Pompeius, der zwar persönlich optimatisch gesinnt war, aber nicht damit rechnen konnte, daß der Senat seine ungewöhnliche, die bestehende Ordnung widerlegende Laufbahn durch Bewilligung des Konsulats gutgeheißen würde, war mit den Gegnern der Senatsherrschaft in Verbindung getreten und stellte für den Fall seiner Wahl die Erneuerung der tribunizischen Rechte in Aussicht. Crassus, dessen Bewerbung um das Konsulat gleichfalls den sullanischen Bestimmungen widersprach, entschied sich für die Politik des Pompeius; von jeher verbanden ihn noch engere Beziehungen mit dem Finanzkapital als mit dem Senat. Im Bündnis mit den senatsfeindlichen Elementen erlangten so die militärischen Führer das Konsulat für das Jahr 70. In ihrem Konsulat haben diese Männer, die Sullas Macht mitbegründet hatten, den *Abbau der sullanischen Verfassung* herbeigeführt.

Auf den Antrag des Pompeius wurde die tribunizische Gewalt im alten Umfang wiederhergestellt. Das mußte die Erneuerung des Demagogentums zur Folge haben, doch der Plan dieser merkwürdigen Sullaner ging dahin, Volksrechte und Demagogie gegen den Senat auszuspielen. Dann wurde auf Antrag des Prätors Lucius Aurelius Cotta auch das sullanische Richtergesetz aufgehoben; es wurde bestimmt, daß künftighin die Geschworenen der stehenden Gerichtshöfe und im Privatverfahren aus Senatoren, Rittern und Ärartribunen (das heißt den Inhabern des höchsten Census nach dem Ritterstand) entnommen werden mußten. Der Prozeß, den damals im Auftrag der sizilischen Städte Marcus Tullius Cicero gegen Gaius Verres, einen typischen Vertreter der erpresserischen Provinzialverwaltung, erfolgreich durchführte, hat nicht wenig zur Bloßstellung der senatorischen Standesherrschaft beigetragen und die Annahme der *lex Aurelia* gewiß befördert. Durch diese und andere Gesetze war die Machtstellung des Senats empfindlich getroffen und den Umtrieben der politisch unternehmenden Köpfe ein weites Feld eröffnet. Pompeius ging nach Ablauf seines Amtsjahres nicht in die Provinz, hielt sich vielmehr, auf die Volksgunst vertrauend, in Rom bereit, neue besondere Aufträge entgegenzunehmen. Es entsprach seinem bedächtigen, gewaltsamen Entscheidungen abgeneigten Temperament und zugleich dem Bild der von ihm erstrebten Regentenstellung, zu warten, bis man ihn zur Macht rief. Die Verhältnisse im Reiche brachten es mit sich, daß er nicht lange zu warten brauchte.

Am dringendsten geboten war damals eine energische *Aktion gegen die Seeräuber* im Mittelmeer. Rom, das seit der Überwindung Karthagos und der Schwächung der hellenistischen Staaten die Seeherrschaft im Mittelmeer besaß, hatte nichts Durchschlagendes unternommen, die Sicherheit des Meeres herzustellen. Das Reich behielt, wenn es auch auf überseeische Länder übergriff, seine vorwiegend kontinentale Grundlage: das Meer wurde nicht zum Provinzgebiet erklärt. So kam es, daß der im Mittelmeer von alters her geübte und durch die Vielstaaterei des Ostens stets geförderte Seeraub seinen Fortgang nahm. Das Übel verschlimmerte sich noch, als seit der Mitte des 2. Jahrhunderts die Seemacht von Rhodos verfiel und die Reiche der Seleukiden und Ptolemäer sich aufzulösen begannen. Seit dieser Zeit konnte der Seeraub, der besonders an der Küste von Kilikien und auf Kreta feste Stützpunkte hatte, sich ungestört entfalten und aus dem sozialen Elend der östlichen Länder fortgesetzt Zulauf gewinnen. Neben dem Aufgreifen von Handelsschiffen betrieben die Piraten auch den Menschenfang auf See und an Land, um die Sklavenmärkte mit Ware zu versehen. Die im Jahre 102 unternommene Expedition nach Kilikien führte wohl zur Festsetzung der Römer in Kilikien, erreichte aber nicht die Abstellung der Seeräuberei. Auch ein wohl in diese Zeit gehörendes Volksgesetz, das zur Bekämpfung der Piraten ein außerordentliches Kommando vorsah, hat nichts erreicht. Die Macht der Piraten wurde immer fester organisiert, ihre Unternehmungen richteten sich auf immer größere Teile des Mittelmeers. Der im Jahr 78 nach der Provinz Kilikien entsandte Publius Servilius führte im südlichen Kleinasien einen langen Krieg, der die Erweiterung der Provinz Kilikien, nicht aber die Aushebung der Piraten zur Folge hatte.

Der Senat mußte sich 74 entschließen, den Prätor Marcus

Antonius mit einem das ganze Mittelmeer umfassenden Imperium auszustatten, in gewissem Sinne also das Meer zur größten aller Provinzen zu erklären. Nach anfänglichem Erfolg im Westmeer sah sich Antonius zum Kampf gegen die Kreter genötigt, die sich mit den kilikischen Piraten verbunden hatten. Er scheiterte völlig an seiner Aufgabe und starb 71 auf Kreta, der Seeraub stand nun als organisiertes Großunternehmen da. Im Ägäischen Meere wurden Städte und Heiligtümer geplündert, Sizilien und Italien wurden heimgesucht, selbst in Ostia wurden Schiffe ausgeraubt. Auf allen Schauplätzen wurde die Kriegführung des römischen Staates von den Piraten belästigt, die mit Sertorius, Mithridates und Spartacus in Verbindung standen. Die Getreideversorgung Roms war gefährdet. Es trat auch keine Wendung ein, als Quintus Cäcilius Metellus 68 einen langwierigen, erbitterten Kampf zur Eroberung von Kreta eröffnete. Die Zustände waren so unhaltbar, daß die Schaffung einer außerordentlichen Kommandogewalt der Art, wie sie Pompeius erstrebte, nunmehr geboten schien.

Zu Beginn des Jahres 67 brachte der Volkstribun Aulus Gabinius den Antrag vor das Volk, einem Konsularen – es war natürlich an Pompeius gedacht – ein umfassendes Imperium gegen die Piraten zu übergeben. Der Feldherr sollte für drei Jahre das prokonsularische Imperium im gesamten Gebiet des Mittelmeers und in den Küstengebieten 50 Meilen landeinwärts innehaben; es sollte ihm freistehen, für die Durchführung des Krieges 15 Legaten als Unterfeldherrn im Rang von Prätoren zu ernennen; eine hohe Geldbewilligung, eine ansehnliche Flotte mit starker Bemannung wurden vorgesehen. Der Senat erklärte sich gegen diesen Antrag, der eine unerhörte persönliche Machtstellung zu begründen drohte. Dazu kam das grundsätzliche Bedenken, daß durch derartige Volksgesetze die Leitung der Staatsverwaltung dem Senat entzogen wurde. Aber die Agitation für die *lex Gabinia* war unter allen Gegnern des Senats – auch Cäsar, der eben in den Senat eingetreten war, trat für den Antrag ein – so stark, daß der Volksbeschluß zustandekam und das damit geschaffene Imperium an Pompeius übertragen werden konnte.

Dieses nach Raum, Zeit und Hilfsmitteln umfassende Imperium brachte Pompeius in die von ihm begehrte Führerstellung; neben dem gesamten senatorischen Apparat war nun seine Person eine beherrschende Größe. In die Macht eingesetzt, hat Pompeius den Krieg gegen die Seeräuber mit strategischer Sicherheit rasch durchgeführt. Nach dem Bau einer Flotte und der Beschaffung eines starken Heeres wurde der weite Raum des Mittelmeers in fest begrenzten Abschnitten den Legaten zugewiesen, die Ausgänge des Meeres bei Gibraltar und bei den Dardanellen wurden gesperrt, eine überraschende Aktion des Oberfeldherrn erzielte in vierzig Tagen die Säuberung des westlichen Meeres, dann wurden das Adriatische Meer und die peloponnesischen Gewässer durchstreift. Die Entscheidung brachte der Angriff auf die Stützpunkte der Piraten in Kilikien; auch hier wurden sie geschlagen, die Gefangenen wurden auf Anordnung des Pompeius im östlichen Kilikien und anderwärts angesiedelt. So war in weiteren fünfzig Tagen auch im Osten der Krieg gewonnen.

Die Durchführung des Seeräuberkriegs war ein unbestreitbarer Erfolg des Pompeius. In den Seestädten des Ostens empfand man sein Vorgehen als rettende Tat, aber auch in Rom war das Ansehen des Feldherrn durch die unübertreffliche Sicherheit der Kriegführung und durch den raschen Erfolg gewaltig gestiegen. Nun hatte Pompeius das Unternehmen nicht deshalb so beschleunigt, um so bald wie möglich von seinem außerordentlichen Kommando abzutreten, er trug vielmehr die Hoffnung, den *Oberbefehl im Mithridatischen Kriege* zu erhalten, der unter der Leitung des Lucullus nicht mehr recht vonstatten ging. Während Pompeius den Winter 67/66 in Kleinasien verbrachte, hielten seine Agenten in Rom den Augenblick für gekommen, eine noch größere Befehlsgewalt für ihn zu begründen. Der Volkstribun Gaius Manilius stellte den Antrag, die Führung des Krieges gegen Mithridates und Tigranes an Pompeius zu übertragen. Für diesen Zweck sollte er zu seinem bisherigen Imperium die Provinzen Kilikien und Bithynien übernehmen und weitgehende Vollmachten für die politische und militärische Durchführung des Kampfes erhalten. Der Senat, der als solcher über die Vorlage gar nicht befragt wurde, nahm wieder Stellung gegen diese Einsetzung des persönlichen Regiments durch das Volk. Aber auch jetzt war das Aufgebot der Anhänger des Pompeius erdrückend. Marcus Tullius Cicero, der eben die Prätur bekleidete und im Anschluß an Pompeius noch höher aufzusteigen gedachte, trat in einer großen Staatsrede für das Vollmachtgesetz ein. So wurde die *lex Manilia* angenommen. Welche Folgen diese Herrscherstellung des Pompeius für die weitere Gestaltung der Adelsherrschaft, ja der Republik überhaupt haben würde, war nicht abzusehen. Dagegen sollte sich bald zeigen, daß dieses persönliche Regiment die Interessen der römischen Machtpolitik wie auch die kulturellen Aufgaben der Weltherrschaft viel entschiedener wahrzunehmen vermochte als die sinkende Adelsherrschaft. Zum ersten Mal ermöglichte die umfassende Vollmacht dem Reichsfeldherrn ein überlegtes Planen und weites Ausgreifen, wie es der Raum des vorderen Orients verlangte.

Die Anordnungen, die Sulla beim vorzeitigen Abschluß des ersten Mithridatischen Krieges getroffen hatte, waren ganz unzureichend. Der König von Pontos hatte seine frühere Macht bewahrt, auch seine auf ein asiatisches Reich ausgehenden Pläne nicht aufgegeben; seine Herrschaft war also nach wie vor eine Bedrohung der römischen Stellung im Orient. Da er Kappadokien nicht räumen wollte, hielt sich Lucius Licinius Murena, den Sulla als Statthalter in Asien zurückgelassen hatte, für berechtigt, den Krieg gegen ihn zu erneuern, doch wurde der unrühmliche Kampf des Statthalters (83–82) durch Sulla von Rom aus beigelegt. Auch dieses Mal büßte Mithridates nichts von der gefährlichen Macht und dem verführerischen Glanz seines hellenistischen Königtums ein. Während nun Rom nach Sullas Tod durch innere Unsicherheit niedergehalten und durch den Krieg gegen Sertorius und durch Kämpfe gegen thrakische und illyrische Stämme beschäftigt war, traf Mithridates, ein unermüdlicher Organisator, Vorbereitungen zu einem neuen Angriff auf das von Rom beherrschte Kleinasien. Er betrieb die Vermehrung und Ausrüstung von Heer und Flotte, ließ Vorräte von Lebensmitteln aufspeichern und trat in Verbindung mit den Seeräubern und mit Sertorius. Es traf sich günstig für die Kriegsrüstung des Mithridates, daß in diesen Jahren sein Schwiegersohn Tigranes, die Schwäche des parthischen und des seleukidischen Reiches ausnützend, Armenien zu einem Großreich erhob. Seit 83 besaß Tigranes den größten Teil des seleukidischen Gebietes, er setzte in Antiochia einen Satrapen ein und nannte sich als Sieger über Parther und Seleukiden „König der Könige“. Südlich vom Wansee gründete er 77 die neue Hauptstadt des Reiches, Tigranokerta. Dieses armenische Großreich bot Mithridates für seine Kriegspläne den erwünschten Rückhalt. Die römische Schutzherrschaft im Orient schien völlig zu versagen.

Den Anlaß zum Krieg sah Mithridates gegeben, als 74 der König Nikomedes IV. von Bithynien starb und die Römer mit Berufung auf ein Testament des Königs das Land als Provinz einzogen. Mithridates machte sich daran, Bithynien angeblich für den übergangenen Sohn des Königs Nikomedes, in Wirklichkeit für sich selbst zu erobern. Sertorius sandte ihm in Erfüllung des Vertrages den Marcus Marius, der beim Einmarsch in das Gebiet der römischen Provinzen als Vertreter der römischen Regierung, wenn auch einer revolutionären Regierung, ausgegeben werden konnte. In jeder Hinsicht gerüstet, eröffnete Mithridates den Krieg durch den Vormarsch seiner Truppen nach Bithynien, Asien und Kappadokien. Der Senat war gezwungen, die Konsuln des Jahres 74 auf den Kriegsschauplatz zu entsenden. Die Provinz Bithynien erhielt Marcus Aurelius Cotta, Kilikien und Asien Lucius Licinius Lucullus, der sich im ersten Mithridatischen Kriege als Flottenführer bewährt, danach in der Verwaltung der Provinz Asien sich verdient gemacht hatte und als entschiedener Verfechter der Senatsherrschaft bekannt war.

Die Operationen der römischen Feldherrn in diesem *dritten Mithridatischen Kriege* (74–64) waren durch das überraschende Vorgehen des Königs in eine feste Bahn gelenkt. Cotta suchte Mithridates in Kalchedon aufzuhalten, wurde aber geschlagen. Ganz Bithynien wurde nun von Mithridates besetzt, die pontische Flotte fuhr durch die Meerengen in die Ägäis. Mit Heer und Flotte machte sich Mithridates an die Einschließung der mächtigen Stadt Kyzikos am Marmarameer. Nun war es Aufgabe des Lucullus, von der Provinz Asien aus Bithynien zurückzuerobern. Es gelang ihm, Kyzikos zu entsetzen und das pontische Heer mehrfach zu schlagen; als im Frühjahr 73 auch die pontische Flotte bei Lemnos eine Niederlage erlitt, zog sich Mithridates nach Pontos zurück. Lucullus hielt es für nötig, durch die Eroberung von Pontos und, wenn möglich, durch die Gefangennahme des Königs eine klare Entscheidung zu schaffen, und marschierte daher durch Bithynien und Paphlagonien in Pontos ein. Hier hielt ihn die Belagerung der Stadt Amisos lange auf, während Mithridates in der Umgebung seiner Residenz Kabeira ein neues Heer sammelte. In der Nähe von Kabeira kam es 72 zu unentschiedenen Kämpfen, erst im Frühjahr 71 veranlaßte ein bedeutender Sieg des Lucullus den König zur Aufgabe von Kabeira und zur Flucht nach Armenien. Die Kastelle und die festen Städte seines Landes ergaben sich nun der Reihe nach: Amisos, Sinope und Amaseia.

In raschem Anlauf hatte der römische Feldherr Bithynien und Pontos gewonnen. Den Winter 71/70 verbrachte *Lucullus in der Provinz Asien*, die seiner Hilfe dringend bedurfte. Die übermäßige Besteuerung, die Sulla beim Abschluß des ersten Mithridatischen Krieges der Provinz auferlegt hatte, trieb die ehemals reichen Städte des Landes dem Bankrott zu. Sie hatten die hohen Steuerbeträge nur durch Anleihen bei den römischen Kapitalisten aufbringen können. Die Verzinsung dieser Beträge, zum Teil bis 48% des Kapitals gesteigert, hatte eine furchtbare Schuldenlast aufgehäuft, deren Bewältigung überhaupt nicht mehr abzusehen war. Lucullus hat nun durch mehrere scharf durchgreifende Edikte, die gegen das Ausbeutesystem der römischen Bankiers gerichtet waren, den Städten der Provinz namhafte Erleichterung gebracht, so daß die Schuld bis zum Jahre 67 getilgt werden konnte. Seit diesem Vorgehen war er allerdings, wie einst Publius Rutilius Rufus, der Feindschaft der römischen Ritter verfallen. Da in diesem Jahre 70 die Herrschaft des Senats, als dessen Vorkämpfer Lucullus den Krieg übernommen hatte, durch den Abbau der sullanischen Verfassung erschüttert und die Ritterschaft zu neuem politischen Einfluß gelangt war, mußte mit einem Vorstoß gegen das Kommando des Lucullus im Mithridatischen Kriege gerechnet werden. Seine Stellung bot mancherlei Angriffsflächen, er hatte zwar Pontos erobert, den König aber nicht in seine Gewalt gebracht. Die Verhandlungen, die er mit Tigranes über die Auslieferung des Mithridates geführt hatte, waren ohne Erfolg geblieben.

Unter diesen Umständen blieb Lucullus nichts übrig, als im Frühjahr 69 die *Offensive gegen Armenien* zu beginnen, so gewagt das Unternehmen auch sein mochte. Er ging von Kappadokien aus bei Melitene über den Euphrat, errang bei Tigranokerta einen leichten Sieg und nahm die Stadt ein. Damit war wieder einmal große Beute gewonnen, aber nichts Endgültiges in diesem sich immer weiter nach Osten erstreckenden Kriege erreicht. Die Gegner des Lucullus setzten in Rom durch, daß die Provinzen Asien und Kilikien an neue Statthalter gegeben wurden; Lucullus behielt nur noch Bithynien und Pontos. Der Mißerfolg des Jahres 68 hat dann den Sturz des unentwegten Sullaners vollendet. Lucullus trat, um die Entscheidung gegen die im oberen Armenien stehenden Könige zu erzwingen, den Vormarsch in das armenische Hochland an und schlug die Gegner am Arsanias nordwestlich vom Wansee. Als er dann aber den Feldzug durch die Einnahme der alten Königsstadt Artaxata zum Abschluß bringen wollte, weigerte sich die Truppe, weiterzumarschieren. Lucullus, der feingebildete Griechenfreund und noble Lebemann, war ein kluger Stratege und tüchtiger Organisator, aber keine Führernatur, die das Heer begeistern und für die immer schwieriger werdenden Aufgaben an seine Person hätte binden können. Das Versagen der Truppe zwang ihn zur Preisgabe Armeniens und zum Rückzug nach Mesopotamien. Er konnte nicht hindern, daß Mithridates von Armenien aus wieder nach Pontos zurückkam und dort den römischen Legaten überwand. Als Lucullus aus Mesopotamien nach Pontos heranrückte, entzog sich Mithridates jeder Feldschlacht. Der Rückschlag war so gewaltig, daß Lucullus in Rom jetzt ganz preisgegeben wurde. Die Provinzen Bithynien und Pontos wurden ihm entzogen und an Manius Acilius Glabrio gegeben. Dieser war nun auch nicht der Mann, die Wende des Krieges herbeizuführen, Lucullus aber verlor seine Truppe ganz aus der Hand.

So war die Lage, als *Pompeius* im Frühjahr 66 aufgrund des umfassenden Imperiums mit großem Heer und starker Flotte den Oberbefehl im Kriege übernahm. Er war entschlossen, den Krieg in Asien von vorn anzufangen und die Ordnung des Landes, ja des ganzen vorderen Orients neu zu bestimmen. Die Maßnahmen des Lucullus, mit dem er in Galatien eine heftige Begegnung hatte, erklärte er sofort für ungültig. Es kann aber kein Zweifel bestehen, daß Lucullus durch die Einnahme der pontischen Städte ihm die wichtigste Vorarbeit für den Feldzug geleistet hat. Da der Plan, auch Armenien zu unterwerfen, von Anfang an feststand, suchte sich Pompeius durch eine Verständigung mit dem parthischen König Phraates im Osten zu sichern; die rückwärtige Stellung an den Küsten Kleinasiens war durch die Flotte gedeckt. Nach diesen Vorbereitungen wurde der *Vormarsch gegen Mithridates* angetreten, der König wurde endgültig aus Pontos verdrängt und zur Flucht nach Osten genötigt. Da Tigranes jetzt dem flüchtigen Herrscher die Aufnahme verweigerte, wandte sich dieser von Armenien aus nordwärts nach Kolchis, von da in sein bosporanisches Reich an der Straße von Kertsch und auf der Halbinsel Krim. Pompeius hielt es zunächst für nötig, ihn zu verfolgen, wandte sich aber erst zur Unterwerfung Armeniens, zumal ein Sohn des Tigranes ihn ins Land rief. In großem Zug wurde der Marsch auf Artaxata durchgeführt. Der König Tigranes, der seine Sache verloren gab, erschien im römischen Lager, unterwarf sich Pompeius und legte ihm sein Diadem zu Füßen, doch Pompeius gab ihm das Diadem zurück: das bedeutete die Anerkennung des Königs. Tigranes wurde verpflichtet, die den Parthern abgenommenen Gebiete diesen zurückzugeben, die Erwerbungen aus dem Seleukidenreich nahm Pompeius für Rom in Anspruch, in Armenien aber wurde die Herrschaft des Tigranes von Pompeius bestätigt. Damit war eine Entscheidung von großer Tragweite gefallen: der römische *Vasallenstaat Armenien* war dem Partherreich entgegengesetzt, eine Regelung, die für Jahrhunderte in Geltung blieb.

Von Armenien aus nahm Pompeius die Verfolgung des Mithridates wieder auf. Es erwies sich bald, daß der Marsch über den Kaukasus nach Südrußland äußerst schwierig war. Das Jahr 65 war ausgefüllt mit Kämpfen gegen Iberer und Albaner, Völker im Tal des Kura südlich vom Kaukasus. In Kolchis gewann Pompeius Verbindung mit seiner im Schwarzen Meer operierenden Flotte. Dieser übertrug Pompeius die Überwachung des Mithridates, der im bosporanischen Reich neue Rüstungen betrieb, er selbst verzichtete darauf, durch einen Kaukasusfeldzug seinen Feldherrnruhm aufs Spiel zu setzen. In den Berichten, die von ihm und von seiner Umgebung ausgingen, sorgte er kräftig dafür, daß die Zeitgenossen ihn, der dem Kaspischen Meer so nahe gekommen war, als einen zweiten Alexander betrachteten.

Pompeius rechnete nicht damit, daß Mithridates noch einmal nach Pontos zurückkommen könnte. So ging er im Jahr 64, ohne eine senatorische Kommission beizuziehen, an die *Organisation Kleinasiens.* In der Einrichtung der provinzialen Gebiete, in der Anerkennung der Vasallenstaaten, in der Förderung des griechischen Städtewesens schuf er ein für die Folgezeit maßgebendes Werk. Der größere Teil von Pontos wurde mit Bithynien zu einer Provinz vereinigt. Die Verwaltung, besonders die Besteuerung des Landes, wurde auf die städtischen Bezirke gegründet, so erlangte das griechische Städtewesen für die Beherrschung und Zivilisierung Asiens durch Rom dieselbe Bedeutung, die es für die hellenistischen Könige immer gehabt hatte. Pompeius hat mehrere Städte angelegt, andere durch neue Einwohner verstärkt und die Gründungen nach dem Vorbild der hellenistischen Herrscher zum Teil mit seinem Namen belegt. An der großen Straße, die von Paphlagonien über den Halys ostwärts durch das Tal des Lykos zum oberen Euphrat führte, folgten aufeinander die Gründungen Pompeiopolis, Neapolis, Magnopolis (anstelle von Eupatoreia), Diospolis, Nikopolis. Zwischen der neugeschaffenen Provinz Bithynien-Pontos, der alten Provinz Asien und der von Pompeius erheblich vergrößerten Provinz Kilikien wurden mehrere Fürstentümer und Tempelbezirke als Schutzstaaten geduldet. Der galatische Fürst Deiotarus erhielt ein ansehnliches Gebiet und den Königstitel, in Kappadokien wurde

Ariobarzanes anerkannt. Diese Bestimmungen waren mit sicherem Blick getroffen, die Vasallenstaaten konnten von den Provinzen aus überwacht werden. Zum ersten Mal hatte die römische Herrschaft in Asien zu erkennen gegeben, daß sie ernstlich gewillt war, die Nachfolge der hellenistischen Reiche anzutreten.

Im Frühjahr 64 zog Pompeius von Kleinasien aus über den Taurus nach Syrien, um die von Tigranes abgetretenen seleukidischen Gebiete einzuziehen. Der letzte Herrscher des Seleukidenhauses, dessen Besitz durch städtische Fürstentümer und durch arabische Scheichs sehr eingeengt war, hatte die Anerkennung durch Lucullus gefunden. Pompeius, auch hier den Gegensatz gegen Lucullus hervorkehrend, entschied sich für die Einziehung von ganz Syrien. Die Scheinherrschaft des Königs bot keine Gewähr für die Sicherheit dieses Gebiets, das jetzt, wo Rom in Kleinasien so weit nach Osten vorgestoßen war, von größter strategischer Wichtigkeit war. So wurde unter Übergehung der Ansprüche des letzten Antiochos Syrien annektiert.

Von Syrien aus bot sich bald Gelegenheit zum *Eingriff in Palästina*, das früher zum Seleukidenreich gehört hatte, dann aber mit römischer Unterstützung ein selbständiges Königreich geworden war. So geschlossen das Judentum gegen die Umwelt auftrat, im Innern der Orthodoxie hatte sich längst eine tiefgehende Spaltung vollzogen, die zuerst nur die Glaubensauffassung betraf, dann aber auch in der Politik zur Geltung kam. Die Pharisäer erkannten neben dem geschriebenen Gesetz auch die Tradition als Quelle des Glaubens an, duldeten die Volksfrömmigkeit und hatten ihren stärksten Rückhalt im Volk. Die streng schriftgläubigen Sadduzäer, zu denen vor allem die Priesterschaft Jerusalems gehörte, lehnten Tradition und Volksfrömmigkeit ab und bildeten eine feste Stütze der Dynastie bei der Verfolgung ihrer politischen Ziele. Während die Pharisäer an dem Gedanken der umfassenden Theokratie festhielten, setzten sich die Sadduzäer in erster Linie für die Unabhängigkeit des Königreichs der Hasmonäer ein. Diese Spaltung der führenden Kreise war die Voraussetzung für den Bruderkrieg, den seit dem Jahre 67 zwei Prinzen des hasmonäischen Hauses, Hyrkanos und Aristobulos, miteinander führten. Hyrkanos, der sich auf die Pharisäer stützte, erlangte 64 mit Hilfe der nabatäischen Araber die Oberhand. Während Pompeius den Winter 64/63 in Antiochia verbrachte, erschienen vor ihm neben den Abordnungen vieler orientalischer Fürsten auch die Gesandten der jüdischen Parteien. Er entschloß sich im Frühjahr 63 zu einem neuen Feldzug, um Phönikien, Palästina und die nabatäischen Araber, die südöstlich von Palästina um die Stadt Petra wohnten, zu unterwerfen und bis nach Ägypten hin die Ostgrenze des Reiches neu festzulegen.

In Damaskus traf Pompeius die Entscheidung für Hyrkanos, dessen Stellung wohl schwächer war und dessen theokratisches Ideal dem realpolitischen Blick des Römers ungefährlich erscheinen mochte. Aristobulos, der sich widersetzte, wurde gefangen genommen, doch seine Anhänger hielten sich auf dem Tempelberg in Jerusalem. Pompeius trat den *Marsch auf Jerusalem* an und erstürmte nach einer Belagerung von drei Monaten die Tempelfeste. Er drang in das Allerheiligste des Tempels ein, hütete sich aber, die Schätze zu berühren und das Ärgernis des Antiochos Epiphanes zu erneuern. Palästina stand zu seiner Verfügung. Der Krieg gegen die nabatäischen Araraber wurde aufgegeben, da ihr König Aretas zur Unterwerfung bereit schien.

Syrien und Palästina erhielten jetzt eine ebenso grundlegende Organisation wie die Gebiete Kleinasiens. *Syrien* wurde als *Provinz* eingerichtet. Die Städte behielten die Selbstverwaltung, wurden teilweise tributpflichtig, bewahrten aber in Gewerbe und Handel, vor allem in der Vermittlung der Karawanengüter, die Quellen ihres Reichtums. An der Nordostgrenze Syriens, am Euphratknie, wurden Kommagene und Osrhoene als Vasallenstaaten anerkannt. Durch diese abhängigen Fürstentümer beherrschte Rom die Euphratübergänge bei Samosata und Zeugma; der nördliche Übergang bei Melitene wurde von Kappadokien aus kontrolliert: die Euphratgrenze hatte ihre für die Kaiserzeit maßgebende Gestaltung gefunden. In Palästina wurde Hyrkanos im Hohenpriesteramt bestätigt, aber er verlor den Königstitel und wurde ein tributpflichtiger Vasallenfürst, seine Herrschaft blieb auf das rein jüdische Gebiet eingeschränkt. Die Städte im südlichen Syrien wurden zur Provinz Syrien geschlagen, die Stadtgemeinden an der palästinensischen Küste, in Samaria und im Ostjordanland traten als freie Griechenstädte in unmittelbare Beziehung zu Rom. So war auch hier der hellenistischen Tradition entsprechend das Griechentum bevorzugt.

Pompeius erhielt bei Jericho Nachricht vom *Ausgang des Mithridates*. Der König hatte sich zuletzt noch mit dem Plan getragen, von Südrußland aus durch die Donauländer den Angriff auf Italien zu eröffnen. Aber die griechischen Städte des bosporanischen Gebiets fielen von ihm ab; Pharnakes, der Sohn des Königs, stellte sich an die Spitze der Empörung. Da gab sich Mithridates, dem jeder Ausweg versperrt schien, selbst den Tod (63). Als Pompeius von Palästina über Syrien und Kilikien nach Pontos zurückkam, konnte er Pharnakes als Freund und Bundesgenossen des römischen Volkes in das bosporanische Königreich einsetzen. Die römische Schutzherrschaft erstreckte sich damit bis nach Südrüßland.

Im Jahre 62 war der Krieg abgeschlossen, die römische Herrschaft im Osten war auf neue Grundlagen gestellt. Wenn auch die Berichte, die der Feldherr nach Rom geschickt hat, die Gewinne und Eroberungen im Orient übertrieben, so ist doch sicher, daß seit den Tagen von Magnesia und Pydna das römische Machtwort im Osten nicht mehr so durchdringend vernommen worden war. Jetzt erst hatte Rom das Erbe der Seleukiden angetreten, den Orient vom Bosporus bis Armenien und Palästina fest unterworfen und dem griechischen Städtewesen seine politische und kulturelle Bedeutung zurückgegeben. Dieses Werk der Reichsgestaltung ist – das hat Matthias Gelzer gegen Mommsen gezeigt – grundlegend für die geschichtliche Beurteilung des Pompeius. Offen bleibt allerdings die Frage, ob der Sieger sich nun auf die Steuerung der stadtrömischen Politik verstand. Er hatte sich ein zuverlässiges Heer geschaffen und zahlreiche Städte und Fürsten als Klienten gewonnen. Als der mächtigste Mann des Reiches kehrte er von Kleinasien über Griechenland nach Italien zurück. Rom war in banger Erwartung, wie der Herrscher des Ostens, der Imperator an der Spitze einer riesigen Heeresgefolgschaft, sich der Republik einfügen würde.

VI. Kapitel

Der Niedergang der Adelsherrschaft
Cicero

Wenn wir den Niedergang der Adelsherrschaft mit dem Namen Ciceros verbinden, so soll damit nicht gesagt sein, daß dieser Niedergang durch Ciceros Schuld herbeigeführt sei. Es soll vielmehr angedeutet werden, daß die Auflösung der einst so ehrwürdigen und kraftvollen Aristokratie trotz Cicero eingetreten ist und daß sein persönliches Schicksal als Veranschaulichung des politischen Umschwungs gelten kann. Cicero hat sich ehrlich um die Erhaltung und Festigung der Senatsherrschaft bemüht. Als Sohn einer ritterlichen Familie verschaffte er sich durch seine Tätigkeit als Anwalt Gefolgschaft und Ansehen, gewann so den Zutritt zu den Ämtern und zum Senat und drang als Konsul schließlich in den Hochadel ein. Die Tradition des Standes, zu dem er aufgestiegen war, hat er sich zu eigen gemacht, so gut dies ein Emporkömmling erreichen kann. Mit der Unbefangenheit und Sachlichkeit des „homo novus" hat er die Reformbedürftigkeit der Adelsherrschaft und die mit der Regierung verbundene sittliche Verpflichtung erkannt und ausgesprochen, in entscheidender Stunde hat er die Regierung mit erstaunlicher Sicherheit geführt. Doch das Ideal der einträchtigen Herrschaft der senatorischen Aristokratie und des Ritterstandes, für das er sich auf der Höhe seiner Wirksamkeit so leidenschaftlich einsetzte, hatte keinen Raum mehr in der Welt der Tatsachen, in der bereits der erbitterte Kampf um die persönliche Macht entbrannt war. So mußte Cicero den Zusammenbruch seiner Politik erleben. Die Beweglichkeit seines Temperaments half ihm über schwere Demütigungen hinweg. Selbstbewußt wie je ein Römer und wandelbar wie ein griechischer Mensch, fand er sich immer wieder zurecht und glaubte gar, noch Führer zu sein, nachdem er längst zum Geführten und Geschobenen geworden war. Aus allen Niederlagen winkte ihm eine Zuflucht, die er nie aus dem Auge verlor, aber auch nie ganz erreichen konnte: die Unabhängigkeit des geistigen Menschen, der in den Schöpfungen seiner Kunst und in den Erkenntnissen seines philosophischen Denkens ein höheres Reich der Wirklichkeit besitzt. Daß einer der fähigsten Köpfe, die das republikanische Rom hervorgebracht hat, den Auseinanderfall von politischer Wirklichkeit und geistiger Forderung kommen sah, kennzeichnet die Gefahr, die mit dem Niedergang der Adelsherrschaft für das Römertum gegeben war.

Sieger im Kampf um die Macht, Überwinder der Adelsherrschaft wurde *Gaius Julius Cäsar*. Durch seine patrizische Abkunft war er mit den edelsten Traditionen der Aristokratie vertraut, doch zeigte er schon früh, daß diese Tradition ihm wohl eine Bindung, aber keine Fessel war. Voll Schaffensdrang ergriff er die Politik der Reformgruppe, deren Führern Marius und Cinna er verwandtschaftlich nahestand. Nur kam es ihm nicht auf Einzelheiten der Neuerung, nicht auf Augenblickserfolge im Kampf gegen das herrschende System an: die ganze bestehende Ordnung mußte in den Untergang getrieben werden, den sie verdient hatte. Zerstörungsarbeit kennzeichnet die politischen Anfänge Cäsars. Bald aber tauchen unter seinen Maßnahmen positive Neuerungen auf, die erkennen lassen, daß Verwirrung und Chaos ihm nur Vorbedingungen waren für die Neugestaltung von Staat und Reich. Je tiefer der Senat sank, je unruhiger die Bahnen anderer Machthaber wurden, desto mehr klärte sich ihm das Bild einer königlichen Herrschaft, die aus den Trümmern von Staat und Gesellschaft eine Neuordnung schaffen und die lange mißhandelten Völker der Provinzen in die Kulturgemeinschaft der Römer aufnehmen sollte. Unverwandt verfolgte er, seit er zur Macht gelangt war, dieses Ziel, doch er war klar und beweglich genug, im politischen Kampf die besonderen Faktoren zu berücksichtigen, vorübergehende Gelegenheiten zu erkennen, überraschende Wendungen zu erfassen. Ein unübertrefflicher Taktiker, hielt er die nächsten Aufgaben stets für die wichtigsten, aber er war nicht nur Taktiker. Wenn es um die Entscheidung ging, war er kühn im Spiel um das Höchste, einer von denen, die die Trunkenheit der Herrschaft kennen und sich in der Todesgefahr berauschen, souverän von Geblüt und Geist.

Dem Plan einer umgestaltenden Neuordnung stand das senatorische Regiment entgegen. So brüchig es war, so wurde es doch noch von der Überzeugung der geistig führenden und der materiell einflußreichsten Schichten getragen, genoß den Schutz des Herkommens und der Verfassung und verfügte über die Machtmittel des Senats. Dazu fand es immer wieder unter den rührigsten Politikern entschiedene und unbeugsame Verfechter, wie *Marcus Porcius Cato*, den Urenkel des Cato Censorius. Mit mächtigen Adelsfamilien, wie den Serviliern und Domitiern, eng verbunden, verteidigte Cato die von den Vätern übernommene Republik als Bollwerk der bürgerlichen Freiheit und als Gewähr für den Bestand der römischen Herrschaft. Durch die Versuchungen der Machthaber wurde er nicht ins Wanken gebracht, viel eher zu äußerstem Widerstand gegen alle Neuerungen, zur Befolgung des Herkommens bis in kleine und kleinliche Dinge hinein angetrieben. Trotzdem wirkte diese Versteifung auf Formen, die großenteils sinnlos geworden waren, nicht lächerlich und abstoßend, da die gesamte Haltung Catos vom Ernst und von der Aufrichtigkeit des Stoikers bestimmt war. Der charaktervolle Widerspruch gegen die Korruption der Umwelt hat seine Wirkung besonders im Volk nicht verfehlt und der aristokratischen Republik noch im Untergang heldischen Glanz verliehen.

Neben diesem senatorischen Regiment war in den Jahren, als Cäsar zu wirken begann, die persönliche Machtstellung des Pompeius eine gegebene Größe. Außerordentliche Vollmachten, nicht reguläre Ämter, hatten ihm von Anfang an Einfluß auf die wichtigsten Entscheidungen des Staates verschafft. Durch die Führung des Mithridatischen Krieges und durch die großzügige Organisation des römischen Orients bewies er, daß die Reichsverwaltung zum guten Teil vom Senat bereits an den Regenten übergegangen war, der unversehens in die Verfassung eindrang. Es war damit zu rechnen, daß Pompeius nach seiner Rückkehr seine Stellung zu halten suchte; das mußte den Widerstand des Senats herausfordern. Doch war es auch nicht unmöglich, daß der Regent seinen Frieden mit der Senatsherrschaft machte und eine vom Senat anerkannte, ja gewünschte Vertrauensstellung gewann.

Seit der Begründung der Macht des Pompeius hegten diese Befürchtung Crassus, der sich zu politischer Untätigkeit verurteilt sah, und Cäsar, der 68 die Quästur bekleidet hatte und durch die Bindung an Crassus seinen politischen Aufstieg beschleunigen wollte. Die Oligarchie auf jede Weise zu schwächen, Pompeius nicht zu größerer Macht kommen zu lassen, wurde zum Leitsatz ihrer Politik. Während der Feldherr an die Eroberung des Ostens ging, eröffneten die Politiker in Rom einen oft hinterhältigen *Kleinkrieg gegen die Senatsregierung.* Unbedenklich in der Wahl ihrer Mittel, nützten sie die Rivalitäten innerhalb des Adels und die Gegensätze zwischen Senat und Ritterstand aus und schreckten vor frivolem Mißbrauch der Verfassungseinrichtungen nicht zurück. Das zeigte sich besonders in der Handhabung der Komitien, die sich so oft schon als Waffe gegen den Senat bewährt hatten. Es kam nur darauf an, Beamte, vor allem Volkstribunen zu gewinnen, die die erforderlichen Anträge stellten; den Ausgang der Abstimmung konnte man durch Bestechung der Bürger, schließlich auch durch Einsatz bewaffneter Banden bestimmen. Je trostloser die soziale und wirtschaftliche Lage des städtischen Proletariats war, desto günstiger war der Boden für politische Umtriebe.

Angesichts der überragenden Macht des Pompeius bemühten sich Crassus und Cäsar in erster Linie, für sich selbst eine entsprechende Führerstellung auf rechtmäßigem oder gewaltsamem Wege zu erringen. Gegen Ende des Jahres 66 begünstigten sie einen unsauberen Putschplan, der auf die Beseitigung der Regierung ausging. An der Spitze der Umsturzbewegung, die man als die erste catilinarische Verschwörung bezeichnet hat, stand *Lucius Sergius Catilina,* ein hochadeliger Bankrotteur, der aus den Konfiskationen der sullanischen Zeit ein großes Vermögen gewonnen hatte, dann aber durch seine ausschweifende Lebensführung rasch wieder in Schulden geraten war. Die Verbindung von Begabung und Liederlichkeit in der Person des Catilina verfehlte ihre Wirkung auf die adelige Jugend nicht. Dieser Mann, der eben von der Verwaltung Afrikas zurückgekommen war und einer Erpressungsklage entgegensah, war die gegebene Figur im politischen Spiel des Crassus und Cäsar. Gemeinsam mit andern gescheiterten Existenzen verfolgte Catilina den Plan, die für das Jahr 65 gewählten Konsuln und andere Senatoren zu ermorden. Doch der Anschlag wurde entdeckt, eine Verfolgung und Bestrafung der offiziell festgestellten Verschwörung hat nicht stattgefunden, ein Symptom für die Unsicherheit der Regierung in diesen Jahren. Crassus und Cäsar hatten sich rechtzeitig aus der Affäre gezogen. Im nächsten Jahre boten ihnen ihre Ämter – Crassus bekleidete die Censur, Cäsar die kurulische Ädilität – Gelegenheit genug, die Zone ihres politischen Einflusses zu erweitern; allein der Versuch, auf rechtmäßigem Wege sich eine Sonderstellung gegenüber Pompeius zu verschaffen, blieb erfolglos. Sie rollten in dieser Absicht die ägyptische Frage auf. In Ägypten regierte seit 80 Ptolemaios Auletes, ein illegitimer Sproß des ptolemäischen Hauses, der von Rom noch nicht als König anerkannt war. Es gab sogar eine Version, die behauptete, der Vorgänger des Auletes habe sein Reich durch Testament dem römischen Volke vermacht. Auf Grund dieses Tatbestandes stellten die Tribunen den Antrag, Ägypten sollte als Provinz eingezogen werden; es war in Aussicht genommen, diese Mission Cäsar zu übertragen. Aber die Oligarchie, die die Hinterabsichten der Antragsteller durchschaute, brachte den Antrag zu Fall.

Neue Aussichten schienen sich den Feinden des Senats zu eröffnen, als die Konsulwahlen für das Jahr 63 herankamen. Unter den Kandidaten war auch Catilina, der mit dem Programm eines großen Schuldenerlasses in Stadt und Land Anhang fand. Doch die Beunruhigung, die durch die Persönlichkeit und das Programm Catilinas in die Kreise der Besitzenden getragen wurde, ebnete seinem Gegenkandidaten Cicero den Weg zum Konsulat. Dieser hatte sich im Jahre 66 allerdings für Pompeius eingesetzt, aber seine politische Haltung konnte nicht als senatsfeindlich gelten. Trotzdem war die Nobilität lange Zeit gegen seine Wahl zum Konsul; auch jetzt, nachdem der Existenzkampf der Oligarchie begonnen hatte, fand sie den Neuling unadeliger Herkunft unerwünscht in der Regierung. Nur die Furcht vor den umstürzlerischen Plänen Catilinas trieb schließlich auch die Aristokratie auf die Seite Ciceros, dessen Politik die Aufrechterhaltung der Ordnung zu verbürgen schien. So wurde *Cicero Konsul*, neben ihm wurde Gaius Antonius gewählt, für den sich Crassus und Cäsar eingesetzt hatten.

Cicero hat in seinem Konsulat, das als das große, denkwürdige Jahr der Ruhmestitel seines Lebens werden sollte, die Regierung nach den besten republikanischen Überlieferungen geführt und die drohende Revolution abgewehrt. An Vorstößen der regierungsfeindlichen Elemente fehlte es nicht. Das Jahr begann mit Verhandlungen über ein von dem Tribunen Rullus, einem Vertrauensmann Cäsars, eingebrachtes Ackergesetz, das der senatorischen Regierung in mehrfacher Hinsicht gefährlich erscheinen mußte. Rullus beantragte, die Staatsdomänen in den Provinzen zu verkaufen, mit dem Erlös Land in Italien zu erwerben und an bedürftige Bürger aufzuteilen. Zu diesem Zweck sollte eine Kommission von zehn Männern gewählt und für fünf Jahre mit großen Vollmachten ausgestattet werden. So notwendig die Siedlungsvorlage an und für sich war, die Einsetzung der Kommission, in der Crassus und Cäsar eine langfristige zivile Gewalt zu gewinnen hofften, mußte dem Senat verdächtig erscheinen. Auch Cicero nahm Stellung gegen die Vorlage, sie wurde denn auch abgelehnt. Für Cäsar war dies eine unzweifelhafte Niederlage; wie rasch er sich aber von solchen Schlappen erholte, sehen wir aus der Tatsache, daß er noch im selben Jahre zum Pontifex maximus gewählt wurde. Er hatte zwar gewaltige Bestechungssummen aufbringen und dadurch seine Schulden beträchtlich vermehren müssen, doch konnte er die Wahl als eine deutliche Kundgebung des Volkes für seine Person hinnehmen und das neue Amt, das ganz abgesehen von seinem geheiligten Ansehen eine Reihe rechtlicher Befugnisse und politischer Möglichkeiten bot, seinen höheren Zielen dienstbar machen.

Ciceros große Stunde nahte erst gegen Ende des Jahres. Als sich im Sommer 63 Catilina von neuem um das Konsulat bewarb, entbrannte wieder der erbitterte *Kampf um die Regierung*.

Das Versprechen des Schuldenerlasses und die rührige Agitation seiner Anhänger verschafften Catilina starken Zulauf, besonders unter der notleidenden Bevölkerung des italischen Landes. Sein Genosse Gaius Manlius warb Anhang in Etrurien, wo immer noch der beste Boden für den Umsturz war. Aber auch jetzt schlossen sich die an der Erhaltung der bestehenden Ordnung interessierten Schichten wieder zusammen, Catilina fiel bei den Konsulwahlen zum zweitenmal durch. In dieser verzweifelten Lage sah er nur noch den Ausweg, die Regierung mit Gewalt zu stürzen. Crassus und Cäsar, die noch in Verbindung mit Catilina standen, haben seine Bewerbung um das Konsulat gefördert, auch die weitergehenden Pläne wohl noch eine Zeitlang begünstigt. Als sich dann herausstellte, daß Catilina die Bewegung eigenmächtig weitertrieb und daß eine Umwälzung aller Besitzverhältnisse zu befürchten war, zogen sie sich zurück und sorgten dafür, daß sie nicht kompromittiert werden konnten, wie das Unternehmen auch enden mochte. So konnte Catilina ungehindert die große *Verschwörung* organisieren, die uns aus den Reden Ciceros und aus der Darstellung des Sallust bekannt ist und durch die Persönlichkeit Ciceros eine geschichtliche Berühmtheit erlangt hat, die sie nicht verdient. Denn neue politische Gedanken waren in der Unternehmung, die in vieler Beziehung als eine Wiederaufnahme der Erhebung des Lepidus vom Jahre 78 erscheint, nicht enthalten. Catilina, dessen Organisationstalent sich bewährte, verfügte über einen Stab von verschuldeten Aristokraten, deren oberstes politisches Ziel der Schuldenerlaß war. In verschiedenen Teilen Italiens ließen sich Bauern, die von Sulla enteignet waren, zum Teil auch Veteranen, die ihr Gut verschleudert hatten, und andere wirtschaftlich bedrohte Elemente für den revolutionären Plan gewinnen. In Etrurien hatte Gaius Manlius bereits Freischaren geworben.

Der Konsul Cicero war durch Spione über diese Vorgänge in Kenntnis gesetzt worden. Am 21. Oktober erstattete er im Senat Bericht und machte die bestimmte Angabe, daß von den Verschworenen die Beseitigung der Optimaten in Rom auf den 28. Oktober angesetzt sei. Er erreichte dadurch, daß der Senat durch das *consultum ultimum* den Konsuln erhöhte Vollmachten zum Schutz des Staates übertrug. Auf Grund dieser Vollmachten wurden Truppen ausgehoben und Vorkehrungen zum Schutz der Stadt und zur Sicherung Italiens getroffen. Diese Abwehrmaßnahmen der Regierung verhinderten das Losschlagen der Revolutionäre in Rom, als neuer Termin wurde der 7. November vereinbart: an diesem Tage sollte Cicero ermordet werden. Doch Cicero wurde wieder gewarnt und entging dem Anschlag, am 8. November erstattete er von neuem Bericht im Senat. Obwohl er persönlich über die weiteren Pläne der Verschworenen unterrichtet war, hatte er keine ausreichenden Beweise in der Hand, um ein bewaffnetes Einschreiten gegen sie durchsetzen zu können. Es war alles noch so geheim gehalten, daß Catilina selbst im Senat erscheinen konnte. Diese schwierige Lage hat Cicero durch einen großartigen Bluff (erste catilinarische Rede) gemeistert, indem er seine Enthüllungen so vorbrachte, als ob sie erwiesen wären, und dadurch Catilina zu eindeutiger Stellungnahme zwang. Der Erfolg war, daß Catilina die Stadt verließ und in das Lager der von Manlius in Etrurien gesammelten Revolutionäre zog. Auf Grund dieses Tatbestandes wurden am 15. November Catilina und Manlius zu Staatsfeinden erklärt.

Die Bekämpfung des Aufstandes in Etrurien war damit zu einer militärischen Angelegenheit geworden. Peinlicher war das Vorgehen gegen die in Rom verbliebenen Führer der Verschwörung, denen zunächst nichts nachzuweisen war. Sie wollten, ehe sie in Rom losschlugen, den ersten Erfolg der Erhebung in Etrurien abwarten. Um nun für Catilinas Armee Verstärkungen zu gewinnen, traten sie in Verbindung mit Gesandten des gallischen Stammes der Allobroger, die sich damals in Rom aufhielten. Sie händigten den Gesandten Briefe aus, in denen die Behörden der Allobroger aufgefordert waren, dem Aufstand Catilinas bewaffnete Unterstützung zukommen zu lassen. Die Gesandten wurden in der Nacht vom 2. zum 3. Dezember festgenommen und lieferten die ihnen anvertrauten Briefe aus. Damit gewann die Regierung die lang gesuchte Handhabe zum *Vorgehen gegen die Catilinarier in Rom,* die nun wegen Hochverrats belangt werden konnten. Vier Hauptschuldige wurden sofort verhaftet; am 5. Dezember beriet der Senat über die Sache der Verhafteten.

Auf Grund des senatus consultum ultimum war die Regierung befugt, die Revolutionäre hinrichten zu lassen, doch war die Tötung römischer Bürger auf Grund des Notstandsbeschlusses von den Gegnern des Senats wiederholt als verfassungswidrig angefochten worden; überdies handelte es sich hier um Angehörige des Adels. Aus diesen Gründen wollte sich Cicero bei seinem Vorgehen durch einen besonderen Beschluß des Senats decken. Als die Umfrage in der Versammlung eröffnet wurde, sprachen sich mehrere für die Todesstrafe aus, Cäsar jedoch trat, ohne die Berechtigung des Todesurteils anzuzweifeln, für die lebenslängliche Haft der Verschworenen ein: die Todesstrafe entspreche in solchem Falle nicht den Rechtsgepflogenheiten des römischen Volkes und wäre geeignet, Erregung in die Bevölkerung zu tragen. Das war ein Hinweis auf die Agitation, die der Senat von seinen Gegnern zu erwarten hatte, wenn er sich für die Todesstrafe entschied. Als sich eine ganze Reihe von Senatoren dem Antrag Cäsars anschloß, griff Cicero ein und erreichte durch seine Darlegungen (vierte catilinarische Rede), daß die Wirkung Cäsars durchbrochen wurde und die Frage noch einmal zur Erörterung kam. Den Ausschlag gab schließlich Marcus Porcius Cato, der die aus politischen Gründen vorgeschützte Humanität Cäsars rücksichtslos kennzeichnete und im Interesse der Staatsautorität die Todesstrafe forderte. Der Senat entschied sich in seiner Mehrheit für die Todesstrafe, die Hinrichtung der Verhafteten wurde alsbald vollzogen.

Diese Vorgänge waren nicht ohne Einfluß auf den *Krieg in Etrurien*. Dort hatte Catilina die Aufständischen zu zwei Legionen formiert. Als die Nachricht von den stadtrömischen Ereignissen Unsicherheit in die Truppe trug, machte Catilina den Versuch, nach Gallien durchzubrechen, doch die Regierungstruppen versperrten ihm den Übergang über den Apennin. Bei Pistoria wurden die Aufständischen geschlagen, Catilina fiel mit 3000 Genossen nach tapferem Kampf. Damit war die Erhebung unterdrückt. Die wirtschaftliche Notlage der italischen Landbevölkerung aber, die dem revolutionären Unternehmen Catilinas so starken Rückhalt geboten hatte, dauerte ungemindert fort.

Das energische Vorgehen des Konsuls Cicero gegen die Verschwörung bedeutete einen Sieg der Senatsregierung. Es war nicht nur der Umsturz abgewehrt, auch die Diktaturpläne des Crassus und Cäsar waren aussichtslos geworden. Doch sollte der Sieg der Oligarchie nicht von Dauer sein, und Cicero, den Cato unter allgemeiner Zustimmung als Vater des Vaterlandes begrüßte, sollte sich seines Erfolges nicht lange erfreuen. Die von Cäsar vorausgesehene Agitation der Popularen gegen die Hinrichtung römischer Bürger trat noch vor Ablauf des Jahres 63 hervor. Cicero mochte es am meisten befremdlich erscheinen, daß der Angriff auf ihn von Quintus Metellus Nepos, einem Legaten des Pompeius, der von seinem Oberfeldherrn nach Rom vorausgeschickt und vom Volke für das Jahr 62 zum Tribunen gewählt worden war, eröffnet wurde. Das war ein Vorzeichen dafür, daß Pompeius selbst, dessen Rückkehr nun näher kam, nicht ohne weiteres sich auf die Seite der Oligarchie stellen würde. Cäsar, dessen politische Pläne von der künftigen Haltung des Pompeius stark abhängig waren, griff dieses Vorzeichen sofort auf und traf wirksame Maßnahmen, Pompeius von der regierenden Aristokratie abzuziehen. Zu Beginn des Jahres 62 setzte er sich als Prätor zusammen mit dem Tribunen Nepos bei mehreren, an sich unbedeutenden Gelegenheiten für Pompeius gegen den Senat ein. So wurde *Pompeius,* solange er noch in Asien war, *in Gegensatz zum Senat* gebracht und für den Anschluß an die senatsfeindlichen Politiker vorbereitet.

Gegen Ende des Jahres 62 landete Pompeius in Brundisium; jetzt mußte es sich entscheiden, ob seine Regentenstellung das senatorische Regiment über den Haufen werfen würde. Doch Pompeius entließ dem Herkommen gemäß seine Truppen sofort nach der Landung. Der Staatsstreich lag seinem innersten Wesen fern; die ihm vorschwebende Führerstellung, die das Vertrauen des Senats voraussetzte, glaubte er auch ohne Heer erreichen zu können. Diese Zuversicht wurde nun alsbald betrogen. Wohl konnte Pompeius im Herbst 61 einen Triumph von unerhörtem Glanz feiern, der seine Erfolge im Orient zur verdienten Anerkennung brachte, bald darauf aber geriet er in den von Cäsar vorausgesehenen Konflikt mit dem Senat. Er brauchte die Zustimmung des Senats für den Plan einer großzügigen Veteranensiedlung und für die Anerkennung seiner eigenmächtigen Anordnungen im Orient. In der Frage der Veteranenversorgung schlug er vor, mit den im Kriege gewonnenen Mitteln Land aufzukaufen und an die Soldaten zu vergeben. Was die Organisation des Ostens betrifft, so erwartete Pompeius die Bestätigung aller seiner Maßnahmen auf einmal, während mehrere Senatoren, voran Lucullus, die Nachprüfung jeder einzelnen Regelung für notwendig hielten. Unerfahren in den Geheimnissen der stadtrömischen Politik, drang Pompeius mit seinen Forderungen nicht durch, sie wurden abgelehnt oder vertagt. Das führte naturgemäß zu einer starken Spannung zwischen dem Senat und dem Überwinder des Ostens, der mit großen Erwartungen heimgekehrt war und nun in selbstverständlichen Dingen sich preisgegeben sah. So viel war jetzt deutlich geworden, daß der Senat unter dem Druck der Extremisten vom Schlag Catos gegen jede Form des persönlichen Regiments Stellung nahm, gegen die Regentschaft des Pompeius ebenso wie gegen die Diktaturpläne des Crassus und Cäsar. Mochte diese Herrenkaste zahlenmäßig gering sein, mit ihren Familienverbindungen und Parteigruppen, ihrem Reichtum und Ansehen bildete sie eine zähe Macht des Widerstandes.

Wenn also die politischen Machthaber sich gegen den Senat halten wollten, so mußten sie ihre persönlichen Differenzen vertagen und sich zum gemeinsamen Kampf gegen die Oligarchie zusammenschließen. Das war der Gedanke Cäsars. Mit dem Plan der Zusammenarbeit der senatsfeindlichen Führer gab er die Losung zum *Entscheidungskampf gegen die Oligarchie*, mit der Ausführung des Planes übernahm er die Leitung der gesamten Politik. Er hatte als Proprätor das jenseitige Spanien verwaltet, durch erfolgreiche Feldzüge sich den Anspruch auf den Triumph und die Anwartschaft zum Konsulat erworben, außerdem seinen arg zerrütteten Finanzen aufgeholfen. Im Sommer 60 war er nach Rom zurückgekommen und hatte sogleich seine Wahl zum Konsul erreicht. Der mit ihm gewählte Marcus Calpurnius Bibulus war allerdings ein erklärter Anhänger der Oligarchie; so mußte sich ihm der Gedanke des Zusammenschlusses mit den übrigen Gegnern des Senats vollends aufdrängen. Cäsar suchte Pompeius und Crassus für sich zu gewinnen, versprach jenem, während seines Konsulats für die Durchsetzung seiner vom Senat abgelehnten Forderungen zu sorgen, diesen gewann er durch die Zusage, den römischen Staatspächtern, die Crassus nahestanden, finanzielle Erleichterung zu verschaffen. Nachdem so eine Verständigung über die nächstliegenden Fragen herbeigeführt war, wurde ein förmlicher politischer Geheimbund zwischen Cäsar, Pompeius und Crassus abgeschlossen. Dieses sogenannte *Triumvirat* war eine eidlich bekräftigte Vereinbarung der drei Männer zu geschlossenem politischen Vorgehen in allen wichtigen Fällen. Die Gefolgschaften, über die die Machthaber verfügten, mußten hinreichen, ihren Willen bei den Abstimmungen zur Geltung zu bringen. So war der bestehenden Regierung ein dreiköpfiges Regierungskollegium entgegengesetzt.

Nach dieser Sicherung ging *Cäsar als Konsul* an die Durchführung eines großen Gesetzgebungswerks. Seine Gesetze verfolgten den Zweck, das Adelsregiment weiter zu schwächen, darüber hinaus aber zeigen sich in seinen Maßnahmen wahrhaft staatsmännische Ziele, besonders in der Sozialpolitik und in der Reichsverwaltung. Weitblick und Schwungkraft des Handelns machten dieses Konsulat zu einem Markstein in der Geschichte Roms, wie Matthias Gelzer in seiner Darstellung Cäsars hervorgehoben hat. Das Werk wurde eröffnet mit einem Ackergesetz, das die alte Tradition der Ackergesetze wieder aufnahm und den Anhang Cäsars zu vermehren geeignet war, zugleich aber einem schweren Notstand, der fortschreitenden Proletarisierung der römischen Bürgerschaft, abhelfen sollte. Cäsar griff den Antrag des Rullus vom Jahre 63 auf, nahm ihm aber die Spitze, die damals den Widerstand des Senats herausgefordert hatte. Zur Landaufteilung sollten die restlichen Liegenschaften des Staates in Italien, mit Ausnahme der für den Staatsschatz besonders ergiebigen kampanischen Domäne, verwendet werden, außerdem freiwillig veräußertes Land; es sollte also jeder Eingriff in private Rechtstitel vermieden werden. Mit der Ausführung sollte eine Kommission von zwanzig Mann betraut werden, an der, wie ausdrücklich angekündigt war, Cäsar selbst sich nicht beteiligen würde. Trotz dieser Zusicherungen lehnte der Senat die Vorlage des Konsuls ab. Da brachte Cäsar kurz entschlossen seinen Antrag vor die Komitien; hier bewährte sich zum erstenmal das Triumvirat. Der Antrag, an dem auch Pompeius seiner Veteranen wegen besonders interessiert war, wurde angenommen. Freilich hatte man die Gegner des Antrags, darunter den Konsul Bibulus, gewaltsam aus der Versammlung entfernen müssen. Cäsar zog aus dieser Erfahrung die Lehre, seine weiteren Vorlagen, bei denen er gleichfalls mit der Opposition des Senats rechnen mußte, unter Übergehung des Rats sogleich vor die Komitien zu bringen, selbst wenn sie Fragen der auswärtigen Politik und der Finanzverwaltung betrafen und somit der Kompetenz des Senats unterlagen. Auf diese Weise erreichte er durch Beschlüsse der Volksversammlung die Bestätigung der von Pompeius im Osten getroffenen Anordnungen und die finanzielle Erleichterung für die Steuerpächter, die er Crassus in Aussicht gestellt hatte.

Dieses Vorgehen Cäsars, das die Rechte des Senats verletzte und den Einspruch des Mitkonsuls überging, wurde von den Gegnern als Anschlag auf die Freiheit gebrandmarkt. Schon hatte sich Bibulus ganz aus der Regierung zurückgezogen, um aus dem Hinterhalt fortgesetzt Angriffe gegen Cäsar zu richten, die in der Öffentlichkeit viel Beachtung fanden. Cäsar hielt es im Hinblick auf seinen *Konflikt mit dem Senat* für nötig, das Triumvirat noch fester zu gestalten, seinen Anhang in der Bürgerschaft sich noch mehr zu verpflichten. Seiner Verbindung mit Pompeius lieh er einen ganz persönlichen Charakter, indem er seine Tochter Julia Pompeius zur Frau gab. Es war eine ausgesprochen politische Heirat, die dank den Vorzügen der jungen Frau nicht nur ihren politischen Zweck erfüllte, sondern auch eine glückliche Ehe begründete. Seine Stellung beim Volke festigte Cäsar durch ein zweites Ackergesetz, das von den Komitien gegen den Einspruch Catos angenommen wurde. Auf Grund dieses Gesetzes wurde auch die kampanische Domäne an 20 000 Kolonisten mit drei und mehr Kindern aufgeteilt. Die Angesiedelten vermehrten die Gefolgschaft der Machthaber beträchtlich, von Kampanien aus konnten sie im Notfall nach Rom aufgeboten werden. Abgesehen von dieser persönlichen Machtpolitik hatte das Gesetz für die gesamte Bürgerschaft eine sehr heilsame Wirkung; nur durch solche Siedlungsmaßnahmen ist es erreicht worden, daß später die Zahl der Getreideempfänger stark herabgesetzt werden konnte. Von derselben staatsmännischen Großzügigkeit war auch Cäsars Gesetz zur Bekämpfung des Erpressungswesens in den Provinzen eingegeben; in seinen gegen die Senatoren und die senatorischen Beamten gerichteten strengen Bestimmungen sorgte es dafür, daß die Erpressung nicht mehr als vornehmes Standesdelikt gelten konnte, sondern als wirkliches Verbrechen der Bestrafung verfiel. Bedauerlich war nur, daß gegen das Ausbeutungssystem der Steuerpächter nichts getan wurde; doch das war durch die Beziehungen des Crassus zum Ritterstand unmöglich gemacht.

Die geschichtlich bedeutendste Entscheidung Cäsars in seinem Konsulat war die Erwerbung einer langfristigen *prokonsularischen Gewalt* für wichtige Provinzen des Reiches. Dadurch bahnte er sich den Weg zu der Machtstellung, die Pompeius durch sein Kommando im Osten gewonnen hatte, zugleich sicherte er sich vor Angriffen, die ihm wegen seines verfassungswidrigen Vorgehens drohten, schließlich eröffnete er dadurch der römischen Expansion ein neues Feld. Auf den Antrag des Tribunen Vatinius übertrug das Volk Cäsar die Provinzen Gallia Cisalpina und Illyricum auf fünf Jahre, drei Legionen waren ihm dafür bewilligt und außerdem das Recht zuerkannt, sich Legaten zu ernennen. Die oberitalische Provinz bot Cäsar den Vorteil, daß er von dort aus leicht in die stadtrömische Politik eingreifen konnte; überdies besaß Cäsar in Oberitalien starken Rückhalt, da er sich schon früher für die Aufnahme der nördlich vom Po liegenden (transpadanischen) Gemeinden in die Bürgerschaft eingesetzt hatte. Außer diesen Provinzen erhielt Cäsar auf Drängen des Pompeius durch Senatsbeschluß noch Gallia Narbonensis mit einer weiteren Legion zugeteilt. Schon seit dem Jahre 60 waren bei den Galliern in Frankreich Bewegungen in Gang gekommen, von denen das Gebiet der Narbonensis in Mitleidenschaft gezogen war. Cäsar hat auf die von Norden drohende Gefahr hingewiesen und sie nach Kräften übertrieben; so hatte er die Zuweisung der dritten Provinz erreicht und damit die Gelegenheit zu großen militärischen Unternehmungen gewonnen.

Jetzt war noch ein letztes notwendig, ehe Cäsar in die Provinzen abging. Er mußte dafür sorgen, daß der Dreimännerbund weiterbestand und die Regierung niedergehalten wurde, solange er von Rom abwesend war. Es war damit zu rechnen, daß Cicero den Versuch machen würde, Pompeius zum Senat herüberzuziehen; es konnte als sicher gelten, daß Cato keine Gelegenheit zu Angriffen auf Cäsar vorübergehen lassen würde. Die *Entfernung Ciceros und Catos aus Rom* schien daher geboten. Zur Entfernung Ciceros hat sich Cäsar erst entschlossen, nachdem die Bemühungen, den angesehenen Mann in ehrenvoller Weise für sich zu gewinnen, gescheitert waren. Da der eitle Konsular gar nicht hören wollte, blieb nichts übrig, als ihn seine politische Ohnmacht fühlen zu lassen. Cäsar veranlaßte, daß Publius Clodius Pulcher, der seit einem 61 verhandelten Skandalprozeß Ciceros Todfeind war, für das Jahr 58 zum Volkstribunen gewählt wurde. Kaum war Clodius im Amt, da stellte er den Antrag, es sollte jeder geächtet werden, der römische Bürger ohne Berufung an das Volk töte oder getötet habe. Damit war Ciceros Vorgehen gegen die Catilinarier getroffen. Cicero sah, daß er verloren war und ging am Tage vor der Annahme des Antrags – freiwillig, wie er später oft betonte – in die Verbannung. Bald darauf wurde ein besonderes Ächtungsgesetz gegen Cicero erlassen, das ihn in Italien und im Umkreis von Italien für vogelfrei erklärte. Daß diese Ächtung Ciceros zugleich eine Zurücksetzung des Senats enthielt, konnte den Machthabern nur erwünscht sein. Cato verließ ohne Demütigung, aber mit nicht geringerem Ärger die Stadt. Durch Volksbeschluß wurde er beauftragt, Cypern als Provinz einzuziehen. Als diese Beschlüsse zu Beginn des Jahres 58 gefaßt wurden, stand Cäsar als Prokonsul bereits außerhalb der Stadt, unmittelbar darauf eilte er in das jenseitige Gallien, wo sein Eingreifen dringend notwendig war.

Während er nun in den folgenden Jahren mit beispielloser Zielstrebigkeit an die Eroberung Galliens ging, verlor er die stadtrömische Politik nie aus den Augen, ja er vermochte sie sogar in seinem Sinne zu lenken. Darin kam die Wende der Zeit zum Ausdruck: das gesamte politische Leben war unter den *Zwang des Staatsmannes Cäsar* geraten. Die Erfolge in der Provinz ermöglichten ihm die Aufrechterhaltung seiner Stellung in Rom, und die in Rom immer wieder genehmigten Vollmachten gaben die Grundlage für die Bildung seiner militärischen Macht im Norden. Cäsar begnügte sich nicht, dem Senat über seine Kriege Bericht zu erstatten und das Volk durch Bauten und Spenden von der Einträglichkeit seiner Feldzüge zu überzeugen. Er organisierte vielmehr mit Hilfe der in Rom zurückgelassenen Vertrauensleute einen regelmäßigen Nachrichtendienst zwischen dem Hauptquartier und der Stadt. Wenn er während des Winters in Oberitalien war, ließ sich die Verbindung mit Rom leicht herstellen, aber auch wenn er in Nordfrankreich oder in England stand, gingen die Briefe hin und her. Durch fest verpflichtete, zum Teil teuer bezahlte Anhänger unter den Magistraten der Stadt nahm er Einfluß auf die politischen Entscheidungen. Diese Agenten gingen wohl hin und wieder eigenmächtig vor. So schuf sich Clodius in seinem Tribunat eine Bande von Handwerkern und Freigelassenen, mit denen er das politische Leben, besonders die Abstimmungen der Volksversammlungen terrorisierte. Die Folge war, daß auch die Gegenpartei ähnliche Mittel ergriff. Milo, Volkstribun im Jahre 57, organisierte durch Bestechung und Bandenbildung die oligarchische Opposition gegen die Machthaber. Diese Umtriebe führten zu einer dauernden Erregung der Bürgerschaft und bewirkten schließlich die Lahmlegung des politischen Lebens, die förmliche Anarchie. Doch dieser Verwirrung bedurfte eben der Neugründer des Staates für sein Werk.

Gefahrlos war diese Gängelung der stadtrömischen Politik vom Hauptquartier aus trotz all dieser Sicherungen nicht. Cäsar hatte schon vor seinem Abgang befürchtet, daß Pompeius für die Oligarchie gewonnen werden könnte. Die Anfänge dazu zeigten sich schon, als der Senat seit Sommer 58 die *Rückberufung Ciceros* betrieb, da die Verbannung des verdienten Politikers für die gesamte senatorische Aristokratie eine untragbare Demütigung darstellte. Pompeius erklärte sein Einverständnis mit dem Vorhaben, schließlich gab auch Cäsar, als die Sache nicht mehr aufzuhalten war, seine Einwilligung. Durch Beschluß von Senat und Volk wurde Cicero im Sommer 57 zurückgerufen, im Herbst hielt er seinen feierlichen Einzug in Rom. Hier fiel ihm nun allerdings nicht die führende Stellung zu, die er sich schon wieder erträumt hatte, aber doch die Mittlerrolle zwischen Pompeius und dem Senat. Auf Ciceros Anregung hin erhielt Pompeius eine besondere Vollmacht, die ihm als Ausgleich gegenüber Cäsars Imperium erwünscht war: er wurde mit der Leitung der Getreideversorgung Roms *(cura annonae)* für fünf Jahre beauftragt. Die Getreideversorgung bedeutete eine umfangreiche und schwierige Aufgabe, zumal man seit dem Jahre 58 die kostenlose Zuteilung von Brotgetreide an die bedürftige Bevölkerung eingeführt hatte. Daher war das für Pompeius neu geschaffene außerordentliche Amt, obwohl es keine militärische Befehlsgewalt enthielt, mit dem prokonsularischen Imperium verbunden worden; es war zudem räumlich unbegrenzt und mit der Verfügung über fünfzehn Legaten ausgestattet. So war von neuem die Ausnahmestellung des Pompeius begründet, die Abhängigkeit Roms von seiner Person zum Ausdruck gebracht.

Für Cäsar war diese Wendung sehr unerwünscht. Er mußte auf jede Weise verhindern, daß Pompeius noch mehr zur Oligarchie hinübergezogen und dadurch die Senatsherrschaft wieder gestärkt wurde. Einem so geschlossenen Staate gegenüber hätte er seine Stellung nicht weiter behaupten können. Im Jahre 56 verkündete schon Lucius Domitius Ahenobarbus, ein erklärter Feind Cäsars, daß er sich für das folgende Jahr um das Konsulat bewerben und als Konsul die Enthebung Cäsars von seinem Kommando durchsetzen werde. Cäsar mußte also rasch handeln. Den Gegensatz zwischen seinem Herrschaftsplan und dem bestehenden Regiment jetzt schon zur Waffenentscheidung zu treiben, verbot die Haltung des Pompeius. Auch war der gallische Krieg keineswegs abgeschlossen, obwohl Cäsar seinen Sieg über die Belger dem Senat gegenüber so bedeutsam dargestellt hatte, daß dieser ein fünfzehntägiges Dankfest beschloß. Es blieb also nichts übrig, als das Triumvirat noch einmal zusammenzufassen und den Senat dem Machtgebot des Dreimännerbundes zu unterwerfen. Dieser kühne Streich gelang Cäsar bei der Begegnung, die er im Frühjahr 56 in Luca an der Südgrenze seiner oberitalischen Provinz mit Pompeius und Crassus hatte. Zu dieser *Konferenz in Luca* waren die Anhänger der politischen Führer in großer Zahl erschienen, über 200 Senatoren hatten sich eingefunden. Die Versammlung erweckte so den Eindruck, als wäre die Regierung in die Provinz Cäsars abgewandert. In Luca wurden Vereinbarungen getroffen, die die Politik der nächsten Jahre im Sinne der Machthaber, letzthin nach dem Willen Cäsars festlegten. Es wurde vorgesehen, daß Pompeius und Crassus für das Jahr 55 das Konsulat übernehmen, dadurch das Konsulat des Domitius abwenden sollten. In ihrem Amtsjahr sollten sie dafür sorgen, daß ihnen nach Ablauf des Konsulats die Provinzen Syrien und Spanien auf fünf Jahre zugeteilt würden. Dementsprechend sollte auch Cäsars Kommando verlängert werden, außerdem sollten die von Cäsar in Gallien neu gebildeten vier Legionen auf die Staatskasse übernommen werden. In diesen Abmachungen waren die Interessen aller Machthaber berücksichtigt, ganz besonders aber mußte, wenn die vorgesehenen Beschlüsse in Rom durchgesetzt wurden, die Stellung Cäsars ihre rechtliche Sicherung erhalten.

Die Nachricht von dieser Konferenz und ihren Beschlüssen erregte größtes Aufsehen in Rom. Mit Entsetzen sah die senatorische Regierung, wie die Machthaber die wichtigsten Entscheidungen des Staates durch eine private Vereinbarung zu regeln sich unterfingen. Der Schlag mußte um so mehr empfunden werden, weil hier die Ersetzung des bestehenden Regiments durch das Regierungskollegium der Triumvirn ohne Gewalt in Aussicht genommen war; denn nur durch den Einsatz ihres persönlichen Ansehens und durch das Aufgebot ihrer Gefolgschaften wollten die Gebieter ihre Vereinbarungen zu Staatsgesetzen erheben. Das ist in der Tat gelungen, ein Zeichen, wie sehr alle Organe des Staates bereits von den Machthabern ihre Richtung erhielten. Zunächst beschloß der Senat die Übernahme von Cäsars neuen Legionen auf die Staatskasse und gab dadurch den eigenmächtigen Aushebungen des Prokonsuls nachträglich seine Bestätigung. Für die ordnungsgemäße Bewerbung des Pompeius und Crassus um das Konsulat war allerdings der Termin bereits verstrichen. Doch die beiden Kandidaten erreichten mit rechtmäßigen und mit unerlaubten Mitteln, daß die regulären Konsulwahlen nicht zustandekamen. So begann das Jahr 55 ohne Konsuln, und es mußten besondere Wahlen angesetzt werden, aus denen Pompeius und Crassus als Konsuln hervorgingen. Das *Konsulat des Pompeius und Crassus* brachte dann die gesetzliche Festlegung der Abmachungen von Luca. Auf Antrag des Gaius Trebonius übertrug, wie vorgesehen, das Volk den Konsuln nach Ablauf ihres Amtsjahres die Provinzen Syrien und die beiden Spanien auf fünf Jahre. Pompeius und Crassus setzten durch, daß Cäsars Kommando auf dieselbe Zeit ausgedehnt wurde; vor dem 1. März 50 sollte nicht über die Nachfolge Cäsars in Gallien verhandelt werden dürfen. Gegen Ende des Jahres wurden durch Verlosung die Provinz Syrien Crassus, die beiden Spanien Pompeius zugeteilt; starke Armeen waren bewilligt. Crassus ging im November 55 in den Orient, Pompeius dagegen ließ in ganz neuartigem Verfahren seine Provinzen durch Legaten verwalten und hielt sich, auf das Amt der Getreidebeschaffung gestützt, als Prokonsul in der Nähe von Rom auf.

Durch diese Entscheidung war der Dreimännerbund auch in der Reichsverwaltung zur Geltung gebracht. Fast schien es dahin zu kommen, daß die Aufteilung des Reichsgebiets unter die Machthaber zu einer dauernden Einrichtung wurde. Doch diese Gefahr ist durch den schicksalhaften *Untergang des Crassus* abgewendet worden. Crassus war mit dem festen Entschluß, den Krieg gegen das parthische Reich zu eröffnen und jenseits des Euphrat große Eroberungen zu machen, mit einem bedeutenden Heer nach dem Osten gezogen. Die Spannung zwischen Rom und dem Partherreich war seit Pompeius gegeben: Crassus zögerte keinen Augenblick, von der in seinem Imperium enthaltenen Vollmacht, selbständig den Krieg zu erklären, im Osten Gebrauch zu machen. Noch im Jahre 54 unternahm er, ohne Widerstand zu finden, einen Zug nach Mesopotamien. Als er aber 53 wieder den Vormarsch über den Euphrat antrat mit dem Plan, bis Seleukia am Tigris vorzustoßen, traf er in Mesopotamien auf ein starkes parthisches Heer, das ihn zum Rückzug auf Karrhä zwang. Beim Abmarsch von Karrhä wurde Crassus von den Parthern, die mit leichter und mit gepanzerter Kavallerie angriffen, scharf bedrängt, schließlich zu Verhandlungen verlockt und bei dieser Gelegenheit erschlagen. Darauf ergab sich ein Teil des römischen Heeres, der Rest wurde auf der Flucht niedergemacht. Der Untergang des Feldherrn und des Heeres mitsamt den Legionsadlern war eine ernste Katastrophe für Rom. Seit dem Tage von Karrhä standen die Parther zum Angriff auf den römischen Osten bereit, die Euphratgrenze wurde für alle Folgezeit zu einer schweren Belastung der römischen Politik und Kriegführung.

Rascher noch zeigte sich die Wirkung dieser Niederlage auf die innere Politik, auf die Auseinandersetzung zwischen dem Senatsregiment und der Alleinherrschaft. Der Untergang des Crassus brachte das Ende des Triumvirats. Cäsars Schöpfung war zerbrochen, seine ganze Stellung wurde dadurch geschwächt. Seine persönliche Verbindung mit Pompeius war schon vor dem Tode des Crassus erschüttert worden: im Spätsommer 54 war Julia gestorben. Die lange befürchtete Annäherung des Sullaners Pompeius an den Senat trat nun wirklich ein. In den Jahren 53 und 52 nahm die *Anarchie in Rom* ein solches Ausmaß an, daß auch in der Oligarchie sich immer weitere Kreise bereit erklärten, dem immer noch in der Umgebung von Rom stehenden Pompeius die volle Regierungsgewalt zu übertragen. Die Forderung der Tribunen, Pompeius in die Diktatur einzusetzen, lehnte allerdings der Senat ab, noch nicht gewillt, auf solche Weise abzudanken. Doch die Unruhen nahmen, von Pompeius geduldet oder gar gefördert, ihren Fortgang; nicht einmal die Beamtenwahlen konnten stattfinden. Als das Jahr 52 begann, gab es weder Konsuln noch Prätoren in Rom, die politischen Bandenführer heherrschten das Feld. Am 18. Januar wurde Clodius auf der appischen Straße von der Bande seines Gegners Milo erschlagen, darauf kam es in Rom zu Schlägereien, das Rathaus ging in Flammen auf. Der Senat war so eingeschüchtert, daß er Pompeius den Auftrag erteilte, Aushebungen zum Schutz der Stadt vorzunehmen. Schließlich fiel der letzte Widerstand, und Pompeius wurde in die Regierung eingesetzt: Ende Februar 52 wurde er zum alleinigen Konsul bestellt.

Damit hatte Pompeius erreicht, was er lange erstrebt hatte. In der Not des Staates hatte man ihm, dem Vertrauensmann des Senats und der Bürgerschaft, eine einzigartige Führerstellung übertragen, die senatorische Oligarchie hatte sich dem Regenten gebeugt. Dieser stellte nun mit strengen Gesetzen und scharfen Prozessen die Ordnung im Sinne der optimatischen Häupter wieder her. Politisch richtete sich seine Wirksamkeit in erster Linie gegen die gemeinsame Gefahr, die dem Führer Pompeius und dem senatorischen Regierungssystem drohte, gegen die Herrschaftspläne Cäsars. Nun hatte allerdings Cäsar, durch den großen gallischen Aufstand ganz in Anspruch genommen, seine Einwilligung zu diesem merkwürdigen Konsulat des Pompeius erteilt; so war dieser wohl verpflichtet, dem Rivalen zunächst entgegenzukommen. Pompeius ließ es daher zu, daß Cäsar durch Volksgesetz das Privileg zugesprochen wurde, sich von seiner Provinz aus um das Konsulat für das Jahr 48 zu bewerben, auf diese Weise also vom Prokonsulat ohne Unterbrechung des Imperiums in die gesicherte Stellung des Konsulats überzugehen. Aber ein allgemeines Gesetz über das Ämterrecht verlangte die persönliche Meldung der Amtsbewerber in Rom und bestimmte, daß gewesene Konsuln und Prätoren erst nach Ablauf von mindestens fünf Jahren eine Provinz erhalten sollten. Das bedeutete, daß nach dem 1. März 50 sogleich mehrere Männer zur Ablösung Cäsars bereitstanden; das Privileg des Volksgesetzes war dadurch wieder in Frage gestellt. Für sich selbst jedoch erreichte Pompeius die Verlängerung des Kommandos in den spanischen Provinzen um fünf weitere Jahre. So war auf rechtmäßigem Wege, soweit es damals überhaupt noch einen rechtmäßigen Weg gab, eine erhebliche Verschiebung der Vollmachten zugunsten des Pompeius eingetreten.

Durch die Verbindung mit Pompeius hat die Aristokratie die Krisis ihrer Herrschaft noch einmal überwunden. Diese Verbindung enthielt allerdings die Unterstellung der senatorischen Oligarchie unter das persönliche Regiment; so ist es verständlich, daß nur wenige von dieser durch höhere Gewalt erzwungenen Wendung sich etwas Gutes versprachen. Überdies mußte es Pompeius und den Führern des Senats fraglich erscheinen, ob die nun einmal geschaffene Machtstellung Cäsars sich durch Gesetze aus der Welt schaffen ließ, nachdem die Gesetzgebung schon so oft für persönliche und parteiische Interessen mißbraucht und dadurch entwertet worden war.

Grundsätzlich aber bedeutet die Regentschaft des Pompeius einen gewissen Ausgleich zwischen den politischen Ansprüchen der Aristokratie und der Notwendigkeit des persönlichen Regiments, das bisher nur außerhalb Roms in der Kriegführung und Reichsverwaltung zur Anerkennung gelangt war. Von der dauerhaften Gestaltung dieses Ausgleichs hing, wie einsichtige Politiker erkannten, der Bestand der Republik ab. Diesen Gedanken hat *Cicero* in seinem Buch *Über den Staat*, das er in diesen kritischen Jahren geschaffen und 51 veröffentlicht hat, eindrucksvoll ausgesprochen. Er entwarf hier ein Staatsideal, das die römischen Überlieferungen mit den politischen Ideen der Griechen in Einklang bringen sollte. Im letzten Teil des Buches zeichnete er, wie wir aus den Fragmenten noch erkennen können, die Führerstellung des ersten Bürgers, der durch seine persönliche Tüchtigkeit sich die Anerkennung und das Vertrauen aller zu erwerben und durch seine überlegene Staatsleitung das Leben der Gemeinschaft zu harmonischem Ausgleich zu bringen vermag. Es ist durchaus zweifelhaft, ob Cicero den Regenten Pompeius für den gesuchten Staatslenker gehalten hat. Dies aber bleibt in jedem Falle bedeutsam, daß der geistige Führer der Adelsherrschaft die Aufhebung dieser Herrschaft durch das persönliche Regiment als politisches Ideal gefordert hat.

VII. Kapitel

Der Anbruch der Alleinherrschaft
Cäsar

Durch die Eroberungen des Pompeius war die römische Herrschaft weit in den Osten auf den Boden des Alexanderreichs getragen worden. Länder, die von Haus aus orientalisch, durch geschichtlichen Werdegang hellenistisch waren, hatten Aufnahme in das römische Reich gefunden. In der Erschließung dieser Gebiete stützte sich Rom auf die Einrichtungen der hellenistischen Staaten, vor allem auf das griechische Städtewesen; eine völlige Durchdringung dieser hochkultivierten Länder mit römischem Wesen war kaum zu erhoffen. Wie ein Ausgleich gegenüber diesem Vorstoß des Pompeius in den Orient mutet die *Wendung der Expansion nach dem Norden* an, die Cäsar durch die Eroberung Galliens herbeigeführt hat. Die Länder des europäischen Nordens, die nun in den Gesichtskreis der römischen Politik traten, boten der Romanisierung viel geringere Schwierigkeiten dar als der Orient. So eröffneten sich hier der römischen Herrschaft und der römischen Kulturmission neue lohnende Aufgaben.

Die Entscheidung Cäsars für den Eroberungsgang in den Norden erscheint im größeren Zusammenhang der Begebenheiten wohlbegründet. Der Kimbernkrieg hatte gezeigt, wie unsicher die Grenzanlage im Norden Italiens noch war, vor allem hatte es sich erwiesen, daß Rom vom Ausgangspunkt der nördlichen Völkerbewegungen viel zu weit entfernt war, um im rechten Augenblick maßgebend eingreifen zu können. Die Ausläufer dieser Bewegungen erstreckten sich aber auch nach dem Kimbernkrieg bis an die Grenzen der römischen Provinzen. Seit Beginn des 1. Jahrhunderts v. Chr. waren in Südrußland, im östlichen und mittleren Europa umfangreiche Verschiebungen der

Stämme und Völker zu beobachten. Aus dem innern Rußland kommend, drückten die Sarmaten auf die Skythen und diese wieder auf die griechischen Städte am Nordufer des Schwarzen Meeres, ein Vorgang, der das Auftreten des Mithridates von Pontos in Südrußland veranlaßt hat. Die keltischen Völker in den Donauländern wurden von ihren nördlichen Nachbarn, Germanen und Dakern, in die Enge getrieben. So haben die Boier das nach ihnen benannte Böhmen geräumt und sich im westlichen Ungarn niedergelassen. Germanische Sueben drangen in Süddeutschland ein, stießen von hier aus über den Oberrhein nach Gallien vor und machten sich bald bis zur jenseitigen gallischen Provinz hin bemerkbar.

So wenig die Römer Zusammenhang und Tragweite dieser Vorgänge überschauen konnten, so haben sie doch seit Beginn des 1. Jahrhunderts den Begegnungen im Norden erhöhte Aufmerksamkeit zugewandt. Als Ausgangspunkte für römische Vorkehrungen gegenüber den vom Nordosten drohenden Gefahren kamen die Provinzen Illyrien und Makedonien in Frage. Illyrien war aber selbst noch nicht vollständig unterworfen und noch nicht so gesichert, daß von hier aus Vorstöße bis zur mittleren Donau hin unternommen werden konnten. Dagegen haben die Römer nach dem Vorbild der großen makedonischen Könige von Makedonien aus die thrakischen Völker zwischen dieser Provinz und der unteren Donau zu unterwerfen gesucht. Im Jahre 75 erreichten sie auf einem solchen Zuge zum erstenmal den großen Strom; das war aber ein vorübergehender Erfolg. Rom konnte nicht verhindern, daß bald danach bei den Dakern, einem Volk thrakischer Herkunft, der König Burebistas die Stämme kraftvoll zusammenfaßte und ein Herrschaftsgebiet schuf, das von Illyrien bis zum Schwarzen Meer reichte und seinen Schwerpunkt in den Karpatenländern erhielt. Der Plan, die Donau im ganzen Verlauf als Grenze zu gewinnen und als Schutzwehr der Kulturwelt zu organisieren, blieb Augustus vorbehalten.

Anders gestaltete sich die *Lage im Nordwesten*. Die Provinz Gallia Narbonensis, deren Gebiet sich von den Alpen bis zu den Pyrenäen, von Tolosa bis zum Genfer See erstreckte, hatte in erster Linie die Bestimmung, die Landverbindung Roms mit Spanien zu sichern. Doch hatte schon der Vorgang der Eroberung des südlichen Gallien und dann der Verlauf des Kimbernkrieges gezeigt, daß die Einbeziehung der nördlich von der Provinz wohnenden Stämme in den Gesichtskreis der römischen Politik nicht zu umgehen war. Seit der Begründung der Provinz kamen immer mehr Kaufleute die Rhone und Saone aufwärts bis zum Oberrhein und den andern großen Flußläufen entlang bis an den Ozean und brachten genauere Kunde von diesem weiten Land und seiner Bevölkerung nach Italien. Sprache und Volkstum der Kelten hatten sich über das ältere Substrat durchgesetzt, es gab aber bei den zahlreichen Stämmen nennenswerte Unterschiede in Dialekt und Lebensführung. Cäsar kennt drei große Gruppen von Stämmen: die Belger im Norden; die Stämme von der Seine bis zur Garonne, die im engeren Sinne den Namen Kelten führten; die Aquitaner von der Garonne bis zu den Pyrenäen.

Der *Kulturstand der Gallier* in Frankreich war in der Zeit, als die Römer ins Land kamen, sehr gehoben. Die La-Tène-Kultur hatte ihre letzte Vollendung erreicht. In dem fruchtbaren Land lebte eine zahlreiche Bevölkerung – man hat ihre Stärke auf 12 Millionen und mehr geschätzt – in kleinen Gehöften, in Dörfern, in hochgelegenen, mit weiten Mauerringen versehenen Städten *(oppida)*. Weideflächen und Getreidefelder dehnten sich in den von der Natur gesegneten Landstrichen, Eisenlager und Goldgruben wurden ausgebeutet. In der Weberei und im Wagenbau waren die Gallier führend unter den Völkern des Nordens, von Massilia hatten sie das Alphabet und das gemünzte Geld übernommen. Eine politische Einheit bildeten die Gallier in Frankreich nicht; das Gefühl der Zusammengehörigkeit ist hier wie in manchen andern Ländern erst durch die römische Eroberung zum Durchbruch gelangt. Maßgebend für das *politische Leben* waren vielmehr die Stämme *(civitates)*, die in der Regel aus mehreren Gauen bestanden. Das Regiment hatte nach der Abschaffung des Königtums der Adel an sich gebracht. Die traditionelle Führung der Gefolgschaften und der Reichtum an Land, Herden und gemünztem Geld gaben der Aristokratie eine unbedingte Überlegenheit über das Volk, das sich vielfach in wirtschaftlicher Notlage befand und dem Adel dienstbar geworden war. Zwischen den einzelnen Stämmen gab es mancherlei Beziehungen der Freundschaft und Gefolgschaft, die großen kriegerischen Stämme brachten oft kleinere Verbände in Abhängigkeit, aber feste politische Verhältnisse waren nirgends zustande gekommen. Der stärkste Faktor, der auf den Zusammenhalt aller Gallier hinwirkte, war die organisierte Priesterschaft der Druiden, eine Einrichtung, die wahrscheinlich von der vorkeltischen Bevölkerung Britanniens übernommen war. Die Druiden des gallischen Landes, die unter einem Oberhaupt standen, bewahrten alte Glaubenssätze, unter denen die Seelenwanderungslehre hervorgehoben wird, sie besorgten den Kult in den überlieferten Formen, sie übten die Rechtsprechung aus und vermittelten durch die Erziehung der vornehmen Jugend mancherlei Wissen und Bildung. Ein Antrieb zum nationalen Zusammenschluß ist aber auch aus dieser Einrichtung nicht hervorgegangen.

Das Gebiet der Provinz Gallia Narbonensis hatten die Römer seit ihrem Auftreten in diesem Lande der Romanisierung entgegengeführt. Sie nahmen auch zu den an die Provinz angrenzenden Völkerschaften Beziehungen auf, schlossen ein Bündnis mit dem mächtigen, zwischen Loire und Saone wohnenden Stamm der Äduer und unterstützten ihn so bei seinem Streben, im Gebiet des freien Gallien eine führende Stellung zu gewinnen. Im Nordosten Frankreichs und in Süddeutschland bekamen die Kelten die erste Auswirkung der vom Norden ausgehenden germanischen Expansion zu spüren. Die Helvetier, die zwischen Oberrhein und Main saßen, verließen zu Beginn des 1. Jahrhunderts unter dem Druck der Sueben ihre Wohnsitze und wanderten ab in die Westschweiz. Die Germanen rückten nach und drängten weiter über den Oberrhein nach Gallien. In der Auseinandersetzung mit den Äduern rief der Stamm der Sequaner, dessen Gebiet in Vesontio (Besançon) einen starken Vorort besaß, den Suebenherzog Ariovist zu Hilfe, dieser führte seine ersten Scharen 71 über den Rhein und erhielt dann für seine Dienste ein Drittel des Landes, das Elsaß, zugesprochen. In ihrer

Bedrängnis wandten sich die Äduer an Rom; dort dachte man 61 eine Zeitlang an eine Hilfsaktion in Gallien, dann aber nahm man Unterhandlungen mit Ariovist auf und erkannte diesen auf Betreiben des Konsuls Cäsar 59 als König und Freund des römischen Volkes an. Doch Gallien kam nicht zur Ruhe. Um den Germanen auszuweichen und mit gallischen Stämmen eine größere Einheit zu gewinnen, entschlossen sich die Helvetier zur Auswanderung nach Südwesten in die Gegend von Tolosa. Die Vorbereitungen zu dieser Wanderung waren 60 an der Nordgrenze der Provinz am Genfer See zu spüren. Durch die Erfahrungen des Kimbernkrieges gewitzigt, haben die Römer sofort Verteidigungsmaßnahmen vorgesehen, der Auszug der Helvetier verzögerte sich aber über ein Jahr.

Offenbar im Hinblick auf diese Vorgänge im Norden, die bevorstehende Wanderung der Helvetier und das bedrohliche Auftreten der Germanen, hat sich Cäsar die Provinzen Gallia Cisalpina, Illyricum und Gallia Narbonensis übertragen lassen. Die unsichere Lage im Norden, die er als Konsul durch das vorläufige Entgegenkommen gegen Ariovist in voller Absicht nicht hatte zur Entscheidung kommen lassen, bot ihm Gelegenheit zu militärischen Unternehmungen, die sein Ansehen erhöhen, seine Hilfsmittel vermehren und ihn schließlich in die Lage bringen mußten, die unvermeidliche Auseinandersetzung mit dem Senat erfolgreich zu bestehen. Die ihm übertragenen Vollmachten gingen nicht über die normalen Befugnisse des Statthalters hinaus, es war ihm also die militärische Sicherung der Provinz und der Schutz der mit Rom verbündeten Äduer anheimgegeben, aber nicht das Recht zu selbständiger Aushebung von Truppen und zur Kriegserklärung zugesprochen. Trotzdem hat Cäsar von Anfang an den *Krieg zur Eroberung Galliens* eigenmächtig geführt. In seiner Darstellung der gallischen Feldzüge, einer wesenhaft auf politische Wirkung angelegten Schrift, suchte er später den Eindruck zu erwecken, als ob die Eröffnung und fortgesetzte Erweiterung des Krieges in Gallien und die Vermehrung der bewaffneten Macht ganz selbstverständliche Handlungen des Statthalters gewesen wären. Doch die von seinen Feinden in Rom gegen ihn gerichteten Angriffe zeigen deutlich, daß sein Verfahren im Prokonsulat ebenso anfechtbar war wie seine Gesetzgebung im Konsulat. Nur der Erfolg des gallischen Krieges hat die Gegner zum Schweigen gebracht.

Doch dies betrifft nur die rechtliche Seite der Eroberung Galliens. Militärisch und politisch gesehen, erscheint die Ausweitung des Krieges durch die mannigfachen Beziehungen der gallischen Stämme untereinander und durch die geographischen Verhältnisse des Landes begründet, Faktoren, die Cäsar mit jener Unbefangenheit aufgegriffen hat, die von jeher die römische Expansion kennzeichnet. Von der Bundesgenossenschaft der Äduer aus ließ sich Cäsar, keine Gelegenheit zur Einmischung übersehend und immer die Initiative bewahrend, fortwährend in neue Händel verstricken, bis schließlich alle Stämme von ihm abhängig waren. Zur Sicherung der römischen Stellung in Gallien hielt er es für notwendig, von der Rhone aus nordöstlich zur Burgundischen Pforte und zum Oberrhein, nordwestlich über das Plateau von Langres an die Marne, Aisne und Somme vorzustoßen und schließlich das ganze gallische Gebiet durch Hinausgreifen über die Grenzen des Landes nach Britannien und an den Rhein abzuschließen. Diese politischen und militärischen Notwendigkeiten hat er mit sicherem Instinkt erfaßt und mit einzigartigem Schwung zur Ausführung gebracht.

Die *Hilfsmittel* für die Eroberung Galliens hat er sich großenteils selbst geschaffen. Vier Legionen waren ihm für seine Provinzen bewilligt, durch eigenmächtige Aushebungen im diesseitigen Gallien hat er diese Truppenmacht mehr als verdoppelt. Auch keltische Kontingente hat er herangezogen, schließlich auch germanische Reiterei in seinen Dienst gestellt. Das waren neuartige Methoden der Truppenbeschaffung, die über die Gepflogenheiten der Republik hinausgingen und Einrichtungen der Kaiserzeit vorwegnahmen. In Bewaffnung und Taktik war diese Armee den gallischen Stämmen weit überlegen. Besonders wertvoll erwies sich ihre technische Leistungsfähigkeit. Der römische Lagerbau gewährleistete den Aufenthalt und die sichere Bewegung des Heeres im feindlichen Gebiet, die Konstruktion von Kampf- und Transportschiffen ermöglichte den Angriff auf die Küstengebiete Galliens und Britanniens, Brückenbauten überwanden sogar das Hindernis des Rheins, die Belagerungskunst brachte die Festungen zu Fall. Aber auch die Schwierigkeiten der Verpflegung einer großen Armee im Kriege wurden gemeistert, die Erkundung unbekannter Gebiete mit erstaunlichem Geschick durchgeführt. Ihre letzte Erklärung findet diese großartige Bewältigung des Krieges in der genialen Wirksamkeit des Feldherrn. In Taktik und Strategie war er Meister, die Truppe beherrschte er mit der Zauberkraft des königlichen Menschen, er wußte die fähigen Offiziere zu selbständigen Helfern heranzuziehen und die Soldaten bis zum letzten Mann mit seinem Geiste zu erfüllen. Die Kunst der Behandlung fremder Stämme und Völker war ihm vertraut. Durch Auszeichnung der einen weckte er den Wetteifer der andern, durch schonungsloses Vorgehen gegen Widerstrebende hielt er die Untertänigen in Abhängigkeit. Durch seine persönliche Leistung wurde das Eroberungswerk zu einem Drama voll Spannung und sieghafter Kraft, so schlicht er es auch in seinen Denkwürdigkeiten erzählt hat.

Der Krieg gegen die Helvetier und gegen die Germanen, deren Bewegungen schon seit Jahren in Gang gekommen waren, eröffnete die Eroberung Galliens. Als Cäsar im Frühjahr 58 noch in der Umgebung von Rom stand, traf die Meldung ein, daß die Helvetier ihre Wanderung in der Richtung auf das Gebiet der Provinz begonnen hatten. Sofort löste er sich nun von den politischen Händeln in Rom los und erreichte in wenigen Tagen die Nordgrenze der gefährdeten Provinz. Mit der einzigen vorerst im jenseitigen Gallien stehenden Legion suchte er zunächst dem Einmarsch der Helvetier, deren Gesamtzahl in den später von Cäsar erbeuteten Aufzeichnungen des Stammes auf 368 000 Köpfe angegeben gewesen sein soll, vorzubeugen, indem er die Rhonebrücke bei Genf abbrechen ließ. Das Gesuch der Helvetier, durch die Provinz nach Westen ziehen zu dürfen, wurde zunächst hingehalten, dann abgelehnt. Nach einem vergeblichen Versuch, den Übergang über den Strom zu erzwingen, entschlossen sich die Helvetier, unter Umgehung der römischen Provinz durch das Gebiet der Sequaner zu marschieren. Doch Cäsar, der von der Provinz aus auch das noch nicht eroberte Gallien zu kontrollieren gedachte, trug kein Bedenken, die Auswanderer auch außerhalb der Provinz anzugreifen, ein Vorgehen, für das er erst nachträglich durch ein Hilfegesuch der Äduer einen Rechtsgrund gewann. Er begab sich sofort nach Oberitalien, mobilisierte die drei bei Aquileia stehenden Legionen, hob zwei neue aus und erschien mit diesen fünf Legionen wieder im Norden, um nun mit seiner ganzen Armee die Verfolgung der Helvetier aufzunehmen. Die Hauptmacht der Helvetier hatte bereits die Saone überschritten, Cäsar zog ihnen nach, wurde dann aber durch die Schwierigkeiten der Verpflegung nach *Bibracte*, dem Hauptort der Äduer, abgedrängt. Auf dem Marsch wurde er von den Helvetiern angegriffen, es entspann sich ein langer Kampf, der mit der Zerstreuung der Helvetier und der Einnahme ihres Lagers endete. Erhebliche Teile des helvetischen Stammes, die sich aus der Schlacht gerettet hatten, wurden in ihre früheren Wohnsitze in der Westschweiz zurückgeschickt. Ein leerer Raum in diesem Gebiet hätte nur die Germanen angezogen und dadurch eine neue Bedrohung der Nordgrenze herbeigeführt.

Cäsar hat es verstanden, die Abwehr der Helvetier als eine im Interesse der freien Gallier unternommene Leistung Roms darzustellen. Er erreichte damit, daß bei mehreren benachbarten Stämmen die Neigung zum Anschluß an die Römer mit Entschiedenheit hervortrat. Auf einem Landtag der Gallier erbaten die Führer der römerfreundlichen Gruppen, denen bei den meisten Stämmen eine die Unabhängigkeit der Gallier vertretende Richtung gegenüberstand, die Hilfe Cäsars gegen die Germanen, die die Sequaner in Hörigkeit gebracht hatten und den angrenzenden Stämmen bedrohlich wurden. Cäsar ergriff sofort diese Gelegenheit zur Erweiterung der eben von ihm gewonnenen Stellung in Gallien. Er hatte zwar selbst veranlaßt, daß *Ariovist* zum Freund des römischen Volkes erhoben wurde, doch die Verhandlungen, die er jetzt mit ihm aufnahm und zu unerfüllbaren Forderungen weitertrieb, verschafften ihm einen hinreichenden Kriegsgrund. Er führte sein Heer dem Doubs entlang nach Norden bis zum Oberelsaß, wo Ariovist seine Sueben aufgeboten hatte. Die Zusammenkunft Cäsars mit dem germanischen Fürsten verlief ergebnislos, die Schlacht im Oberelsaß endete mit der Vernichtung des germanischen Heeres, Ariovist selbst floh über den Rhein. Es war ein bedeutsames Ergebnis dieses römischen Sieges, daß die germanische Einwanderung über den Oberrhein nach Gallien für lange Zeit eingestellt wurde; doch vermochten sich kleinere germanische Stämme im Elsaß und in der Pfalz zu halten. Im Winter 58/57 begab sich Cäsar nach Oberitalien zur Erledigung der Verwaltungsgeschäfte in dieser Provinz, die Legionen bezogen Winterquartiere bei den Sequanern, ein Zeichen, daß der Krieg über Gallien verhängt war.

Als Cäsar im Frühjahr 57 mit zwei neuen Legionen nach dem Norden zurückkam, plante er einen Vorstoß, demgegenüber die Feldzüge des Vorjahres wie kleine Unternehmungen erscheinen mußten. Die *belgischen Stämme* im nördlichen Gallien hatten Anstalten getroffen, das weitere Eindringen der Römer in das freie gallische Land aufzuhalten. Cäsar rückte mit seiner Armee über das Plateau von Langres in das nördliche Gallien. Hier fand er Unterstützung durch den Stamm der Remer (um Reims), der sich auch in den folgenden Jahren als Bundesgenosse bewährte. Dem Anmarsch Cäsars hielt die Koalition der Belger nicht stand, der Reihe nach wurden die Suessionen (um Soissons), die Bellovaker (um Beauvais) und die Ambianer (um Amiens) unterworfen. Von Samarobriva aus – es war der Hauptort der Ambianer, der später, wie viele andere gallische Orte, zum städtischen Mittelpunkt der Volksgemeinde wurde und nach dieser den Namen Ambiani (Amiens) erhielt – wandte sich Cäsar nach Nordosten gegen die Nervier, die in der Schlacht an der Sambre überwunden wurden. Die Aduatiker, die nach vorausgegangener Unterwerfung wieder in den Kampf eintraten, wurden schwer bestraft. Der Eindruck dieser Eroberungen Cäsars war so stark, daß alsbald mehrere Stämme der Aremorica, des Küstengebiets zwischen Loire und Seine, sich dem römischen Schutz unterstellten. An der Loire mitten im gallischen Lande bezogen die Legionen Winterquartiere.

Diese Erfolge hat Cäsar sofort zur Sicherung seiner Stellung in Rom ausgenützt. Durch die Abmachungen von Luca verschaffte er sich die Verlängerung seines Imperiums, durch den

Senatsbeschluß, der die Übernahme seiner neuen Legionen auf die Staatskasse aussprach, erreichte er die mittelbare Anerkennung seiner eigenmächtigen Heeresvermehrung und Kriegführung. So war er völlig gedeckt, als er im Frühjahr 56 gegen die Veneter in der Bretagne und andere Küstenstämme vorging, die ihre Unterwerfung zurückgezogen hatten und sich zur Abwehr der Römer rüsteten. Der Angriff gegen die Veneter wurde mit den Legionen und zugleich mit einer während des Winters auf der Loire erbauten Flotte, die Decimus Brutus befehligte, durchgeführt. Der kriegerische Stamm mußte seine Erhebung mit dem Untergang büßen; auch das nördliche Küstengebiet und Aquitanien wurden unterworfen.

So war im Verlauf von drei Jahren der größere Teil Galliens von Cäsar abhängig geworden. Nach den Erfahrungen, die die Römer in andern Ländern gemacht hatten, mußte wohl mit einer nachträglichen Erhebung der Stämme gerechnet werden, für den Augenblick aber war das Land so botmäßig, daß Cäsar sich entschließen konnte, seine Eroberungen durch Hinausgreifen über die Grenzen des Landes zu sichern. Die Gallier des nördlichen Küstengebiets hatten Verbindung mit ihren Volksgenossen in Britannien, während die Stämme des nordöstlichen Gallien, die teilweise mit germanischem Volkstum gemischt waren, unter dem Einfluß der rechtsrheinischen Germanen standen. Gegen diese Verbindungen richteten sich die 55 und 54 ausgeführten Vorstöße über den Rhein und nach Britannien. Der *Feldzug an den Rhein* war veranlaßt durch den Rheinübergang der germanischen Usipeter und Tenkterer, die der suebischen Expansion durch ihre Abwanderung nach Westen ausgewichen waren und nun mit den Galliern in Verbindung traten. Cäsar brachte durch Treubruch die Fürsten der Germanen in seine Gewalt, dann wurden die führerlosen Stämme überfallen und vernichtet. Dieses Vorgehen erregte auch in Rom Aufsehen; Cato ging so weit, die Auslieferung Cäsars an die Germanen zu fordern. Diese Polemik entsprang aber nicht so sehr der Empörung über die Verletzung des Völkerrechts als der persönlichen Feindschaft gegen Cäsar; angesichts der imperialen Bedeutung von Cäsars Erfolgen blieb sie wirkungslos. Cäsar begnügte sich nicht mit der Vernichtung der über den Rhein vorgedrungenen Stämme, er ließ vielmehr bei Neuwied eine Brücke über den Strom schlagen, ein technisches Meisterwerk in dieser Zeit, und trat im rechtsrheinischen Gebiet auf. Mit den Ubiern, die bereits Beziehungen zu den Römern hatten, wurde Verbindung aufgenommen; mehr wurde durch diese Demonstration der römischen Macht nicht erreicht.

Der Feldzug gegen die Germanen hatte so viel Zeit in Anspruch genommen, daß die noch 55 vollzogene *Überfahrt nach Britannien* nur als Erkundungsvorstoß ausgeführt werden konnte. Mit zwei Legionen fuhr Cäsar über den Kanal, landete unter Schwierigkeiten und geriet ins Gefecht mit den Stämmen des südlichen Britannien. Es ergab sich bald, daß für die Eroberung des Landes größere Vorbereitungen nötig waren. In Rom machte die erste Landung auf der außerhalb der antiken Welt im Ozean gelegenen Insel gewaltigen Eindruck, zumal man in Britannien große Reichtümer vermutete. Cäsar gab nach seiner Rückkehr Anordnungen zur Herstellung einer großen Transportflotte. Im Frühjahr 54, in derselben Zeit, als Crassus an die Unterwerfung des Partherreichs ging, fuhr er mit fünf Legionen zur Eroberung Britanniens aus. Diesmal wurde der Vormarsch bis zur Themse und darüber hinaus durchgeführt, mehrere Stämme unterwarfen sich, aber die Überwinterung im Lande schien unmöglich. Cäsar gab die Expedition auf, für eine spätere Wiederaufnahme des Eroberungsplans war immerhin ein Anhalt gewonnen.

Cäsar selbst ist nicht mehr nach Britannien gekommen. *Aufstände in Gallien,* die sich schon seit einiger Zeit angekündigt hatten und jetzt von den Führern der romfeindlichen Parteien und Gruppen energisch betrieben wurden, zwangen ihn, drei Jahre lang um die Festhaltung der gallischen Erwerbungen zu kämpfen. In Erkenntnis der gefährdeten Lage blieb er während des Winters 54/53 im nördlichen Gallien, die Legionen legte er einzeln im Gebiet der belgischen Stämme in die Quartiere. Im Laufe des Winters kam es zu Angriffen auf mehrere Legionslager, besonders seitens der gallischen Stämme des Rheingebiets, bei denen die germanische Einwirkung am stärksten war. Während die Angriffe der Nervier und der Treverer – diese waren, wie neuerdings die Ausgrabungen in Trier bestätigt haben, germanischer Herkunft – abgeschlagen wurden, gelang es den Eburonen an der unteren Maas, anderthalb Legionen zu vernichten. Es war ein schwerer Schlag, der die romfeindliche Bewegung im Lande stärkte und Cäsars ganze Stellung ins Wanken zu bringen schien. Durch umfassende Maßnahmen wußte der Feldherr die Gefahr zu bannen. Er gewann zwei neue Legionen aus dem diesseitigen Gallien, ließ sich eine weitere Legion von Pompeius leihweise übergeben und brachte seine Armee damit auf zehn Legionen, nahezu 50 000 Mann. Mit dieser gewaltigen Macht wurden gegen Ende des Winters 54/53 und im Sommer 53 Strafzüge gegen die aufständischen und verdächtigen Stämme im Nordosten Galliens durchgeführt. Um die Verbindung der Rebellen mit den Germanen zu zerschlagen, überschritt Cäsar zum zweitenmal den Rhein. Furchtbare Rache wurde schließlich an den Eburonen vollzogen, das Land wurde systematisch ausgeplündert, der Stamm vernichtet. Gegen Ende des Jahres war die Lage im nördlichen Gallien wiederhergestellt, Cäsar ließ die Legionen im mittleren und östlichen Gallien überwintern und begab sich wie gewohnt nach Oberitalien.

Doch erst das folgende Jahr brachte die Krisis des Eroberungswerks und zugleich der gesamten Politik Cäsars. Pompeius einigte sich 52 mit dem Senat und übernahm als einziger Konsul die Regierung: ein Vorgang, der Cäsars gallisches Kommando ernstlich gefährdete. In derselben Zeit brach der Aufstand der volkreichen Stämme im mittleren Gallien aus, der sich zum großen *gallischen Freiheitskrieg* erweiterte. Cäsar, zur Verteidigung seines Lebenswerks gezwungen, bewies in diesem Jahre die höchste Spannkraft seines Geistes und die zäheste Energie des Willens. So rettete er sein Gallien und gewann damit die Grundlage für die Auseinandersetzung mit der Regierung.

Die Führer des Aufstandes im mittleren Gallien waren über die kritische Lage der stadtrömischen Politik unterrichtet. In dem Augenblick, in dem der Sturz Cäsars in Rom vorbereitet wurde, eröffneten sie den Freiheitskrieg der Stämme. Die Erhebung begann bei den Carnuten in Cenabum (Orleans), wo alle in der Stadt anwesenden Römer erschlagen wurden, sie griff über zu den von jeher mit Rom verfeindeten Arvernern und fand hier in *Vercingetorix,* den Cäsar unter seine Freunde aufgenommen hatte, einen tatkräftigen Führer. Vercingetorix wurde zum König der Arverner ausgerufen und erhielt so eine außerordentliche Bewegungsfreiheit für die Organisation des Krieges. Er trat in Verbindung mit den benachbarten Stämmen, ließ sich Treue schwören und Kontingente stellen. Von der Garonne bis zur Seine, vom Ozean bis zur Auvergne entbrannte der Krieg gegen Rom. Mit Mühe bahnte sich Cäsar, der sich lange in Oberitalien aufgehalten hatte, durch einen kühnen Ritt den Weg durch das Aufstandsgebiet zu seinen Truppen und konzentrierte seine ganze Macht im Hauptort der Senoner, Agedincum (Sens). Von hier aus unternahm er, zum äußersten Wagnis entschlossen, den Vormarsch gegen die rebellischen Stämme. Cenabum wurde eingenommen und zerstört, dann wurde Avaricum (Bourges) im Lande der Bituriger belagert. Vercingetorix hatte Befehl gegeben, die Städte und Festungen zu räumen und das Land zu verwüsten, um Cäsar im feindlichen Gebiet auszuhungern und ohne Kampf matt zu setzen. Abweichend von diesem Kriegsplan hatte er die Verteidigung des hochgelegenen Avaricum gestattet; nach längerer Belagerung wurde der Platz von Cäsar eingenommen. Der Erfolg ermutigte Cäsar zur Teilung seines Heeres, er sandte Titus Labienus, den fähigsten seiner Legaten, mit einer Heeresabteilung nach Norden an die Seine, mit sechs Legionen marschierte er selbst auf Gergovia, den Hauptort der Arverner. Die Belagerung der Stadt blieb aber ohne Erfolg, zumal jetzt auch die Äduer, von denen die Verpflegung des römischen Heeres abhing, sich dem Aufstand anschlossen. Cäsar gab die Belagerung auf und rettete sich nach Norden, wo er die Abteilung des Labienus wieder an sich zog.

In Agedincum war nun die römische Macht versammelt, rings umgeben von aufständischen Stämmen, ohne Rückhalt im Lande. In dieser verzweifelten Lage entschloß sich Cäsar zur Preisgabe des Landes und zum Abzug in das Gebiet der narbonensischen Provinz. Unterwegs wurde er von Vercingetorix angegriffen, doch Cäsar schlug den Angriff ab und drängte Vercingetorix nach *Alesia*, in die Stadt der Mandubier (in der Côte d'Or). In der Hoffnung, durch einen großen Schlag den Krieg doch noch zu wenden, begann er die Einschließung der festen Stadt. Zum Entsatz der Festung rückte ein Massenaufgebot der benachbarten Stämme heran. Cäsar, dem nun selbst die Einschließung drohte, ließ zur Abwehr des Entsatzheeres gewaltige Befestigungen anlegen und nahm den doppelten Kampf auf, der den Krieg entscheiden sollte. Es gelang ihm, die schweren, durch mehrere Tage fortgesetzten Angriffe des Entsatzheeres und der Belagerten erfolgreich zu bestehen, das Aufgebot der Gallier zerstreute sich, Alesia mußte kapitulieren. Vercingetorix gab sich gefangen und büßte den Zusammenbruch des Freiheitskrieges mit dem tragischen Schicksal, sechs Jahre später beim Triumph des Siegers vorgeführt und dann hingerichtet zu werden.

Gegen Ende des Jahres 52 war der Sturm in Gallien gebändigt. Während des Winters und im Laufe des folgenden Jahres wurden die letzten örtlichen Erhebungen niedergeworfen und gefährliche oder verdächtige Fürsten entfernt. Als die Legionen für den Winter 51/50 Quartiere im mittleren und nördlichen Gallien bezogen, war die Unterwerfung des Landes besiegelt. Da Cäsar, dessen Stellung in Rom inzwischen sehr unsicher geworden war, die Entsendung einer senatorischen Kommission zur Einrichtung der Provinz nicht erwarten konnte, regelte er von sich aus die *Organisation Galliens*. Die um den römischen Sieg verdienten Stämme der Äduer, Remer und Lingoner erhielten Bündnisverträge mit Rom, die andern wurden als Untertanen tributpflichtig gemacht. Diese Anordnungen hatten naturgemäß nur provisorischen Charakter, verbürgten jedoch einstweilen die Ruhe im Lande. Gallien war nach den langen Kriegsjahren so gedemütigt und erschöpft, daß für die nächste Zeit keine Erhebung zu befürchten war.

So war das große gallische Land zur römischen Provinz geworden. Wir sind gewohnt, dieses Ereignis in dem geschlossenen Zusammenhang von Cäsars persönlicher Machtpolitik zu sehen und seine grundlegende Bedeutung für die Überwindung der Senatsregierung hervorzuheben. Nun ist es aber charakteristisch für die Großen in der Geschichte, daß ihr schöpferisches Werk in vielen, fest untereinander verbundenen Stufen sich erhebt und vollendet, daß aber jede einzelne dieser Stufen, weltgeschichtlich betrachtet, ihre besondere Stellung und selbständige Geltung besitzt. Die Eroberung Galliens durch Cäsar hatte zur Folge, daß der europäische Norden zum Mittelmeer hin orientiert wurde. Länder von einfacher Kultur nahmen die von Rom vermittelte antike Lebensordnung an und führten sie auf ihrem Gang durch die Geschichte einer in Raum und Zeit bis heute anhaltenden Wirkung zu. Neben Spanien, dessen Ausstrahlung durch natürliche Bedingungen vorwiegend dem benachbarten Afrika und den Inseln des westlichen Mittelmeers zugewandt war und später durch die großen Länderentdeckungen nach dem neuen Erdteil jenseits des Ozeans gelenkt werden sollte, wurde Gallien, seit Cäsar das Vorwerk des römischen Reiches im Norden, für alle Folgezeit das wichtigste Neuland lateinischer Kultur in Europa.

Die Stellung, die die Eroberung Galliens in Cäsars persönlichem Lebensgefüge einnimmt, liegt offen zu Tage. Seit seinem Konsulat hatte Cäsar erkannt, daß die Niederwerfung der Oligarchie eine unerläßliche Voraussetzung für die Begründung seiner persönlichen Macht darstellte. Er mußte damit rechnen, daß es zum Bürgerkrieg kommen konnte, auch wenn er selbst die Austragung der Gegensätze auf dem Boden der stadtrömischen Politik vorzog. Der Erfolg des gallischen Krieges hatte ihn nun in die Lage versetzt, den *Kampf um die Macht in Rom* auch mit den Waffen auszufechten, falls sich diese harte Notwendigkeit nicht vermeiden ließ. Ein starkes, gut geschultes Heer war an seine Person gebunden, die Beutegelder und Tribute des gallischen Landes standen ihm zu Gebote, an der Bevölkerung des diesseitigen Gallien, das er von Anfang an als Bürgerland behandelt hatte, besaß er einen festen Rückhalt. Auf die Machtmittel, die seine prokonsularische Gewalt enthielt, und auf die Errungenschaften, die er vom ersten Jahre seiner Statthalterschaft an erzielt hatte, ohne entsprechende Garantien zu verzichten, war nie seine Absicht gewesen. In dem Augenblick aber, als der gallische Krieg abgeschlossen war, hätte die Auslieferung der Provinzen und die Auflösung des Heeres für Cäsar die Selbstaufgabe bedeutet. Denn in der Zeit des großen gallischen Aufstandes hatte Pompeius als Regent die Anarchie in Rom überwunden, das senatorische Regiment neu gestärkt, seine eigene Stellung durch die Verlängerung des Kommandos in Spanien gefestigt und von Cäsar unabhängig gemacht. Cäsar stand somit einer geschlossenen Regierung gegenüber; seine oligarchischen Feinde drohten, ihm bei der ersten Gelegenheit seine Provinzen abzunehmen, um ihm dann, wenn er durch keine amtliche Stellung mehr geschützt war, wegen seines verfassungswidrigen Vorgehens den Prozeß zu machen.

Cäsar hatte diese Gefahr lange vorausgesehen und Maßnahmen getroffen, die ihm den Übergang vom Prokonsulat in ein neues Konsulat ermöglichen sollten. Gelang es ihm, sich auf rechtmäßige Weise im Besitz des Imperiums zu halten, so hatte er einen günstigen Ausgangspunkt für den Entscheidungskampf um die Macht im Staate gewonnen. Daher hat sich Cäsar mit allem Nachdruck darum bemüht, seiner Stellung auf lange Zeit hinaus eine rechtliche Begründung und Sicherung zu geben. Als Pompeius und Crassus 55 ein für fünf Jahre geltendes prokonsularisches Imperium übernahmen, war auch Cäsars Kommando verlängert worden mit der Bestimmmung, daß vor dem 1. März des Jahres 50 im Senat nicht über die *Ablösung Cäsars in Gallien* verhandelt werden dürfte. Da die Provinzen für das Jahr 49 ordnungsgemäß vor dem 1. März 50 vergeben werden mußten, so war Cäsar für das ganze Jahr 49 in seiner Stellung gesichert; er konnte sich dann, nachdem zehn Jahre seit seinem Konsulat vergangen waren, für das Jahr 48 von neuem um dieses Amt bewerben. Um für diese Bewerbung, die normalerweise in Rom vorzunehmen war, sein prokonsularisches Imperium nicht aufgeben zu müssen, hat sich Cäsar durch einen Volksbeschluß 52 das Privileg bewilligen lassen, das ihn von der persönlichen Anwesenheit in Rom bei der Bewerbung entband. Doch bald darauf erging jenes allgemeine Gesetz über das Ämterrecht, das Cäsars Ablösung sofort nach dem 1. März 50 ermöglichte.

So war die Lage sehr zugespitzt, als Cäsar im Frühjahr 50 nach Oberitalien kam. Mit gewohnter Überlegenheit führte er nun aber einen neuen Schachzug durch, der seinen Rivalen um seinen Vorsprung bringen sollte. Es war ihm gelungen, den für das Jahr 50 zum Volkstribunen gewählten Gaius Scribonius Curio, einen geschickten und kühnen politischen Kämpfer, durch Bestechung für seine Sache zu gewinnen. Unter dem Anschein, nur für die Verfassung der Republik einzutreten, mußte Curio durch die Forderung, daß beide Prokonsuln gleichzeitig ihre Provinzen abgeben sollten, die Verbindung des Pompeius mit dem Senat zu untergraben suchen. Als mit dem 1. März 50 im Senat die Verhandlungen über die Ablösung Cäsars begannen und von Cäsars Gegnern die Entsendung eines Nachfolgers gefordert wurde, erklärte sich Curio damit einverstanden unter der Voraussetzung, daß auch Pompeius abgelöst würde. Durch dieses Manöver war die Verzögerung der Angelegenheit erreicht und der Verdacht des illoyalen Verhaltens auf Pompeius gelenkt.

Im weiteren Verlauf des Jahres trat eine wesentliche *Verschärfung der Lage* ein. Auf die Nachricht von der Bedrohung der Euphratgrenze durch die Parther beschloß der Senat, zwei Legionen nach Syrien zu senden. Pompeius schlug vor, er und Cäsar sollten für diesen Zweck je eine Legion abgeben, machte aber Cäsar gegenüber geltend, daß die im Jahre 52 an Cäsar ausgeliehene Legion als pompeianische Legion nach dem Osten gehen sollte. So war Cäsar genötigt, aus seiner Armee zwei Legionen abzugeben, und mußte dann mitansehen, daß diese Legionen in Italien zurückgehalten wurden. Unterdessen hielt Curio im Senat seinen Einspruch gegen die Ablösung Cäsars aufrecht. In einer im Dezember 50 abgehaltenen Senatssitzung erklärte sich die Mehrheit der Versammlung für den Vermittlungsvorschlag Curios, daß beide Prokonsuln gleichzeitig abtreten sollten, doch Pompeius und die extremen Oligarchen waren nicht einverstanden und wußten jede Folgerung aus dem Beschluß zu verhindern. Als tags darauf in Rom die falsche Meldung eintraf, Cäsar habe den Vormarsch gegen Italien angetreten, gab der cäsarfeindliche Konsul Gaius Claudius Marcellus in feierlicher Weise Pompeius den Auftrag zum Schutz des Staates. Er handelte dabei ohne Autorisierung durch den Senat, es war also noch nicht das letzte Wort gefallen.

Cäsar setzte durch seine Geschäftsträger die Verhandlungen mit dem Senat fort. Er glaubte auch jetzt noch völlig gesichert zu sein, wenn er erreichen konnte, daß Pompeius gleichzeitig mit ihm seine Heere und Provinzen abgab; denn in diesem Falle mußte der Kampf der beiden Machthaber mit den Mitteln der Politik auf dem Forum ausgetragen werden, und hier durfte sich Cäsar nach allen früheren Erfahrungen eine unbedingte Überlegenheit zuschreiben. Um die Verhandlungen wirksamer zu gestalten, begann Cäsar, sie durch militärische Vorbereitungen zu stützen. Er schickte eine Legion nach Ravenna und gab an zwei Legionen im jenseitigen Gallien den Befehl zum Marsch nach Oberitalien. Als die Konsuln des neuen Jahres – beide waren Anhänger des Pompeius – am 1. Januar 49 ihre erste Senatssitzung abhielten, wurde ein Schreiben Cäsars verlesen, worin er nochmals seinen Vermittlungsvorschlag darlegte. Aber der Senat ging nicht darauf ein, stellte vielmehr an Cäsar die ultimative Forderung, die Provinzen herauszugeben. Cicero, der am 4. Januar von der Verwaltung der Provinz Kilikien nach Rom zurückkam, suchte den Konflikt zwischen dem Prokonsul und der Regierung, der den Bürgerkrieg nach sich ziehen mußte, in letzter Stunde noch beizulegen, doch er hatte nicht den geringsten Erfolg.

In der Sitzung am 7. Januar sprach der Senat die *Abberufung Cäsars* aus und übertrug das jenseitige Gallien an Lucius Domitius Ahenobarbus, sodann wurden durch das senatus consultum ultimum den Magistraten und den vor der Stadt stehenden Prokonsuln – damit war in erster Linie Pompeius gemeint – erhöhte Vollmachten zum Schutz des Staates übertragen. Die Volkstribunen Marcus Antonius und Quintus Cassius erhoben Einspruch gegen den Beschluß, sahen sich aber, da jetzt der Belagerungszustand erklärt war, im Interesse ihrer eigenen Sicherheit genötigt, zu Cäsar zu fliehen. Dieser gewann durch die Flucht zweier Volkstribunen aus Rom für seinen Kampf die Parole der Verteidigung der Volksrechte. Damit konnte er allerdings nicht darüber hinwegtäuschen, daß Senat und Regierung ihm, dem widerstrebenden Prokonsul, in aller Form den Kampf angesagt hatten. Nur so viel war durch die langen Verhandlungen klar geworden, daß er sich ernstlich bemüht hatte, seine Forderungen auf friedliche Weise durchzusetzen, und daß er erst dann, als die feindselige Stellungnahme der Oligarchie und des Pompeius sein ganzes politisches Werk und seine persönliche Sicherheit gefährdete, den Bürgerkrieg auf sich nahm. Mit besserem Recht und mit ungleich größerer Macht als die Volksmänner vor ihm, die Gracchen und Marius, ging er in den Kampf gegen die Herrenkaste, die die Republik zu ihrem Monopol machen wollte.

Den ihm aufgenötigten Bürgerkrieg hat Cäsar offensiv begonnen und durchgeführt. Als die Nachricht vom Beschluß des Senats bei ihm eintraf, eröffnete er durch den *Übergang über den Rubico,* den kleinen Fluß, der die Provinz Gallia Cisalpina vom Bürgerland Italien trennte, den Krieg gegen die mit Pompeius verbundene Oligarchie. In der Nacht vom 10./11. Januar 49 wurde Ariminum besetzt, dann Pisaurum, Fanum, Ancona; in denselben Tagen gelangte Arretium in Cäsars Hand. Die Kunde von seinem Vormarsch rief in Rom gewaltige Bestürzung und Verwirrung hervor, doch Pompeius, dem der Oberbefehl im Kriege gegen den revolutionären Statthalter übertragen war, verstand es, durch überlegene Ruhe und energischen Zwang die Regierung auf seinen großzügigen Kriegsplan festzulegen. Am 17. Januar forderte er im Senat, Rom und Italien müßten geräumt werden, da mit den im Augenblick erreichbaren Kräften das Land gegen Cäsars Armee nicht gehalten werden könne; man müsse versuchen, möglichst viele Kräfte aus Italien wegzuziehen und in den östlichen Provinzen eine große Armee zu sammeln; dann müßte von Spanien aus, wo die Legaten des Pompeius ein beträchtliches Heer befehligten, und zugleich vom Osten her Cäsars Stellung in Italien erdrückt werden. Der Senat, in dem der Gedanke des an die Stadt Rom gebundenen Staates immer noch vorherrschte, fügte sich diesem Kriegsplan, der an die von Themistokles erzwungene Räumung Athens erinnerte, nur widerstrebend. Die Mehrzahl der Magistrate und der Senatoren begab sich nach Kampanien und folgte von dort aus dem weiteren Rückzug des Pompeius nach dem Süden.

Cäsar machte, auf seine ersten Erfolge gestützt, noch ein äußerstes Angebot an den Senat, doch der Streit war für den Senat und für Pompeius bereits zu einer Prestigefrage geworden, jede Nachgiebigkeit war jetzt ausgeschlossen. Cäsar setzte daher seinen *Vormarsch in Italien* fort. In Corfinium hatte sich unter Lucius Domitius Ahenobarbus eine größere pompeianische Macht versammelt und entgegen dem Befehl des Pompeius sich bei Cäsars Anrücken in der Stadt gehalten. Cäsar nahm Corfinium am 21. Februar 49 ein und gab hier den ersten Beweis, daß er den Bürgerkrieg nicht nach dem Vorbild Sullas zur Vernichtung der Gegner und zur Aufrichtung einer Parteiherrschaft, sondern, wie er selbst verkündete, zur Gewinnung aller Bürger für sein großmütiges Regiment führte. Die Besatzung von Corfinium wurde begnadigt, selbst Domitius, Cäsars gehässigster Feind, wurde in Freiheit gesetzt. Vom mittleren Italien aus drang Cäsar ohne Aufenthalt nach Süden vor. Pompeius hatte unterdessen die in Italien erreichbaren Kräfte in Brundisium zusammengezogen, schon am 4. März wurde ein Heer unter Führung der Konsuln nach Epirus übergesetzt. Cäsar rückte so rasch wie möglich vor Brundisium, in der Hoffnung, mit Pompeius noch in Italien zum Abschluß zu kommen und dadurch den außerordentlich gewagten Krieg im Reiche zu vermeiden. Doch Pompeius entkam mit dem Rest seiner Truppen aus Brundisium.

Es war Cäsar unmöglich, Pompeius in den Osten zu folgen, solange in Spanien eine große feindliche Armee stand und in Rom alles unsicher war. Zwar hatte der Prätor Roscius am 11. März einen Volksbeschluß erreicht, der allen nördlich vom Po gelegenen latinischen Städten das römische Bürgerrecht gab, und dadurch die Gefolgschaft des Imperators wesentlich verstärkt. Aber der stadtrömische Anhang Cäsars wies nur wenige Leute von Rang und Ansehen auf. Sollte es nicht möglich sein, in Rom eine Senatssitzung zustande zu bringen und durch einen Beschluß der Versammlung wenigstens den Schein rechtmäßigen Vorgehens zu erwecken? Cäsar machte den Versuch, einzelne in Italien zurückgebliebene Senatoren für seine Sache zu gewinnen;

besonders eifrig warb er um Cicero, wie dieser selbst in seinen Briefen erzählt. Er hat es nicht verschmäht, Cicero, der den rechtzeitigen Abmarsch von Kampanien nach Brundisium versäumt hatte, auf seinem Landgut in Formiä aufzusuchen, um ihn, den er als den geistigen Führer der Aristokratie kannte und verehrte, für die geplante Senatssitzung sich zu verpflichten. Doch der Wahnglaube Ciceros, der auch jetzt noch zwischen Pompeius und Cäsar eine unabhängige Stellung zu behaupten vermeinte, vereitelte Cäsars Bemühungen. Cicero folgte später dann doch Pompeius und dem Senat in den Osten, allerdings ohne ein überzeugter Parteigänger in diesem Bürgerkrieg zu werden. Das konnte freilich nicht hindern, daß er nach dem Untergang des Pompeius auf die Gnade Cäsars angewiesen war.

Im April 49 erschien *Cäsar in Rom.* Die Senatssitzung wurde zu einem Fehlschlag, da nur einige unbedeutende Leute sich einfanden. Besser war der Eindruck beim Volke, dem er Geldgeschenke versprach und sichere Getreideversorgung in Aussicht stellte. Sehr peinlich war es aber, daß Cäsar bei der Beschlagnahme des von der flüchtigen Regierung zurückgelassenen Staatsschatzes über den Einspruch eines Volkstribunen hinweggehen mußte. Eine Rechtsgrundlage für sein Vorgehen hatte Cäsar durch diesen Aufenthalt in Rom nicht gewonnen, um so wichtiger mußte die militärische Entscheidung in den Provinzen werden. Cäsar überließ die Regierung in Rom dem ihm ergebenen Prätor Marcus Ämilius Lepidus, beauftragte Marcus Antonius mit der Aushebung von Truppen in Italien, schickte Curio nach Sizilien und Afrika zur Sicherung dieser für die Versorgung Roms wichtigsten Länder, er selbst übernahm den *Krieg in Spanien,* wo eine bedeutende pompeianische Macht stand.

Auf dem Wege nach Spanien wurde er durch die Stadt Massilia aufgehalten, die den Cäsarfeind Lucius Domitius Ahenobarbus aufgenommen und sich zum Kampf entschlossen hatte. Cäsar übertrug die Belagerung einem Unterführer und ging selbst über die Pyrenäen in das diesseitige Spanien, wo Afranius und Petreius, die Legaten des Pompeius, am Sicoris, einem Nebenfluß des Ebro, in Stellung lagen. Er erlitt zunächst eine Niederlage, vermochte dann aber doch den Abzug des Gegners über den Ebro zu verhindern. Unter den Soldaten der Gegenpartei und in den Städten der Provinz begann Cäsar eine rührige und erfolgreiche Werbung für seine Sache, Afranius und Petreius sahen sich schließlich zu Verhandlungen genötigt. Sie verpflichteten sich, ihr Heer aufzulösen und die Provinz zu verlassen. Das war ein erster großer Sieg, der langsam Vertrauen in Cäsars Unternehmen erweckte. Im südlichen Spanien ergab sich der Legat Marcus Terentius Varro, der berühmte Gelehrte, ohne Kampf. So war ganz Spanien erobert, die Abordnungen der Gemeinden des Landes wurden durch Cäsars Entgegenkommen für den neuen Machthaber gewonnen. Auf dem Rückmarsch nach Italien nahm Cäsar die Kapitulation von Massilia entgegen.

Unterdessen waren allerdings die Unternehmungen von Cäsars Beauftragten in Illyrien und Afrika gescheitert, dort war Dolabella unterlegen, hier war Curio gefallen. Und im Osten sammelte sich für Pompeius eine gewaltige Kriegsmacht. Trotzdem konnte Cäsars Lage als gebessert gelten, die Stimmung in Rom wandte sich ihm jetzt entschieden zu. Wahrscheinlich schon vor dem Ausbruch des Bürgerkriegs hatte Gaius Sallustius Crispus, ein leidenschaftlicher Politiker, der später durch seine Geschichtswerke berühmt geworden ist, ein Sendschreiben an Cäsar gerichtet, in dem er die überschwänglichen Erwartungen weiter Kreise zum Ausdruck brachte. Der Schriftsteller, der das oligarchische Regiment verurteilte, aber auch an die Demokratie nicht glauben mochte, bezeichnete als Cäsars Aufgaben die Regeneration des römischen Volkes und die Stärkung des Senats und erhoffte von Cäsars Regiment die Gesundung des ganzen Staatswesens. Solche Erwartungen konnte Cäsar allerdings nicht sofort, auch später nicht im Sinne des Schriftstellers und seiner Freunde erfüllen, die in ihren politischen Anschauungen durch die Traditionen der Republik und durch philosophische Theorien allzusehr belastet waren; aber die moralische Unterstützung, die er durch solche Kundgebungen erhielt, mußte ihm willkommen sein. Er war durch den Prätor Lepidus zum *Diktator* ernannt worden und hat in dieser Stellung im Spätjahr 49 elf Tage in Rom regiert. Er leitete die Wahlen für das folgende Jahr, aus denen er selbst und Publius Servilius Isauricus, einer der wenigen Männer der Nobilität, die zu Beginn des Bürgerkriegs auf seine Seite getreten waren, als Konsuln hervorgingen, auch die übrigen Ämter wurden mit Anhängern besetzt. So war eine cäsarianische Regierung gebildet, die durchweg das Ansehen der Rechtmäßigkeit besaß, da sie durch die an die Stadt Rom gebundenen Wahlen zustande gekommen war. Auch in das Wirtschaftsleben hat Cäsar in diesen Tagen eingegriffen, da der Geldverkehr unter dem Druck des Bürgerkrieges ganz ins Stocken geraten war. Durch maßvolle Verfügungen, durch die er die viel weiter gehenden Erwartungen der Schuldner und mancher Idealisten vom Schlage des Sallust enttäuschte, stellte Cäsar den normalen Gang des Geschäftslebens wieder her. Dann legte er die Diktatur nieder und ging nach Brundisium, wo zwölf Legionen und ansehnliche Reiterei zum Entscheidungskampf mit Pompeius und dem Senat versammelt waren.

Pompeius hatte im Osten neun Legionen zusammengebracht und auf die Provinz Makedonien verteilt, außerdem waren aus allen Teilen des von Pompeius abhängigen Orients Kontingente von Leichtbewaffneten und Schiffsaufgebote herangezogen worden. Obwohl die Flotte des Pompeius das Ionische Meer beherrschte, konnte Cäsar mit sieben Legionen ungehindert übersetzen und an der Nordgrenze von Epirus landen. Von da aus drang er nach Apollonia vor und versuchte Dyrrhachium zu nehmen. Doch Pompeius war mit seiner Hauptmacht zum Schutz dieses wichtigen Platzes herbeigeeilt und ging am Apsus Cäsar gegenüber in Stellung. Als Marcus Antonius den Rest des Heeres aus Italien herüberbrachte und Cäsar zuführte, bezog Pompeius weiter nördlich am Genusus eine neue Stellung, ohne sich aber in eine Schlacht einzulassen. Er verfolgte den großzügigen Plan, Cäsar in Makedonien festzulegen, ihn von jeder auswärtigen Verbindung, auch von Italien, abzuschneiden und schließlich durch Aushungerung im feindlichen Lande zu bezwingen. Vergeblich versuchte Cäsar, den Gegner durch eine mächtige Umwallung einzuschließen; er konnte nicht verhindern, daß Pompeius mit zahlenmäßiger Überlegenheit die Sperrlinien durchbrach. Ein kühner Plan befreite ihn dann aus der hoffnungslosen Lage. Er gab seine Stellung auf und trat den Marsch nach Thessalien an, um dort von neuem die Schlacht anzubieten. Pompeius schlug die Gelegenheit aus, jetzt nach Italien überzusetzen und auf Rom zu marschieren, er folgte Cäsar nach Thessalien, ließ sich dort von den senatorischen Führern, die den Oberfeldherrn loswerden wollten und siegesgewiß auf eine rasche Entscheidung drängten, zum Verzicht auf seinen Kriegsplan bestimmen und bot dem Gegner die Feldschlacht an. In der Ebene von *Pharsalus* errang Cäsar im Sommer 48 mit 22 000 Mann einen vollen Sieg über die doppelt so starke Armee des Gegners. Pompeius ergriff die Flucht, als seine Linien zu wanken begannen, er hoffte im vorderen Orient neue Unterstützung zu finden. Cäsar verstand es, den militärischen Sieg durch Milde gegen die Besiegten zu einem großen moralischen Erfolg zu machen. Die Soldaten wurden in seine Armee aufgenommen, gefangene Senatoren und Ritter wurden entlassen, erbeutete Briefschaften, die angesehene Gegner kompromittiert hätten, wurden verbrannt. Das war ein neuer Beweis, daß alle Bürger im Reich des Siegers Aufnahme finden konnten. Unter dem Eindruck dieser Versöhnungspolitik traten nach Pharsalus manche angesehene Mitglieder der Nobilität auf Cäsars Seite, unter ihnen Marcus Junius Brutus, der Neffe Catos, wie dieser ein Republikaner strenger Prägung.

Doch Pompeius und andere Führer waren entkommen, die Kämpfe waren nicht abgeschlossen. Nur in einer, allerdings wesentlichen Hinsicht bedeutete Pharsalus eine Entscheidung. Die Verbindung des Pompeius mit dem Senat, die Cäsars Ringen um die Macht seit Jahren ungeheuer erschwerte, hatte einen vernichtenden Stoß erlitten, Pompeius hatte sich den Aufgaben seiner Stellung nicht gewachsen gezeigt. Ohne den Regenten und Oberbefehlshaber Pompeius konnte aber die senatorische Oligarchie dem Ansturm Cäsars auf die Dauer nicht standhalten. Mit guten Gründen hat daher die Überlieferung über den Bürgerkrieg, die sich in den Kreisen der senatorischen Gesellschaft bildete und uns in einem eindrucksvollen Epos, in der Pharsalia des Lucan, vorliegt, den Tag von Pharsalus als den Wendepunkt der ganzen römischen Geschichte dargestellt und Cäsars Sieg über Pompeius als den Aufgang der Monarchie im römischen Staate bezeichnet. In dieser Auffassung war das Eingeständnis enthalten, daß das senatorische Regiment der Republik, des Führers beraubt, dem Untergang geweiht war, auch wenn es noch einige heroische Verteidiger fand. Die Besiegten urteilen über die Bedeutung eines Kampfes meist richtiger als die Sieger: in diesem Falle haben sie gewiß recht gehabt.

VIII. Kapitel

Cäsars Monarchie und Weltreich

Durch den Sieg von Pharsalus hat Cäsar das Wirkungsfeld gewonnen, das sein Machtbewußtsein und seine Schöpferkraft seit langem erstrebten, das römische Reich. Durch seine Gesetzgebung im Konsulat, durch sein freies Schalten in den Provinzen hatte er zu erkennen gegeben, daß die Neugestaltung von Staat und Gesellschaft sein Ziel war. In einem während des Krieges um Dyrrhachium geschriebenen Briefe hatte er einem Führer der pompeianischen Partei gegenüber es als Hauptaufgabe bezeichnet, die Ruhe Italiens, den Frieden der Provinzen und die Sicherheit des Reiches herzustellen. Seit dem Siege von Pharsalus verfolgte er mit Leidenschaft diese Aufgabe und fühlte sich, wo er auch ans Werk ging, vom Vertrauen der Bevölkerung Italiens und der Provinzen getragen. Besonders die Griechen der östlichen Länder waren geneigt, den Sieger, der nach Überwindung des Pompeius den Orient zu regieren begann, als ihren Herrn anzuerkennen und seine Person, in der Geist und Macht in so vollkommener Vereinigung erstrahlten, als Erscheinung eines Gottes zu verehren. Aber eine bedeutsame Größe, die Cäsar in seiner programmatischen Äußerung nicht genannt hatte, Rom selbst, hielt sich von ihm zurück. Gewiß war die Stadt in seiner Gewalt und das Volk ihm untertan, *doch Rom als Staatsidee* stand ihm feindlich gegenüber. Der Gedanke einer von der stadtrömischen Aristokratie regierten Republik, die nach dem Vorbild der Väter den Erdkreis beherrschen sollte, fand immer noch überzeugte und todesmutige Vorkämpfer. Wohl sagte Cäsar, die Republik sei ein Nichts, ein Name ohne Körper und Gestalt; die Erfahrungen der vergangenen Jahrzehnte mußten diese Erkenntnis aufdrängen. Allein dieser Name besaß noch die magische Kraft, die Heere aufrief und Helden hervorbrachte. So bot sich das seltsame Schauspiel, daß jetzt die Verteidiger des gemeindestaatlichen Gedankens der Republik in den Provinzen dem Schöpfer des Reichsstaates gegenübertraten. Cäsar hat diese Kriege, die sich über Jahre hinzogen, erfolgreich bestanden, aber es war verhängnisvoll, daß durch diese Kämpfe die politische Wirksamkeit Cäsars in Rom immer wieder durchbrochen wurde, daß Hast und Überstürzung in seine Tätigkeit eindrangen, daß durch den fortgesetzten Widerstand der senatorischen Kreise der Abstand Cäsars von der Tradition schließlich zur unüberbrückbaren Kluft vertieft wurde.

Nach der Entscheidungschlacht war zunächst Pompeius selbst, dem viele Städte und Fürsten des Orients noch ergeben waren, der gefährlichste Gegner. Cäsar nahm daher vom Schlachtfeld weg seine Verfolgung auf und zog in den Provinzen, durch die er nun kam, sofort das Regiment an sich. Mit einem Teil seines Heeres – die Hauptmacht führte Antonius nach Italien zurück – ging er über den Hellespont nach Asien und gewährte der von den Pompeianern stark in Anspruch genommenen Provinz finanzielle Erleichterung. Er besuchte Ilion und bewilligte der Stadt Autonomie und Steuerfreiheit. Diese Ehrung vollzog er als Nachkomme des Trojaners Äneas, was er nach landläufiger Auffassung als Römer julischen Geschlechts war; die Römer, die seit langer Zeit mit der trojanischen Herkunft ihrer Stadtgründer den Gedanken der Weltherrschaft verbanden, mußten die Pietät gegen die berühmte Stadt der Ahnen als eine sinnvolle Geste verstehen. Zugleich folgte er in der Auszeichnung von Ilion dem großen Alexander, dessen Gestalt immer mehr vorbildliche Bedeutung für ihn gewann. Die griechischen Städte Asiens trugen kein Bedenken, den Römer, der die Größe und Herrlichkeit des schöpferischen Menschen ebenso zu verkörpern schien wie Alexander, „als Sohn des Ares und der Aphrodite, als sichtbar erschienenen Gott und Allretter des Menschenlebens“ zu verehren.

In Asien erhielt Cäsar die Nachricht, daß *Pompeius* weiter *nach Ägypten* geflohen war. Das Königreich Ägypten war seit vielen Jahren in Pompeius’ Schuld. Ptolemaios Auletes hatte 59 durch Vermittlung des Cäsar und des Pompeius in Rom seine Anerkennung als König erreicht; als er dann durch einen Aufstand der Alexandriner vertrieben wurde, hatte er sich an Pompeius gewandt, und dieser hatte den König 55 durch Aulus Gabinius, den Statthalter Syriens, zurückführen lassen. Pompeius durfte erwarten, daß auch die Nachkommen des Auletes, die jetzt in Ägypten regierten, sich seiner Verdienste erinnern würden. Als er sich dem Lande näherte, war gerade zwischen dem jungen Ptolemaios und seiner Schwestergemahlin Kleopatra ein Thronstreit ausgebrochen. Die Ratgeber des Königs, an den sich Pompeius wandte, sprachen sich gegen die Aufnahme des Flüchtlings aus und entschieden sich, um den Sieger Cäsar sich zu verpflichten, für die *Beseitigung des Pompeius.* Gewissenlos wie sie waren, ließen sie ihn, als er aus dem Boot ans Land treten wollte, meuchlings ermorden. So fand der einstige Herrscher des Orients an der Küste Ägyptens ein ruhmloses Ende. Als Cäsar, der von Rhodos aus mit einer kleinen Flottille die Verfolgung des Pompeius wiederaufgenommen hatte, bei Alexandria landete, wurden ihm Kopf und Siegelring des Pompeius entgegengebracht. Der Anblick des Toten erschütterte ihn tief. Der einzige Mann des Reiches, der durch seine persönliche Macht Cäsars Alleinherrschaft anfechten konnte, hatte sich, als die Entscheidung herannahte, zum Vorkämpfer der senatorischen Standesherrschaft, zum Verteidiger einer verlorenen Sache gemacht. Unfähig, der Oligarchie seinen Willen aufzuzwingen, war er in die Niederlage und schließlich in den Untergang getrieben worden.

Mit den geringen Kräften, die er bei sich hatte, betrat Cäsar die Stadt Alexandria. Er hatte sich früher für die Einziehung Ägyptens eingesetzt, das bei aller Abhängigkeit von Rom noch über eine ansehnliche Flotte verfügte, in der landwirtschaftlichen Produktion und im Indienhandel sichere Quellen des Reichtums besaß. Jetzt gedachte er den Thronstreit der ptolemäischen Dynastie für seine Interessen zu nützen, sei es auch nur zur Erhebung einer Kontribution. Da wurde er aber in überraschender Weise in den Krieg zwischen Ptolemaios und Kleopatra verwickelt. Es erweckte sogleich die Entrüstung der Alexandriner, daß er als Konsul des römischen Volkes die Angelegenheiten der streitenden Parteien vor sein Tribunal zog. Die feindselige Stimmung verstärkte sich, als Kleopatra durch die dem König ergebene Stadt in den Palast eindrang, wo Cäsar sich aufhielt, und den Römer, der in der jungen Königin die Bildung des angesehenen hellenistischen Herrscherhauses und die monarchische Tradition des ägyptischen Landes verkörpert sah, für sich gewann. Cäsar war nun erst recht gezwungen, den Thronstreit zu entscheiden. Seine für Kleopatra günstige Regelung trieb die Alexandriner, die vom leitenden Minister des Königs gegen den Römer aufgebracht wurden, zum offenen Widerstand. Das königliche Heer wurde in die Stadt gerufen und begann Cäsar im Palastviertel einzuschließen. In diesem *alexandrinischen Kriege*, in dem die Römer monatelang in einem engen Quartier der Stadt blockiert und zeitweise in schwere Bedrängnis gebracht wurden, war es die einzige Rettung für Cäsar, daß er die Verbindung mit der See gewann und aufrechterhielt. Auf diesem Wege gab er seinen Getreuen in den östlichen Provinzen Befehl zur Heranführung eines Entsatzheeres gegen Alexandria. Nach langem Warten erschien Mithridates von Pergamon, ein Cäsar ergebener kleinasiatischer Prinz, mit einem Heer von Syrien her in Ägypten und rückte vor die Hauptstadt. Die Königlichen zogen ihm entgegen, aber auch Cäsar gelang es, die Stadt zu verlassen und sich mit dem Entsatzheer zu vereinigen. Es kam zur Schlacht, die mit der Einnahme des ägyptischen Lagers und mit dem Tode des Königs Ptolemaios endigte. Darauf ergab sich auch die Hauptstadt dem römischen Sieger.

Cäsar erhielt jetzt genauere Nachrichten über die Fortschritte, die seine Gegner im Reiche während des alexandrinischen Krieges erzielt hatten. Die aus Pharsalus geretteten Reste der pompeianischen Armee hatten sich in Afrika wieder gesammelt, dort bereiteten die Führer der senatorischen Oligarchie einen neuen Krieg gegen Cäsar vor; in Kleinasien waren wichtige Provinzen verlorengegangen; in Italien und Rom versagte die von Cäsar zurückgelassene Regierung, so daß die ganze Stellung des Siegers gefährdet war. Trotz dieser ungünstigen Meldungen hat Cäsar noch einige Monate in Ägypten verbracht, durch die Liebe der

Königin Kleopatra wie durch einen Zauber festgehalten. Als es dann galt, die politischen *Folgerungen aus dem ägyptischen Aufenthalt* zu ziehen, verstand es Cäsar, auf besondere Weise sich Ägypten zu sichern. Er gab das Königreich an Kleopatra und ihren jüngeren Bruder, ließ aber eine römische Besatzung im Lande zurück und übertrug das Kommando einem Offizier, der nicht dem senatorischen Stand angehörte, sondern Sohn eines Freigelassenen war. Durch seine Verbindung mit Kleopatra und durch die Einsetzung eines ihm persönlich verpflichteten Befehlshabers gewann Cäsar das Land für sich, ohne daß Senat und Volk von Rom in die Angelegenheit hineingezogen wurden. Das war eine Anordnung, die auf die endgültige Annexion Ägyptens durch Augustus Einfluß gewonnen hat.

Nach dieser Regelung der ägyptischen Frage war Cäsars Erscheinen in Kleinasien dringend geboten. Dort hatte Pharnakes, Sohn des Mithridates Eupator und König des bosporanischen Reiches, nach der Überwindung des von Cäsar in Bithynien und Pontos zurückgelassenen Legaten das Land seiner Väter wieder an sich gebracht. Cäsar zog durch Palästina, Syrien und Kilikien, überall die treuen Fürsten und Städte belohnend, die Parteigänger des Pompeius durch Kontributionen bestrafend, nach Kleinasien. Bei *Zela* östlich vom Halys errang er im Sommer 47 über Pharnakes einen raschen Sieg, den er dem Senat mit der berühmten Depesche *veni vidi vici* meldete. Die Mühelosigkeit, ja Selbstverständlichkeit des Sieges betonte er im Hinblick auf die langen Kämpfe, die Lucullus und Pompeius gegen das Königreich Pontos geführt hatten. Die Anordnungen, die Cäsar nach dem Siege in Kleinasien traf, verfolgten den Zweck, Länder und Städte aus der Organisation des Pompeius in das Regiment Cäsars überzuführen. Die Provinzen Bithynien und Pontos wurden wiederhergestellt, die Abhängigkeitsverhältnisse der Klientelfürsten wurden geregelt; Pompeianer, die sich jetzt stellten, erhielten ihre Begnadigung. Vom Hellespont bis nach Ägypten war der Orient in Cäsars Macht übergegangen.

Nun war der Sieger frei für die Aufgaben in Italien und in Rom. Die *Stellung Cäsars in Rom* schien endgültig gesichert, seit die Nachrichten von der Niederlage des Pompeius und von seinem Untergang eingetroffen waren. Nach dem Tode des Pompeius hatten Senat und Volk eine Reihe von Ehrenbeschlüssen für Cäsar gefaßt, die ihm die persönliche Staatsführung sichern sollten. Cäsar war zum zweitenmal zum Diktator ernannt worden, wahrscheinlich wieder für die Dauer eines Jahres. Es war ihm das Recht zugesprochen worden, über Krieg und Frieden ohne Befragung von Senat und Volk zu entscheiden und die prätorischen Provinzen von sich aus an die Statthalter zu vergeben, Bewilligungen, die die auswärtige Politik und die Reichsverwaltung Cäsar anheimgaben. Die Vollmacht, die Kandidaten für alle Ämter, außer dem Volkstribunat und der plebejischen Ädilität, namhaft zu machen, mußte die Magistratur in Abhängigkeit vom Diktator bringen. Cäsar konnte, solange er im Osten stand, von diesen Kompetenzen nur geringen Gebrauch machen. Immerhin trat er, obwohl außerhalb Italiens stehend, die Diktatur an, machte Marcus Antonius zu seinem Reiteroberst und übertrug ihm damit die leitende Stellung in Rom. Dieser zügellose Mann war den Schwierigkeiten, die sich bald einstellten, auf die Dauer nicht gewachsen. Es zeigte sich, daß die Cäsarianer ohne Cäsar nicht die Neugestaltung des Staates, sondern nach Art der Catilinarier den Umsturz betrieben. Der Tribun Dolabella agitierte für Schuldenerlaß, es kam zu Tumulten in der Stadt, die in Kampanien stehenden Legionen wurden in die Bewegung hineingezogen und begannen zu meutern. Die Folge dieser Vorgänge war, daß die noch abseits stehenden Teile der Bürgerschaft von Cäsars Rückkehr ein Schreckensregiment nach dem Vorbild Sullas befürchteten.

So fand Cäsar, als er im Herbst 47 in Tarent landete, eine schwierige Lage vor, doch schon auf dem Wege nach Brundisium gab er einen Beweis seiner über alle Parteiungen erhabenen herrscherlichen Größe. Hier stellte sich ihm Cicero, der sich ihm zu Beginn des Bürgerkrieges versagt hatte. Cäsar gestaltete die Begnadigung Ciceros zu einer Huldigung vor diesem Feinde, dessen Widerstand er achtete und auch jetzt nur durch freundschaftliche Bemühung zu brechen suchte. In Rom angelangt, zügelte Cäsar die aufrührerischen Elemente. Antonius, der sich so schlecht bewährt hatte, wurde aus der leitenden Stellung verdrängt. In der Bändigung der meuternden Legionen, die aus Kampanien nach Rom stürmten, erwies Cäsar, wie Alexander der Große in Opis, die Kunst der bedingungslosen Menschenbeherrschung. Gedemütigt und zerknirscht baten die Soldaten, die sich dem Dienste hatten entziehen wollen, um Einstellung für den bevorstehenden Krieg in Afrika. Die *Vorbereitung des afrikanischen Krieges* war jetzt die wichtigste Aufgabe, alles übrige mußte auf später verschoben werden. Durch Anleihen bei italischen Gemeinden, aber auch bei Privatleuten, verschaffte sich Cäsar die für den Krieg nötigen Mittel. Für die Dauer seiner Abwesenheit regelte er auf Grund der ihm übertragenen Vollmachten die Regierung. Er selbst ließ sich zusammen mit Lepidus für das Jahr 46 in das Konsulat wählen, die übrigen Ämter wurden an Anhänger gegeben, der Senat wurde durch Getreue ergänzt. So wurde die bestehende Verfassung den Absichten Cäsars dienstbar gemacht.

Unterdessen war in Afrika der Kampf der Oligarchie gegen Cäsars Regiment ungestört organisiert worden. Von Pharsalus her war Metellus Pius, der angesehenste, doch unfähigste unter den senatorischen Führern, in Afrika gelandet. Cato hatte eine Truppenabteilung über Korfu nach Cyrenaica gebracht, um sie Pompeius zur Verfügung zu stellen. Nach dem Tode des Oberfeldherrn führte er das Heer unter starken Verlusten durch das Syrtengebiet in die Provinz Afrika; Pompeius' Söhne Gnäus und Sextus kamen mit ihm an. Auch Titus Labienus, Cäsars Legat aus dem gallischen Kriege, der sofort beim Ausbruch des Bürgerkrieges zu Pompeius übergetreten war, und die von Cäsar im Jahre 49 aus Spanien entlassenen Pompeianer Afranius und Petreius wirkten bei der Sammlung der Streitkräfte in Afrika mit. Der Proprätor der Provinz trat zu den Pompeianern über, der König Juba von Numidien, ein persönlicher Feind Cäsars, schloß sich an. So kam ein großes Heer zusammen, dessen Oberbefehl Metellus Pius übernahm, auch eine stattliche Flotte stand zur Verfügung. Die Streitkräfte schienen hinzureichen nicht nur zur Verteidigung des Landes, sondern sogar zu einem Vorstoß nach Italien. Die Unzufriedenen in Rom und im ganzen Reich setzten ihre Hoffnung auf den neuen Waffengang.

Cäsar, der die Gefahr erkannte, hat seinen Aufenthalt in Rom fast ganz der Vorbereitung dieses neuen Krieges gewidmet. Im Spätjahr 47 fuhr er von Lilybäum aus nach Afrika hinüber und landete, da Utica vom Gegner besetzt war, an der Ostküste der Provinz bei Hadrumetum. Südlich von dieser Stadt bezog er eine feste Stellung und hielt sie gegen leichte Angriffe, auf seine Verbindung mit der See gestützt. Es kam zu einem längeren Stellungskrieg, da die Gegner, ihre vorteilhafte Lage ausnützend, die Schlacht ablehnten. Cäsar begann, wie seinerzeit in Spanien, unter den Soldaten des feindlichen Heeres und unter den Städten der Provinz für seine Sache mit Erfolg zu werben. Nach dem Eintreffen von Verstärkungen gab er seine Stellung auf und marschierte auf *Thapsus*. Um diese Stadt entspann sich eine erbitterte Schlacht, die mit der Vernichtung der Pompeianer endete, zumal die Soldaten Cäsars, um endlich ganze Arbeit zu machen, schonungslos vorgingen. Von den Führern der Pompeianer waren einige gefallen, einige kamen auf der Flucht ums Leben, andere, wie Labienus und die Söhne des Pompeius, gelangten nach Spanien, wo bereits eine cäsarfeindliche Bewegung in Gang gekommen war. Was sonst noch an feindlichen Kräften in Afrika stand, wurde von Cäsar nach dem Siege von Thapsus rasch überwunden. Numidien, dessen König Juba den Krieg gegen Cäsar so wesentlich unterstützt hatte, wurde von Cäsar in Besitz genommen, der größere Teil des Landes wurde als Africa nova römische Provinz. Sallust, der leidenschaftliche Verfechter der Sache Cäsars, erhielt als erster die Verwaltung des neugewonnenen Landes.

Einer von den Gegnern in Afrika ist allerdings von Cäsar nicht überwunden worden. *Marcus Porcius Cato* hatte das Kommando in Utica, während bei Thapsus die Entscheidung fiel. Als Cäsar nach der Schlacht gegen Utica heranrückte, entzog sich Cato durch freiwilligen Tod der Unterwerfung unter den Sieger und zugleich der Begnadigung durch den Herrscher. Das war im stoischen Sinne ein ruhmvolles Ende. Viele waren mehr als Anhänger des Pompeius denn als Republikaner gefallen; von Cato wußte man, daß er nur für die Republik gekämpft hatte, und daß er abgegangen war, als er im römischen Reiche keinen Raum mehr für die politische Tugend des Republikaners sah. So fanden sich denn im Namen Catos alle zusammen, die auch im monarchischen Staat Cäsars und seiner Nachfolger ihre republikanische Gesinnung bewahrten.

Nach der Schlacht von Thapsus war Cäsar Herr des römischen Reiches. Fast alle Provinzen hatte er durchzogen und seinem Regiment unterstellt; die feindliche Bewegung in Spanien war noch nicht so bedeutend, daß ein persönliches Eingreifen erforderlich war. Jetzt endlich konnte er an die Ausführung seines Werkes in Rom gehen, sollte dies nun die Wiederherstellung der Verfassung oder die vollkommene Neugestaltung des Staates sein. Mit großen Erwartungen sahen alle Stände und Parteien seiner Rückkehr entgegen. Die Anschauungen einer idealistischen Gruppe von Senatsgegnern hat *Sallust* in einem zweiten Sendschreiben zum Ausdruck gebracht, das er wohl nach der Schlacht von Thapsus an Cäsar richtete. Sallust ist wie seine Gesinnungsgenossen überzeugt, daß Cäsar allein den Staat zu retten vermag. Er legt dem Herrscher nahe, sein politisches Werk in überlegener Haltung durchzuführen, frei vom Zwang der Oligarchen, zugleich unabhängig von den unzuverlässigen Leuten in seinem eigenen Lager, die sich immer noch mit catilinarischen Gedanken tragen. Das neue Regiment müsse Luxus und Sittenverderbnis unterdrücken, ja das ganze Geldverleihgeschäft aufheben, das als Ursprung alles moralischen und materiellen Übels gebrandmarkt wird. Das Volk solle der Arbeit zugeführt, die Jugend in strenger Zucht gehalten werden. Italien und die Provinzen solle Cäsar sichern durch gerechte Regelung des Kriegsdienstes und durch Fürsorge für die Veteranen. In diesen Ausführungen waren wichtige politische Fragen gar nicht berührt. Die hohen sittlichen Forderungen aber, die Sallust in seiner Schrift vortrug, entsprangen dem Glauben an Cäsars erhabene Sendung und enthielten ein klares Bekenntnis zu seiner persönlichen Staatsführung.

In der senatorischen Gesellschaft konnte Cäsar eine so rückhaltlose Hingabe an seine Person nicht voraussetzen. Die Opfer des Bürgerkrieges waren hier nicht vergessen, die Befürchtungen, die Cäsars verfassungswidriges Vorgehen immer schon geweckt hatte, noch nicht überwunden. Als aber Cäsar nach der Rückkehr aus Afrika neue Beweise seiner Versöhnungspolitik gab, wurde ihm auch von seiten der Aristokratie Vertrauen entgegengebracht. Dieses immer noch bedingte Vertrauen der senatorischen Gesellschaft hat *Cicero* in der Rede ausgesprochen, die er im Senat nach der Begnadigung des angesehenen Pompeianers Marcus Claudius Marcellus gehalten hat. Der Ruhm des Siegers und die Milde des Herrschers werden vom Sprecher des Senats in panegyrischen Worten gepriesen. Die Rettung der Gemeinschaft wird als seine Aufgabe bezeichnet, aber die Maßnahmen, die dafür erforderlich scheinen, bewegen sich ganz im Rahmen des Verfassungsstaats. Mit allem Nachdruck wird der Machthaber auf den versöhnlichen Kurs, auf die Politik des inneren Friedens festgelegt. Das sind offenkundig die Voraussetzungen, unter denen Cicero eine Zusammenarbeit mit dem Sieger für möglich hielt.

Durch eine Reihe von Beschlüssen waren Cäsar nach der Schlacht von Thapsus ungewöhnliche Ehrungen und Rechte übertragen worden. Ein vierzigtägiges Dankfest und ein vierfacher Triumph waren ihm bewilligt; er war für zehn Jahre zum Diktator ernannt und erhielt für drei Jahre die sittenrichterlichen Befugnisse des Censors. Auch das Recht, außerordentliche Magistrate zur Wahl zu bestimmen, war ihm zugesprochen. Diese Vollmachten gaben dem Diktator auf lange Sicht die Gestaltung des Staates anheim. Als der Sieger nach der Rückkehr von Afrika die Befürchtungen, die da und dort noch vorhanden waren, zerstreut hatte, feierte er im Herbst 46 den Triumph über Gallien und Ägypten, über Pharnakes und Juba mit unerhörtem Glanz und gab dem Volke von Rom mit herrscherlicher Freigebigkeit Anteil an seinen Erfolgen. Dann ging er an die Gesetzgebung, indem er die ihm übertragenen Vollmachten, aber auch die üblichen verfassungsmäßigen Mittel – Edikt, Senatsbeschluß und Volksgesetz – in Anspruch nahm. Er veranlaßte die Versorgung seiner Veteranen mit Geld und mit Land, ohne dabei das gewaltsame Vorgehen Sullas zu wiederholen. Die *Regeneration der Bürgerschaft*, die von allen Seiten erwartet wurde, nahm er in Angriff. Die Zahl der Getreideempfänger wurde von 320 000 auf 150 000 herabgesetzt, ein Zeichen, daß das unbemittelte Volk der Stadt großenteils der Arbeit zugeführt war. Die politischen Vereine, die das Leben in der Stadt unsicher machten, wurden aufgelöst. Die besitzenden Klassen wurden durch ein Aufwandsgesetz zur Einschränkung des Luxus angehalten. Im Gegensatz zu den Erwartungen mancher Anhänger, wie des Sallust, bestimmte Cäsar, daß die Gerichtshöfe künftighin nur aus Senatoren und Rittern zusammengesetzt werden sollten. Eine Reihe von Verfügungen diente der Förderung des Bürgerlandes Italien, das im Norden jetzt bis an die Alpen reichte. Den in Italien ansässigen Bürgern zwischen dem zwanzigsten und vierzigsten Lebensjahr wurde verboten, das Land länger als drei Jahre zu verlassen, Senatorensöhne durften nur im staatlichen Auftrag außer Landes gehen. So sollten die wertvollsten Teile der Bürgerschaft in Italien zusammengehalten werden. Es wurde angeordnet, daß in der Weidewirtschaft Italiens ein Drittel der Arbeitskräfte aus freien Bürgern bestehen sollte, eine Maßnahme, die die schädliche Auswirkung des Sklavenbetriebs einschränkte. Die Städteordnung des Landes wurde in Fortsetzung des bisherigen Entwicklungsgangs einheitlicher gestaltet, doch können wir den gesamten Inhalt der *lex Julia municipalis*, soweit sie von Cäsar verwirklicht war, nicht mehr wiederherstellen.

Diese Bestimmungen zeugten von ernster Fürsorge für die Bürgerschaft, allerdings war in ihnen kein Anzeichen dafür enthalten, daß den Komitien die politische Rolle der alten Zeit, dem Senat die hergebrachten Kompetenzen belassen oder zurückgegeben werden sollten. Cicero und seine politischen Freunde sahen sich in der Erwartung einer republikanischen Restauration getäuscht. Es mußte geradezu befremden, mit welcher Weitherzigkeit Cäsar Provinzialen das Bürgerrecht verlieh, wie unbedenklich er Parteigänger, die seiner Sache gedient hatten, in den Senat aufnahm. So gewannen die *Befürchtungen der senatorischen Kreise* neue Nahrung; vorläufig wurde aber die Mißstimmung durch den Eindruck der umfassenden Tätigkeit des Diktators noch niedergehalten. Fand er doch neben den erwähnten Maßnahmen noch Zeit, die Reform des römischen Kalenders zu veranlassen und zu beaufsichtigen. Durch die Übernahme des seit uralter Zeit in Ägypten geltenden Sonnenjahres zu 365¼ Tagen und der damit verbundenen Schaltordnung gab der Julianische Kalender der römischen Welt eine feste Zeitrechnung, in der das bürgerliche Jahr in Einklang mit astronomischen Tatsachen gebracht war. Die Reform war ein im alltäglichen Leben spürbarer Eingriff, ein Akt, der den Pontifex maximus Cäsar im ganzen Reich als Gebieter erkennen ließ.

Diese gesetzgeberische Tätigkeit wurde noch einmal unterbrochen durch den *Krieg in Spanien.* Die Statthalter, die Cäsar nach der Unterwerfung des Landes 49 zurückgelassen hatte, erwiesen sich als schlechte Verwalter. Im südlichen Spanien war bald eine Bewegung für Pompeius in Gang gekommen, die wohl sogleich bekämpft, doch nicht überwunden wurde. Nach der Schlacht von Thapsus fand der junge Gnäus Pompeius Aufnahme im südlichen Spanien und wurde von zwei Legionen als Imperator anerkannt, dazu kamen noch Sextus Pompeius, Labienus und die übrigen Pompeianer. Durch Einstellung von Provinzialen und andere Maßnahmen wurde eine große Armee gegen Cäsar zusammengebracht. Die Lage war so bedrohlich, daß Cäsars Legaten das Eingreifen des Diktators forderten. Cäsar setzte vor seinem Abgang aus Rom eine Art stellvertretender Regierung ein: acht Stadtpräfekten führten an Stelle der Prätoren, Quästoren und Ädilen die Geschäfte unter der Aufsicht des Lepidus als Magister equitum. Cäsar selbst war für das Jahr 45 zum alleinigen Konsul gewählt worden und gedachte das Amt mit der Diktatur zu verbinden.

Nach dieser Regelung, die der republikanischen Ordnung widersprach und monarchische Methoden unverhohlen erkennen ließ, unternahm Cäsar im Winter 46/45 die Niederwerfung der letzten Erhebung im Reiche. Das Heer, das er mit sich nach Spanien nahm, war nicht eben groß, vor allem nicht so kampftüchtig wie die Veteranenlegionen der früheren Jahre, doch bildete es zusammen mit den treugebliebenen Legionen in Spanien eine bedeutsame Armee. Mit diesen Kräften führte Cäsar im südlichen Spanien den Winterfeldzug, der nur kleine militärische Erfolge, dafür aber das politisch wichtige Ergebnis erzielte, daß der Anhang der Pompeianer im Lande ins Wanken geriet. Sobald Gnäus Pompeius die Schlacht bot, ergriff Cäsar die Gelegenheit zur Entscheidung. Bei *Munda* wurde im Frühjahr 45 eine mörderische Schlacht geschlagen, in der Cäsar selbst, auch hierin heldisch wie Alexander, im Nahkampf mitfocht; das Ringen endete mit dem vollen Siege Cäsars. Gnäus Pompeius wurde auf der Flucht getötet. Die örtlichen Widerstände im Lande wurden rasch niedergeworfen, nur Sextus Pompeius wußte sich durch Flucht dem Sieger zu entziehen.

Die Anordnungen, die Cäsar nach dem Siege in den spanischen Provinzen und auf der Rückkehr auch im narbonensischen Gallien traf, bildeten die Fortsetzung der Verfügungen, die er vor dem Kriege in Rom zugunsten der Untertanen erlassen hatte. Eine Reihe von römischen Bürgerkolonien wurde in Spanien, besonders in dem der städtischen Kultur schon lange erschlossenen Gebiet des Bätis, begründet. Auf Ländereien, die den pompeianisch gesinnten Gemeinden abgenommen wurden, erstanden durch Ansiedlung von Veteranen und römischen Proletariern neue Bürgerstädte, umgekehrt wurden Gemeinden, die sich für Cäsar eingesetzt hatten, in Belohnung ihrer Treue mit dem Bürgerrecht ausgezeichnet. Zu den alten römischen Siedlungen Italica, Corduba und Valentia kamen die Kolonien Hispalis und Urso im Bätisland, Carthago Nova und Tarraco am Mittelmeer, Gades als Municipium am Ozean. In der narbonensischen Provinz wurde die Kolonie Arelate gegründet und Forum Julii als Kriegshafen angelegt; gallische Gaustaaten der Provinz erhielten das latinische Recht, das bedeutete, daß die Beamten dieser Gemeinden für sich und für ihre Familien das Bürgerrecht empfingen und so in einem fortgesetzten Auslesevorgang eine Oberschicht von Römern hervorbrachten. Die neuen Kolonien und Municipien dienten nicht nur der Sicherung der Heerstraßen und der Verteidigung des Reiches, sondern auch der Durchdringung weiter Gebiete mit Zellen lateinischen Lebens. Deutlicher als aus den früheren Maßnahmen hob sich aus diesen Gründungen die neue Auffassung von dem Verhältnis zwischen Bürgerschaft und Untertanen ab: den Staat Cäsars sollten nicht nur Rom und Italien, sondern alle Länder des Reiches bilden, durch Anlage von

Bürgerkolonien in den Provinzen sollten auch die Untertanen einer neuen Stellung im Reichsstaat zugeführt werden.

Nach dem Sieg von Munda sind in Rom weitere Beschlüsse zu Ehren Cäsars gefaßt worden und dieser selbst hat nach seiner Rückkehr entscheidende Maßnahmen getroffen, die die letzten Ziele der politischen Neugestaltung erkennen ließen. Die Stellung, die Cäsar im Staat auf die Dauer einzunehmen gedachte, und die Funktion, die er dem Senat, den Magistraten und dem Volk zuteilen wollte, hoben sich ebenso deutlich ab wie das Verhältnis, das zwischen Rom, Italien und den Provinzen gelten sollte, und die ins Auge gefaßte Weltstellung des römischen Reiches. In der neueren Forschung gehen allerdings die Urteile über Cäsars Gesamtwerk weit auseinander. Während Mommsen die Monarchie auf demokratischer Grundlage verwirklicht sah, wollte Eduard Meyer ein hellenistisches Gottkönigtum im Rahmen eines die ganze Welt umfassenden Reiches erkennen. Im Gegensatz zu dieser Deutung stehen neuerdings die Auffassungen anderer, besonders englischer Historiker, so die von F. E. Adcock, der Cäsar als einen Imperator der ausgehenden Republik versteht, wie es andere vor ihm gegeben habe, und die von R. Syme, der die Meinung vertritt, Cäsar sei mehr als Pompeius und Augustus ein echter Römer gewesen. So starke Schwankungen des Urteils sind überraschend, denn die Grundlagen unseres Wissens sind tragfähiger als vielfach angenommen wird. Es ist gewiß richtig, daß die von Cassius Dio berichteten Senatsbeschlüsse für Cäsar zunächst nur wiedergeben, was ein übereifriger Senat dem Diktator übertragen wollte, und noch nicht das, was dieser dann auch angenommen hat. Aber wir besitzen für die letzten Fragen durchaus verläßliche Nachrichten, besonders aus dem Mund des Zeitgenossen Cicero, und gewinnen so das Bild einer Herrscherstellung, die wesentlich über das Regiment des Sulla und des Pompeius hinausgeht, und die Umrisse eines Reichsgedankens, der die Schranken der vom Senat geführten Republik weit hinter sich läßt.

Cäsar hat auf der Höhe seiner Macht die von ihm bekleideten *Ämter* und *Vollmachten* bis in die Tiefe auszuschöpfen verstanden. Seit dem Jahre 63 Pontifex maximus, hat er nicht nur die

Leitung des staatlichen Kultes in Anspruch genommen, sondern in diesem Amt, dessen Träger auf Lebenszeit unabsetzbar ohne gleichgeordneten Kollegen wirken konnte, uralte, im Lauf der Zeit verschüttete Werte wieder ans Licht gebracht. Wenn der Senat die Stellung eines Oberpriesters nun auch dem Nachkommen Cäsars, sei es ein leiblicher oder adoptierter Sohn, zusprach, so kann dies wohl als ein Zeichen dafür gelten, daß der Herrscher im Oberpontifikat eine Art erblichen Priesterkönigtums sehen wollte. Was Cäsar aus dem Konsulat zu machen verstand, hatten Gegner und Freunde längst erfahren. Im Amt der Diktatur hat er eine Umwälzung bis auf den Grund gewagt. Die nach Thapsus auf zehn Jahre übernommene Diktatur hielt sich insofern noch an das Herkommen, als sie Jahr für Jahr niedergelegt und neu übernommen wurde. Aber bald nach der Rückkehr aus Spanien ist Cäsar die lebenslängliche Diktatur zugesprochen worden, im Februar 44 hat er von dieser Ermächtigung Gebrauch gemacht und sich *dictator perpetuus* genannt. Damit fiel die Abdankung und mit ihr die Schranke, die im republikanischen Staat vor der Monarchie aufgerichtet war. Cäsar war jetzt Alleinherrscher und machte sein eigenes Wort wahr, die *res publica* sei ein bloßer Name ohne Körper und Gestalt. Es ist keine Frage, daß er mit dieser Entscheidung den Widerstand geradezu herausgefordert hat. Cäsars Anhang allerdings nahm keinen Anstoß daran, die militärische Grundlage der Stellung des Diktators offen anzuerkennen; der Senat sprach ihm das Recht zu, die Bezeichnung Imperator als Eigennamen zu führen. Die Urkunden zeigen allerdings, daß Imperator nur als Titel, nicht als persönlicher Name gebraucht worden ist, aber auch der Titel machte in ungewöhnlicher Weise den Inhaber der höchsten Befehlsgewalt, den dauernden Kriegsherrn, kenntlich. Das Volkstribunat dagegen hat der Patrizier nicht voll in Anspruch genommen. Zu Beginn des Jahres 44 ließ er sich die mit diesem Amt verbundene *sacrosanctitas* bewilligen und machte sich so zum Träger der Majestät des römischen Volkes, aber er gründete seine Stellung doch nicht auf die Volksrechte und suchte nicht die demokratische Monarchie. Seine Herrschaft ruhte zuletzt in seiner Persönlichkeit selbst, in der Abkunft von Göttern und Königen, auf die er schon zu Beginn seiner Laufbahn vielsagend hingewiesen hatte, in dem Bewußtsein einzigartiger Schöpferkraft und Würde, das er nie verborgen hat. Daß er den ganzen Staat in sich trug, sollte der Name „Vater des Vaterlandes“ bekunden. So ließ er sich denn auch von Senatoren und Rittern einen persönlichen Treueid schwören, sprach offen von dem höchsten Geltungsanspruch, der ihm zukomme, und verlangte unumwunden, die Menschen müßten sich daran gewöhnen, bedächtiger mit ihm zu reden und seine Worte als Gesetze hinzunehmen.

Dieses Selbstbewußtsein Cäsars kommt der königlichen Persönlichkeit nahe, die bei den Griechen in Theorie und Praxis als Voraussetzung der Monarchie galt. Bei Platon und Aristoteles, bei Alexander dem Großen und seinen Nachfolgern wurde der schöpferische Mensch als Träger höchster Kraft und vollkommener Weisheit zum Gesetz selbst. In einer Zeit, in der die alte Götteranschauung sich aufzulösen begonnen hatte, setzte man den absoluten Herrscher, den Gestalter des Gemeinschaftslebens, den Göttern gleich und ehrte ihn durch Opfer, Priesterschaften und Tempel. In den hellenistischen Ländern war der Herrscherkult eine staatliche Einrichtung, hier sind die römischen Großen vielfach als Nachfolger der Könige kultischer Verehrung teilhaftig geworden. Das römische Bürgervolk kannte diese Vergottung des lebenden Herrschers nicht, aber es verehrte von alters her den Genius als die zeugende Kraft des Mannes und hatte keinen Anstoß daran genommen, daß einzelne Bürger dem Genius des Gaius Marius, der Rom aus tödlicher Gefahr befreit hatte, neben den Hausgöttern Opfer darbrachten. Daß der Stadtgründer Romulus als Quirinus unter die Götter eingegangen war, galt als fester Bestandteil des staatlichen Glaubens. Auf dieses Denken der römischen und der griechischen Welt gestützt, hat Cäsar im Bewußtsein seiner Hoheit *kultische Ehren* empfangen. Lassen wir manche auf die Vergöttlichung des Diktators abzielende Beschlüsse beiseite und halten wir uns nur an die Ehrungen, die Cicero als verwirklicht bezeugt, so ergibt sich, daß die Statue Cäsars im Tempel des Quirinus aufgestellt, daß der Vater des Vaterlandes also zum Tempelgenossen des Stadtgründers erhoben wurde. Bei den Zirkusspielen wurde in der feierlichen Prozession, in der nach alter Sitte die Bilder der Götter einhergetragen wurden, die Elfenbeinstatue Cäsars mitgeführt, nicht zur reinen Freude des Volkes, wie Cicero bemerkt. Auf den Münzen erschien an Stelle eines Götterkopfes das Bildnis Cäsars. Schließlich wurde er auf Senatsbeschluß als *Juppiter Julius* unter die Staatsgötter aufgenommen, und es wurde für diesen Kult ein besonderer Priester eingesetzt, so wie Juppiter, Mars und Quirinus je einen besonderen Priester hatten. Marcus Antonius war zu diesem Priestertum bestellt, an dieser Tatsache lassen die Worte Ciceros keinen Zweifel aufkommen. So hat die Alleinherrschaft Cäsars, ihrer persönlichen Begründung entsprechend, im staatlichen Kult Ausdruck erhalten.

Diese unumwundene Autokratie hat durch ihr bloßes Dasein und Wirken die *Organe der Republik* stark entwertet. Zwar blieben die Magistrate erhalten und wurden von den Komitien gewählt, jedoch konnte von freier Wahl nicht mehr die Rede sein. Die Zahl der Amtsträger wurde erhöht, wie es die sachlichen Bedürfnisse nahelegten oder die Ansprüche der vielen Parteigänger, die belohnt sein wollten, notwendig machten. Im Jahre 45 hatte man 40 Quästoren und 16 Prätoren. Beim Konsulat hielt der Diktator an der Zweizahl fest, behalf sich aber damit, daß er Konsuln während des Amtsjahres abtreten und den Platz für Ersatzmänner freimachen ließ. Die Art und Weise, wie dies geschah, brachte es der bisher regierenden Schicht zum Bewußtsein, daß die Magistrate nur noch Kreaturen des Machthabers waren. Der Senat, einstmals „eine Versammlung von Königen“, wurde durch Cäsars Eingriffe in seiner Zusammensetzung und Funktion wesentlich verändert. Durch die Bezeichnung der Kandidaten für die Beamtenwahlen hatte er schon seit Pharsalus zahlreiche Anhänger auf dem Weg über die Quästur in den Senat gebracht. In den Jahren 45 und 44 hat er in Ausübung der ihm übertragenen censorischen Befugnis viele Neuernennungen vorgenommen und so die Körperschaft auf 900 Mitglieder vermehrt. Die neuen Senatoren entstammten fast durchweg dem Ritterstand, vor allem den wohlhabenden Familien der italischen Städte, vereinzelt wurden auch Provinzialen berufen, so Männer aus der Oberschicht Galliens. Es war offenkundig Cäsars Wille, daß im Senat nicht mehr die stadtrömische Aristokratie dominieren, sondern die führende Gesellschaft von ganz Italien und die Elite der Provinzen vertreten sein sollten. Die Nobilität war erbittert über diese Zurücksetzung und bezeichnete die Neuen als Emporkömmlinge und Halbbarbaren. So verzerrt dieses Urteil war, daran ist doch festzuhalten, daß der Senat Cäsars zum Sprachrohr des Herrschers wurde, daß die Versammlung mit ihren Beschlüssen in Sachen der Finanzverwaltung und Staatsreform, des Kultus und der auswärtigen Politik den Willen dessen vollzog, der das Recht besaß, an jeder Sitzung auf dem Platz zwischen den Konsuln teilzunehmen und immer als erster seine Meinung zu sagen. Daß der alte Herrenstand seinen Vorrang verloren hatte, mochte verdient sein. Daß es aber überhaupt keinen unabhängigen Senat mehr geben sollte, war ein Verlust an römischer Substanz.

Auch die Volksversammlung ist im Zeichen der Diktatur politisch bedeutungslos geworden. Auf der andern Seite wurden die Lebensenergie des Bürgervolkes und die formende Kraft des lateinischen Wesens im Neubau des *Reichsstaates* voll eingesetzt. Mit derselben Großzügigkeit, mit der er die Transpadaner in die Civitas hatte aufnehmen lassen, hat Cäsar das Bürgerrecht an einzelne verdiente Untertanen, an auswärtige Gemeinden und an ganze Berufsstände gegeben, wie an die in Rom ansässigen Ärzte und Lehrer der freien Künste, die zumeist den hellenistischen Ländern entstammten. Aus dem übervölkerten Rom sollte die Bürgerschaft in die Provinzen hineinwachsen, auch die altgedienten Soldaten sollten bei diesem Prozeß einer friedlichen Durchdringung der Untertanenländer ihre Rolle spielen. Hatten schon Gallien und Spanien Kolonien und Municipien erhalten, so griff nun die Latinisierung von Italien hinüber nach Sizilien und Afrika. Sizilien, die älteste Reichsprovinz, erhielt das latinische Recht, in Afrika erstanden mehrere Kolonien, auf dem Boden von Karthago wurde in Wiederaufnahme des gracchischen Gedankens eine Bürgerkolonie durch Ansiedlung von Veteranen und stadtrömischen Proletariern in Aussicht genommen. Selbst in einigen östlichen Provinzen, in Kleinasien und Griechenland, wurden Kolonien als Vorposten der Bürgerschaft angelegt; eine vorwiegend von römischen Freigelassenen beschickte Kolonie erhob sich auf dem Boden von Korinth. Im ganzen sind aus der damals etwa eine Million umfassenden Bevölkerung der Hauptstadt gegen 80 000 Bürger, die Freigelassenen eingeschlossen, in die Provinzen umgesiedelt worden. Diese planmäßige Durchsetzung der Länder mit römischen Elementen sollte dazu beitragen, die besten Kräfte der Provinzen für die Bürgerschaft der Zukunft zu gewinnen. Ein Vorspiel solchen Ausgleichs der Reichsbewohner vollzog sich bereits im Heeresdienst. Für die Armee, die im Hinblick auf weitere Kriegsunternehmungen jetzt auf die ungeheure Stärke von 39 Legionen (etwa 200 000 Mann) gebracht wurde, reichte das Bürgervolk nicht mehr aus. So wurden Untertanen aus dem Osten und Westen in die Abteilungen der Leichtbewaffneten und der Reiterei, aber auch in den Legionsverband eingestellt. In diesem Fall wurde dem Herkommen, das nur Bürgerlegionen kannte, insofern Rechnung getragen, als die in die Legionen eintretenden Untertanen bei der Aufnahme in die Truppenkörper das Bürgerrecht erhielten. Dem Blick des Staatsmannes, der die Leistungsfähigkeit der Völker in allen Provinzen erfahren hatte, zeichnete sich in vollem Gegensatz zu der stadtstaatlichen Beschränkung der senatorischen Politik das Bild einer umfassenden Reichsbürgerschaft ab.

Nach außen hin sollte das Reich nun eine sichere Stellung und einen klaren Abschluß erhalten. Cäsar trug den Plan, in einem *letzten Krieg* die beiden Machtkerne zu vernichten, die die östlichen Provinzen bedrohten, den dakischen Staat des Burebistas nördlich der unteren Donau und das Reich der Parther. Mit der gewohnten Umsicht traf er für das gewaltige Unternehmen, das den römischen Ruhm vollenden sollte, Vorbereitungen in großem Stil. Legionen wurden bereitgestellt, Apollonia an der adriatischen Küste Makedoniens wurde als Operationsbasis für den dakischen Feldzug in Aussicht genommen. Mit dem Volksbeschluß des Partherkrieges, der zu Beginn des Jahres 44 gefaßt wurde, war dem Diktator das Recht zugesprochen, die Beamten für drei Jahre, die vermutliche Dauer des Krieges, zu bestellen. Daß Cäsar die Absicht gehabt habe, die Länder des ganzen Alexanderreiches zu erobern und in Verbindung mit einer solchen Verschiebung des Schwergewichts nach dem Osten die Hauptstadt des Reiches nach Alexandria in Ägypten zu verlegen, ist doch wohl nicht anzunehmen, so stark auch das Vorbild Alexanders auf ihn gewirkt haben mag. Jedenfalls sprechen bedeutsame Maßnahmen und gesicherte Planungen der Jahre 45 und 44 dafür, daß Rom und Italien weiterhin die Mitte des Reiches bilden sollten. Durch die Bautätigkeit Cäsars erhielt Rom gerade jetzt das Gesicht der Haupt- und Residenzstadt. Neben das Forum Romanum, den Markt der Republik, trat als Gründung des Herrschers das Forum Julium; ein neues Rathaus, die Curia Julia, wurde in Angriff genommen. Es war geplant, das Marsfeld als Wohnquartier zur Stadt zu schlagen. Ostia sollte zu einem großartigen Hafen ausgebaut, die pontinischen Sümpfe in Latium und der Fucinersee in Mittelitalien sollten trockengelegt und in fruchtbares Land verwandelt werden. In einer großen Bibliothek sollte in Rom die griechische und römische Literatur gesammelt werden, das gesamte Kulturschaffen der vorausgehenden Jahrhunderte sollte in der Weltstadt am Tiber seine Einheit und Vollendung finden. Aber auch so, wenn das Herz des Reiches erhalten blieb, enthüllte der Kriegsplan die umstürzende Gewalt des cäsarischen Werkes. Das römische Dasein fiel endgültig der Militarisierung anheim und es konnte kein Zweifel sein, daß der Bezwinger des Orients der Republik den letzten Stoß versetzen würde.

Die Entscheidungen nach Munda haben dem *Widerstand gegen Cäsar* neuen Auftrieb gegeben. Die regierende Schicht, die in der senatorischen Politik die Mitte ihres Lebens und Denkens gesehen hatte, fand im Staat Cäsars kein standesgemäßes Wirkungsfeld mehr und hielt sich teilnahmslos oder feindselig abseits. Es war aber nicht nur der Egoismus der entrechteten Herrenkaste, der die Opposition wachrief. Auch manche von denen, die durch die kluge Versöhnungspolitik des Diktators zunächst gewonnen worden waren, nahmen Ärgernis an dem Ungeheuerlichen der Alleinherrschaft und der Reichspolitik. Hier waren nicht nur zäh festgehaltene Ansprüche der führenden Schicht verleugnet, nicht nur ehrwürdige Traditionen durchbrochen, sondern das Gesamtwerk, das mit einem gewaltigen Schöpfergriff die Lebenselemente Roms und des Hellenismus zusammenzufassen unternahm, fiel aus der Vorstellungswelt der römischen Aristokratie heraus. Cicero, der nach Thapsus dem Machthaber ein hohes Maß von Vertrauen entgegengebracht hatte, mußte erkennen, daß von seinem Verfassungsstaat nichts übrig blieb und die nackte Tyrannis Platz griff. Auf ihn und viele andere hat Catos heroisches Ende aufrüttelnd gewirkt. Gegen Ende des Jahres 46 verfaßte Cicero eine Lobschrift auf Cato, die Cäsar für so gefährlich hielt, daß er seinen Vertrauten Hirtius mit einer Entgegnung beauftragte. Schließlich hat der Herrscher selbst, der als Redner und Schriftsteller ein anerkannter Meister war, die Schrift „Anticato" geschrieben, in der er den Menschen Cato in übelster Weise verlästerte. Wie Cicero, so vermochten noch andere der besten Römer Cäsar nicht mehr zu folgen. Marcus Junius Brutus, der Sohn jener Servilia, die einmal Cäsars Geliebte gewesen war, ein Mann, der am Beginn seines Stammbaums die gefeierten Freiheitshelden Brutus und Servilius führte, hatte nach seinem Übertritt Aufnahme in den engeren Freundeskreis des Diktators gefunden und war in der Ämterlaufbahn bevorzugt worden. Er hielt an seiner republikanischen Überzeugung fest und konnte, auf Cäsars Freundschaft bauend, diese öffentlich bekennen, indem auch er eine Lobschrift auf Cato schrieb und dann Porcia, die Tochter Catos, zur Frau nahm. Als Cäsar nach Munda offen der Alleinherrschaft zusteuerte, fühlte Brutus die Stunde kommen, da er seine Freundschaft dem politischen Glauben opfern mußte.

Es war ein Verhängnis, daß diese Verneinung Cäsars keineswegs durch um so festere Treue, um so tiefere Verehrung seitens der *Anhängerschaft Cäsars* aufgewogen wurde. So mannigfaltig die Partei des Diktators zusammengesetzt war, man fand dort selten aufrichtige Hingabe für eine große Sache. Die nicht sehr zahlreichen Cäsarianer aus den Kreisen der Nobilität strebten in erster Linie danach, Reichtum und Stellung ihrer Familien auch unter den neuen Verhältnissen zu sichern. Die Idealisten vom Schlage des Sallust konnten das Unmögliche fordern und selber versagen, wenn sie auf die Probe gestellt wurden. Am tüchtigsten waren die neu aufsteigenden Kräfte aus Italien und den

Provinzen. Aus diesen Reihen hatte Cäsar seine Sekretäre gewonnen, fähige Mitarbeiter wie Hirtius und Pansa, Oppius und Balbus. Dieser engste Kreis der Vertrauten, eine Art Kabinett im monarchischen Staat, glänzte durch fachliches Können, war aber weit entfernt, dem Machthaber in ebenbürtiger Partnerschaft entgegenzutreten. Dann gab es die vielen Streber, die nie ganz zufriedenzustellen waren, und die catilinarischen Existenzen, die immer hinter dem Umsturz her waren. Selbst die Armee, Cäsars eigenes Geschöpf, eine fanatische Gefolgschaft des Imperators, konnte in ihren Forderungen unerbittlich, in ihrer Verbundenheit erpresserisch werden, wie die Meutereien während des Bürgerkrieges gezeigt hatten. Für die Atmosphäre um den Herrscher ist die schillernde Gestalt des Marcus Antonius, der für das Jahr 44 die hohe Auszeichnung des Konsulats empfangen hat, besonders aufschlußreich. Entfernt verwandt mit Cäsar, besaß er wohl einen Funken von dessen Genie, war aber ebenso zügellos wie begabt und hatte im Herbst 45 zusammen mit Gaius Trebonius, der gleichfalls zu den alten Anhängern zählte, mit dem Gedanken gespielt, den Diktator zu beseitigen. Diese Anwandlung war durch die überlegene Haltung Cäsars überwunden worden. Doch wer konnte sagen, wo es für den in seiner Allgewalt einsam gewordenen Regenten wirklich Verlaß gab?

Die Lage wurde erst recht bedrohlich, als Cäsar vor der Eröffnung des Partherkrieges durch letzte Maßnahmen in Rom seine eigene Stellung zu voller Klarheit bringen wollte. Er führte bereits Insignien der Monarchie. Der Goldkranz, mit dem sein Bild auf Münzen des Jahres 44 geschmückt ist, war ein Rückgriff auf das Herrschaftsabzeichen der etruskischen Könige. Nun sollte der Name des Königs die Alleinherrschaft über jeden Zweifel erheben und durch die Offenheit, mit der sie in Erscheinung trat, den Herrscher vor Verdacht und Verrat schützen. Es war ein kühnes Unterfangen in einer so entschieden republikanischen Welt. Immerhin lebten die altrömischen Könige – von dem Tyrannen Tarquinius Superbus abgesehen – mit verklärten Zügen in der Erinnerung der Stadt, ihre Standbilder zierten das Kapitol. Das Königsideal der griechischen Welt war in das Denken der Gebildeten tief eingedrungen. Oft genug hatte man den

Fürsten am Rande des Reiches den Königsnamen verliehen und die Insignien von Rom aus zugesandt. Als Cicero im November 45 den galatischen König Deiotarus, der eines Anschlags auf Cäsar beschuldigt war, in Anwesenheit des Diktators verteidigte, erinnerte er an die einem Monarchen zukommenden Tugenden: „Das Lob des Königs lautet, daß er tapfer, gerecht, streng, ernst, großmütig, freigebig, wohltätig und edel sei", und erkühnte sich zu sagen: „immer ist der Königsname in unserem Staat ehrwürdig gewesen". Die Opposition innerhalb der Aristokratie mußte allerdings einen römischen König verabscheuen, und wenn Cicero in vertraulichen Briefen an seine Freunde den Diktator als König bezeichnete, dann meinte er mit diesem Wort nicht den idealen Herrscher, sondern den Tyrannen. Auch in einem Teil der Bürgerschaft war der Gedanke der Volkssouveränität noch nicht ganz erloschen, und einige Tribunen machten es sich gerade jetzt zur Ehrensache, diese bescheidene Flamme zu hüten. In dieser Lage gedachten Cäsar und seine Vertrauten auf dem Weg der Überraschung das Ziel zu erreichen. Der antike Staat gab der Initiative des Volkes und des Heeres einen weiten Spielraum. Wenn das Heer den Imperator ausrufen konnte, sollte dann nicht das Volk den König erheben dürfen? Am 15. Februar 44 feierte man das Fest der Luperkalien, ein uraltes Hirtenfest, bei dem die Erinnerung an die römische Frühzeit, an die Stadt des Romulus lebendig wurde. Vor dem auf dem Forum versammelten Volk saß Cäsar im Purpurgewand auf dem Thron, da trat in der gelösten Stimmung der Feier Antonius auf ihn zu und bot ihm ein Diadem an mit den Worten: „Dies reicht dir das römische Volk durch mich." Aber der erwartete Beifall blieb aus. Cäsar, der die Lage sogleich durchschaute, lehnte das Diadem ab mit der Bemerkung, es gebühre dem Juppiter, und ließ es im Kapitol niederlegen. Danach veranlaßte er den Eintrag in den Staatskalender, der Konsul Antonius habe dem Diktator Cäsar auf Befehl des Volkes das Königtum übertragen, Cäsar aber habe keinen Gebrauch davon gemacht. Diese offizielle Festlegung des Vorgangs macht es höchst wahrscheinlich, daß der Auftritt mit Wissen und Willen Cäsars erfolgt war. Im Augenblick war das Vorhaben nun freilich mißlungen, es brauchte deshalb noch nicht aufgegeben zu werden. Mit offensichtlicher Duldung des Herrschers wurde wohl ein sibyllinischer Spruch verbreitet, der besagte, daß die Parther nur von einem König besiegt werden könnten. Vielleicht deutete sich hierin eine neue Lösung an.

Eduard Meyer hat die Meinung vertreten, Cäsar habe auch versucht, seine Stellung erblich zu machen und eine *Dynastie* zu gründen, doch läßt uns hier die Überlieferung im ungewissen. Der Diktator hatte keinen Sohn aus rechtmäßiger Ehe, allerdings hatte er die Hoffnung nicht aufgegeben, von Calpurnia, mit der er seit 59 verheiratet war, Nachkommen zu erhalten. Im September 45 errichtete er sein letztes Testament, setzte darin seinen Großneffen Gaius Octavius, den begabtesten jungen Mann in seiner näheren Verwandtschaft, als Haupterben ein, regelte aber die Vormundschaft für den Fall, daß ihm selbst noch ein Sohn geboren werden sollte; in einem Nachtrag zum Testament sprach er die Adoption des Octavius aus. Diese letztwillige Verfügung, die wohl im Bewußtsein einer sehr anfälligen Gesundheit getroffen war, im übrigen aber geheim blieb, enthält eine entschiedene Bevorzugung des Octavius, darf aber kaum als Hinweis auf die politische Nachfolge verstanden werden. Unsicher bezeugt ist die Nachricht, der Volkstribun Helvius Cinna habe den Auftrag erhalten, in Cäsars Abwesenheit ein Volksgesetz zur Annahme zu bringen, durch das dem Diktator gestattet werden sollte, mehrere Frauen in gesetzlicher Ehe zu haben, um Nachkommenschaft zu erhalten. Die Sache gewinnt auch nicht an Verläßlichkeit durch die Vermutung, es sei dabei an eine eheliche Verbindung Cäsars mit Kleopatra gedacht gewesen. Die Königin hatte im Jahr 47 einen Sohn Ptolemaios geboren, der mit der Billigung des Imperators den weiteren Namen Cäsar führte und im Volksmund Cäsarion hieß. Seit 46 hielt sie sich zusammen mit ihrem Brudergemahl in Rom auf, residierte in den Gärten Cäsars jenseits des Tiber und spann ihre Intrigen. Doch fehlt uns ein sicherer Anhalt für den Gedanken, Cäsar habe die Eheschließung mit Kleopatra oder die Legitimierung des Cäsarion erwogen. Aber natürlich gab die Anwesenheit der Königin Anlaß zu übler Nachrede und schlimmer Befürchtung.

Je näher der Partherkrieg heranrückte, desto schwüler wurde

die Stimmung in der Stadt. In Broschüren und Wandinschriften kam die Ablehnung der Königsherrschaft zum Ausdruck. Aus dem Widerstand gegen die Unterdrückung der republikanischen Freiheit ist eine *Verschwörung* gegen das Leben des Diktators hervorgegangen, in der sich etwa 60 Männer zusammenfanden, ehemalige Pompeianer und alte Cäsarianer. Bei einigen Beteiligten mag gekränkter Ehrgeiz im Spiel gewesen sein, die Führer des Unternehmens aber waren überzeugt, daß nur noch die Ermordung des Tyrannen den Weg zur Freiheit bahnen könne. Brutus trat, als er sich zum letzten Entschluß durchgerungen hatte, an die Spitze der Verschwörung. Sein Schwager Gaius Cassius, der wie Brutus auch nach seinem Übergang auf die Seite Cäsars im Herzen Republikaner geblieben war, erwies sich als ein entschlossener, tatkräftiger Helfer. Auch für die Cäsarianer wie Decimus Brutus, Gaius Trebonius, die beiden Casca und andere waren großenteils edle Motive ausschlaggebend. Cicero ist nicht zugezogen worden; daß er ein Gegner des Regimes war, wußten seine Freunde ebenso wie die Vertrauten des Diktators.

Cäsar spürte die Feindseligkeit, die ihn umgab, lehnte aber die den griechischen Tyrannen geläufigen Vorsichtsmaßregeln ab. Er entließ die iberische Leibwache, die ihm eine Zeitlang gedient hatte, ohne sich eine neue Garde zu geben. Es sei besser, meinte er, einmal zu sterben, als immer in Todesfurcht zu leben. Vielleicht trug ihn der Glaube an sein Glück über alle Fährnisse hinweg, oder er spürte, daß er die Höhe des Daseins erreicht hatte. Schon vor Jahren hatte er gesagt: „Ich habe lange genug gelebt und kann höheren Ruhm nicht mehr gewinnen." Allenfalls konnte der große Krieg noch eine Steigerung der Lebensfülle bringen, ihm galt daher die Arbeit dieser Tage und Nächte. Am 18. März wollte Cäsar zur Armee abgehen; für den 15. des Monats, die *Iden des März*, war eine Senatssitzung anberaumt, in der er, wie es scheint, die Frage des Königstitels so zu lösen gedachte, daß er in Rom und in Italien weiterhin die Diktatur bekleidete, außerhalb Italiens aber den Königstitel führte. Es war ein großzügiger Kompromiß. Aber seine Feinde haben anders entschieden, sie wollten keinen König vom Orient heimkehren sehen und ergriffen die Versammlung des Senats als letzte Gelegenheit zur Tat. Kaum war Cäsar in die Kurie gelangt und hatte den Thron bestiegen, da wurde er von den Verschworenen umstellt, überfallen und niedergestochen. Brutus hob den blutigen Dolch empor, rief den Namen Ciceros und beglückwünschte ihn zur Rettung der Freiheit. Doch sofort enthüllte sich der furchtbare Wahn: die Ermordung des Herrschers rief die Republik nicht ins Leben zurück. Von dem grausigen Geschehen bestürzt, stob der Senat auseinander, die Magistrate waren nicht handlungsfähig, den Mördern aber trat überall das Werk Cäsars entgegen. Volk und Veteranen in der Stadt verlangten die Sühnung der Tat, der Konsul Antonius griff nach der Macht, der Diktator selbst redete in seinem Testament, in seinen hinterlassenen Aufzeichnungen, die seine Pläne für das Reich, seine unermüdliche Sorge um das Volk verkündeten. Von dieser Woge von Feindschaft überwältigt, waren die Tyrannenmörder auf das Kapitol geflüchtet und sahen schweren Kämpfen entgegen.

Cäsar hatte es früher ausgesprochen, daß die Erhaltung seines Lebens nicht in seinem, sondern in des Staates Interesse liege; denn wenn ihm etwas widerfahre, so werde der Staat nicht zur Ruhe kommen, sondern unter viel schlimmeren Bedingungen neuen Bürgerkriegen entgegengehen. Diese Voraussage erfüllte sich nach seinem Tod. In furchtbaren Zuckungen ging die Republik zu Ende, und blutige Kriege führten das Kaisertum herauf, das sich nach Cäsar benennen sollte. Und doch hat die Tat, die an den Iden des März geschah, ihre geschichtliche Notwendigkeit gehabt und ihre Wirkung getan. Die Schrankenlosigkeit, die der Schöpfung Cäsars eigen war, widersprach dem römischen Maß und mußte einer monarchischen Ordnung weichen, die sich mit den Normen des Römertums vertrug. Auf die vitalen Energien und die moralischen Kräfte, die sich gegen Cäsar erhoben, geht es zurück, wenn ein lebendiger Strom republikanischer Überlieferung und italischen Glaubens in Staat und Reich des Augustus und so in die abendländische Welt eingegangen ist.

IX. Kapitel

Römertum, Hellenismus, Orient

Schwere innere Kämpfe haben im letzten Jahrhundert der Republik die Neugestaltung des römischen Staates herbeigeführt. Der Gemeindestaat wurde zum Reichsstaat erhoben, die Adelsherrschaft wurde durch die Monarchie abgelöst. Die Parteifehden und Bürgerkriege, die darüber ausgefochten wurden, haben den Gang zur Weltherrschaft nicht aufgehalten. Durch eine seltsame Verkettung der Dinge haben, wie vor allem das Auftreten des Pompeius und des Cäsar zeigt, gerade die Erscheinungen, die die Auflösung der Republik bewirkten, das Eroberungswerk weitergetrieben. Die letzten Mächte des hellenistischen Ostens und die unverbrauchten, doch schlecht geführten Völker des Nordens wurden mit derselben unaufhaltsamen Gewalt unterworfen. So hat das Reich im Zeitalter der Revolution eine ungeheure Ausdehnung erhalten, die erweiterte Mittelmeerwelt war nun zur politischen Einheit zusammengefaßt.

Dieser für die Geschichte der abendländischen Menschheit epochemachende Erfolg Roms war nicht nur das Ergebnis politischen Geschicks und militärischer Überlegenheit. Den Ausschlag für die römische Machtübung gab vielmehr die Tatsache, daß die Römer auch in die *geistigen Aufgaben der Weltherrschaft* tiefer hineingewachsen sind. Mit einer Aufgeschlossenheit, die alles Neue und Große erkannte und ergriff, und zugleich mit instinktsicherer Selbsterhaltung, die das Wesensfremde ablehnte und das Übernommene dem obersten Wert des Staates und der Herrschaft unterordnete, haben sie die positiven Kräfte der geistigen Kultur aus allen Ländern an sich gezogen. Die Einflüsse, die aus fremden Gebieten auf Rom einstürmten, waren gewaltig an

Stärke, verwirrend an Vielgestaltigkeit. Das griechische Mutterland spielte in diesem Prozeß der kulturellen Erschließung Roms immer noch die wichtigste Rolle; hütete doch ganz Hellas mit Hingabe sein geistiges Erbgut und war doch Athen der Mittelpunkt der nie unterbrochenen philosophischen Diskussionen und der Sammelort der feinsten Überlieferungen in der bildenden Kunst. Seit dem 2. Jahrhundert gewann aber auch der hellenistische Orient unmittelbare Einwirkung auf Rom. Hier lebten die letzten Vertreter der aus dem Königtum Alexanders hervorgegangenen absoluten Monarchie, kleine Persönlichkeiten zumeist, die jedoch als Träger großer politischer Ideen Bedeutung erhielten. Hier waren die Königsstädte Pergamon, Antiochia, Alexandria, großartige Schöpfungen der hellenistischen Städtebaukunst, Heimstätten aller Wissenschaften und Künste, zugleich Brennpunkte eines weiten Handelsverkehrs, in denen Griechen und Orientalen friedlich zusammenwohnten. Ausgedehnte Landschaften waren hier, in denen bei der immer stärker hervortretenden Erschöpfung des Griechentums der Orient seine alten religiösen Kräfte wieder zu entfalten vermochte.

Es ist nicht zu verwundern, daß Rom in der Not der Bürgerkriege durch die östlichen Einflüsse oft überrascht, durch die fremden Elemente nahezu überflutet wurde. Die Bevölkerung der Weltstadt erfuhr durch Sklaven und Freigelassene, durch Gäste und Eindringlinge aus dem Osten eine fortdauernde Mischung, die zu einer Gefährdung des römischen Lebens zu werden drohte. Doch das Bürgerland Italien bewahrte trotz der Heimsuchung der Kriege Volkstum und Wesen unverfälscht und bildete den unerschöpflichen Nährboden des Römertums. Auf der Grundlage des italischen Volkstums vermochten die großen Staatsmänner, die die Leitung des Reiches an sich rissen, unter Verwertung aller tragfähigen und tragbaren Elemente aus Ost und West das Gebäude der Weltherrschaft neu zu errichten. Die gebildete Schicht der römischen Gesellschaft aber führte, das geistige Erbe der Väter bewahrend, mit unbeirrbarer Folgerichtigkeit die *Auseinandersetzung mit der hellenistischen Weltkultur* fort. Es handelte sich längst nicht mehr um bloßes Übernehmen und Lernen von den Griechen. Durch eigenes Erleben war jetzt das Römertum vor Probleme gestellt, die die Griechen in ähnlichen Kulturbedingungen gelöst hatten. Eine gewisse Problemgemeinschaft gab der Bemühung der Römer um den griechischen Geist die entscheidende Vollendung. Die führenden Geister Roms erwarben sich endgültig griechische Formen des Denkens, Redens und Bildens und erhoben sie zu Elementen des römischen Lebens. Die selbständige Haltung, die das Römertum innerhalb der griechisch-römischen Kultur gewonnen hat, konnte dann in der nächsten Generation den augustischen Romanismus zu großem Erfolg führen.

Am anschaulichsten tritt uns die universale Aneignungskraft der Römer in der *Kunst*, besonders in der *Baukunst* entgegen. Die Feldherrn und Staatsmänner begannen mit den gewaltigen Mitteln und Arbeitskräften, die ihnen zur Verfügung standen, Rom nach dem Vorbild der hellenistischen Metropolen zur Weltstadt zu gestalten. Sulla führte den durch Brand zerstörten kapitolinischen Tempel in prächtiger Weise wieder auf und ließ am Abhang des Kapitols gegen das Forum hin den großartigen Bau des Archivs (Tabularium) errichten, dessen Wirkung wir heute noch empfinden. In seine Zeit fällt auch die Wiederherstellung und Erweiterung alter Tempel in Latium, des Heiligtums der Fortuna in Präneste, des Herkules in Tibur. Hier wurden geschlossene Tempelbezirke geschaffen, die an die ausgedehnten Heiligtümer des alten Orients erinnern. Pompeius erbaute auf dem Marsfeld das erste steinerne Theater Roms. Die Anlage schloß sich an griechische Vorbilder an, stellte aber doch eine Neuschöpfung, den Prototyp des römischen Theaters dar, da der Zuschauerraum nicht, wie es griechischer Bauweise entsprach, in einen Berghang eingefügt, sondern mit Hilfe des Gewölbebaus auf ebenem Gelände aufgeführt und das Bühnengebäude mit dem Zuschauerraum zu einem geschlossenen Ganzen verbunden war. Cäsar konnte seinen umfassenden Plan der Neugestaltung Roms nur in geringem Umfang ausführen. Sein Forum wurde vorbildlich für die ausgedehnten Marktanlagen des Augustus und seiner Nachfolger, die dem kaiserlichen Rom das Gepräge gaben. Auch in den Landstädten Italiens und in den Provinzen wurde in diesem Jahrhundert großzügig gebaut. Die um die Wende vom 2. zum 1. Jahrhundert vollzogene Umwandlung des kleinen Pompeji in eine hellenistische Stadt erweist die Aufnahme hellenistischer Baugedanken auf dem italischen Land. In den Provinzen erstanden die Ingenieurbauten, Straßen, Brücken, Wasserleitungen, aber auch die Triumphbögen und Ehrensäulen als unvergängliche Denkmäler der römischen Herrschaft. Dem kultivierten Luxus des Zeitalters entsprachen die Villen der römischen Großen im Albanergebirge und an der kampanischen Küste und die Parkanlagen auf den äußeren Hügeln Roms, Schöpfungen, in denen die orientalische Gartenbaukunst übernommen scheint.

Einflüsse aus aller Welt strömten in der römischen Architektur zusammen. Nicht nur Griechenland gab Vorbilder, auch der Orient, besonders Syrien erlangte für die Technik maßgebende Bedeutung. Von dort wurden aller Wahrscheinlichkeit nach die Verwendung neuer Baumaterialien, wie des Mörtels und des Backsteins, und die Vorherrschaft neuer Konstruktionsmethoden im Bogen- und Gewölbebau übernommen. Wesentlich aber ist, daß es den Baumeistern Roms, mochten es Griechen oder Römer sein, gelang, mit den neuen Materialien, Methoden und Formen einen architektonischen Stil zu schaffen, der die Anlage von Städten, die Gestaltung geschlossener Plätze und die Herstellung gewaltiger Innenräume so zu bewältigen vermochte, wie es dem Lebensgefühl des Weltreiches entsprach.

Die Baukunst erhielt in der römischen Welt eine so überragende Bedeutung, daß *Plastik und Malerei* ihren künstlerischen Eigenwert nahezu verloren und mehr und mehr zu dekorativen Künsten herabgedrückt wurden. So sehr diese Wendung der griechischen Auffassung widersprach, so blieb doch der griechische Einfluß in der bildenden Kunst des Zeitalters maßgebend. Für die Ausschmückung der öffentlichen und privaten Gebäude wurden Kunstwerke aus den griechischen Ländern herbeigeschafft. Was früher die Beutezüge der Kriege eingebracht hatten, besorgte jetzt auf ebenso gründliche Weise der Kunsthandel. Wie mehrere Funde von plastischen Werken aus dem Meeresgrund zeigen, wurden ganze Schiffsladungen griechischer Statuen und Reliefs aus dem Osten nach Italien transportiert. Da die Originale nicht hinreichten, die starke Nachfrage nach plastischem Schmuck zu befriedigen, begann man in Rom in größtem Umfang Kopien der griechischen Meisterwerke herzustellen. Griechische und italische Künstler und Handwerker arbeiteten in den Kopistenschulen zusammen. Diese Übernahme und Nachbildung griechischer Werke hat in der künstlerischen Produktion Italiens griechische Formen und griechische Motive weithin zur Anerkennung gebracht. Die Wandgemälde von Pompeji, die Reliefs aus den Villen und Gräbern Italiens zeigen mit Vorliebe mythologische Szenen und Landschaftsbilder hellenistischer Prägung. Die spezifisch römische Auffassung hielt sich jedoch auf solchen Gebieten des künstlerischen Schaffens, auf denen eine bodenständige Kunstübung Italiens fortlebte oder der Gegenstand der Darstellung die besondere römische Note zur Geltung brachte. So bewahrten die Bildniskunst, das historische Relief und die gesamte Terrakottaplastik ihren realistischen Stil. Die Produktion auf diesen Gebieten war nicht gering, sie vermehrte sich in der Folgezeit noch beträchtlich und brachte in Italien und in den Provinzen die eigentümliche Stellung zur Anschauung, die Rom auch der griechischen Kunst gegenüber gewonnen hatte.

Die Originalität des Römertums hätte sich in der bildenden Kunst gewiß stärker durchgesetzt, wenn der italische Boden große Künstlerpersönlichkeiten hervorgebracht hätte. Jedenfalls zeigt die römische *Dichtung* dieses Zeitalters, die ebenso wie die bildende Kunst unter dem hellenistischen Einfluß stand, daß die Römer, wo sie aus letzter Notwendigkeit schöpferisch tätig waren und wirkliche Größe erreichten, die Griechen der hellenistischen Zeit überragten. *Titus Lucretius Carus* schuf ein episches Gedicht, in dem er die Naturlehre der epikureischen Philosophie darlegte. Einen so gelehrten Stoff in dichterischer Form zu behandeln, entsprach einer hellenistischen Kunstgattung, die bereits Ennius in Rom eingeführt hatte. Das Besondere im Schaffen des Lukrez beruht aber darin, daß er nicht nur verstand, den schwierigen Gegenstand in formaler Vollendung wiederzugeben, sondern daß er ein großes dichterisches Können für eine innerlich ergriffene Lehre einsetzte, die er mit dem Eifer eines Gläubigen verkündete. Die Philosophie Epikurs hatte ihn von religiöser

Angst befreit und zu geistiger Unabhängigkeit geführt. Der Enthusiasmus für sein philosophisches Bekenntnis entfachte seine Dichtung und hob sein Werk weit hinaus über die gelehrte Poesie der Alexandriner. Als künstlerische Leistung einzigartig, ist das Werk Lukrezens, das Cicero nach dem Tode des Dichters herausgab, zugleich ein bedeutsames Dokument der philosophischen und religiösen Wandlung des Zeitalters.

Viel stärker als auf Lukrez wirkte die hellenistische Poesie auf die lyrische Dichtung, die im Jahrhundert der politischen und gesellschaftlichen Umwälzung in Rom hervortrat. Junge Talente, die sich bald nach Sulla um den als Dichter und als Redner gleich bedeutenden Valerius Cato zusammenschlossen, lehnten die Dichtung großen Stils ab und erkannten in den feingeschliffenen Epigrammen und in den gelehrten, gekünstelten Elegien der Alexandriner ihre Vorbilder. Die hellenistische Manier wurde zum Programm der modernen Richtung. Aber auch in dieser bewußten Hinwendung zur alexandrinischen Poesie behauptete sich die ursprüngliche Kraft römischen Empfindens und das originale Schaffen römischer Dichtung. Das hervorragendste Talent dieses Kreises, *Gaius Valerius Catullus,* erwies in Gedichten politischen und erotischen Inhalts nicht nur ein den hellenistischen Epigrammatikern ebenbürtiges Können, sondern überwand durch künstlerische Gestaltung tiefen Erlebens die ganze Zunft der hellenistischen Versemacher. Seine Liebe zu Lesbia, eine der großen Liebesleidenschaften der Weltliteratur, gab ihm die unvergleichlichen Lieder ein, in denen er frei von aller Konvention die Qualen und Wonnen seines Herzens aussprach. Durch die Ursprünglichkeit und Einmaligkeit von Liebe und Dichtung wurde der Römer Catull gerade in den Jahren, in denen die hellenistische Kunst die herrschende Mode war, zum bedeutendsten Lyriker, den wir aus dem alten Italien kennen.

Es kennzeichnet den aufgeweckten Geist der Epoche Cäsars und Ciceros, daß die Dichtung, wie überhaupt das *literarische Leben,* in der römischen Gesellschaft weit größere Bedeutung gewann, als dies noch in den Tagen des Scipio Ämilianus der Fall gewesen war. Dichter verkehrten in den maßgebenden Kreisen der Hauptstadt. Die großen Politiker begnügten sich nicht mehr,

Griechen in ihrer Umgebung zu haben, sie schrieben Autobiographien *(de vita sua)* und griffen unmittelbar in die Fragen der Literatur und Wissenschaft ein. Das politische Leben des Tages wurde durch Reden und Broschüren, die der Buchhandel rasch verbreitete, nachdrücklich beeinflußt. Entfernte Freunde unterrichteten sich durch regen Briefwechsel über politische Ereignisse und über literarische Erscheinungen, und auch an das Briefeschreiben wurden hohe literarische Ansprüche gestellt. Durch die Arbeit der auf allen Gebieten tätigen Schriftsteller erhielt die lateinische Sprache ihre höchste Ausdrucksfähigkeit und ihre weiteste Wirkungskraft, so daß sie nun als Kultursprache ebenbürtig neben das Griechische trat. Es ist gewiß richtig, daß die Literatur dieser Epoche sich von dem Leben und von der Sprache des breiten Volkes mehr und mehr entfernte, aber der Kreis der römischen Gesellschaft, der an dieser vielseitigen Bildung Anteil hatte, war jetzt größer als jemals zuvor und nachher. Die Einführung in die griechische und römische Dichtung gehörte zum festen Bestandteil der römischen Erziehung. Die Söhne der vornehmen Häuser besuchten in der Regel auch die Schulen der griechischen und der lateinischen Rhetoren, die sich trotz anfänglichen Widerstandes der Regierung in Rom durchzusetzen vermochten. Manche unternahmen Studienreisen nach Griechenland und nach Kleinasien und genossen dort den Unterricht der Rhetoren und Philosophen. So eröffnete die normale Erziehung dem Römer den Zugang zur literarischen und philosophischen Bildung und zu dem ausgedehnten Schrifttum, das in den beiden Kultursprachen vorlag. Die Beschäftigung mit dieser geistigen Welt galt den Gebildeten nicht mehr, wie in den Tagen des alten Cato, als ein müßiges Spiel, sondern als ein förderliches, wenn nicht gar unentbehrliches Mittel der Selbsterkenntnis und Selbstentfaltung. Wissenschaft und Kunst waren zu Betätigungsformen des freien Menschen geworden *(artes liberales)* und hatten eine gewaltige Bereicherung und Vertiefung des römischen Wesens, vor allem aber die Bewußtmachung und Veredelung seiner triebhaften Regungen hervorgebracht. Das Römertum, seiner selbst innegeworden, hatte neue Wirkungsmöglichkeiten gewonnen. Denn die Gefahren der Erkenntnis und die Versuchungen der Kunst waren glücklich bestanden; die neuen Fähigkeiten und Ausdrucksformen des Geistes hatten sich nicht zu Selbstzwecken erhoben, sie dienten vielmehr dem Handeln im Staate, der höchsten Lebensaufgabe, die auch dem geistig erschlossenen Römertum unerschütterlich feststand.

Diesem auf praktische Betätigung gerichteten Sinne der Römer entspricht es, daß der rhetorische Unterricht in der Erziehung den wichtigsten Platz einnahm. *Beredsamkeit* war Voraussetzung für die Tätigkeit der Magistrate und Senatoren, der Parteiführer und Anwälte. Auf die Entfaltung der römischen Beredsamkeit in der gesprochenen und in der literarisch gefaßten Rede hat die griechische Rhetorik, die seit langer Zeit zum System ausgebildet war und in zahlreichen Schulen vertreten wurde, beträchtlichen Einfluß gewonnen. Nicht als ob die römischen Redner die Schulregeln der Griechen in ihre Praxis einfach übernommen hätten; der von den Griechen beherrschte rhetorische Unterricht beförderte nur die ursprüngliche rednerische Veranlagung der Römer und ihre Bemühung um eine dem Wesen ihrer Sprache gemäße Kunstprosa. Die häufige Erwähnung griechischer Lehrer der Beredsamkeit und die Hervorhebung der von den Griechen ausgehenden Kämpfe um den vorbildlichen Stil dürfen nicht darüber hinwegtäuschen, daß der mächtige Aufschwung der römischen Beredsamkeit und die Schaffung des Prosastils der „goldenen Latinität" eine originale Leistung der Römer ist. Während die Beredsamkeit bei den Griechen vielfach dem Leben entfremdet und in die Schulen verwiesen war, fand die angeborene Begabung der Römer im Jahrhundert der Bürgerkriege in der Volksversammlung, im Senat und in den Gerichtshöfen ein gewaltiges Arbeitsfeld. Hervorragende Talente, wie die beiden Gracchen, dann Crassus und Antonius, Hortensius und Cicero, schufen nicht durch Befolgung griechischer Vorschriften, sondern durch Bewährung an großen Aufgaben den Stil der römischen Rede. In selbständiger Arbeit eroberten sie sich die Normen für die Komposition der Rede, für den Bau und Rhythmus der Perioden, für den mannigfaltigen Schmuck des Vortrags. *Cicero,* der als Redner und als Schriftsteller den vollendeten Prosastil der lateinischen Sprache geschaffen hat, erweist am eindringlichsten die originale Gestaltungskraft der Römer. Er ließ die Regeln der Griechen gelten und lernte von den griechischen Meistern, befreite sich aber, seinem Genius folgend, von den Fesseln der Schule und erreichte so die seiner Persönlichkeit zukommende und der Sprache seines Volkes gemäße Redekunst. Er besaß einen feinen, untrüglichen Sinn für den Rhythmus der Sprache und die Tektonik der Rede, mit raschem Denken und bildhafter Phantasie bemächtigte er sich jeder Aufgabe. Sein künstlerisches Einfühlungsvermögen brachte ihm die Hörerschaft nahe, mochte es der Senat, das Volk oder ein Gerichtshof sein. Eine umfassende Bildung gab seinem Vortrag Ernst und Tiefe. Als Schöpfer des vollkommenen Stils, der dem römischen Geist die Wirkung in die Kulturwelt eröffnete, gewann er, wie Cäsar ihm überschwänglich bezeugte, ein höheres Verdienst als alle, die die römische Macht in der Welt zum Siege geführt hatten. Und doch hat Cicero, als er auf der Höhe seines rednerischen Erfolges daranging, in seinen rhetorischen Schriften Normen für den Redner aufzustellen, die Schulregeln der Griechen wiedergegeben, von denen er sich unabhängig gemacht hatte. Rhetorik als Disziplin war und blieb eben griechisch, auch nachdem die römische Beredsamkeit durch eigene Arbeit ihre Höhe erreicht hatte. Darin allerdings hat Cicero als Lehrer der Beredsamkeit die griechischen Rhetoren überwunden, daß er vom idealen Redner nicht nur Beherrschung der rhetorischen Technik, sondern vor allem eine umfassende philosophische, historische und juristische Bildung verlangte. Mit dieser Forderung schloß sich Cicero seinen philosophischen Lehrern, den Akademikern Philon und Antiochos, an. Alles Können und Wissen aber unterstellte er, wie es dem römischen Bekenntnis entsprach, dem tätigen Schaffen, der politischen Wirksamkeit. So gab er seinem Volke ein Bildungsideal, das die Anschauungen der klassischen Zeit des Griechentums mit den Notwendigkeiten des römischen Lebens vereinigte.

Als dieses Ideal aufgestellt wurde, waren die *Wissenschaften* in Rom bereits eingebürgert. Seit Beginn des 2. Jahrhunderts waren griechische Ärzte und Gelehrte in Rom aufgetreten, hatten sich manchen Widerständen zum Trotz durchgesetzt und schließlich auch in der römischen Welt Schule gemacht. Allerdings unterscheidet sich das, was wir im letzten Jahrhundert der Republik in Rom an naturwissenschaftlicher und kulturgeschichtlicher Forschung beobachten, wesentlich von der Pflege und Organisation der Wissenschaften in der Höhezeit des Hellenismus. Wissenschaft um der reinen Erkenntnis willen lag den Römern im allgemeinen fern; was sie von den Errungenschaften der hellenistischen Welt aufnahmen, ergriffen sie zunächst des praktischen Nutzens wegen. Ihr zweckgebundener Geist machte die naturwissenschaftlichen und die philologisch-historischen Disziplinen zu normativen Wissenschaften, in demselben Sinne, in dem es die in Rom bodenständige Jurisprudenz war. Die Mathematik wurde der Feldmeßkunst, der Mechanik und der Architektur dienstbar gemacht, die Astronomie fand in der Reform des Kalenderwesens ihre Anwendung, die Geographie verlor ihre mathematische Grundlegung und wurde zur empirischen Länderbeschreibung im Dienste der römischen Weltherrschaft. Mit weit größerem Eifer wurde in Rom die gesamte kulturgeschichtliche Forschung, Geschichte, Sprach- und Literaturwissenschaft, aufgenommen, aber auch auf diesem Gebiet galt die Förderung anerkannter römischer Lebenswerte als eine selbstverständliche Verpflichtung der Wissenschaft. Diese Zweckgebundenheit alles Forschens und Lehrens hat die schöpferischen Impulse in der römischen Wissenschaft gehemmt und die Errichtung eines wissenschaftlichen Weltbildes erschwert. Doch bleibt es das Verdienst der Römer, einen wesentlichen Teil der Errungenschaften hellenistischer Forschung lebendig erhalten und späteren Jahrhunderten zugänglich gemacht zu haben.

Unter allen Disziplinen erlangte die Geschichtskunde das lebhafteste Interesse der Öffentlichkeit, und die *Geschichtsschreibung*, die kunstmäßige Verarbeitung des historischen Materials, die bedeutendste literarische Wirkung. Trotz starker hellenistischer Einflüsse, die vor allem die Form der Historie betrafen, bewahrte die römische Geschichtsschreibung ihre Bindung an Rom und den römischen Staat. Sie lehnte die selbständige Behandlung außerrömischer Erscheinungen zumeist ab, erteilte den stadtrömischen Ereignissen ein beträchtliches Übergewicht gegenüber den Vorgängen in den Ländern und erstrebte mit Entschiedenheit die Verherrlichung des römischen Volkes, seiner alten Geschlechter und seiner großen Führer. Diese stadtrömische Orientierung ist in besonderer Weise der Annalistik eigen, der chronikartigen, von der Gründung der Stadt ausgehenden Darstellung der römischen Geschichte, die in dem Zeitalter von den Gracchen bis Cäsar viele neue Bearbeiter fand. Dabei wurden für die ältere römische Geschichte neue Quellen selten erschlossen. Wenn sich trotzdem der Umfang der Darstellungen maßlos erweiterte, so geschah dies durch die Aufnahme von Legenden und Erfindungen, die die sachliche Berichterstattung der früheren Annalistik erstickten. Neben diese Jahrbücher trat unter dem Einfluß griechischer Vorbilder die monographische Behandlung einzelner Ereignisse und Zeiträume, vor allem die der jüngsten Vergangenheit zugewandte Monographie. Von den Gracchen bis auf Cäsar ist jede Generation durch eine zeitgeschichtliche Darstellung *(historiae)* vertreten. Die Beschränkung auf den Zeitraum, den der Verfasser aus eigenem Erleben kannte, ermöglichte an und für sich eine zuverlässige Herstellung des tatsächlichen Verlaufs der Ereignisse, doch wurde dieses Ergebnis oft durch die persönliche Parteinahme des Autors gefährdet. Die politische Leidenschaft, die das Jahrhundert beherrschte, drang mit aller Macht in die Geschichtsschreibung ein und verführte zur Entstellung der geschichtlichen Wahrheit, anderseits entfesselte sie das schriftstellerische Können der Historiker und verschaffte ihren Werken durchschlagende Kraft.

So wurde für *Gaius Sallustius Crispus*, den wir als Parteigänger Cäsars kennen gelernt haben, nach Cäsars Tod die Geschichtsschreibung zur „Politik mit andern Mitteln". In seiner Darstellung der Catilinarischen Verschwörung und des Jugurthinischen Krieges und in dem größeren Werke zur Zeitgeschichte focht er den Kampf gegen die Nobilität, den Cäsar entschieden hatte, nachträglich literarisch durch. Seine persönliche Stellungnahme hat ihn, wie man nachgewiesen hat, zur Vernachlässigung der Zeitfolge und des ursächlichen Zusammenhangs der Ereignisse verleitet, seine meisterhafte Darstellungskunst aber erhob sein Werk zur bedeutendsten Leistung der republikanischen Geschichtsschreibung. Beherrschte er doch, was die Rhetorik an

Kunstmitteln bot und die hellenistische Geschichtsschreibung an psychologischer Vertiefung der historischen Einsicht erreicht hatte; selbst dem großen Vorbild Thukydides kam er in Stil und Haltung nahe. Dieses umfassende Können setzte er in dem Kampf ein, den er nicht mit der egoistischen Gesinnung der entarteten Parteien, sondern mit dem gewaltigen Ethos der römischen Staatsauffassung durchführte. Wenn er sein Zeitalter als Epoche des Verfalls darstellte und die Schuld des Niedergangs in erster Linie der führenden Schicht zuteilte, so tat er es, wie sein großer Nachfolger Tacitus, in der ehrlichen Überzeugung, daß die Republik der Väter einen höchsten ethischen Wert darstellte, der für die neue Gestaltung der politischen Verhältnisse unbedingt gerettet werden müßte.

Eine einzigartige Stellung innerhalb der historischen, ja der gesamten Literatur der Römer nehmen *Cäsars Kommentarien* über den gallischen Krieg und über den Bürgerkrieg ein. Sie lassen die Regeln, die für die literarische Gattung der Historie galten, unbeachtet, gehören also nicht der kunstmäßigen Geschichtsschreibung an; sie stellen aber auch nicht, wie man oft angenommen hat, nur die Verarbeitung der Dienstberichte des Prokonsuls an den Senat dar. Sie geben vielmehr das historische Material in einer vorläufigen, auf höchste literarische Ansprüche verzichtenden Gestaltung. Indem Cäsar, abweichend von der zeitgeschichtlichen Historie und vom Typus der Memoiren, für seine Darstellung die Form der Kommentarien wählte, gewann er die Freiheit, die Ereignisse ohne das Pathos der zünftigen Historiker in der großartig einfachen Sprache zu berichten, die ihm wesensgemäß war, zugleich erreichte er durch die Ablehnung der für die hohe Geschichtsschreibung maßgebenden ästhetischen Forderungen größere Glaubwürdigkeit. Für ihn, der Ereignisse literarisch gestaltete, die er selbst geschaffen hatte, war diese Form des Berichts die gegebene: durch die reine Wiedergabe dessen, was er selbst verwirklicht hatte, gelangte er zu erneutem Handeln; durch die Einführung seiner selbst als einer dritten Person vollzog er eine „Objektivierung der eigenen Existenz“. Das so geschaffene Werk erhielt nicht eine Tendenz im üblichen Sinne, so wenig ein Gewitter oder ein Erdbeben eine

„Tendenz“ hat, wohl aber eine für den Schöpfer zeugende elementare Gewalt. Die griechische Literatur hat dieser Selbstdarstellung des Geschichte schaffenden Feldherrn und Staatsmannes nichts Gleiches zur Seite zu stellen.

Der Charakter der römischen Wissenschaft ist am reinsten und stärksten vertreten durch *Marcus Terentius Varro,* den vielseitigen Gelehrten und Literaten der ausgehenden Republik. Was diesen echten Sohn des italischen Landes, der nach alter Überlieferung sein Gut bewirtschaftete und die große Ämterlaufbahn durchmachte, als gelehrten Schriftsteller vor allem kennzeichnet, ist die umfassende Bearbeitung der römischen Kulturgeschichte. Mit den Forschungsmethoden der Griechen hat er die lateinische Sprache analysiert, die römische Literatur, besonders das Theater, kritisch erforscht, eine Kultur- und Sittengeschichte Roms geschrieben, Ursprung und Eigenart des römischen Volkes dargestellt. Diese großartige wissenschaftliche Arbeit, die den nachfolgenden Jahrhunderten in der Hauptsache die Kenntnis des römischen Lebens und Denkens vermittelt hat, war von national-römischem Geiste erfüllt. Die geschichtliche Erforschung des Römertums sollte der Erneuerung des römischen Wesens dienen, ein Ziel, das zum guten Teil erreicht wurde. Bezeugt doch Cicero seinem gelehrten Freunde, daß das Römertum durch seine Arbeit zu sich selbst geführt worden sei. Die Lebensbezogenheit dieser römischen Wissenschaft, die ihre Objekte pietätvoll wie nationale Güter behandelte, hebt sich scharf ab von der Unbefangenheit der hellenistischen Forschung, die in der reinen Erkenntnis ihre höchste Aufgabe sah. So fehlt denn auch der varronischen Gelehrsamkeit, so tiefgründig und ausgedehnt sie war, der philosophische Drang und die systembildende Kraft. Zwar hat Varro in einer Art Enzyklopädie die Wissenschaften, die die höhere Bildung ausmachten, zusammengefaßt, doch zeigt gerade diese praktischen Zwecken dienende Bereitstellung des Wissenswerten deutlich genug den nicht rein philosophischen Charakter der römischen Forschung und Lehre. In einem Zeitalter, in dem der Grieche Poseidonios in schöpferischer Arbeit Einzelwissenschaften und Philosophie zu einer letzten umfassenden Einheit verband und die Hingabe an die Philosophie zur

Ekstase steigerte, erscheint in Varros Persönlichkeit und Werk die Zweckgebundenheit des römischen Geistes in ihrer höchsten Wirksamkeit und in ihrer ganzen Beschränkung.

Diese Struktur des römischen Denkens hat auch die Entwicklung der *Jurisprudenz* zu einer Wissenschaft bestimmt. Die Anfänge gehen in das 3. Jahrhundert zurück, in eine Zeit, in der neben die Pontifices ein besonderer Juristenstand getreten ist. Männer der führenden Schicht haben damals begonnen, durch Erteilung von Rechtsauskunft an die rechtsuchenden Parteien wie auch an die Magistrate und Geschworenen stärksten Einfluß auf die Rechtspflege zu nehmen. Schon im 2. Jahrhundert haben diese Juristen, denen die Rechtskunde zumeist ein ihrem Adelsstand gemäßer Weg der politischen Wirkung war, die Grundlagen des römischen Rechtsdenkens für alle Folgezeit geschaffen. Sie haben durch ihre Auslegungen und Fragestellungen das in den Gesetzen enthaltene Volksrecht *(ius civile)* entwickelt, durch die Beratung der Prätoren die neuen fortschrittlichen Gedanken des Amtsrechts *(ius honorarium)* zum Sieg geführt. Aus dieser Tätigkeit, die lange Zeit nur mündlich erfolgte, ist dann seit dem Ausgang des 2. Jahrhunderts die wissenschaftliche Literatur der Jurisprudenz hervorgegangen. Im Zeitalter der Revolution haben die Juristen, während ihr politischer Einfluß zurückging, unter der anregenden Kraft griechischer Wissenschaftlichkeit die methodische Durchbildung und die literarische Darstellung des Rechts ins Werk gesetzt. Quintus Mucius Scävola Pontifex (Konsul 95) und Servius Sulpicius Rufus (Konsul 51) sind die bedeutendsten Vertreter einer Rechtswissenschaft, die den Formalismus der altrömischen Rechtskunde überwunden hat. Aber auch diese schöpferische Jurisprudenz der Republik, auf der dann die sogenannte klassische Rechtswissenschaft der Kaiserzeit weitergebaut hat, ist durch die Abneigung gegen alle reine Theorie ausgezeichnet, sie ist ganz wesentlich eine praktische Rechtskunst geblieben.

Nach alledem läßt sich die Stellung, die die seit Scipio Ämilianus in Rom eingebürgerte *Philosophie* gewonnen hat, ermessen und würdigen. Er handelt sich bei der Übernahme philosophischer Gedanken des Griechentums nicht um die voraussetzungslose Gestaltung eines Weltbildes, sondern um die theoretische Unterbauung einer Lebenshaltung, die durch den römischen Charakter und durch die Erfordernisse des römischen Lebens mehr oder weniger festgelegt war. In dem Bestreben, praktisch anwendbare Lehren sich anzueignen, brachten die Römer den scharfen Kämpfen, die zwischen den Schulen der griechischen Philosophie immer noch ausgefochten wurden, wenig Verständnis entgegen. Viele mögen darüber ähnlich gedacht haben wie jener Prokonsul Gellius, der in Athen die Philosophen der verschiedenen Richtungen zum Abschluß eines Vergleiches zusammenberief und ihnen für dieses Geschäft seine Hilfe anbot. Für die römischen Interessen konnten alle Schulen brauchbares Gut liefern, der praktischen Gesinnung des Römertums entsprach der philosophische Eklektizismus. In dieser Begrenzung aber hat die philosophische Bildung in der ausgehenden Republik volle Anerkennung erlangt, ja sie wurde in diesem Zeitalter, in dem die religiöse Begründung des Daseins vielen verloren ging und der Gemeinschaftsgedanke gewaltig erschüttert wurde, zu einer unentbehrlichen Hilfe. Politiker wie Rutilius Rufus und Cato fanden in der stoischen Lehre sicheren Halt; Juristen schulten ihr begriffliches Denken mit Hilfe der Dialektik der akademischen Schule; im einfachen Volke gewann die Sittenpredigt der kynischen Philosophen nachhaltige Wirkung; manchen, die sich den Stürmen des politischen Lebens fernhielten, bot die Lebensweisheit Epikurs Trost und Glück. So wurde die griechische Philosophie, deren hervorragende Vertreter die römische Jugend in Rom oder in Athen hörte, deren klassische Werke die Gebildeten ernsthaft studierten, zu einem Bestandteil des römischen Lebens.

Die philosophische Literatur des Zeitalters weist uns zwei Römer, die aus persönlichem Erleben heraus zu einer selbständigen Verarbeitung des von den Griechen übernommenen Gedankenguts gelangt sind, Lukrez und Cicero. Der Dichter *Lukrez*, der die Not der Bürgerkriege und die sittliche Haltlosigkeit seiner Generation tief empfand, erkannte in der Heilslehre Epikurs die Befreiung von abergläubischem Wahn und den beglückenden Sinn des Lebens. Mit dem Enthusiasmus eines Bekehrten verkündete er in seinem Gedicht die Naturlehre Epikurs, die aus dem Mechanismus der Atome die Gesamtheit des Alls erklärte, das Eingreifen der Götter und die Unsterblichkeit der Seele leugnete. Der Mensch, von Götterfurcht und Todesangst befreit, sollte den reinen Genuß des Daseins, die erhabene Ruhe der Seele gewinnen. Voll Ehrfurcht sollte er, ein frommer Rationalist, die durch Gesetze bestimmte Ordnung des Alls und den natürlichen Fortschritt der menschlichen Kultur betrachten. Daß dieses intellektuelle Ideal mit solcher Überzeugungskraft in Rom verkündet werden konnte, kennzeichnet die philosophische Aufgeschlossenheit der gebildeten Schicht. Unter denen, die diese götterlose Heilsbotschaft zu ergreifen vermochten, dürfte auch Cäsar gewesen sein.

Das *Verhältnis Ciceros zur Philosophie* läßt sich nur aus der reichen Begabung und der künstlerischen Veranlagung dieses Geistes verstehen, es kommt aber dem allgemeinen römischen Verhalten entschieden näher als der Quietismus des Lukrez. Denn für Cicero war die philosophische Bildung, die er in seiner Jugend als Lebenselement aufgenommen hatte und immerfort zu erweitern und zu vertiefen suchte, vor allem eine Hilfe für das werktätige Handeln in der Gemeinschaft. „Auf die Erfordernisse des praktischen Lebens, nicht auf Gegenstände der Phantasie oder des Wunsches muß es uns ankommen", läßt er einmal Lälius philosophieren. Diese ihm von Natur gegebene Grundhaltung hat ihn in erkenntnistheoretischen Fragen der Skepsis der Akademiker nahegebracht, in der praktischen Philosophie aber vor allem dem stoischen Bekenntnis zugeführt, das seit Panaitios der römischen Lebensanschauung erschlossen war. Von einem Eklektiker dieser Art wird man schwerlich philosophische Originalität erwarten dürfen. Und doch hat Cicero in den beiden Schriften über den Redner und über den Staat, die er selbst am höchsten bewertet hat, eine Gestaltungskraft bewiesen, die ihn über die Schulphilosophen des späten Hellenismus erhebt und den älteren griechischen Denkern zur Seite stellt. Denn in diesen Werken hat er in einer Zeit, als er durch die Allgewalt der Triumvirn vom politischen Handeln ausgeschlossen war, von der philosophischen Theorie aus die Wirklichkeit zu gestalten unternommen. Dem römischen Redner gab er ein wahrhaft philosophisches Bildungsideal und für den römischen Staat entwarf er, nach der Vergangenheit und nach der Zukunft hin, ein von griechischen, vor allem stoischen Ideen bestimmtes Bild. Griechische Theorie und römische Praxis sind in diesen beiden künstlerisch vollendeten Schriften zu einer nie wieder erreichten Einheit gebracht. Dieser entschiedene Schöpferwille fehlt dem philosophischen Schrifttum, das Cicero unter der Diktatur Cäsars entfaltet hat, als er wieder zur politischen Untätigkeit gezwungen war. Was ihm jetzt vorschwebte, war die unpersönliche Vermittlung des philosophischen Gutes der Griechen an die römische Welt. Der erzieherische Wert der griechischen Weisheit, den er selbst tief erfahren hatte, sollte allen Gebildeten zugänglich werden. Durch eine Reihe von Übertragungen griechischer Werke, in denen er mit gewohnter Meisterschaft die lateinische Sprache zum philosophischen Ausdrucksmittel erhob, erreichte er das hohe Ziel. In diesen, vorwiegend ethische und religiöse Fragen behandelnden Dialogen die Stellungnahme Ciceros im einzelnen zu ermitteln, ist kaum möglich. Wenn wir aber hören, wie er in der Güterlehre den Tugenden der Seele den Vorrang vor den leiblichen Gütern zuteilen, in der Pflichtenlehre die sozialen Bindungen am höchsten einschätzen und ohne Preisgabe des Menschheitsgedankens dem historisch gegebenen Staate den größten gemeinschaftsbildenden Wert zuerkennen läßt, so vernehmen wir darin die Stimme der praktischen Vernunft des Römers, die trotz der erkenntnistheoretischen Skepsis unwiderruflich ihre Entscheidungen trifft.

In der geistigen Auseinandersetzung des Römertums mit dem Hellenismus ist Cicero als Philosoph die bedeutsamste Erscheinung. Er ist der erste Römer, der seine Ideale philosophisch zu gestalten vermochte und dadurch seinem Handeln feste Richtpunkte, seinem Leiden zuverlässige Tröstungen gewann. Seinem Volke vermittelte er, wie zuvor die Freunde des Scipio Ämilianus, die griechische Philosophie und schuf so die Grundlage für die Lebensanschauung, die in der nunmehr geeinten griechisch-römischen Kulturwelt zur Geltung kam. Mit dem Hinweis auf Ciceros menschliche Schwächen und auf die Korruption seiner Zeitgenossen darf man die Wirkung dieser philosophischen Bildungsarbeit nicht anzweifeln, denn Jahrhunderte stehen ihr als Zeugen zu Gebote. Die Lebensanschauung der augusteischen Epoche, die Rechtsprechung und das Völkerregiment der Kaiserzeit nähren sich aus der von Cicero erschlossenen Gedankenwelt. Die lateinischen Kirchenväter gewinnen nur durch ihn den Zugang zur Weisheit der Griechen, und ein Jahrtausend später erkennen die Menschen der Renaissance in ihm den Führer zu wahrer humanitas.

Die philosophische Bildung hat seit dem 2. Jahrhundert auch das *religiöse Denken und Leben* der Römer stark beeinflußt. Rationalistische Aufklärung wandte sich nicht nur gegen die mythologische Götterwelt, die durch die Bemühungen der Dichter und Gelehrten zu einem einheitlichen Pantheon griechisch-römischer Gestalten erhoben war, sondern auch gegen die im Staatskult verehrten Mächte, von deren Gnade man den Bestand des Römertums abhängig glaubte. Die Wirkung der philosophischen Polemik gegen den Götterglauben mag, wie das Beispiel Lukrezens zeigt, hin und wieder die Abwendung von der Religion überhaupt gewesen sein. Die Mehrzahl der Gebildeten jedoch hat sich auf andere, für die Struktur des römischen Menschen sehr bezeichnende Art aus dem Konflikt des Denkens und Glaubens zu retten gesucht: sie unterschied nach dem Vorbild des Pontifex Quintus Mucius Scävola drei Arten von Theologie, die der Dichter, der Philosophen und der Politiker, und fand sich mit der damit gegebenen Spaltung des Gewissens ab. Das unverbindliche mythologische Spiel der Dichter und Künstler ließ man gelten, man bekannte sich zu der philosophischen Ausdeutung der hinter den göttlichen Gestalten stehenden Kräfte, die Einrichtungen und Zeremonien des staatlichen Kultes aber hielt man, wie es die Staatsräson verlangte, gewissenhaft fest. An Versuchen, dieses Nebeneinander religiöser Bereiche in einer umfassenden Einheit aufzuheben, hat es nicht gefehlt, zumal Panaitios und Poseidonios eine philosophische Grundlegung für das Dasein und Eingreifen der Götter geschaffen hatten. Von der stoischen Naturlehre ausgehend, stellte Varro ein System göttlicher Mächte auf, das alle Gestalten der Religion einschloß und in Iuppiter Capitolinus seine Spitze erhielt. Sein Zeitgenosse

Publius Nigidius Figulus unternahm es, außer den römischen und griechischen Anschauungen auch die Auffassungen der Etrusker und der Orientalen spekulativ zu einigen. Für das religiöse Leben haben aber diese gelehrten Konstruktionen wenig bedeutet.

Die Preisgabe des altrömischen Glaubens seitens der Gebildeten hat die praktische Ausübung des *staatlichen Kultes* kaum beeinträchtigt, bildete er doch einen festen, im Jahrhundert der Revolution vielleicht den einzigen festen Bestandteil des staatlichen Lebens. Das göttliche Recht regelte die Beziehungen zwischen den Göttern und den Bürgern des Staates, die Priesterschaften hatten dafür zu sorgen, daß diese Beziehungen gut waren. Diese Auffassung, die Cicero in seinem Werke über die Gesetze darlegt, galt noch allgemein, ihr entsprach auch die Praxis, an der niemand zu rütteln wagte. Wenn es doch zum Mißbrauch und zur Vernachlässigung religiöser Einrichtungen des Staates kam, so war dies durch den Verfall der politischen Disziplin begründet. Parteigesinnung verführte die Auguren zu frivolem Spiel mit den Lehren von den Vorzeichen, Strebertum bestimmte manche Angehörige der patrizischen Geschlechter, die wenigen ihrem Stand noch vorbehaltenen Priesterstellen abzulehnen, da deren Übernahme die politische Laufbahn erschwerte. Verfehlungen und Versäumnisse dieser Art ändern nichts an der Tatsache, daß man auch in der Zeit der allgemeinen Auflösung den staatlichen Kult als letzte Gewähr für den Bestand des Staates aufrechterhielt.

Diese offizielle Religion bot allerdings wenig Raum für echte Frömmigkeit, die dem Römertum nicht verlorengegangen, durch die furchtbaren Erschütterungen der Bürgerkriege vielmehr neu geweckt war. Nicht nur beim einfachen Volke, sondern auch bei den Gebildeten beobachten wir Anzeichen einer starken *religiösen Bereitschaft*. Mochte für viele die Philosophie Deuterin der Lebensfragen und Erzieherin zur Sittlichkeit sein, der religiösen Angst vermochte sie nicht standzuhalten. Sulla, vor dem Italien zitterte, hing mit abergläubischer Furcht an Vorzeichen aller Art. Cicero, der über das Leben hinaus nichts zu verlangen vorgab als den Ruhm, klammerte sich nach dem Verlust seiner geliebten Tochter Tullia an die Hoffnung, daß ihre Seele ewig fortlebe, und trug sich mit dem Gedanken, ihr einen Tempel zu errichten. Die ganze Generation, die Pharsalus und Philippi über sich hatte ergehen lassen, fühlte die Not der Bürgerkriege als moralische Schuld auf sich lasten und erwartete auf irgendeine Weise die Entsühnung des Daseins. Vergils Prophezeiung der Geburt eines wunderbaren Kindes, das die Erneuerung und Befriedung der Welt herbeiführen sollte, läßt uns erkennen, daß die Erregung dieses Zeitalters die Verbreitung orientalischer Anschauungen in Rom begünstigt hat. Seit dem Eindringen des dionysischen Geheimdienstes nach dem zweiten Punischen Krieg hatten die östlichen Kulte, die uraltes Gut des Orients bewahrten und in hellenistischer Prägung der griechisch-römischen Kulturwelt zugänglich machten, in Italien, ja im ganzen Westen Fortschritte gemacht. Die Völkermischung des Weltreiches begünstigte die Mission und Ausbreitung der Religionen, die in Kleinasien und Syrien, in Persien und Ägypten ihren Ursprung hatten. Sklaven und Freigelassene, die aus dem Osten stammten, bewahrten in Rom ihren Glauben an Kybele und die syrischen Götter, Soldaten und Offiziere des römischen Heeres lernten auf ihren Kriegszügen die Kulte des Mithras und der Isis kennen. Diese neuen religiösen Bekenntnisse, die sich an den einzelnen Menschen, nicht an den Bürger eines besonderen Staates wandten, einen sinnenfrohen Kultus entfalteten und dem geängstigten Gewissen Entsühnung und Gotteinigung versprachen, kamen dem religiösen Verlangen mancher Kreise auch in der römischen Welt entgegen.

Aber auch auf dem religiösen Gebiet hat der Orient in diesem Jahrhundert Rom noch nicht zu überwinden vermocht. Die Schichten der Bevölkerung Italiens, die das Römertum am reinsten verkörperten, haben die östlichen Kulte als wesensfremd abgelehnt. Mochten diese beim niederen Volke der Weltstadt Rom und der Hafenstädte des Westens auch Aufnahme finden, die herrschende Gesellschaft Roms versagte sich ihnen ebenso wie das italische Land. Vom Staatskult wurden die orientalischen Gottheiten ferngehalten; Senat und Magistrate bemühten sich, auch die private Verehrung der fremden Götzen in Rom zu unterbinden: viermal wurden in den Jahren 58–48 auf behördliche Anordnung die Kapellen und Statuen der Isis umgestürzt. Die Landbevölkerung Italiens, die den gesündesten Teil der römischen Bürgerschaft bildete, war durch den unerschütterlichen Glauben an die heimischen Götter gegen die orientalische Versuchung gefeit. Die Inschriften und Bildwerke aus den italischen Landstädten und die Funde aus den römischen Kolonien in den Provinzen zeigen, daß das italische Volk nach alter Sitte den Genius des Hausvaters verehrte, den Laren und Penaten opferte und den die tägliche Arbeit schützenden Mächten Fortuna, Merkur und Herkules aufrichtig anhing. Hier war *römischer Glaube* noch lebendig. Die Frömmigkeit, die den Hausgottesdienst dieses Bürgertums beseelte, ließ sich auch dem Staatskult wieder zuführen, wenn es gelang, den Glauben an den Staat neu zu beleben und darin alle Bereitschaft und Energie des Römertums wieder zu sammeln.

Überblicken wir das geistige Leben im letzten Jahrhundert der Republik, so erscheint die Aufnahme und Aneignung von Bildungselementen aus aller Welt als eine gewaltige römische Leistung. Ohne sich selbst zu verlieren, hat das Römertum das Können und Wissen der Griechen erworben, selbst vom Orient gelernt und sich geistige Ausdrucksformen geschaffen, die universale Geltung beanspruchen konnten. Das römische Wesen war einem freien und edlen Menschentum erschlossen und dadurch zur Wirkung auf die umfassende Welt, die nun im römischen Reiche vereinigt war, befähigt. Rom war der Sammelpunkt aller schöpferischen Kräfte des griechisch-römischen Kulturgebiets. Das römische Volk besaß noch die physische Kraft und die moralische Stärke, die Weltherrschaft nach der Tradition der Väter aufrechtzuerhalten, und anerkannte zugleich die Verpflichtung, das Reich zur geistig und sittlich begründeten Lebensgemeinschaft der Menschheit zu erheben. Es bedurfte nur des Schöpfers, der die aus dem Chaos geretteten und durch Kampf geläuterten Elemente zu neuer Einheit verband. Das war das Werk des Princeps Augustus. Es hatte einen tiefen Sinn, wenn man gerade im griechischen Osten die Mächte, die das antike Leben fortan bestimmten, göttlich verehrte: Roma und Augustus.

Überblick über die Forschung

Die allgemeine Geschichte der klassischen Studien und der Altertumswissenschaft ist neuerdings durch zahlreiche Werke aufgehellt worden, besonders durch A. MOMIGLIANO, Contributo alla storia degli studi classici, Rom 1955; Secondo contributo 1960; Terzo c. 1966; Quarto c. 1969. Hier kann es sich nur darum handeln, in wenigen Strichen zu skizzieren, wie sich die Erforschung der römischen Republik und von Alt-Italien bis heute entwickelt hat. Dabei soll vor allem auf die Probleme hingewiesen werden, die im Vordergrund meiner Darstellung der Republik stehen. Über die Quellen habe ich ausführlicher bei GERCKE-NORDEN, Einleitung in die Altertumswissenschaft III 2, 3. Aufl. 1933, S. 34 ff. gehandelt. Mit quellenkritischen und bibliographischen Notizen sind folgende, neuerdings erschienene Studienbücher zur römischen Geschichte versehen: G. GIANELLI, Trattato di storia romana, I L'Italia antica e la repubblica romana, Rom 1953. – H. H. SCULLARD, History of the Roman World from 753 to 146 B. C., 4. Aufl., London 1969; F. B. MARSH, History of the Roman World from 146 to 30 B. C., revised by H. H. Scullard, London 1962, repr. 1971. – A. PIGANIOL, Histoire de Rome, 5. Aufl., Paris 1962; ders., La conquête romaine, 5. Aufl., Paris 1967; J. HEURGON, Rome et la Méditerranée occidentale jusqu'aux guerres puniques (Nouvelle Clio 7) Paris 1969. – A. HEUSS, Römische Geschichte, 3. Aufl., Braunschweig 1971; H. BENGTSON, Grundriß der römischen Geschichte mit Quellenkunde, I Republik und Kaiserzeit bis 284 n. Chr. (Handb. d. Altertumswiss. 3, 5, 1), 2. Aufl. München 1970. – K. CHRIST, Römische Geschichte. Einführung, Quellenkunde, Bibliographie, Darmstadt 1973. – Eine umfassende Überschau der internationalen Forschung zur römischen Geschichte gibt das von H. TEMPORINI herausgegebene Sammelwerk Aufstieg und Niedergang der römischen Welt (im folgenden abgekürzt ANRW), Berlin 1972 ff.; die bereits erschienenen Bände I 1–3 gelten der italischen Frühzeit und der Republik, der bevorstehende Band I 4 der Philosophie und Kunst.

Das berühmte Werk von N. Machiavelli, Discorsi sopra la prima deca di Tito Livio, Florenz 1531, mag zeigen, wie wenig die Humanisten der Renaissance an der legendenhaften Erzählung des Livius Anstoß genommen haben. Doch im 17. und 18. Jahrhundert traten die Gelehrten den antiken Klassikern mit rationalistischen Argumenten gegenüber und begannen, die Legenden über das älteste Rom zu verwerfen, freilich ohne das überlieferte Bild durch einen wirklichen Hergang der Dinge ersetzen zu können. Erst B. G. Niebuhr, Römische Geschichte, I, II Berlin 1811–12, III 1832, hat nach der Beseitigung der Legenden einen neuen historischen Aufbau gewagt und an diesem schwierigen Stoff die moderne historische Methode entwickelt. Seit dieser Zeit ist die Kritik der literarischen Überlieferung, die uns vor allem bei Livius, Dionys von Halikarnass und Diodor vorliegt, die erste Aufgabe einer Darstellung der altrömischen Geschichte. Epochemachend für den weiteren Gang der römischen Studien wurde sodann Th. Mommsen (vgl. A. Heuss, Theodor Mommsen und das 19. Jahrhundert, Kiel 1956; L. Wickert, Theodor Mommsen. Eine Biographie, I–III Frankfurt/M. 1959–69). In seinem ersten großen Werk Römische Geschichte, I–III Berlin 1854–56 entwarf er voll Geist und Leidenschaft ein Gesamtbild der Republik (zum politischen Engagement A. Wucher, Theodor Mommsen. Geschichtsschreibung und Politik, 2. Aufl., Göttingen 1968); vor allem aber wies er – Jurist, Philologe und Historiker in einer Person – der Wissenschaft eine Fülle von neuen Aufgaben. In den Römischen Forschungen, I, II Berlin 1864–79, gab er dann Meisterstücke der Quellenkritik. Den Anregungen des Begründers der lateinischen Epigraphik B. Borghesi folgend, eröffnete er die methodische Sammlung und wissenschaftliche Edition der lateinischen Inschriften im Corpus Inscriptionum Latinarum, dessen erster Band 1863 erschien. Er erschloß auch die Münzen als Geschichtsquellen in seiner Geschichte des römischen Münzwesens, Berlin 1860. Seine Meisterwerke Römisches Staatsrecht, I, II, 3. Aufl., Leipzig 1887, III 1888 und Römisches Strafrecht, Leipzig 1899, haben grundlegende Bedeutung erlangt. In der Kritik der altrömischen Überlieferung ist die Stellungnahme Mommsens für einen weiteren Kreis von Forschern maßgebend geworden. Er kam früh zu der Einsicht, daß das Gefüge dieser Tradition durch das Pontifikalkollegium noch im 4. Jahrhundert geschaffen worden sei, und erkannte in seinen späteren Jahren das Verzeichnis der Jahresbeamten, die Fasti, als das älteste schriftliche Dokument der römischen Geschichte und damit als das Rückgrat der ganzen Tradition.

Einzelne Schüler Mommsens urteilten nicht so positiv. In Deutschland wies E. Kornemann immer wieder auf die Brüchigkeit der römischen Geschichtskonstruktion hin. In Italien hielt E. Pais in seiner Storia critica di Roma durante i primi cinque secoli, I–IV Rom 1913 bis 1920 und in seinen späteren Bearbeitungen dieses Stoffes daran fest, daß die römischen Legenden im wesentlichen auf die literarische Phantasie der Griechen zurückzuführen seien und daß man diese Lücke in den historischen Nachrichten keineswegs mit Scherben und unlesbaren Inschriften ausfüllen könne. Aber so bedeutende Forscher wie Ed. Meyer und G. De Sanctis gelangten vom Standpunkt einer besonnenen Kritik aus zu neuen, überzeugenden Erkenntnissen. De Sanctis schuf mit seiner Storia dei Romani, I–IV 3, Turin–Florenz 1907–64 eine solide Darstellung der römischen Geschichte (bis zur Einnahme von Numantia). Es zeigte sich, daß in der römischen Geschichtserzählung brauchbare, teilweise auch urkundlich gesicherte Nachrichten enthalten sind. In derselben Zeit ist die gesamte Geschichte der Republik durch Beiträge verschiedener Forscher in den Rahmen der Geschichte des Altertums eingefügt worden in dem Werk Cambridge Ancient History, VII–IX Cambridge 1928–32. An einen weiteren Leserkreis wendet sich L. Pareti, Storia di Roma, I–III Turin 1951–53. Die Energie der Forschung um die Mitte unseres Jahrhunderts sei durch die gesammelten Schriften von zwei Gelehrten erwiesen, die sich ganz der römischen Geschichte gewidmet haben: P. Fraccaro, Opuscula, I–III Pavia 1956–57 und M. Gelzer, Kleine Schriften, I–III Wiesbaden 1962–64. Unter den Tendenzen, die heute den wissenschaftlichen Kurs bestimmen, sei das Vorhaben genannt, Rom mit ganz Italien und Italien mit der griechischen und orientalischen Welt in Verbundenheit aufzuzeigen, ein Aspekt, für den besonders F. Altheim zu nennen ist: Epochen der römischen Geschichte, I, II Frankfurt/M. 1934–35; F. Altheim – R. Stiel, Die Araber in der alten Welt, I Bis zum Beginn der Kaiserzeit, Berlin 1963. Sodann wird im folgenden auf neue Arbeiten zur Sozial- und Wirtschaftsgeschichte Roms hinzuweisen sein, eine Fragestellung, die weiterhin noch mehr Beachtung verdient. Schließlich gilt für die römische Geschichte wie auch für die griechische, daß ein starkes Aufgebot der Arbeit sich der Frühzeit zuwendet.

Für die Aufhellung der *Vorgeschichte Italiens* hat die italienische Wissenschaft durch die archäologische Durchforschung des Landes Hervorragendes geleistet, und die in Rom bestehenden ausländischen archäologischen Institute haben auch über die Kriegszeiten hinweg ihre Arbeit fortgesetzt. Es kann hier nur auf einige Werke hingewiesen werden, die jedem Historiker, der sich mit der Einwanderung der Italiker, mit den Anfängen Roms und anderen Fragen der Frühzeit befaßt, durch die Sammlung und Deutung des archäologischen Materials unentbehrlich sind: G. PATRONI, La preistoria (Storia politica d'Italia) I, II, 2. Aufl., Mailand 1951; G. VON KASCHNITZ-WEINBERG, Italien mit Sardinien, Sizilien und Malta (Handbuch d. Archäol.), München 1954; P. LAVIOSA-ZAMBOTTI, Il Mediterraneo, l'Europa, l'Italia durante la preistoria (Enciclopedia classica, Sez. III, Vol. X 2) 1957. Nützlich für die erste Orientierung ist der bei Gelegenheit des VI. Internationalen Kongresses für Vor- und Frühgeschichte erschienene Führer von A. M. RADMILLI, Piccolo Guida della preistoria italiana, Florenz 1962.

Die *Sprachwissenschaft* hat wesentliches zur Klärung der italienisch-römischen Frühgeschichte beigetragen. Die Hauptwerke waren R. S. CONWAY, The Italic Dialects, I, II, Cambridge 1897, Neudruck 1967; R. S. CONWAY – S. E. JOHNSON – J. WHATMUGH, The Pre-Italic Dialects, I–III, London 1933, Neudruck 1967; E. VETTER, Handbuch der italienischen Dialekte, Heidelberg 1953, und vor allem V. PISANI, Manuale storico della lingua latina, I–IV, Turin 1948 ff., 2. Aufl. 1952 ff. (besonders wichtig Band IV: Le lingue dell'Italia antica oltre il Latino, 2. Aufl. 1964). Für die neu orientierte Linguistik sei vor allem genannt G. DEVOTO, Geschichte der Sprache Roms, Heidelberg 1968. Dazu kommen Werke über die den italischen Dialekten benachbarten Sprachen: M. S. BEELER, The Venetic Language, Berkeley 1949 und G. B. PELLEGRINI – A. L. PROSDOCIMI, La lingua venetica, I, II, Padua 1967. – Zum heutigen Stand der Sprachforschung in bezug auf das alte Italien vgl. die Beiträge von G. DEVOTO, M. CRISTOFANI, C. DE SIMONE, A. MANIET, A. L. PROSDOCIMI und H. RIX in ANRW I 2, S. 457–758.

Die Erforschung des *Etruskerproblems* hat sich schon wegen der Sonderstellung der etruskischen Sprache zu einer eigenen Disziplin entwickelt. Es ist hier nicht möglich, die einzelnen Etappen zu verfolgen, die die Forschung seit den Werken von G. DENNIS, Cities and Cemeteries of Etruria, London 1848 und K. MÜLLER – W. DEECKE, Die Etrusker, I, II, Stuttgart 1887, zurückgelegt hat. Die italienische Wissenschaft hat auch auf diesem Gebiet die Führung gewonnen und in den

Studi Etruschi einen Sammelpunkt der Arbeiten geschaffen. In den gegenwärtigen Stand der Studien führt gut ein M. PALLOTTINO, Etruscologia, 5. Aufl., Mailand 1963 (deutsch: Die Etrusker. Fischer-Bücherei 1965) und das von Pallottino eingeleitete Heft Historia 6 (1957), S. 1–132, mit Beiträgen verschiedener Forscher. Wie jetzt wieder H. J. PFIFFIG, Die etruskische Sprache, Graz 1969, wahrscheinlich macht, haben die aus dem Osten einwandernden Tyrrhener ihre Sprache bei einem großen Teil des autochthonen Substrats in Mittelitalien durchsetzen können. – Es gibt mehrere Versuche, die etruskische Kultur im ganzen zu rekonstruieren, so O. W. VON VACANO, Die Etrusker. Werden und geistige Welt, Stuttgart 1955; L. BANTI, Die Welt der Etrusker, Stuttgart 1960; J. HEURGON, La vie quotidienne chez les Étrusques, Paris 1961 (deutsch: Die Etrusker, Stuttgart 1971); das Sammelwerk des Schwedischen Instituts in Rom: Etruscan Culture, Land and People, Malmö 1962. – Zum heutigen Stand der Forschung R. BLOCH, L'état actuel des études étruscologiques in ANRW I 1 S. 12 ff.

Archäologie, literarische Quellenkritik und vergleichende Religionsgeschichte vereinigen sich bei dem Unternehmen, die *Anfänge Roms* zu klären. Zu den älteren Arbeiten über Italien und Rom von G. Pinza und U. Rellini, F. von Duhn und I. Scott-Ryberg kommt nun als Sammeldarstellung des archäologischen Materials vom Boden der Stadt Rom E. GJERSTAD, Early Rome (Acta Instituti Romani Regni Sueciae 17, 1–4), Lund 1953–66, ergänzt durch die Funde und Forschungen in Latium von P. G. GIEROW, The Iron Age Culture of Latium (Acta Instituti Romani Regni Sueciae 24, 1–2), Lund 1964–66. Die Interpretationen des Materials gehen noch weit auseinander, vgl. E. GJERSTAD, Legends and Facts in Early Rome, Lund 1962; H. MÜLLER-KARPE, Vom Anfang Roms, und ders., Zur Stadtwerdung Roms (Mitteilungen des Deutschen Archäologischen Instituts, Röm. Abt., 5. und 8. Ergänzungsheft) 1959. 62; R. BLOCH, Le origini di Roma, 2. Aufl., Mailand 1963; ders., Tite Live et les premiers siècles de Rome, Paris 1965; A. ALFÖLDI, Early Rome and the Latins (T. S. Jerome Lectures), Ann Arbor 1965 (deutsche Ausgabe steht bevor); R. E. A. PALMER, The Archaic Community of the Romans, London 1970. – Eine treffliche Einführung in die Problemlage bieten M. PALLOTTINO, Le origini di Roma, Archeologia Classica 12 (1960), S. 1 ff.; ders., Fatti e leggende (moderne) sulla più antica storia di Roma, Studi Etruschi 31 (1963), S. 3 ff. und A. MOMIGLIANO, Report on the Origins of Rome, Journ. Rom. Stud. 53 (1963), S. 95 ff. (= Terzo Contributo, S. 545 ff.).

Über den jetzigen Stand orientieren die Beiträge in ANRW I 1: M. PALLOTTINO über die Anfänge Roms (S. 22 ff.), J. POUCET über die Rolle der Sabiner (S. 48 ff.), E. GJERSTAD über die Organisation Roms in der Frühzeit (S. 136 ff.). In Vorbereitung A. ALFÖLDI, Römische Frühgeschichte. Kritik und Forschung seit 1964, und Die Struktur des voretruskischen Römerstaates (Bibliothek der Klassischen Altertumswissenschaften, 1. Reihe, 5 und 6). – Zu der lebhaften Kontroverse über den Beginn der Republik und seinen zeitlichen Ansatz seien genannt K. HANELL, Das altrömische eponyme Amt, Lund 1946; R. WERNER, Der Beginn der römischen Republik, München 1963; ferner das Colloquium Les origines de la république romaine (Entretiens sur l'antiquité classique XIII), Vandœuvres–Genève 1967, und der Beitrag von F. DE MARTINO, Intorno all'origine della repubblica romana in ANRW I 1, S. 217 ff.

Die *griechischen Kolonien* und ihre Wirkung auf das alte Italien behandeln J. BÉRARD, La colonisation grecque de l'Italie méridionale et de la Sicile dans l'antiquité, 2. Aufl., Paris 1957; T. J. DUNBABIN, The Western Greeks, Oxford 1948. Zu einzelnen Fragen vgl. Incontro di studi sugli inizi della colonizzazione greca in Occidente, in Dialoghi di Archeologia 3 (1969), S. 1–219; F. SARTORI, Problemi di storia costituzionale italiota, Rom 1953; G. GIANELLI, Culti e miti della Magna Grecia, 2. Aufl., Florenz 1963. – Seit 1961 findet alljährlich in Tarent ein Convegno di Studi sulla Magna Grecia statt, bei dem über neue Grabungen berichtet und zu neuen Fragen Stellung genommen wird; aus der Reihe der Atti dieser Kongresse seien hervorgehoben: I, Greci e Italici in Magna Grecia, Neapel 1962, III, Metropoli e colonie, Neapel 1963. – Die seit 1955 von E. MANNI herausgegebene Zeitschrift Kokalos ist vor allem den Problemen des antiken Sizilien gewidmet.

In der *Verfassungsgeschichte* der römischen Republik (Entstehung der Magistratur, Bildung der Stände, Rolle der Komitien, Stellung des Senats, Gefolgschaften und Parteien) ist nicht nur durch die weitere Bearbeitung der literarischen Überlieferung, sondern vor allem auch durch Hinweise auf außerrömische Parallelen, sei es im Staatsleben der Italiker oder der Griechen, manche neue Erkenntnis gewonnen worden. Vielfache Zusammenhänge der Verfassungsentwicklung mit Religion und Recht, Wirtschaft und Heerwesen sind erwiesen. So ist die Systematik von Mommsens Staatsrecht aufgelockert worden, neuerdings besonders durch F. DE MARTINO, Storia della costituzione romana, I–III, Neapel 1951–58 und H. SIBER, Römisches Verfassungsrecht in geschichtlicher Entwicklung, Lahr 1952. Eine vortreffliche knappe Darstellung mit reichhaltiger Bibliographie gibt ERNST MEYER, Römischer Staat und Staatsgedanke, 3. Aufl., Zürich–Stuttgart 1964; vgl. auch die Berichte über neuere Arbeiten zur römischen Verfassung von W. KUNKEL, Zeitschr. d. Savignystift. f. Rechtsgesch., Rom. Abt. 72 (1955), S. 288 ff., 73 (1956), S. 307 ff., 77 (1960), S. 345 ff. und die Beiträge in ANRW I 2: W. KUNKEL über magistratische Gewalt und Senatsherrschaft (S. 3 ff.) und G. CRIFÒ über das Gesetz der Zwölf Tafeln (S. 115 ff.) – Eindringend untersucht ist die Centurienverfassung der älteren Republik; dabei hat der Text der Bronzetafel von Heba manche Anregung gegeben (ausführliche Bibliographie mit kritischer Stellungnahme bei Ernst Meyer a. O., S. 497 ff.). – Zu den Tribus des Bürgervolkes verweise ich vor allem auf L. Ross TAYLOR, The Voting Districts of the Roman Republic (Am. Ac. in Rome. Papers and Monographs 20) 1960; das spätere Buch der Verfasserin Roman Voting Assemblies, Ann Arbor (1966) untersucht den praktischen Hergang der Versammlungen und das Abstimmungsverfahren. – Von neuen Arbeiten zu einzelnen Magistraten seien genannt J. BLEICKEN, Das Volkstribunat der klassischen Republik (Zetemata 13), 2. Aufl. 1968; J. SUOLAHTI, The Roman Censors. A Study of Social Structure (Annales Acad. Scient. Fenn., Ser. B 117), Helsinki 1963; G. PIERI, L'histoire du cens jusqu' à la fin de la république romaine (Publ. de l'Institut de Droit de l'Univ. de Paris 25), 1968. –

Das Verständnis der aristokratischen Führung der Republik ist wesentlich gefördert worden durch die Untersuchungen über die seit alter Zeit gegebenen *clientelae,* weiter über die besonders bei den Wahlen wirksamen Nah- und Treuverhältnisse *(necessitudines)* und allgemein über die politische Gruppenbildung. Am Anfang dieser Forschungsrichtung steht M. GELZER, Die Nobilität der römischen Republik, Leipzig–Berlin 1912 (= Kleine Schriften I S. 17 ff.). Durch die methodische Verwertung des prosopographischen Materials (der Zeugnisse über Personen und ihre Verbindungen) für die Kenntnis politischer Gefolgschaften zeichnen sich folgende Werke aus: F. MÜNZER, Römische Adelsparteien und Adelsfamilien, Stuttgart 1920; H. H. SCULLARD, Roman Politics 220–150 B. C., Oxford 1951; E. BADIAN, Foreign Clientelae (264–70 B. C.), Oxford 1958; neuerdings sind auf diesem Feld hinzugekommen F. CASSOLA, I gruppi politici romani nel III secolo a. C., Triest 1962; A. LIPPOLD, Consules. Untersuchungen zur Geschichte des römischen Konsulats von 264–201 v. Chr., Bonn 1963, und T. P. WISE-

MAN, New Men in the Roman Senate 139 B. C. – a. D. 14 (Oxford Class. and Philol. Monogr.), London 1971. Sehr wertvoll ist das auf Grund der Fasti und der andern Nachrichten hergestellte Verzeichnis aller Magistrate der Republik von T. R. S. BROUGHTON, The Magistrates of the Roman Republic (Am. Philol. Assoc., Philol. Monogr. XV 1. 2), New York 1951–53, Suppl. 1960; dazu die Beiträge desselben Verfassers über Senate and Senators of the Roman Republik: The Prosopographical Approach in ANRW I 1, S. 250 ff. Eine gute Darstellung des Vokabulars der römischen Gruppenbildung gibt J. HELLEGOUARC'H, Le vocabulaire latin des relations et des partis politiques sous la république (Publ. Fac. Lettres et Sc. Hum. Lille XI), Paris 1963. – Aufkommen und Einfluß des Reiteradels und Ritterstandes werden behandelt von A. ALFÖLDI, Der frührömische Reiteradel und seine Ehrenabzeichen (Deutsche Beiträge zur Altertumswiss. 2), Baden-Baden 1952; H. HILL, The Roman Middle Class in the Republican Period, Oxford 1952; C. NICOLET, L'ordre équestre à l'époque républicaine, I Définition juridique et structure sociale (Bibl. Éc. franç. d'Athènes et de Rome 207), 1966.

Für das *Heerwesen* der Republik ist noch wichtig J. KROMAYER – G. VEITH, Heerwesen und Kriegsführung der Griechen und Römer (Handb. d. Altertumswiss. IV 3, 2), München 1928; von denselben Verfassern das Werk Antike Schlachtfelder, I–IV Berlin 1903–26. Von neueren Darstellungen sind zu nennen G. WEBSTER, The Roman Army, Chester 1956, und F. E. ADCOCK, The Roman Art of War under the Republic, Cambridge 1940; zu den sozialen und rechtlichen Problemen J.-P. BRISSON (Hrsg.), Problèmes de la guerre à Rome, Paris–La Haye 1969. – Zum Heerwesen in der Zeit nach Marius s. unten S. 455.

Das *wirtschaftliche und gesellschaftliche Leben* Roms, Italiens und des römischen Reiches wird neuerdings mit zunehmender Energie erforscht. Einen ersten Versuch zusammenfassender Darstellung machte T. FRANK, Economic History of Rome, 2. Aufl., London 1927. Derselbe Forscher ist auch Herausgeber des mit zahlreichen Dokumenten ausgestatteten Werkes Economic Survey of Ancient Rome, I–V Baltimore 1933–40, und behandelt selbst im ersten Band dieser Reihe das republikanische Rom und Italien (Neudruck 1959). Die beiden Meisterwerke von M. ROSTOVTZEFF, Social and Economic History of the Roman Empire, Oxford 1926 (deutsche Übersetzung von L. Wickert, Leipzig 1929), und Social and Economic History of the Hellenistic World, I–III Oxford 1941 (deutsche Übersetzung von G. und E. Bayer, Darmstadt 1955–56), berühren das republikanische Rom zeitlich und räumlich nur am Rande und weisen so auf die große Aufgabe hin, die noch der Lösung harrt. Das Spätwerk von A. J. TOYNBEE, Hannibal's Legacy, I, II London 1965, gibt eine zusammenfassende Darstellung von Staat und Gesellschaft, Wirtschaft und Kultur in Italien vor dem zweiten Punischen Krieg und dann die Auswirkungen dieses Krieges auf das römische Leben. – Nach dem weit zurückliegenden Buch von K. J. BELOCH, Die Bevölkerung der griechisch-römischen Welt, Leipzig 1886, erhalten wir jetzt eine imponierende Rekonstruktion der Bevölkerungsbewegung, vor allem auf Grund der Censuszahlen und der Angaben über militärische Aufgebote von P. A. BRUNT, Italian Manpower 225 B. C.–A. D. 14, Oxford 1971; er behandelt die Bevölkerung von Rom und Italien, die Aussiedlung von Bürgern und Bundesgenossen in die Provinzen, die Auswirkung der Kriege, Anwachsen und Rückgang der freien und unfreien Bevölkerung.

Für Wirtschaft und Gesellschaft gleichermaßen wichtig ist die Einrichtung der *Sklaverei,* die jetzt bei den Historikern die erforderliche Aufmerksamkeit findet. Zu den Darstellungen von W. L. WESTERMANN, Art. Sklaverei, RE Suppl. VI 894 ff. und The Slave Systems of Greek and Roman Antiquity, Philadelphia 1955, kommen neue Untersuchungen in verschiedenen Ländern, zunächst die Veröffentlichungen der Akademie der Wissenschaften und der Literatur (Mainz), vgl. J. VOGT, Sklaverei und Humanität. Studien zur antiken Sklaverei und ihrer Erforschung (Historia. Einzelschriften 8), 2. Aufl. 1972 und J. VOGT – N. BROCKMEYER, Bibliographie zur antiken Sklaverei, Bochum 1971. Die Sklavenaufstände erhalten eine neue Darstellung von M. CAPOZZA, Movimenti servili nel mondo romano in età repubblicana (Univ. degli Studi di Padova, Publ. dell'Ist. di Storia antica 5) I Rom 1966. Neben diesen Arbeiten stehen die Monographien, die von der Akademie der Wissenschaften der Sowjetunion herausgegeben werden, für die römische Republik vor allem L. A. JEL'NICKIJ, Voznikovenije i rasvitije rabstva v Rime v 8.–3. vv. do n. e. (Entstehung und Entwicklung der Sklaverei in Rom vom 8.–3. Jahrhundert), Moskau 1964 und E. M. ŠTAERMAN, Rascvet rabovladel'českich otnošenij v Rimskoj respublike, Moskau 1964 (deutsche Übersetzung: Die Blütezeit der Sklavenwirtschaft in der römischen Republik, Wiesbaden 1967).

Im Mittelpunkt der Forschung stehen weiterhin die Probleme der römischen *Außenpolitik* von der italischen Hegemonie und der Gründung von Kolonien bis zur Einrichtung der Provinzen. Das Material der Staatsverträge ist herausgegeben und kurz interpretiert in dem Sammelwerk Die Staatsverträge des Altertums, Band II: Die Verträge der griechisch-römischen Welt von 700 bis 338 v. Chr., bearbeitet von H. BENGTSON, München und Berlin 1962, und Band III: Die Verträge der griechisch-römischen Welt von 338–200 v. Chr., bearbeitet von H. H. SCHMITT, München 1969. – Für die Aufrichtung der römischen Hegemonie in Italien bleibt wesentlich K. J. BELOCH, Der italische Bund unter römischer Hegemonie, Leipzig 1880, und Römische Geschichte bis zum Beginn der Punischen Kriege, Berlin–Leipzig 1926; dazu kommen J. GÖHLER, Rom und Italien. Die römische Bundesgenossenpolitik von den Anfängen bis zum Bundesgenossenkrieg (Breslauer Historische Forschungen 13) 1939; A. AFZELIUS, Die römische Eroberung von Italien (340–264), Aarhus 1942; E. T. SALMON, Samnium and the Samnites, Cambridge 1967; M. SORDI, Roma e i Sanniti nel IV secolo a. C., Bologna 1969. – Kolonisation und Gemeindeordnung in Italien werden behandelt von H. RUDOLPH, Stadt und Staat im römischen Italien, Leipzig 1935; A. N. SHERWIN-WHITE, The Roman Citizenship, Oxford 1939, und in dem Beitrag The Roman Citizenship. A Survey of the Development into a World Franchise in ANRW I 2, S. 23 ff.; E. MANNI, Per la storia dei municipi fino alla guerra sociale, Rom 1947; E. T. SALMON, Roman Colonization under the Republic, London 1969. Zum Aufkommen der *civitas sine suffragio* M. SORDI, I rapporti romano-ceriti, Rom 1960; H. H. SCULLARD, The Etruscan Cities and Rome, London 1967; M. HUMBERT, L'incorporation de Caere dans la Civitas Romana, Mél. de l'Éc. franç. de Rome 84 (1972), S. 231 ff. – Zu den Rechtsfragen der Außenpolitik W. DAHLHEIM, Struktur und Entwicklung des römischen Völkerrechts im dritten und zweiten Jahrhundert v. Chr., München 1968 und K.-H. ZIEGLER, Das Völkerrecht der römischen Republik in ANRW I 2, S. 68 ff.

Die römische Reichsbildung erhält ihr Profil auf dem Hintergrund der großen Gegenspieler: *Karthago, hellenistische Staaten, Randvölker* des Westens, Nordens und Ostens, vgl. R. M. ERRINGTON, The Dawn of Empire, Rome's Rise to World Power, London 1971; E. BADIAN, Roman Imperialism in the Late Republic, 2. Aufl., Oxford 1967. Geschichte und Kultur der Karthager sind nach den bekannten Werken von O. MELTZER – U. KAHRSTEDT, Geschichte der Karthager, I–III, Berlin 1879–1913 und St. GSELL, Histoire ancienne de l'Afrique du Nord, I–IV Paris 1913–20 neuerdings in mehreren Monographien dargestellt worden, besonders von G. CHARLES-PICARD, Le monde de Carthage, Paris 1956 (deutsch: Das wiederentdeckte Karthago, Frankfurt/M. 1957); G. und C. CHARLES-PICARD, La vie quotidienne à Carthage au temps d'Hannibal, Paris 1958 (deutsch: So lebten die Karthager zur Zeit Hannibals, Stuttgart 1959), daneben von B. H. WARMINGTON, Carthage, London 1960 (deutsch: Karthago. Aufstieg und Niedergang der antiken Weltstadt, Wiesbaden 1963). – Zu den römisch-punischen Verträgen verweise ich auf TOYNBEE, Hannibal's Legacy I, S. 519 ff., 571 f. und die Ausführungen von K.-E. PETZOLD in ANRW I 1, S. 364 ff., und D. MUSTI in ANRW I 2, S. 1136 ff., zu der Kontroverse über den Ausbruch des zweiten Punischen Kriegs auf F. HAMPL, Zur Vorgeschichte des ersten und zweiten Punischen Krieges in ANRW I 1, S. 412 ff., zu den Problemen um Hannibal auf Studi Annibalici, Cortona 1964 und G. Ch. PICARD, Hannibal, Paris 1967. – Das Aufkommen der römischen Seemacht ist dargestellt von J. H. THIEL, Studies in the History of Roman Sea Power in Republican Times, Amsterdam 1946 und History of Roman Sea Power before the Second Punic War, Amsterdam 1954.

Die zahlreichen Werke über die hellenistischen Staaten und Städte, mit denen sich Rom auseinandergesetzt hat, werden bei H. BENGTSON, Griechische Geschichte (Handb. d. Altertumswiss. 3, 4), 4. Aufl. 1969, S. 471 ff. genannt. In unserem Zusammenhang muß es genügen, einige Arbeiten über die politische Begegnung mit den Griechen und die Organisation der römischen Herrschaft im Osten hervorzuheben: G. NENCI, Pirro, Turin 1953, P. LÉVÊQUE, Pyrrhus (Bibl. Éc. franç. d'Athènes et de Rome 185) 1957, dann die Beiträge in ANRW I 1: S. 501 ff. R. WERNER, Das Problem des römischen Imperialismus und die römische Ostpolitik im zweiten Jahrhundert v. Chr., S. 564 ff. L. RADITSA, Bella Macedonica, S. 590 ff. E. WILL, Rome et les Séleucides, S. 633 ff. H. HEINEN, Die politischen Beziehungen zwischen Rom und dem Ptolemäerreich (273–168 v. Chr.). Zur Reaktion der Griechen, des gehobenen Bürgertums und der unteren Schichten, J. DEINIGER, Der politische Widerstand gegen Rom in Griechenland 217–86 v. Chr., Berlin 1971. Zur Beherrschung und Verwaltung der eroberten Länder S. ACCAME, Il dominio romano in Grecia, Neapel 1961; D. MAGIE, The Roman Rule in Asia Minor, I, II Princeton 1950; allgemein über das Provinzialsystem G. H. STEVENSON, Roman Provincial Administration, Oxford 1939.

Lebhaftes Interesse finden jetzt auch die westlichen und östlichen Nachbarn Italiens, die in die römische Herrschaft eingegangen sind, und die weiter entfernten Randvölker des Mittelmeergebiets: Iberer, Kelten und Germanen, Skythen und Parther. Ich nenne für Spanien P. DIXON, The Iberians of Spain, London 1940; P. BOSCH-GIMPERA, La formacion de los pueblos de Espana, I 1–3 (Frühgeschichte und vorrömische Zeit), II (römische Zeit), Madrid 1952–55, dazu für die Kriege in Spanien A. SCHULTEN, Numantia. Die Ergebnisse der Ausgrabungen, I–IV München 1914–31 und H. SIMON, Roms Kriege in Spanien, Frankfurt/M. 1962; für Gallien C. JULLIAN, Histoire de la Gaule, I–VIII, Paris 1913 ff., A. GRENIER, Les Gaulois, Paris 1945, T. G. E. POWELL, The Celts, London 1958, J. MOREAU, Die Welt der Kelten, Stuttgart 1958, J. J. HATT, Histoire de la Gaule romaine, Paris 1959; für Germanien L. SCHMIDT, Die Westgermanen, 2. Aufl., München 1938, E. WAHLE, Deutsche Vorzeit, 2. Aufl., Tübingen 1952; für die Skythen T. TALBOT RICE, The Scythians, London 1958, J. A. H. POTRATZ, Die Skythen in Südrußland, Basel 1963; für die Parther N. C. DEBEVOISE, Political History of Parthia, Chicago 1938, K.-H. ZIEGLER, Die Beziehungen zwischen Rom und dem Partherreich, Wiesbaden 1964.

Die wirtschaftliche Erschließung der von Rom besetzten Länder durch die Zuwanderung von Italikern und Römern und damit die Grundlage der *Romanisierung* ist an mehreren Beispielen aufgezeigt worden: J. HATZFELD, Les trafiquants italiens dans l'orient hellénique, Paris 1919; L. TEUTSCH, Das römische Städtewesen in Nordafrika in der Zeit von C. Gracchus bis zum Tod des Kaisers Augustus, Berlin 1962; A. J. N. WILSON, Emigration from Italy in the Republican Age of Rome, New York 1966; für den Übergang von der Republik zur Kaiserzeit F. VITTINGHOFF, Römische Kolonisation und Bürgerrechtspolitik unter Caesar und Augustus (Ak. d. Wiss. u. d. Lit., Abhandl. d. Geistes- u. sozialwiss. Kl. 1951, 4).

Das Jahrhundert von den Gracchen bis Cäsar, auch das Zeitalter der *römischen Revolution* genannt, stellt der Forschung die Aufgabe, die Ursachen der Krise und die rasch aufeinanderfolgenden Lösungsversuche darzulegen und die Überwindung der senatorischen Oligarchie durch die persönliche Staatsführung zu erklären. Die historischen Deutungsversuche weichen stark voneinander ab: G. BLOCH – J. CARCOPINO, La république romaine de 133 a 44 avant J.-C., 4. Aufl., Paris 1950; A. N. MASCHKIN, Zwischen Republik und Kaiserreich. Ursprung und sozialer Charakter des augusteischen Prinzipats, Leipzig 1954 (sucht die Erklärung von der ökonomischen Basis her); R. E. Smith, The Failure of the Roman Republic, Cambridge 1955 (legt den Verfall der Republik hauptsächlich den Gracchen zur Last); Ch. Meier, Res publica amissa, Wiesbaden 1966 (versucht den Nachweis, daß sich die Verfassung der aristokratischen Republik totgelaufen hat); R. Syme, The Roman Revolution, 2. Aufl., Oxford 1952 (schildert den Übergang zum Pronzipat des Augustus und den damit verbundenen Wandel der Führungsschicht). – Zum Problem der freiheitlichen Grundrechte und der Diktatur in diesem Zeitalter Ch. Wirszubski, Libertas as a Political Idea at Rome, Cambridge 1950; A. W. Lintott, Violence in Republican Rome, Oxford 1968; J. Ungern-Sternberg von Pürkel, Untersuchungen zum spätrepublikanischen Notstandsrecht (Vestigia 11) 1970. – Zu den jetzt geläufigen Formen der politischen Gruppenbildung und zu den Methoden des Machtkampfes H. Strasburger, Artikel Optimates, RE XVIII (1939) 773 ff. und Ch. Meier, Artikel Populares, RE Suppl. X (1965) 549 ff.; L. Ross Taylor, Party Politics in the Age of Caesar, Los Angeles 1949.

Über die Probleme des halben Jahrhunderts von den Gracchen bis Sulla orientieren die Beiträge in ANRW I 1, S. 668 ff. E. Badian, Tiberius Gracchus and the Beginning of the Roman Revolution, S. 764ff. E. Gabba, Mario e Silla, dazu der Tagungsbericht L'Italia dai Gracchi a Silla, in Dialoghi di Archeologia IV–V (1971), S. 159 bis 562 (mit mehreren Referaten über die Aussiedlung von Römern und Italikern nach dem Osten, über die Agrarwirtschaft, über die Frage der italischen Bundesgenossen und mit reichhaltigem Nachweis archäologischer Beiträge zur Sozialgeschichte Italiens). – Zu *ager publicus* und den Latifundien A. Burdese, Studi sull' ager publicus, Turin 1952; G. Tibiletti, Lo sviluppo del latifondo in Italia dall'epoca graccana al principio dell'impero, in X Congresso internazionale di Scienze storiche, Rel. II, Florenz 1955, S. 235 ff. – Zur Heeresreform des Marius und zum Bundesgenossenkrieg E. Gabba, Le origini dell'esercito professionale in Roma, Estr. da Athenaeum 1949 und Ricerche sull'esercito professionale da Mario ad Augusto, Estr. da Athenaeum 1951; R. E. Smith, Service in the Post-Marian Roman Army, Manchester 1958, und vor allem J. Harmand, L'armée et le soldat à Rome de 107 à 50 avant notre ère, Paris 1967. Zur moralischen Auswirkung des Bürgerkrieges P. Jal, La guerre civile à Rome, Paris 1963.

Während die Quellenlage in der früheren römischen Geschichte eine historische *Biographie* unmöglich macht, bietet sich seit dem Eindringen der griechischen Bildung in Rom und dann im Zeitalter der Revolution dem modernen Forscher die Darstellung einzelner Persönlichkeiten auf Grund von erhaltenen Briefen und Erlassen, von autobiographischen Fragmenten und von glaubwürdigen Biographien des Plutarch. Am Anfang stehen Cato und die Scipionen: E. MARMORALE, Cato Maior, 2. Aufl., Bari 1949; D. KIENAST, Cato der Zensor, Heidelberg 1954; H. H. SCULLARD, Scipio Africanus, London 1970; A. E. ASTIN, Scipio Aemilianus, Oxford 1967. Von den historischen Biographien der ausgehenden Republik seien genannt M. GELZER, Pompeius, 2. Aufl., München 1959, ders., Caesar, der Politiker und Staatsmann, 6. Aufl., Wiesbaden 1960; J. CARCOPINO, Jules César, 5. Aufl., Paris 1968; J. VAN OOTEGHEM, Pompée le Grand, Brüssel 1954; ders., Caius Marius, Brüssel 1964. Vorwiegend dem politischen Werk Ciceros gelten die Darstellungen E. CIACERI, Cicerone e i suoi tempi, I, II Mailand 1926–30; M. GELZER, Cicero, Wiesbaden 1968; D. STOCKTON, Cicero. A Political Biography, London–Oxford 1971. Die Monarchie Cäsars und der Kult des Herrschers sind weiterhin umstritten: zum Problem der Alleinherrschaft A. ALFÖLDI, Studien über Caesars Monarchie, Lund 1953; zu den Fragen der kultischen Erhebung das zusammenfassende Werk S. WEINSTOCK, Divus Julius, Oxford 1971.

Gelehrte der verschiedensten Disziplinen haben sich der Erforschung und Darstellung der römischen *Kultur* zugewandt. Einige Hinweise auf die für den Historiker bedeutsamsten Richtungen und Ergebnisse dieser spezialisierten Studien mögen folgen. Doch seien zwei Bücher vorangestellt, die für ein bestimmtes Zeitalter ein Gesamtbild des kulturellen Schaffens entwerfen: P. GRIMAL, Le siècle des Scipions. Rome et l'hellénisme au temps des guerres puniques, Paris 1953 behandelt das Jahrhundert der unmittelbaren Begegnung Roms mit der geistigen Welt der Griechen, während W. KROLL, Die Kultur der ciceronischen Zeit, I, II Leipzig 1933 Politik und Gesellschaft, Bildung und Alltagsleben im letzten Jahrhundert der Republik in die Mitte rückt.

Die Wissenschaft vom römischen *Recht* untersucht gleichermaßen die Rechtsschöpfung und die Staatskunst, also die Leistungen, in denen die Römer ihre höchste Originalität entwickelt und ihre stärkste geschichtliche Wirkung erzielt haben. Aus einer großen Zahl rechtsgeschichtlicher Darstellungen nenne ich das mehrbändige Werk von P. DE FRANCISCI, Storia del diritto romano, 2. Aufl., Mailand 1941 ff., und den Grundriß von W. KUNKEL, Römische Rechtsgeschichte, 4.

Aufl., Köln 1964; zu einzelnen Fragen des Rechts der republikanischen Zeit verweise ich auf die Beiträge in ANRW I 2, S. 134–294. – Mit Wesen und Charakter des römischen Rechts und der Rechtsgelehrsamkeit befaßt sich vor allem F. Schulz, Prinzipien des römischen Rechts, Berlin 1954 und Geschichte der römischen Rechtswissenschaft, Weimar 1961. Meisterhafte Darlegung des Privatrechts bei M. Kaser, Das römische Privatrecht, I Das altrömische, das vorklassische und klassische Recht (Handb. d. Altertumswiss. 10, 3, 3), 2. Aufl., München 1971. Die für Staat und Recht wichtigsten Texte findet man bei S. Riccobono, Fontes iuris Romani anteiustiniani, I, II, 2. Aufl., Florenz 1941.

Die Geschichte der römischen *Religion* ist nach dem klassischen Werk von G. Wissowa, Religion und Kultus der Römer, 2. Aufl., München 1912 neuerdings durch eindringende Erforschung der Frühzeit (R. Bloch, H. Wagenvoort, G. Radke), durch den Nachweis der Zusammenhänge mit dem übrigen Italien und mit Griechenland (F. Altheim, P. Lambrechts), dann mit allgemein indogermanischen Vorstellungen und Einrichtungen (G. Dumézil) befruchtet worden. Neben Monographien zu einzelnen Gestalten und Kulten (A. Piganiol, J. Gagé, R. Schilling, C. Koch u. a.) stehen die zusammenfassenden Darstellungen: F. Altheim, Römische Religionsgeschichte, I, II, 2. Aufl., Berlin 1956, gibt den griechischen und etruskischen Entlehnungen großes Gewicht; J. Bayet, Histoire politique et psychologique de la religion romaine, 2. Aufl., Paris 1969 und Croyances et rites dans la Rome antique, Paris 1971 arbeitet vor allem die verschiedenen historischen Phasen heraus; K. Latte, Römische Religionsgeschichte (Handb. d. Altertumswiss. 5, 4), München 1960 wertet die archäologischen und epigraphischen Quellen stärker aus als die literarischen Zeugnisse und lehnt die vergleichende Methode ab; G. Radke, Die Götter Altitaliens (Fontes et Commentationes 3), Münster 1965 gibt eine wertvolle Grundlage für die Religion der Frühzeit. – Vgl. ANRW I 2, S. 317 ff. Forschungsbericht von R. Schilling für die Zeit 1950–1970 und S. 348 bis 453 Untersuchungen zu einzelnen Fragen der altrömischen Religion von H. Wagenvoort, S. Calderone, H. Hommel, G. Radke, M. Lemosse.

Für die *Literatur* der Republik tut das materialreiche Buch von M. Schanz – C. Hosius, Geschichte der römischen Literatur (Handb. d. Altertumswiss. 8, 1), 4. Aufl., München 1927 noch gute Dienste. In den neueren Werken steht das Problem der römischen Eigenart, die sich trotz aller Abhängigkeit von griechischen Vorbildern entfaltet hat, im Vordergrund des Interesses: E. PARATORE, Storia della letteratura latina, Florenz 1950; K. BÜCHNER, Römische Literaturgeschichte, 3. Aufl., Stuttgart 1962. Von den vielen Untersuchungen dieser Richtung sei hervorgehoben K. GAISER, Zur Eigenart der römischen Komödie in ANRW I 2, S. 1027 ff. Aus der Reihe der Darstellungen einzelner Gestalten der Literaturgeschichte treten heraus O. SEEL, Cicero. Wort, Staat und Welt, Stuttgart 1953 und K. BÜCHNER, Cicero. Bestand und Wandel seiner Geisteswelt, Heidelberg 1964.

Hier soll das Augenmerk besonders auf die *Geschichtsschreibung* der Republik gelenkt und die moderne Bearbeitung der Geschichtsquellen dieses Zeitalters gekennzeichnet werden. Die Kontroverse über die Entstehung der literarischen Geschichtsschreibung in Rom hält an: M. GELZER, Kleine Schriften III, S. 51 ff.; K. HANELL, Zur Problematik der älteren römischen Geschichtsschreibung in: Histoire et historiens dans l'antiquité (Entretiens sur l'antiquité classique IV), Vandœuvres–Genève 1958, S. 147 ff.; S. MAZZARINO, Il pensiero storico classico, II 1, Bari 1966, besonders S. 59 ff. Eine Rückschau über dieses Forschungsgelände gibt der Sammelband Römische Geschichtsschreibung (Wege der Forschung 90), Darmstadt 1969, und jetzt ANRW I 2, mit den Beiträgen S. 759 ff. K. BÜCHNER, Römische Geschichte und Geschichte der römischen Literatur, S. 928 ff. D. TIMPE, Fabius Pictor und die Anfänge der römischen Historiographie, S. 970 ff. Ernst MEYER, Die römische Annalistik im Lichte der Urkunden. – Großes Interesse findet die Geschichtsschreibung über die Frühzeit, besonders Livius: P. G. WALSH, Livy. His Historical Aims and Methods, Cambridge 1961; R. M. OGILVIE, Commentary on Livy 1–5, Oxford 1965; D. MUSTI, Tendenze sulla storiografia romana e greca su Roma arcaica. Studi su Livio e Dionisi d'Alicarnasso (Studi Urbinati 10) 1970. – Zu Sallust seien genannt K. BÜCHNER, Sallust, Heidelberg 1960, dann R. SYME, Sallust (Sather Classical Lectures 33) 1964 und C. BECKER in ANRW I 3 S. 720 ff.; über die Briefe an Cäsar neuerdings O. SEEL, Sallusts Briefe und die pseudosallustische Invektive (Erlanger Beiträge zur Sprache und Kunstwissenschaft 25) 1966. – Cäsars Schriften werden in mehreren Beiträgen in ANRW I 3 behandelt, s. vor allem die Bibliographie von J. KROYMANN, S. 457 ff. – Für Polybios sei auf den Kommentar von F. W. WALBANK, Historical Commentary on Polybios, I, Oxford 1957, II 1967 und auf die grundlegenden Untersuchungen von P. Pédech, G. A. Lehmann, K.-E. Petzold und auf den Forschungsbericht über die letzten 20 Jahre von D. Musti hingewiesen: ANRW I 2, S. 1114 ff. Für die griechischen Geschichtswerke zur ausgehenden Republik sind wertvoll E. Gabba, Appiano e la storia delle guerre civili, Florenz 1956; F. M. Millar, Study of Cassius Dio, Oxford 1964. – Die Fragmente der verlorengegangenen römischen Historiker findet man bei H. Peter, Historicorum Romanorum reliquiae, I, II, neu aufgelegt und mit Nachwort versehen von J. Kroymann, Stuttgart 1967, die Fragmente der griechischen Historiker, die sich auf Rom und Italien beziehen, bei F. Jacoby, Die Fragmente der griechischen Historiker, III C, Leiden 1958.

Neben den literarischen Geschichtsquellen sei hier auf das primäre Material hingewiesen, das uns für die römische Republik vor allem in *Inschriften und Münzen* zur Verfügung steht, und auf die Grundwissenschaften, die sich mit diesen immer noch anwachsenden Quellenstoffen befassen. Für die Inschriften zur römischen Republik steht neben dem ersten Band des Corpus Inscriptionum Latinarum (CIL I^2) die Ausgabe von A. Degrassi, Inscriptiones Latinae liberae rei publicae, I, II, Florenz 1957–63. Degrassi hat auch die Fasti und Elogia neu herausgegeben in Inscriptiones Italiae XIII 1 und 3. Orientierendes Handbuch I. Calabi Limentani, Epigrafia Latina, Mailand 1968. – Die historische Erschließung des Münzwesens der Republik hat bedeutende Fortschritte gemacht. Die Anfänge der Prägung sind vor allem durch die Arbeiten von H. Mattingly geklärt worden (zusammenfassend The First Age of Roman Coinage, Journ. Rom. Stud. 23, 1945, S. 65 ff.). Grundlegend sind jetzt die Werke von E. A. Sydenham, The Coinage of the Roman Republic, London 1952 und R. Thomsen, Early Roman Coinage, I–III Kopenhagen 1957–61. Vgl. K. Christ, Antike Numismatik, 2. Aufl., Darmstadt 1972, S. 52 ff.

Alle genannten Gruppen von Quellenmaterial haben zur Gewinnung und Sicherung der chronologischen Grundlage der republikanischen Geschichte beigetragen, vgl. E. Bickerman, Chronologie, 2. Aufl., Leipzig 1963; E. Kirsopp Michels, The Calendar of the Roman Republic, Princeton 1967.

Der Charakter der römischen *Kunst* ist vor allem durch die Studien zur Architektur, zum Porträt und zum historischen Relief genauer bestimmt worden, vgl. R. Bianchi Bandinelli, Storicità dell'arte classica, Florenz 1950; B. Schweitzer, Die Bildniskunst der römischen Republik, Leipzig 1948; L. Crema, L'architettura romana (Enciclopedia classica, Sez. III, Vol. XII 1) 1959, dazu die Beiträge zur Kunst der Republik in ANRW I 4, besonders L. CREMA, L'architettura romana nell' età repubblicana, L. BUDDE, Das römische historische Relief, M. BIEBER, The Development of Portraiture on Roman Republican Coins.

Zur Topographie von Rom S. B. PLATNER – TH. ASHBY, Topographical Dictionary of Ancient Rome, London 1929; G. LUGLI, Monumenti antichi di Roma e suburbio, I–IV Rom 1930–40; E. NASH, Bildlexikon zur Topographie des antiken Rom, I, II Tübingen 1961–62; R. A. LANCIANI, Ancient Rome in the Light of Recent Discoveries, 2. Aufl., London 1967.

Die Stellung der Römer zur *Philosophie* hat R. HARDER, Die Einbürgerung der Philosophie in Rom, Die Antike 5 (1929), S. 291 ff. (= Kleine Schriften, S. 330 ff.) gekennzeichnet. Zu Panaitios und zum sogenannten Kreis des Scipio Aemilianus jetzt F. WALBANK, Political Morality and the Friends of Scipio, Journ. Rom. Stud. 55 (1965), S. 40 ff. und H. STRASBURGER, Der Scipionenkreis, Hermes 94 (1966), S. 60 ff. – Zur stoischen Philosophie, allgemein und in Rom, M. POHLENZ, Die Stoa, I, II, 4. Aufl., Göttingen 1970–72, und G. VERBEKE, Le stoïcisme, une philosophie sans frontières, in ANRW I 4; M. LAFFRANQUE, Posidonius d'Apamée, Paris 1956. Für Cicero sei auf die bereits (S. 456) genannten Monographien hingewiesen, dazu kommen die Beiträge in ANRW I 4, vor allem O. GIGON, Cicero und die griechische Philosophie. – Die tiefere Erfassung des römischen Wesens hat sich durch die Untersuchung der Grundbegriffe und Lebenswerte der Römer als sehr fruchtbar erwiesen. Über den Gang und Erfolg dieser Forschungen, die in Deutschland besonders von R. Heinze, H. Dahlmann, H. Drexler u. a. vorangetragen wurden, orientieren die Sammelbände von R. KLEIN, Das Staatsdenken der Römer (Wege der Forschung 46), Darmstadt 1966, und H. OPPERMANN, Römische Wertbegriffe (Wege der Forschung 34) Darmstadt 1967.

Zum guten Ende seien Bücher genannt, die uns das kulturelle Werk und das geistige Erbe Roms nahebringen können: R. HEINZE, Vom Geist des Römertums, hrsg. von E. BURCK, 3. Aufl., Darmstadt 1960; F. KLINGNER, Römische Geisteswelt, 4. Aufl., München 1961; O. SEEL, Römertum und Latinität, Stuttgart 1964.

Zeittafel

3. Jt.	Den Westen der Apenninenhalbinsel bewohnen die Ligurer (westeuropäischer Kulturkreis), den Osten die Pelasger (griechischer Kulturkreis). Einführung der Metallbearbeitung.
Wende zum 2. Jt.	
ab 1200	Indogermanische Zuwanderung setzt ein (Italiker, Veneter, Illyrer, Griechen). Niederlassungen der Phöniker in Sizilien.
8. Jh.	Einwanderung der Etrusker.
6. Jh.	Die Etrusker werden führende Macht in Italien.
um 550	Die Etrusker besetzen Rom; mächtiger wirtschaftlicher Aufschwung für die Stadt. Danach schwächen Auseinandersetzungen mit den Griechen die Etrusker, der Niedergang ihrer Herrschaft beginnt.
nach 510	Aufstand des römischen Adels gegen die Fremdherrschaft; an die Stelle des Königtums tritt eine Adelsherrschaft in Form einer Republik. Hierbei grundlegend: das unter den Patriziern umgehende Jahresamt der Konsuln und die Möglichkeit, in Krisenzeiten einen Diktator zu berufen. 1. Vertrag mit Karthago.
494	Beginn des Ständekampfes zwischen Patriziern und Plebejern; Einführung der Volkstribunen als Anwälte der plebejischen Gemeinde.
480 bis	Angriff der Karthager auf das griechische Sizilien wird abgeschlagen.
ca. 450	Abwehrkämpfe der Römer gegen die Nachbarn (Samniten, Äquer, Volsker).

450–449 Decemvirat soll durch Aufzeichnung des Rechts den Ausgleich zwischen Patriziern und Plebs herbeiführen: »Gesetze der zwölf Tafeln.« Das Gesetzgebungswerk hat aber keinen direkten politischen Erfolg, wenn die Plebejer auch im normalen Rechtsverkehr Schutz und Gleichberechtigung gefunden haben.
Wichtigstes Ergebnis: der damit verbundene Durchbruch der Staatsidee.

nach 450 Einführung der Centurienverfassung (auf dem Grundvermögen aufgebaute Heeres- und Volksordnung), Einrichtung des Censur-Amtes (Einschätzung der Bürgerschaft für Wehrdienst und Kriegssteuer).

396 Die Etruskerstadt Veei fällt nach zehnjährigem Kampf.

um 400 Einwanderung der Kelten in Italien (südliche Alpentäler und Poebene), Vertreibung der Etrusker.

387 Die Kelten (von den Römern Gallier genannt) verheeren und plündern Rom, nachdem sie ein Römerheer an der Allia geschlagen und zersprengt haben.

367–366 Reformen auf Antrag der Volkstribunen Gaius Licinius und Lucius Sextus (»licinisch-sextische Gesetze«) beschränken Land- und Viehbesitz für den einzelnen Bürger auf Gemeindeland, lassen Plebejer für eine der beiden Konsulstellen zu und richten das Amt eines Prätors ein (oberster Gerichtsherr), damit vollberechtigter Zugang der Plebejer in die Regierung.

354 Vertrag mit den Samniten.

348 2. Vertrag mit Karthago: Handelsabkommen mit Begrenzung der Einflußsphären, wobei Rom Latium zugesprochen wird.

343–341 1. Samnitenkrieg und Kompromißfriede.

340 Aufstand der Latiner.

338 Entwicklung einer Friedensordnung durch Städtebündnisse mit jeweils spezifischem Verhältnis zu Rom.

327–304 2. Samnitenkrieg: Beginn der Unterwerfung von Mittel- und Unteritalien. Neapel entscheidet sich freiwillig für Rom.

298–290 3. Samnitenkrieg: Ausbau des Bündnissystems.

282 Thurii ruft Rom (und nicht das benachbarte Tarent) gegen die Lukaner zu Hilfe: erster Eingriff in die griechische Einflußsphäre.

280–274 Krieg zwischen Tarent (unter Führung des Pyrrhos von Epirus) und Rom, in dem Rom zwar kaum eine Schlacht gewinnt, am Ende aber den Sieg davonträgt: Eroberung Süditaliens, Anschluß des Griechentums an Rom.

264–241 1. Punischer Krieg: Rom greift nach Messana (Messina) und berührt damit die Interessen Karthagos. Daher 261 Beginn des Baus einer römischen Kriegsflotte. Bereits 260 erster großer Seesieg der Römer bei Mylä. 255 wird das römische Heer in Afrika entscheidend geschlagen. 241 nach Bau einer neuen Flotte Sieg über die Karthager bei den Ägatischen Inseln.

238–237 Sardinien und Korsika werden unterworfen.

232–218 Expansion im nördl. Italien. 229 Protektorat in Illyrien.

218–201 2. Punischer Krieg: Hannibal zieht über Pyrenäen und Alpen. 218 Schlacht bei Trebia; 217 Schlacht am Trasimenischen See (erste folgenschwere Niederlagen der Römer); 216 Schlacht bei Cannä (Vernichtung der römischen Armee). 215 Makedonien und Syrakus treten auf die Seite der Karthager. Rom geht zur Ermattungsstrategie gegen Hannibal über. 212 Sieg Roms über Syrakus. 206 Sieg des P. Cornelius Scipio bei Ilipa: die Karthager räumen Spanien. 205–204 Nachdem Hannibal in Italien praktisch mattgesetzt ist, beginnt Scipio die römische Offensive in Afrika. 202 Schlacht bei Zama Regia; daraufhin 201 Friedensschluß mit dem Verzicht Karthagos auf alle Besitzungen außerhalb Afrikas.

215–205 1. Makedonischer Krieg: Kämpfe in Illyrien und Ätolien gegen Hannibals Verbündeten, Philipp V. von Makedonien.

200–197 2. Makedonischer Krieg: Verzicht auf alle Außenbesitzungen.

196 Verkündung der griechischen Freistaaten.

195 Sieg über Nabis von Sparta.

194 Abzug der Römer aus Griechenland.

192–188 Krieg mit Antiochos III. von Syrien. A. hatte sein Seleukidenreich zunächst nach Osten ausgeweitet, jetzt wendet er sich nach Griechenland. Bündnis Roms mit Philipp V. von Makedonien. 191 Sieg über Antiochos bei den Thermopylen. 190 erneuter Sieg bei Magnesia. 188 Friede von Apamea: Verdrängung der Seleukiden aus Griechenland und Kleinasien.

184 Cato siegt im innenpolitischen Kampf über die Scipionen.

171–168 3. Makedonischer Krieg: Perseus erneuert den Kampf gegen Rom. 168 Entscheidungsschlacht bei Pydna. Danach Wendung der römischen Politik, zur eindeutigen Unterwerfung der Mittelmeervölker, zum »Imperialismus«.

149–146 3. Punischer Krieg endet mit der Zerstörung Karthagos und der endgültigen Herrschaft Roms über die afrikanische Küstenzone.

148 Makedonien wird nach einem Aufstand Provinz.

135–131 1. Sklavenkrieg: Aufstand mißhandelter Sklaven in Sizilien.

133 Nach der Einnahme von Numantia durch Scipio endet ein fast zwanzigjähriger Aufstand der Spanier.
Die allgemeine Krise – entstanden aus langer Kriegführung und Spannungen zwischen Nobilität und Bauern – führt zu den Reformen der Gracchen: Tiberius Gracchus wird Volkstribun; seine Ziele sind Schaffung neuer Bauernstellen und Hebung der Wehrkraft des Staates. Verabschiedung eines Ackergesetzes über die Zuteilung von Gemeindeland. Tiberius wird beim Versuch seiner Wiederwahl erschlagen.

123 Gaius Gracchus versucht, das Ackergesetz erneut durchzusetzen. Weitere Gesetze, die eine auf Demokratie zielende Umwälzung der politischen Verhältnisse mit sich bringen.

122 Die Senatoren organisieren den Widerstand gegen Gracchus.

121 Freitod des Gaius Gracchus.

115–109 Kriegszüge gegen die Taurisker, Karner, Skordisker und Thraker.

113–101 Krieg gegen die Kimbern und Teutonen, zunächst in Gallien und Kärnten. 102 Sieg des Marius bei Aquä Sextiä über die Teutonen und Ambronen, 101 bei Vercellä über die Kimbern.

111–105 Krieg gegen Jugurtha, der in Nordafrika eigenmächtig Eroberungszüge unternimmt.

104–101 2. Sklavenkrieg in Sizilien.

100 Aufruhr gegen den Senat wird niedergeschlagen.

91 Reform der Gerichtsbarkeit und der Landverteilung unter Marcus Livius Drusus.

91–89 Bundesgenossenkrieg: Aufstand der Italiker führt zur Ausrufung eines eigenen Staates. Folge: Aufnahme aller treu gebliebenen Bundesgenossen in die Bürgerschaft; später auch auf die Italiker ausgeweitet.

89–85 1. Mithridatischer Krieg: Angriff auf die römische Machtstellung in Asien durch Mithridates VI. Eupator, den König von Pontos. Nach Verlusten nimmt Sulla 86 Athen ein und schlägt M. bei Chäronea und Orchomenos. 84 Friede zu Dardanos.

88–82 Bürgerkrieg infolge des Machtkampfes zwischen Marius und Sulla. Nach dem Sieg Sullas (Schlacht am Collinischen Tor) Gewaltherrschaft in Rom; reaktionäre Gesetzgebung des Diktators.

83–81 2. Mithridatischer Krieg.

80–72 Aufstand der Lusitaner gegen Rom unter Quintus Sertorius, der gleichzeitig einen Vertrag mit Mithridates schließt. Pompeius stellt die Ruhe in Spanien wieder her.

74–64 3. Mithridatischer Krieg: Lucullus vertreibt Mithridates aus Kleinasien.

73–71 3. Sklavenkrieg unter Führung des Spartacus.

70 Pompeius und Crassus schaffen die sullanische Verfassung wieder ab.

67 Pompeius erhält den Oberbefehl im Kampf gegen die Seeräuber (lex Gabinia).

66 Aufgrund seiner Erfolge geht der Oberbefehl im erneuten Krieg gegen Mithridates ebenfalls an Pompeius: Neuordnung Kleinasiens. Erste Verschwörung des Catilina (zu-

nächst von Crassus und Cäsar unterstützt) gegen die Konsuln und einige Senatoren.

63 Cicero zum Konsul gewählt: Abwehr der drohenden Revolution, vor allem auch der zweiten Verschwörung des Catilina; gleichzeitig Vereitelung der Diktaturpläne von Cäsar und Crassus. Cäsar wird Pontifex maximus (Oberpriester).

60 1. Triumvirat (Pompeius, Cäsar, Crassus): Beginn des Entscheidungskampfes gegen die Oligarchie.

59 Cäsars großes Gesetzgebungswerk als Konsul: Ackergesetz, Sozialpolitik, Reichsverwaltung. Als Prokonsul erhält er die Gewalt über wichtige Provinzen.

58–51 Gallischer Krieg.

56 Erneuerung des Triumvirats: Aufteilung des Reichsgebiets.

53 Crassus fällt im Kampf gegen die Parther.

53–52

Pompeius wird zum einzigen Konsul ernannt.

49 Cäsar kommt nicht dem Verlangen des Senats nach, sein Heer aufzulösen und seine Provinzen abzugeben: Abberufung Cäsars. Seine Antwort ist der Bürgerkrieg (Übergang über den Rubico).

48 Sieg Cäsars über Pompeius in der Schlacht von Pharsalus.

48–47 Alexandrinischer Krieg: Cäsar wird nach der Verfolgung des Pompeius in Alexandria von Aufständischen belagert. Entsatz durch Mithridates von Pergamon.

47 Sieg gegen Pharnakes bei Zela.

46 Afrikanischer Krieg gegen die Söhne des ermordeten Pompeius, Sieg bei Thapsus. Wahl zum Diktator auf zehn Jahre.

46–45 Erhebung in Spanien durch die Söhne des Pompeius, Sieg bei Munda.

45 Cäsar wird Diktator auf Lebenszeit.

44 Ermordung Cäsars.

Personenverzeichnis und -register